藤原書店

文明そのものを問い直す、別冊『環』好評既刊号！

別冊『環』⑦　　菊大判　232頁　2400円

税とは何か

〈インタビュー〉税はどうあるべきか　神野直彦
〈特別論文〉国際通貨改革のための提案　J・トービン

■税の現状と提言
原田泰／田中秀臣／中村宗悦／高橋洋一／飯田泰之／飯塚尚己／生島佳代子／門倉貴史／広井良典

■税とは何か――歴史的視点から
太田愛之／清水克行／大石慎三郎／山﨑益吉／安達誠司／若田部昌澄

■税の国際比較――税制と税思想
中原隆幸／高柳良治／岩田靖夫／本野英一／川瀬光義／山本盤男／黒田美代子／前田高志／松下洋

■［附録］近代日本税制関連資料

別冊『環』⑨　　菊大判　256頁　2800円

脱＝「年金依存」社会

〈座談会〉年金は必要か否か？
神野直彦＋田中優子＋原田泰　（司会）田中秀臣
〈特別論文〉サッチャー改革による英国病の克服　岩田規久男

■年金の現在
高橋洋一／若田部昌澄／J・E・スティグリッツ＋P・R・オザーク／安達誠司／川井徳子／M・アグリエッタ

■年金の歴史
田中秀臣／中村宗悦／小峯敦／稲葉振一郎

■世界の年金制度
藤森克彦／花田昌宣／森浩太郎／金子能宏／宇佐見耕一／大津定美

■脱＝「年金依存」社会のために
広井良典／原田泰／井堀利宏／小塩隆士

別冊『環』⑫　　菊大判　328頁　3300円

満鉄とは何だったのか

〈寄稿〉　山田洋次／原田勝正
〈鼎談〉満鉄とは何だったのか 小林英夫＋高橋泰隆＋波多野澄雄

■世界史のなかの満鉄
V・モロジャコフ／小林道彦／Y・T・マツサカ／加藤聖文／中山隆志／伊藤一彦／コールマン／長見崇亮

■「満鉄王国」のすべて
金子文夫／前間孝則／高橋団吉／竹島紀元／小林英夫／加藤二郎／庵谷磐／西澤泰彦／富田昭次／磯田一雄／芳地隆之／李相哲／里見脩／岡田秀則／岡村敬二／井村哲郎／岡田和裕

■回想の満鉄
衛藤瀋吉／石原一子／松岡満壽男／下村満子／宝田明／中西準子／長谷川元吉／杉本恒明／加藤幹雄／高松正司

■［資料］満鉄関連書ブックガイド／満鉄関連地図／満鉄年譜／満鉄ビジュアル資料（ポスター・絵葉書・スケッチ・出版物）

KAN: History, Environment, Civilization

別冊 環 ⑮

粕谷一希＋菊池光興＋長尾 真

髙山正也 根本 彰 大濱徹也 伊藤 隆 石井米雄 山﨑久道 杉本重雄 山下貞麿 扇谷 勉

南 学 柳与志夫 肥田美代子 山本順一 小林 正 竹内比呂也 田村俊作 岡本 真 春山明哲 高梨 章 和田敦彦 樺山紘一 鷲見洋一 藤野幸雄

柳下宙子 仲本和彦 福島幸宏 富田健司 江川和子 江藤巌二 小山孝一 香取俊介 前田富士男 高橋晴子 吉村和真 小坂 肇 小出いずみ 野澤篤史 前田香代子 富山久代 森本良和 森山光良 奥野 進 佐川粂雄 中沢孝之 三好正一 小川俊彦 犬塚まゆみ 赤坂憲雄 畠山珠美 竹内正二 奥野憲一 村井友子 中嶋英充

図書館・アーカイブズとは何か

藤原書店

「わたしが自分の思考をみなさんに告げるとき、あたかもそれは、わたしの内部からその思想を読み上げているようです。驚くほどに、ページの構造は、わたしの思考、計画、記憶の輪郭となっています。わたしの経験は、本にかたどられて（biblionomic）います。わたしは、本にかたどられた者（biblionome）になっているのです」

——イバン・イリイチ

活字文化と文書記録は、個人の知的体験としても、また集合的な知の集積としても、人類にはかりしれない影響を与えてきた。夙に言われているように、人類史の近代を準備し、促進したのは、活字文化と文書記録の発達だと言っても過言ではない。

しかし「活字離れ」が言い古されているように、もどかしいほどに本は読まれなくなりつつある。特に、インターネットが浸透してきた近年は、書物のかたちをとった知のあり方を人びとが手放しつつあるという懸念が口にされている。また、文書記録は紙・デジタルを問わず散逸と消去の危険にさらされている。

図書館とアーカイブズは活字文化と文書記録を蓄積し活用する知の社会装置である。人びとが活字文化に親しむ場を提供するとともに、時代を体現する書物を継続的に集め、保管し続けることによって、時代を超えて知を継承している。

今、日本の知の装置である図書館とアーカイブズは、ＩＴ革命の進展、財政経済状況の悪化、人々の選好変化等の社会の構造的変化によって、大きな岐路に立たされている。

こうした問題意識に立って、この別冊では、図書館とアーカイブズの「原理」を問うことを中心に据え、出版、利用者など、関連するさまざまな領域の視点を交え、また国内外の事例を具体的に紹介しながら、図書館とアーカイブズがいま直面する課題と、そこから脱却する方途、そして、より積極的な未来への夢について幅広く議論する、いわば「公論の場」を提供しようとするものである。

人びとの知的体験のあり方が大きく変質しつつある現在だからこそ、活字文化と文書記録が引き受けるべき新しい使命を、探索する一助にすることができればと念じている。

図書館・アーカイブズとは何か

【書物への愛と知の継承】

粕谷一希（評論家・元『中央公論』編集長）
菊池光興（国立公文書館館長）
長尾　真（国立国会図書館館長）
〈司会〉春山明哲（早稲田大学台湾史研究所客員研究員）
髙山正也（国立公文書館理事）

図書館とは何か、アーカイブズとは何か――図書館、アーカイブズ、出版のそれぞれの領域で、重要かつ幅広い活動をされているお三方にお集まりいただき、人類の知を担う社会的文化的装置が現在直面する問題と、そのあるべき将来像について徹底的に語り合っていただいた。

（編集部）

問題提起

粕谷一希　21世紀における情報の意味

長尾　真　図書館の使命とは何か

菊池光興　公文書館とは何か

討　論

歴史のなかの図書館・アーカイブズ

情報化社会と図書館・アーカイブズ

図書館・アーカイブズの未来

企画の趣旨

春山（司会）　本日は「図書館・アーカイブズとは何か——書物への愛と知の継承」といったことをテーマにお話しいただきたいと思います。図書館やアーカイブズとは何かというイメージを出発点としまして、「文字、活字、書物、文書」の文化がある面では崩壊の危機に直面しているとも言われている今、図書館・アーカイブズの大事な役割を意識しながら、その未来像についてもご議論いただければと思っています。

文字、活字、書物、文書をめぐる人類の歴史を考えますと、大きく三つの波があったと言えると思います。

第一は図書館・文書館の、人類史への登場です。私はかつてロンドンの大英博物館に行ったときに、メソポタミア文明の中で生まれたアッシュールバニパル王のニネヴェの図書館の遺物を見たことがあります。これは図書館と言われていますが、実際には図書館でありアーカイブズであり、またそこには有名な叙事詩『ギルガメシュ』が所蔵されていたということから、編集者とか作家もいたのだろうと。ですから今日お集まりのお三方のような方が、ニネヴェの粘土板の図書館では一緒に仕事をしていたと想像しております。図書館とアーカイブズは未分化であったと言ってもいいかもしれません。

第二番目に、西欧の歴史で申しますと、ルネサンスとグーテンベルクの印刷革命です。グーテンベルクの活版印刷の発明によって書写の時代から複製の時代になり、そこで「知の継承」が技術的に担保されるようになったことはご承知のとおりです。ただ、この技術革新に先立つルネサンスで象徴的なことは、「書物への愛」というものが生まれた。代表的な人のひとりは、十四世紀イタリアの詩人ペトラルカです。ペトラルカは非常に書物への愛を大事に考えており、修道院などを回っていろいろな文書や書物を収集した大コレクターだったんですね。その蔵書をもとに公共図書館をつくろうという提案をした。これと並行して出版産業が生まれ、作家あるいは知識人の独立ということが起こりました。有名な人文主義者のエラスムスは文筆で生計を立てた最初の人と言われています。この頃から図書館とアーカイブズは、未分化の時代から、それぞれの役割個性に応じた独自の道を歩み始めたと言えるかと思います。

印刷技術を使って紙に定着された記録や表現を媒介にした人間の活動が行われてから五百年たって、第三の波が来ました。有名なマクルーハンの「グーテンベルクの銀河系」というのは卓抜な表現だと思いますが、情報通信技術の大革新で、図書館もアーカイブズも、そして出版や著作活動も非常に大きな恩恵を受けるようになったことは事実ですが、同時に知の継承とか、書物への愛という一つの社会的価値、人間的価値の観点から見ますと一種の揺らぎが起きているのではないか。特に知の継承では、保存の問題ということも言われますし、それから書物への愛という意味では、書物や資料あるいは文書を利用する人間の側に問題が生じているのではないかとも思います。

そこで本日は、図書館、アーカイブズ、出版のそれぞれの世界で重要かつ幅広い活動をされているお三方にお集まりいただきまして「図書館とは何か」、「アーカイブズとは何か」という根源的な問いを真ん中に置いて、この社会的文化的装置の抱えている問題を見詰めながら、あるべき将来像について大いに語り合っていただきたいと思います。

問題提起

21世紀における情報の意味

粕谷一希

本はどのように保存されているのか

私は在野ですから、あまり制約はなくて勝手なことを申し上げると思います。

図書館に対する関心は子どものときからあって、特に私どもは戦争中に中学の図書館を随分活用して、休み時間になると図書館に行った記憶もありますし、戦後は戦後で東大駒場の図書館を随分活用しました。ただ、幸いなことにというか、本屋に勤めてしまったものですから、あらゆる出版社の本を割引で買える立場になりまして、もう家じゅう本だらけになってどうにもならなかった。本というのは無限にふえていくけれども、単純明快なことなんですけれども、それを全部保存していくのは不可能だと個人的に気がついたんです。そのとき同時に、もう一度本に対する社会的なメンテナンスというか、保存は一体どうなっているんだろうかということが俄然気になり出しました。

国立国会図書館への関心

私は図書館に関して全く素人ですけれども、図書館とは何だろうということを考え始めるときに一番気になったのは国立国会図書館なんです。私の友人、知人が国会図書館に勤めていたということもあって、国会図書館のことを遠くから見ていたというのがあるので、あれでいいのかなという。

例えば、今度全集が出ましたけれども萩原延壽さん（歴史家）は国会図書館に勤めていたんですね。それから加藤典洋さん（文芸評論家）もそうですし、最近はペンクラブの会長をやっている阿刀田高さん（作家）、あの方も国会図書館にいたでしょう。意外に身近なところに友人、知人がいるので、もう少しそういう人

図書館と出版界ないしは読書人との対話というか相互交流があっていいだろうという感じが前からしていました。（粕谷）

たちを介して図書館と出版界ないしは読書人との対話というか相互交流があっていいだろう、という感じが前からしていました。

特に出版界で軒並み本が売れなくなりまして、新聞も昔のような勢いがなくなってどんどん部数減が起きているわけですね。そういう中で、どうも今の日本の社会は、図書館とか公文書館だけの世界ではなくて、官僚制全体、それから企業や地方の自治体なんかも非常に問題が多い。日本人というものは優秀だと思いますけれど、今の日本の社会は相当おかしくなっている。このおかしくなった日本社会をもう一度つくりかえないと、日本人は二十一世紀に生き延びていかれないのではないか、という危機感が私にはあります。

しかし、そういう中でもいろいろな動きが錯綜していまして、例えばこれはお世辞ではなくて、長尾さんのような方が国会図書館長になったこと自体が一つの大きな動きで、これまでの自動的に衆議院・参議院の事務総長が、いわば交互に国会図書館の館長になっていたようなことではなくて、やはりきちんとした資格のある方が国会図書館長になられたということは、私はもう画期的なことだと思っています。

私はもう歳ですが、豊島区の区長さん（高野之夫氏）がそういう点に熱心なものですから、新しい中央図書館ができたのをきっかけにそのお手伝いをしようということになりました。それで「図書館サミット」（十一月十二日・十三日、東京都豊島区ほか主催）というものの実行委員長をおまえがやれというので、この秋に長尾先生はじめいろいろな方にお願いして、いま企画を立てている最中です。

公文書館の再認識

一方、菊池さんとも偶然のことからお知り合いになって、単なるお役人ではなくて、非常に幅の広い読書人だと感じまして、本の読み方とか人との接触の仕方が普通の官僚と違って、非常に味のある動き方をされているものですから、これはいい人と出会ったということで。ちょうどいま国立公文書館の付属機関ですか、アジア歴史資料センター（本誌石井米雄論文参照）所長の石井米雄さんも、私はおつき合いは長いんです。あの方は東京の泰明小学校出身で、外務省の役人も経験しているけれども、学界も長く経験していて、両方の世界のわかる人で大変有能な方なんですけれども。その方があそこの要に座ることで、アジア歴史資料センター

というものが非常に生きてきたという感じがするので、公文書館も含めて、これも少し動きが出てきたなという感じです。

福田首相が公文書館をもっと大事にしなければだめだということをはっきり自覚されていて、国際比較から見て日本の予算はあまりにひどいというので、早急に予算を飛躍的に増大させようという試みが議会の中にあるということなので、非常に面白い動きだなと私は思っております。

●粕谷一希　かすや・かずき

1930年生。評論家、都市出版相談役。『中央公論』編集長、『東京人』創刊編集長、都市出版社長を歴任。著書『二十歳にして心朽ちたり』『中央公論社と私』『反時代的思索者――唐木順三とその周辺』『作家が死ぬと時代が変わる』『戦後思潮』等。

情報の意味を問い直す

日本人が二十一世紀を生きていく場合に、情報というもの、情報技術というものがどうなるのかについての冷静な見通しを持たないと、道を誤るのではないかという懸念があります。一番怖いのはやはり情報の欠如ということで、日米開戦のときにも開戦の詔勅という、宣戦布告が向こうに通達できなかったといったことから始まって、日本はいろいろなミスをやっているわけです。ああいう激戦の中で連合艦隊司令長官の山本五十六が撃墜されるというような悲劇を、私は本当に身にしみて感じています。それと同じように、もし情報の冷静な駆使というものがなければ、二十一世紀に日本は生きていかれないだろうという気がします。

同時にまた、私ども活字世代の方から見ると、今のIT革命はこれでいいのかなという気がします。特に官庁のいろいろな広報誌その他、お金がないから予算削減という意味でみんなIT化していってしまう。そういうIT革命によって全部既存のメディアが必要ではなくなるのかどうかということについて、どうもちょっと世の中の人たちは混乱している。

そういう中で、図書館や公文書館の意味が必ずしも問い詰められていない。特に図書館は「一体、貸本屋なのか倉庫なのか」とよく冗談で言われるけれども、図書館の本当の役割とは何か。も

その時代時代の統治者と図書館との関係が、どうも昔のようにはっきり自覚されていないのではないか。（粕谷）

う一つは、ライブラリアン（図書館人）とは何だということですね。アメリカの『メディアリテラシー』というものが話題になりましたけれども、必ずしもアメリカだけではなくて、日本だってやはり金沢文庫（横浜市金沢区。十三世紀に金沢実時が設立）とか足利学校（栃木県足利市。室町初期設立）とか紅葉山文庫（本誌春山明哲論文参照）とか、非常に蔵書を大事にする権力者がいまして、日本の伝統として潜在的にあるにもかかわらず、そういうものが必ずしも大事にされていない。その時代時代の統治者と図書館との関係が、どうも昔のようにはっきり自覚されていないのではないか。国会図書館も国立公文書館もそうですし、あるいは東京都だって同じだと思いますけれども、統治にもっと役立てるためには、単に個々の人が活用するだけではなくて、図書館なり公文書館なりが、直接の施政とは関係なくていいですけれども、長期的なビジョンとの関係で大きな存在感を持たなくてはいけないだろうと。

戦争直後に国会図書館が設立されたとき、参議院の羽仁五郎（一九〇一—八三。歴史家）が大活躍したのを私は覚えているんですけれども、羽仁五郎というのはまたいろいろ問題が多過ぎますが、その結果、金森徳次郎さん（一八八六—一九五九。憲法学者。美濃部達吉の弟子）が初代館長になられて（一九四八年）、副館長が中井正一さん（一九〇〇—五二。美学出身の思想家）という、これはやはり京都の人民戦線派ですが、非常に徳のある方で、評判のいい方ですね。あの時代は私は非常に面白かった。だから、あんな左翼のアジテーターですけれど、羽仁五郎が言っても自由党までそうだと共感して、それに協力して国会図書館を成立させたということは、今では考えられない面白い一つの出来事だと思います。それをもう一度思い出したら、随分面白いいろいろな副産物が出てくるのではないか、という気がしているわけです。

そんなことで、これからの二十一世紀をどうやっていくのかに関して、ぜひ違った立場の人が大いに議論して、結論は出なくてもいいからここに問題があるんだということをお互いに確認し合うような、そういう場をもっとたくさん持った方がいいだろうという感じがしているものですから、今日はひとつお二人に実感のあるお話を勉強させていただきたいと思っています。

図書館の使命とは何か

長尾真

文化遺産としての保存範囲と期間

粕谷さんは非常に広いお話をされましたので、何を私がしゃべったらいいのかわかりませんけれど、私も以前から社会のあらゆる活動を記録して残していくという、そういうことをどこかがきちんとやらなきゃいけないんじゃないかなとは感じていたんですね。それを国会図書館が納本制度★という法律に支えられてやっているということは大変心強いことですが、全部収集できているかというとそうではない。出版物だけでも十分集められていないし、出版物でなくもっとほかにいろいろな情報源があって、そういうものも人類の文化遺産として残しておかないといけないと思いますが、それが十分なされていないという心配を持ってきたんですね。ですから、国会図書館としてどこまで責任を持ってきちんと集めていくことができるかは、一つの大きな問題だと思っています。

★国立国会図書館法第24条に、国、地方公共団体、独立行政法人等による出版物の納入、第25条に、その他の者による出版物の納入が定められている。一般の出版社の出版物は、この25条によっていて、納入された出版物に対しては代償金を払い、また納入されない場合には過料を科すことになっている。ただこれまで納本されない時に過料を科したことはない。

もう一つは、そういうものをどこまで長期間保存できるか。千年という射程でやらなければいかんのでしょうけれども、そういうことが果たして本当にできるのかどうかという心配はあります。そこを、何とか克服しなければいかんということですね。

ＩＴ時代の情報の保存と図書館

それから最近ではＩＴの時代ですから、紙という「物」の上に記録されていない情報、物理的形態を持っていない情報が山ほどあふれている。こういうものを今後どうしていくかという問題ですね。昔は情報の発信者は作家とか特別な人たち、あるいは政府

国会図書館としてどこまで責任を持って情報をきちんと集めていくことができるかは、一つの大きな問題だと思っています。（長尾）

ＩＴを徹底的に利用すれば、図書館に来る人とほとんど同等のサービスを、遠くにいる人にも提供できる可能性があるわけですが、どうやったら実現できるのか。（長尾）

とかだったけれども、今はもう日本じゅうの人、世界じゅうの人が情報の発信者になっている。そういうときに情報を固定するというか、記録し徹底的に残していくことが本当にできるのかどうか。これは大問題だと思うんです。また逆に言うと、すべての情報を残していくべきなのかどうか。ではどういう情報だったら残して、どういう情報は残さないでおくのかという問題とか。図書館だけでなくて公文書館もそうでしょうけれども、あらゆるところにおいて、どういう情報を記録して残していくべきかというのは、非常に深刻な問題ではないかと思います。

　ネットワーク上の情報を全部集めて残そうという動きもありますが、そうすると間違った情報、いかがわしい情報も残すのかということを言う人もたくさんいる。ではどういう情報は信頼が置けて、どういう情報は間違っているから残さなくていいのかとか、そんな問題が出てくる。しかし一方では長い目で見たときに、二十一世紀初頭のインターネット上はこんなに混乱した情報になっていたんだ、ということを何十年か先の人が研究することによって、二十一世紀初頭の現代の特徴を明らかにしていくこともあり得るから、やはりいいかげんな情報は残さないという簡単な判断はできない。そういうことについて、私自身非常に深刻な思いを持っております。だから、本当にどうしたらいいか非常に難しい問題だと思います。

図書館はもっとシンクタンク的な方向か？

　それから図書館が一体どうなっていくのか、どうなっていったらいいのかという問題ですが、これもまた非常に難しい問題です。ほとんどの人は現在流通している情報を見ればそれで大体満足するわけですけれども、やはり歴史的にたどっていろいろなことを見ていく必要がある。そういうことをやるときに、果たして図書館なしにやれるかということが大きな問題なのではないかと思います。そういうことについて、図書館がもっと目覚めていかなければいけないのではないか。国会図書館はすべての資料を残していくという義務を負っていますが、一般の図書館の場合には、書架スペースなどの問題があって、古い情報を長期にわたって全部残せるかというとそうでもない。そうすると、図書館は収集・保存・提供という機能を十分にはたせない可能性もあるわけですね。

　ライブラリアンの位置づけ、これも大変問題です。やはり時間軸と空間軸というか、過去からの出版活動の多様な世界をどう見

ていくか、それを読者に対して案内していくことが十分にできるかどうかだと思います。どんどんIT革命が進んでいくと、そういうことがコンピューターである程度できる可能性があるわけですから、ライブラリアンの仕事というものを、もう一度よく考えないといけないかなという気もしております。ライブラリアンの中にはいろいろな書誌情報付与作業をやっている人たちもたくさんいるわけですが、そういうのは将来ほとんど自動化されていくのではないでしょうか。そうすると結局、参考業務、つまりレファレンス・サービスが中心になっていかざるを得ないわけですが、それがまた非常に難しいわけですね。そういうことを全てのライブラリアンがきちんとやれるのかどうかという、そういう大きな問題があると思っております。

もう一つは国会図書館だけでなく、図書館全般について、図書館の近くに住んでいる人には丁寧なサービスができるけれども、遠隔地にいる人たちに対して、今のところはあまりサービスがきちんといかない。ITが発達してくる中で、その技術を徹底的に利用すれば、図書館に来る人とほとんど同等のサービスを、図書館に来れない人、遠くにいる人にも提供できる可能性があるわけですが、それをどうやったら実現できるのか。これは私としては非常に切迫した課題だと考えているんですけれども、簡単にはなかなか解決できないですね。

●長尾真　ながお・まこと
1936年生。国立国会図書館館長。京都大学名誉教授。専攻・情報工学。京都大学総長、独立行政法人情報通信研究機構理事長を経て、2007年に研究者出身として初めて現職に就任。著書『「わかる」とは何か』『電子図書館』（岩波書店）ほか。2008年文化功労者。

日本の頭脳としての図書館

粕谷さんが最後にちょっとおっしゃったんですが、日本の国としての政策決定、あるいは世界の中で日本がどうあるべきかとかといったことについて、情報欠如によって適正な判断・決定ができない危険性をどうやって救っていくか。そういう問題をもっと深刻に考える必要があって、そのために図書館の持っている資料やインターネット上の情報を集めてうまく料理すれば、ものすごく役に立つと私は思っております。それをうまく料理して政策決

定に結びつけていくには、一〇年、一五年のスパンで考える場合もあるし、一年とかその程度のスパンで考えてやる場合もあるでしょう。そういうことに、この蓄積された情報を活用できるはずだけれども、それを活用できる能力のある人がいない。そういう人たちをどうやって養成していったらいいか、という問題が深刻なのではないか。

また、そういうことをやるある種のセクションを設ける必要があるのではないかという気がします。今の国会図書館にあります調査及び立法考査局などは、本当はそういうブレーン的能力を持っていると思うんですけれども、今は国会から頼まれていろいろな調査をして報告書を出すのが中心です。予測調査ももちろんいろいろとやっていますけれども。政策決定に対するもっと強力なサポート、そのための情報分析が図書館の蓄積からもっと出せるのではないかという気がするんですね。我々の組織をもっと大きくして徹底的にやれば、図書館が集めている資料が非常にうまく利用されるのかもしれません。こうした情報は一般社会に提供するとともに、やはり国自体に対して積極的に情報を提供していくというのが、図書館自身がやるのがいいのか、図書館を利用して他の人たちがやるのがいいのかはわかりませんけれども、これから必要なんじゃないかなという気がしていますね。

公文書館とは何か

菊池光興

公文書館の「公」の意味

長尾館長から、図書館というものは社会の活動の記録を長期的な視野で残していくものだというお話がありました。公文書館は、まさにそういう社会のコレクティブメモリー、集合的な記憶を残していくという公的機関であると私ども自ら考えています。そういう面で言いますと、いま長尾さんがおっしゃった情報の選択の問題、どういうものを残していくのかというところに、まさに公文書館としても直面しているところです。

ただ、そういうお話に入る前に、実は図書館とか図書というと、みんな多くの人は一定のイメージがあるわけですね。その果たすべき機能全部について理解しているかどうかは別としても、図書館というのはおおよそ本がたくさんあって、そこに行けば読ませてくれ、貸してくれるところだという意識があるわけです。けれ

どども公文書館、あるいは公文書といった場合に、まだそこまで認知度が行っていないというところから始めなければいけないという問題点があります。「公文書」と言うからお役所の文書だけだろうという意識を抱かれる方が多い。

実は我が国では、昭和六十二（一九八七）年という大変遅くなった時期になって、公文書館の機能を規定する公文書館法が初めて、しかも議員立法により制定されたんですけれども、果たして「公」という字がついたのが本当によかったのかどうかという感じはあります。そんなことを国立公文書館長が言うと、自ら首を絞めるような話になりますけれども。実は私がいま言った公文書館の「公」というのは役所としての公ではないんですよ。公園とか公共心とかと同じ、「みんなのもの」なんだという意味、「パブリック」という意味での公文書なんですよ、ということを申し上げているんですね。たしかに国あるいは地域社会の歩みを記録していくようなものの多くが、やはり行政機関や議会の記録になるかもしれないけれども、その中で毎日暮らしている国民、地域住民の生きた記録も当然重要な過去を跡づける資料として保存の対象になります。それから皆さん方が持っておられるものの中でも大変重要な、いわゆるアーカイブズがあるかもしれないということを申し上げています。

今「アーカイブズ」という言葉を申し上げましたけれども、これもまた大変難しくて、アメリカに行ってもヨーロッパに行っても、アーカイブズというとドキュメント、レコードそのものを指す場合と、それから公文書館みたいな施設を指す場合とあるんですね。もちろん使い方は、全部文脈で違いますけれども。そういう面で言っても、図書館とかライブラリー、ビブリオテークと言った場合とブックとの違いが、公文書館の場合は截然と分かれない部分がありまして、二重のハンディを背負っているという感じはあります。

●菊池光興　きくち・みつおき

1943年生。独立行政法人国立公文書館館長。東京大学法学部卒、1999年総務事務次官就任。2001年より現職。2005年国際公文書館協議会（ＩＣＡ）副会長に選任される。専攻・行政学。人事管理・公務員制度。

ほこりをかぶった倉庫の中にある文書だけが、公文書館の対象になる公文書ではありません。その中味は一人一人国民の生活に直接かかわるものかもしれません。（菊池）

アーカイブズはなぜ重要か
――国民の権利と義務に直結するアーカイブズ

ただ、いま申し上げたように公文書館で扱う問題は、決して政府がどう動いたとかということだけではなくて、その中から派生してくるものの中には、個人の権利や義務にかかわるような、極めてヒューマンな部分もありますよと、よく申し上げるんです。

例えば、何十年も前に日本に帰化された方があったとして、その方のお子さんが相続の話で、亡くなったお父さんの帰化前の時代まで遡らなければならなかったとします。そのお父さんに帰化前の母国で子供がいなかったかどうかを調べなければいけなくなることがあった。そういうときには、実は帰化の記録が法務省から公文書館に移管されてきているものがあって、日本の文書としては、それでしか確認できないんですね。相続しようとする日本生まれの子供には、父親の母国での戸籍が解らないので、帰化原簿でしか確認できない。ところがこのような個人情報みたいなものですと、なかなかそういうものは一般に公開できない。しかし、それでは公文書を保存する意味がないので、個人情報保護法の本人開示の規定に準じて、本人あるいは直系親族だけには見せま

しょうということで、最近利用規則を改正しましたけれども。そういうことで言いますと、公文書館の中にある記録が国民あるいは市民の権利や義務と直接かかわっているわけです。

国際的にも有名な文書管理の専門家で、アメリカの国立公文書館の副館長をやったトルディ・ピーターソンという女性がいます。彼女は国連難民高等弁務官事務所のアーキビスト（文書館専門職）をやって、緒方貞子高等弁務官（当時）と共にコソボ事件などで努力したんですね。現場で彼女の名前で出す文書は、難民としてどこの地域から出てきたか、いつどこの難民キャンプに入ったかといった、難民の人びとの生殺与奪を握るようなものであった。難民高等弁務官の事務所の文書には、そういった切った張ったみたいな部分がある。それに比べて、公文書にそういう人の生き死ににかかわるものだという認識が、日本では非常に希薄です。

先ほど粕谷さんが言及された福田総理は、今年（二〇〇八年）一月十八日に行った施政方針演説の中で、昨今の役所の文書管理を巡る不祥事の多発を踏まえ、「年金記録などのずさんな文書管理は言語道断です」と言って怒りを表すと同時に、公文書の保存体制の整備を表明されました。年金のように国民の権利義務にかかわるような文書が、役所の中でも大事にされてないし、国民自

身もお役所任せになってしまっている部分がある。この辺で、ちょっと公文書館そのものを強化するだけということではなく、国民に対しても、そういう記録をどう残していくか、それを残すことが我々の生きている時代、あるいは日本社会に対してどういう意味を持つのかを、できるだけ多くの人に考えていただきたいと願っています。ほこりをかぶった倉庫の中にある文書だけが、公文書館の対象になる公文書ではありません。その中味は一人一人国民の生活に直接かかわるものかもしれませんと。そして、先ほどお話があったように、過去と同じような国策の誤りを二度繰り返さないようなための、具体的な政策選択のときの一つのよりどころになるようなこともぜひ目指していきたい、日本社会もそういう時代を迎えている、そんなつもりでやっているのが現状です。

なかなか言いようは壮大でいても、実際に人的資源の問題、財政資源問題、物的余裕、私自身の能力も含めて隔靴掻痒、なかなか進まないのが残念な状況です。

討論

歴史のなかの図書館・アーカイブズ

「公共」のとらえ方

春山　日本の近代化というのはかなりのものだと思いますが、図書館や文書館の発達、発展は、ほかの産業や教育あるいは官僚制度に比べてどうも見劣りがする印象があります。例えば国立国会図書館の前身である戦前の帝国図書館は、明治の最初に文部省がつくった書籍館《しょじゃくかん》から始まりますが、帝国図書館に行き着くまでに非常に苦労するんですね。どうも近代国家としての日本は図書館をちゃんとつくる余裕がなかったのか、あるいは国民の意識のせいなのか、戦前の上野の帝国図書館も建物全体すら完成しないで終りました。戦後はＧＨＱ（連合国軍総司令部）の指導で、米国議会図書館を移植するような形で日本の国会図書館もできましたが★。しかし、公共図書館、大学図書館いずれを見ても、どうもうまく発展しなかった気がします。公文書館に至っては、四十七都道府県のうち三十にしか普及していない（巻末附録参照）。それで、どんどん記録が失われていく。そうこうしているうちにＩＴ化がどっと来てしまって、そのあたりの問題をライブラリアン、アーキビストの側もうまく整理し切れていないという感じももっています。

★一九四七年十二月、米国図書館使節が来日し、調査と勧告を行った。これに基づき四八年二月に国立国会図書館法が制定公布、六月五日に開館。

長尾　例えばアメリカとかヨーロッパの大学の先生方の研究室に行くと、部屋にはほとんど本が置いてないんです。日本の先生方の部屋に行くと、そこらじゅう本だらけですね。何でそうなっているかというと、欧米の学者は自分にいま必要な本だけを置いておいて、そうでない本は全部図書館に戻す。それに対して日本の先生方は、本を図書館に所属させているけれども自分の手元に置いておくというようになっている。これは如実に図書館というものの、欧米と日本との違いを表していると思うんですね。

やはりヨーロッパは、ギリシャの昔からフォーラムという公共の場がまずあって、そこにみんなが出かけていって、情報を交換したり意見を述べたりして活動をするという伝統でずっと来ているから、公共のものを大切にし、自分たちも利用してというふうになっているのではないかなと想像しているんですが。

春山　公共があることによって、初めて私的利用、個人的利用もよく実現できるという。

長尾　そうですね、コミュニケーション

もできるし。それに対して日本では自分の所有物にするというか、「書物への愛」というのは、物としての書物を手元に欲しいということであって、読まなくても自分のところに置いておきたい、と。人間性というか民族性というか、そういうことも関係しているのではないかという気もしますね。

日本史のなかの文書館

菊池　近代公文書館の制度は、一七九四年にフランスで革命の最中につくられたのが最初だと言われます。しかし、アルヒーフというのはもっと昔からあります。端的な例で言うと、岩倉具視の遣米欧使節一行が、明治六年五月末にヴェネチアを訪れて、アルヒーフというところに行ったら、大友宗麟や有馬晴信などの名代として天正十年（一五八二年）にローマに派遣された天正少年使節団とか、慶長年間（一六一三～一六二〇）に伊達政宗がローマに送った支倉常長といった人たちがヴェネチアを訪れて墨で書いた字があったと。それを見て、こういう片紙断簡まで大事にするのかということで、「これはまさに文明の極みというべし」と言って深く感銘を受けているんですよ。それがちゃんと久米邦武の「特命全権大使米欧回覧実記」に残っている。だから明治維新後、政府の一部の人々は少なくとも記録を残すという機関には触れてはいるんです。しかし、感心したと言って、それを明治の文明開化の中で日本に取り入れたかというと、それだけは入らなかった。図書館だとか美術館、博物館というのはできたので、どうしてアーカイブズは入らなかったのかなという感じがします。

　では日本にはそういう伝統がないかというと、そんなことはない。徳川幕府も――ちゃんと私どものところで保有させていただいていますが――紅葉山文庫の出納記録の「お書物方日記」なんていう形で残っている。徳川吉宗がどういう本をいつ借り出していつ返却したなんていうのが、書物奉行の配下であるお書物方がちゃんと日記につけているんです。

　幕府の図書館もありました。昌平坂学問所などの官立学校があり、「大学頭」という役職があり、林家なんかが任ぜられているわけです。また、東京国立博物館で最近やりました近衛家の陽明文庫だとか冷泉家の時雨亭文庫なんかがあり、公家の文庫や、家業として、あるいは有職故実の元として、そういう記録を残していくことは随分日本もあったと思うんですね。

　ただ、それがパブリックなものになったかというと、そうではない。いま私どものところで所蔵している「太政類典」だとか「公文録」だとかの明治維新以後の記録も、清書したりして、今よりもよほどきれいに整備しているのがありますから、本来記録

●春山明哲
はるやま・めいてつ
プロフィールは184頁参照。

デジタルアーカイブズは世界各国がいま一生懸命取り組んでいるところで、日本の国立公文書館のやっているやり方については、非常に高い評価を得ています。（菊池）

を後世に残すつもりはあったのでしょうけれども、それを広く国民の利用に供しようという感じはなかったんですね。そういう状況のもとで国立公文書館ができたのが昭和四十六（一九七一）年ですから、どうも百年ぐらい遅れているような状況です。

そういう中で、保存とか利用とかを十分に広げないうちに、IT革命によってデジタルアーカイブズといったものが普及する状況に入り始めている。幸いにして、デジタルアーカイブズは世界各国がいま一生懸命取り組んでいるところで、日本の国立公文書館のやっているやり方——先ほど粕谷さんからお話がありましたアジア歴史資料センターで、国立公文書館だけでなく外務省、防衛省の持っている資料も一緒にデジタル化して世界中に発信していく——については、非常に高い評価を得ていますから、そういう面ではITの恩恵で、日本のアーカイブズも遅ればせながら発信する立場になってきています。ただ、これからもずっとそういう形だけで行けるのか、そもそも電子文書に対してどのように対応していくのか、これはやはり大きな課題です。

アーカイブズの重要性の見直し

長尾　私が京都大学の総長をしていたときに、日本で初めて大学文書館★というものをつくったんですね。日本では、大学の記録をきちんと残しているところがほとんどなくて、まして大学の歴史に関する研究なんて全くなされていませんでした。それに対して、ヨーロッパでは、大学の歴史が何百年にもわたるなど、ものすごく長いですね。そういうところでは大学史を研究する人もいるし、その基礎になるアーカイブズをきちんとやっている。それを私もよく知っていましたので、京都大学に大学文書館をつくろうと言っておりました。ただ文部省は認めてくれませんので、学内組織でやって、助教授一人、助手二人のポストをつけました。それで京都大学にある文書はもちろん全部集めましたけれども、それ以外に日本じゅうのいろいろな大学などに行って文書を集めたり、あるいはコピーをつくったり、それで日本の大学の歴史の研究が進むようになりました。最近は大体大きな大学は文書館をつくり始めていますね。

★京都大学大学文書館は二〇〇〇年十一月発足。京都大学百年史を編纂した時に収集した資料を基礎として、日本の明治以降の大学の歴史的資料を広く収集し、研究している。

菊池　企業では、よく「社史」をつくられますよね。創立百周年史とか百年史とかというもの。大変立派な本ができたりするんですけれども、そのために集めた資料がどうなっているのかというと、どうも立派な本をつくって株主とか取引先にお配りに

なるとそれでもう満足だと。私も企業や業界団体などにお願いして、その資料をずっと残してこれからもつけ加えていくと、大変いいアーカイブズになりますよ、ということを申し上げているんですが。

長尾　そうしないと、そのときの資料が散逸してしまうんですね。

菊池　そうですね。それでついでに、「社史」には往々にして創業者の偉大さとか中興の祖の成功談は出てくるんですけれども、失敗談がなかなか出てこないので、失敗談のない社史というのはあまり価値がありませんよ、ということを申し上げるんですよ(笑)。やはり失敗の中から次にくみ取るべき教訓があるでしょうけれども、うまくいった、うまくいっただけだと。

長尾　社史も、本当は国会図書館がきちんと集めなければいけないんですけれど、あれは私的出版みたいなものが多いのでなかなか集めるのが難しいですね。

粕谷　いろいろな市町村史、自治体の歴史も、ある時期よくつくられましたね。

菊池　市町村の場合は公的な金でつくっていますから、まだ納本制度の中に引っ掛かるんです。ただ、社史などは市販されない限りなかなか入らないですね。

長尾　だけど、そういった資料を国立国会図書館に納めなければならないということが、日本の隅々にまでよく周知されていないのか、だから入ってこないというのがあります。それで「納本制度の日」を設けてPRを進めています。

公とは何かを考え直す

粕谷　先ほど菊池さんが言われた、公文書館の「公」というのはお役所ではなくてパブリックということだということとの関連で言いますと、私は中央公論という名前の会社にいたからというだけではないんですが、ウォルター・リップマン(ジャーナリスト・哲学者)の『パブリック・オピニオン』(邦訳『世論』)というのは非常に意味がある。明治の人たちは既にそのパブリック・オピニオンの原意、「万機公論に決すべし」(五箇条の御誓文)から始まって中央公論にいたるまで、みんな「公論」、「公論」と言っていたんですね。今は「世論」ということになってしまいましたが、公論の方がもとの意味に近いのではないか。今は公衆というのは、公衆便所とか、ごく一部にしか残らなくなってしまいましたけれどね。

リップマンが強調しているのは、公というのは選挙民の中の多数派ではないんだと。だから今の自民党と民主党の争いではないけれども、どちらが公を体現しているかというそんなものではない、先祖と子孫を含めなければ本当の公にならないんだということを言っている。なるほどそういうものだなと思いましたね。それを日本人ではな

●髙山正也

たかやま・まさや

プロフィールは42頁参照。

やはりライブラリアンは、古い意味での「読書人」というものでなければならないと思います。（粕谷）

くて、アメリカ人が言っているんですからね。だから、お役人が悪いとか民間がどうだとかという議論ではなくて、パブリックって何だろうということについての議論をもう少し深めないと、日本の社会はよくならないんじゃないかと思う。

図書館員は、読書人・知識人たれ

粕谷　ライブラリアンとは何かということと関連して、これは素人の仮説に過ぎないんですけれども、やはりライブラリアンは、古い意味での「読書人」というものでなければならないと思います。もちろんライブラリアンは、それだけでは済まないで、いろいろな技術系の要素がありますけれども、基本的にはやはり読書人でなければならない。だから読書人の役割とは何だろうということに、やはり図書館人というものが関連してくる。簡単に言うと、読書人というのは裏返した知識人ということです。知識人という言葉ももう流行りませんけれども、昔からの歴史を振り返ってみると、どの時代にも必ず知識人というのがいたんですね。坊主であれ、クリスチャンであれ、皆それぞれの時代に、時代を代表するような思想家ないしは知識人がいた。そういう意味で、その知識人はある意味で世論形成に影響を与える人々だと思います。読書人というのは、実際に影響を与えるかは別として、潜在的にはそういう能力を持った人だと思います。やはりしっかりとした読書階層がなければ、その社会は文明社会としてもたないだろうという感じがしている。非常に単純なことなんですけれども、それをもう少し図書館関係の人は考えていただきたい。

図書館の閉鎖性を破れ

粕谷　出版の世界でも、この藤原書店など、このひどい社会の中でこれだけ売れない本を延々と出してきているということが、私が肩入れする一つの理由になってしまうんですけれども、週刊誌だけやっているところもあればいろいろ仕事をやっているところもあって、でもやはりどんな時代でもいい本を出し続けるという出版人が、いろいろなところにいるんですよ。岩波にもいるし、文春にもいるし、筑摩にもいる。そういう出版の活動について、どうしてもちょっと図書館の人たちから接触がないんだろうと、私は不思議でしょうがない。図書館学の人たちが、非常に閉鎖的で、ほかの分野の人たちとの対話がないんですね。どうしてああなってしまっているのかなと。

長尾　私も、それを非常に痛切に感じま

すね。やはりもっと外に出ていって、いろいろな人たちとつき合って、幅広いものの考え方を持ってやらないといけないと思います。「読書人」になれれば言うことはないですけれども、ただ、現代のようなせちがらい世の中で、何人の図書館員が本当の読書人になれるかというと、なかなか難しいというのが事実だと思うんですね。そういうことを考えると、図書館活動を図書館の人だけでやるのではなくて、大学の先生とか出版社の方々ともっと親しくなって、連携していろいろなことをやっていく必要があるのではないかと感じます。

粕谷　ぜひそういう活発な、知的交流をお考えいただきたい。私は、豊島区の小さな図書館でやってみようと思っているんですけれども。いろいろな勉強会をいま発足させて。隠れた郷土史家とか、美術なら美術に非常に造詣のある人とか、芝居は芝居で演劇の詳しい人、区役所にはいなくても、町にはいっぱいいるんですよね。そういう人をうまく引き出していけば、もうちょっと面白い図書館ができると感じているんですけれどね。国会図書館はそれの大もとですから。ただ、図体もでかいし予算も大きいので、動きがなかなか自由にならない部分があると思いますけれども、ぜひやっていただきたいと思います。

長尾　国会図書館でも、本当は「友の会」みたいなものをつくって、今おっしゃるように、そういう造詣の深い人に参加していただいて図書館活動の一翼をになっていただくとか、コンサルティングにもかかわっていただくとか、そういうことを私自身はやりたいと思っているんですけれども。時間がかかりますけれどね。

公文書館を「ひらく」
——歴史学の文書館からの脱却

菊池　実は公文書の世界でも、公文書館法という中には、国や地方公共団体がその業務の過程で作成したり受け取った公文書のうち、歴史資料として重要なものを保存するという、歴史学に対し奉仕する公文書館みたいな色彩が強く置かれています。だからどうも今までは、公文書館から接触するのも、あるいは公文書館に対して注文をつけていただく学会も、歴史学系の学会が中心だったんですね。もちろん和歌森太郎さん（一九一五―七七。歴史学者、民俗学者）以来の、生みの親、育ての親みたいな部分がありますから、歴史学会というのは大変大事なところですが、今の社会になると歴史学だけに顔を向けて、その先生方が研究なさるときにその資料をお届けすればそれ

図書館活動を図書館の人だけでやるのではなくて、大学の先生とか出版社の方々と連携していろいろなことをやっていく必要があるのではないかと感じます。（長尾）

国会図書館はすべてを集めるというけれどもやはりすべてではない。専門図書館的な内容は、いろいろなところと協力しないと完全にならない感じです。（長尾）

で済むという時代ではない。より広い分野の方々にも使っていただき、関心を寄せていただくためには、やはり所蔵資料の選び方についても、もう少し目配りが必要です。たとえば、公文書館の職員が科学技術のことを知らないで現代の日本の時代の文書が選べますかとなるわけですが、どうもその辺のところが偏っている。そういうことについてもうちょっと幅広い人材が得られれば、もっと視野も広くなり、選別し、保存する対象も拡充強化され得る。図書館には全然及ばないような状況ですが、抱えている問題は似ているようなところがあるのではないでしょうか。

長尾　図書館もそういう問題を抱えていますよ。国会図書館でも、例えば外国の資料や医学関係の書物や情報に関して、どこまで充実した内容を持っているかというと、決して私は十分ではないと思っているんです。国会図書館はすべてを集めるというけれども、やはりすべてではないので、そういったいわゆる専門図書館的な内容は、いろいろなところと協力しないと完全にならない感じですね。

粕谷　最近『日本経済新聞』に、林野庁の記録が公文書館に移管されるという記事が出されましたね。

菊池　はい、まだ移管されてきていませんが、今年度に移管されます。全部一気に移管を受けられるかどうかは、分量もありますから未確定ですけれども、そういう話が進みました。もともと、日本の森林の多くは、江戸時代以来の経歴がありますが、国有林にしろ、民有林にしろ、その多くの記録は、昔の帝室林野局、戦後の林野庁が管理してた訳です。そういう記録は、大変貴重で、林野庁の出先機関が統廃合されても、保存すべきです。そういうことで、今回の運びになりました。

粕谷　注意して見ていると、ああいうのもニュースにはしてくれているわけですね。

菊池　やはりああいうものも、林野庁の各営林局などにあったものを、下調べしてくださる人がいるんですね。東京都の江戸東京博物館館長の竹内（誠）さんなんかが、徳川林政史研究所（尾張徳川家第一九代当主・徳川義親が設立。江戸時代の林政史を中心とする史料を所蔵）といったところと一緒になって、木曽のヒノキとか紀州の何とか幾つかをお調べになって、ここはこうした方がいいというようなガイダンスのもとに公文書館に移管する。一つはかつて福田総理大臣が、地元の営林局の記録について、林野庁に注文をつけたということもあったんですが、ああいうものがやっと動き出しました。

公文書が歴史に果たす役割

粕谷　林野庁だけではなくて、裁判所が問題だと思っているんです。一番大きいのはやはり裁判所関係、司法関係かなと。例えば、私たちの俗な興味から言えば、幸徳秋水の大逆事件や、大杉栄の虐殺事件、戦後で言えば松川裁判とか、ああいう歴史的な出来事には裏がいろいろあったのでないかという。そういうものをもう一度、原資料に当たってやると、意外なものが出てくるかもしれないという感じがあるんですが。この間も、駐日マッカーサー大使と田中耕太郎最高裁判事が砂川事件にからんで密談をしたというのが、アメリカの公文書から出ていましたけれども。歴史というのは、五〇年以上後になって出てくるということがあるんですよね。

菊池　歴史を見る目ということでは、やはり我々自身がもう少し長いタイムスパンで、持続してものを考える訓練をしないといけない。どうも最近、今という時点で欲望なり感情が満足されればそれでいいんだという、比較的短期的な反応だけを追い求めるようなものが、出版文化だとか放送文化の中にも多くなってきているように感じます。ベストセラーのように、爆発的に売れたりするものも片一方にあるけれど、百年かけて長いこと熟成させるようなものに対する関心とか見方が、欠けているのかな、と。だから、古典などを読んで教養を身につけるのはまどろっこしいという形に表れてきてしまっている。それがある意味で、我々公務員でも、仕事をするときに百年の計といったことを考えずに安易な取り組みをしてしまうことにつながっているのではないかと思います。私自身反省する点ですが。

情報化社会と図書館・アーカイブズ

情報とは何か

長尾　粕谷さんが最初におっしゃったように、世の中がだんだんおかしくなってきているいま、それを図書館活動でどうやったら正していけるんでしょうね。

粕谷　私は長尾さんにぜひ「情報の生態学」をもう少し教えていただきたいと思っているんですよ。私なんかは古い編集者で、梅棹忠夫さん（国立民族学博物館初代館長・名誉教授）の「情報産業論」というのが非常に面白かったので『放送朝日』から『中央公論』に転載したんですよ。それで梅棹さんも大変喜んでくれまして。あそこまでは私たちはわかるんですけれども、その後専門化した情報産業というものがどうなっていっているのか。梅棹さんというのは不思議な人で、「情報産業論」も面白いし、あれと同じ時期に「編集論」と「展示論」があるんですね。編集というのは非常に大

ITそのものでは、なかなか知は生み出さない。いかにIT革命が進もうとも、コンテンツそのものはやはり人間がつくらなければいけない。（菊池）

事なんだけれども、あまり学者も考えていないという。私たちにとっても役に立ったけれどね、編集論というのは。それからもう一つは、日本展示学会というものをつくったんですね。民族学博物館もそうですが、あれは全部展示でしょう。展示というものをもっと学問的というか方法的に考えなくては、展示すらできないんだと。

長尾　そうですね、情報の生態学というのを、もう少し図書館か社会のためという観点から考察し直すと面白いかもしれませんね。ちょっとこれはやってみますよ。「情報社会の生態学」（『情報知識学会誌』vol.2 No.1）というのは一九九一年に私が言い出したものですが、情報というものも、生まれてからなくなっていくものであり、社会との間でどういうインタラクションが行われるのかによって、ある情報はすぐすたれるし、ある情報はずっと残って社会にどのような影響を与えるか、また知識化されていくかという、ライフサイクルの観点で情報を見て議論すると面白いのではないか、ということでやっていたんですけれどね。

粕谷　理系と文系の思考をうまくクロスさせるためには、面白いテーマだと思うんですけれどね。

書物への愛

粕谷　今、子どもたちの思考能力が低下しているという話題がしょっちゅう教育の方から出るわけですが、企画力とか構想力とか表現力とか、みんないま日本の小学生は劣化して、世界の中でも昔に比べると落ちてしまっていると。やはりそういうもとになるのは、読書力がないからだという。

菊池　ITそのものでは、なかなか知は生み出さないんですよね。伝える媒体としては大変有効だと思いますけれど。ただ、いかにIT革命が進もうとも、コンテンツそのものはやはり人間がつくらなければいけない。私なんかも本が好きなものですから、「青空文庫」（著作権保護期間を過ぎた作品を中心に、対価を求めずに公開しているインターネット電子図書館）なども評価しますけれども、青空文庫で読むのと、実際に本を手にとって読むのとはやはり大分違う感じがあります。本というのは、装丁であり、本の重みであり、紙の質であり、活字でありという形で、中のコンテンツとは別に、やはりそれ自体が一つのモノとしての実態がある。けれども電子図書ですと、どうもそういうところはなかなか感じられない。

長尾　これからの若者に、書物というものに対する、そういうえも言われぬ愛着の感覚をどう継承していくか。

菊池　書物への愛とか、知の継承といったものが、どういう形になるのかなと思い

ますね。

粕谷　やはり惚れる対象をつくってやらなければだめですよ。漱石でも鴎外でも、もちろん樋口一葉でもいいし、最近で言えば宇野千代でも幸田文でもいいけれども、やはり魅力のある存在がこの世にいたわけですからね、女性でも男性でも。私は本というのは、時間、空間にとらわれない友達だと思っているんですよね。友達をたくさん持つことは、本当に人生の一種の幸福の一つなのであって、その喜びみたいなものが、もうちょっと大人から子どもに伝えられないと。

　出版で見ていますと、結局なぜ今のような内容のない出版界ができてしまったのかというと、簡単に言うと、テレビと週刊誌ですよね。以前は、文芸春秋とか新潮社とか、講談社もそうですけれども、みんな代表的な週刊誌を持っていたでしょう。何とかそれを軌道に乗せたわけですけれども、そのおかげで優秀なやつが週刊誌へ行くわけです。それが歳をとって、戻ってきて、月刊誌の編集部に行く。そうすると、月刊誌がみんな週刊誌化するんですよ。本当ですよ、これは。世の中をだいたいスキャンダルとしか見ない。それで今度は、その週刊誌を見ながら、テレビのニュースショーなんかやるわけでしょう。

　だから本当に、大臣や何かの政治家まで含めて、あのニュースショーの司会者が一番えらいと思っているんですよ。冗談じゃない、もうちょっと落ち着いて世の中のことを考えてくれよ、と言いたくなります。月刊誌はどんどん週刊誌になり、週刊誌はどんどんテレビになり、テレビは、報道番組が報道番組ではなくて、エンターテイメントになってしまって、ニュースショーになっている。そういうもので世の中のいろいろな動向を考えるから、ますます保険でも道路にしても、話が浅薄になっていくんですよ。昔はよく本の題名でも「基本問題」とか「根本問題」とありましたでしょう。だからこの問題の基本は何なんだということを自然に考える習慣があったけれども、今は基本問題とか根本問題なんて言葉すらなくなってしまった。

情報の選択

春山　先ほど菊池さんからもありましたが、書物全体が情報だと思うんですよ。単なる中身の文字だけではない書物全体が。そういうものを手づくりで出版社というのはつくってきたわけですね。

長尾　現代社会はやはり、情報があふれ過ぎていますよ。だから、その辺のところから考えないとどうしようもないですね。つまり最初にも言いましたけれども、本当に集めていい情報なのかどうか非常に疑わ

本というのは、時間、空間にとらわれない友達だと思う。友達をたくさん持つことは人生の幸福の一つなのであって、その喜びを大人から子どもに伝えられないと。（粕谷）

しいようなものが沢山あって。そういうものから何から何まで集めなければいけないのかどうか。

春山　情報をどう選択するのか。その選択するのも人間なんだと。この個人が情報を選択する目を養わなければいけないわけですね。

長尾　だから、そういうふうにして、出版活動が本当にしっかりしたものになっていくようにする努力を、地道にやるしかないのでしょうけれどね。

春山　図書館にに蔵書構築という言葉がありますが、ライブラリアンがある目的と方向性と判断を持って、個々の本ではなくてある群としてコレクションをつくっていくのが醍醐味であり苦労するところであったはずなのが、選書がなくなってしまうとか。非常に大事なところが失われてしまうという感じはありますけれども。

長尾　現代はテレビとか週刊誌とかいったものでみんな喜ぶ時代になってきて、そういう以前にあった価値観がどこかに消し飛んでしまっていることが大きいのではないですか。もうちょっと、本当にこれは大切というものをきちんと読むというような、そういうことでないと本当はいけないでしょうけれどね。

選書が図書館の核心

粕谷　図書館に首を突っ込んでみてわかったのは、図書館業務の一番の中心は本を選ぶこと、「選書」ですね。実はこれは図書館の人たちがちっとも公に議論しないんですけれども。それでこれではだめだと思ったのは、業者が本を選んでくるんですね。業者が選んできた本の中から自分たちがいいと思うものを選んでいる。そうじゃなくて、例えば児童文学なら児童文学で権威というのはあるんだから、もっと自分が謙虚になって学んだらいいと思うんです。ところがそういう姿勢が全くなくて、自分はライブラリアンだからそういうものを選ぶ権利があるんだという姿勢でいる。でも私たちから見ると子どもがやっているような作業で、これでは図書館はだめです。結局その業者の取引のない出版社からは来ない。もちろんその業者を非難したいのではなくて、業者も一緒になって勉強するような雰囲気をどうしてつくらないんだろうと。

長尾　いろいろな資料は、やはり集めようという意識で、そういう目で見ないとなかなか集まってこないのではないかと思うんですね。国会図書館は、納本制度ですべてのものが自動的にやってくると思っている人が多いですけれども、やはり積極的に集める努力をいろいろな形でやることによって、本当にいいものが集まってくるの

であって、待っているだけではだめだとみんなに言っているんですけれどね。そういう努力をしないと、本当にいいライブラリーにならないですね。
　ですから「納本制度の日」（五月二十五日）というのを設けて、大いにキャンペーンをして、社会的にも知ってもらうと同時に、我々も集める努力をこれからやろうと頑張り始めているんですけれどね。
粕谷　国会図書館は例外的にあらゆる本が集まってくるわけでしょうけれども、蔵書というのは無限にふえていくわけですから、どこかでそれをデザインしなければいけないわけですよね。そういう意味では私は、図書館も最終的には人間の活動であって、そこでは人間がどこまで生き生きするかということが大事な要素ではないかと思います。その結果どういう事業が行われるかということはそれに付随することであって、一番大事なことは、やはりいいライブラリアンが育つことだろうと思いますけれどね。
長尾　そうでしょうね。
粕谷　だから国会図書館がそういう指導的な先例になれば、随分日本中の図書館が変わると思うんですけれどね。どうも私は、戦後を見ていると「綴り方教室」が悪くしているように感じます。九段の「昭和館」なんかにもあるけれど、「民衆の記録」が第一に尊重されなければいけないということが、ある意味では誤解されて伝承されていて、図書館の役割もそういう民衆の記録が芯になるべきだということになってしまっているでしょう。だから逆に、選書とか企画とかの能力を磨くというふうにならない。それぞれの分野に奥行きのある歴史と学問があることをしっかり自覚すべきです。

デジタル化とオリジナル

菊池　公文書の世界ですと、ちょっと違った角度からですが、今までは「原本」とそれ以外の「複製物」とがあって、公文書館の図書館と違うところは、「原本」を所蔵していているところでした。憲法の原本とか、大臣の決裁文書の原本とか。一点物の原本を前提にしてやったんですけれども、今後、電子文書や電子決裁が増えると、複製物という以前に、どれがオリジナルでどれが複製物かというのがわからない状況の中で何か残していかなければいけない。どれを本物にするのか。こっちが本物だよといっても、サーバーの中に全く同じオリジンの文書があるわけですよね。そうすると、どれが本当の文書なのということとか。改竄されたりしたらいけないから認証制度とか登録制度にして「これがファイナライ

国会図書館は、納本制度ですべてのものが自動的にやってくると思われているけれども、積極的に集める努力をやることによって本当にいいものが集まってくる。（長尾）

検索にしても知的情報発信にしても、知的情報をどうやって集め、分類し、提供していくかという意味で、図書館とアーカイブズはシステムが同じ。（菊池）

ズされた文書です」といったことをやることはやりますけれども。アーカイブズの世界では、電子文書になると、そういう難しさが出てくるということがあります。今まで一点物の原本をありがたがっていたのが、大分変わってくるという感じがします。

図書館とアーカイブズの相互浸透

春山　そういう意味では図書館とアーカイブズの世界が、だんだん垣根がなくなってきて、共通領域が大分ふえてくるのではないかという印象がありますね。

菊池　私はいま国際公文書館会議（ICA。各国公文書館の相互連携を確立し、その発展に貢献することを目的として、ユネスコの支援を得て一九四八年に発足した国際非政府機関。本部パリ）の役員を推されてやっているんですけれども、今度会長になるのがカナダのイアン・ウィルソンさん（一九四三年生。カナダ国立図書館公文書館館長。世界の公文書界の第一人者）。カナダは、ライブラリー・オブ・カナダとアーカイブズ・オブ・カナダを一緒にして一つの組織にしたんですね。名前はいまだにライブラリー・アンド・アーカイブズ・オブ・カナダ（LAC）と言っていますけれども、組織は一体のものだと言っているんです。二つのものを単に寄せ集めたものではなくて、もう官房だとか人事運用や予算執行もみんな一緒になったと、この四月に韓国で会ってそういう話を聞きました。そこで、より具体的に一元化を表せるようなライブラリー・アンド・アーカイブズ・オブ・カナダというものを一言で言えるような、もっといい言葉がないか一生懸命考えているんだと。「ナレッジ・レポジトリー（知恵の保存所）」とか、「ソフィー（智）の殿堂」とか。ところが「カナダはバイリンガルな国だから、英語とフランス語がともに同じようなつづりだといいな」とか、中々むつかしい条件がつく。

「なぜ一緒にしたの」と聞いたら、もとからあったライブラリー・オブ・カナダというのはカナダに関する図書館であって、ユニバーサルな図書館ではないんですね。国立国会図書館なんかとは違う。カナダに関するものだったら全部集める。日本人が書いたカナダに関するものも含めて、カナディアンと分類できるものは対象とするが、どんな立派な出版物でも、カナダに関りがなければ、対象外。そういうような図書館とアーカイブズ・オブ・カナダは、非常に接合性がいいということでやったんだそうです。検索にしても知的情報発信にしても、知的情報をどうやって集め、分類し、提供していくかという意味で、言ってみればシステムが同じなんだと。そして、ここが大事だったんですけれど、ライブラリアンも

アーキビストも、同じ大学で同じコースを受けて、入るところがライブラリーであるかアーキビストであるか、両方とも知識情報産業に従事するということで同じような教育プロセスを経ている人たちなんだと言っていました。だからそこがやはり違うんだなと思いますけれども、カナダなどでは、そういう相互乗り入れをやっている。

日本でも、例えば憲政資料室なんかに持っておられるのが公文書館にあっても、何も不思議ではないと思うんです。公文書館に持っている内閣文庫の中にある慶長年間に本阿弥光悦がつくった伊勢物語や徒然草で、嵯峨本なんていうものも、国会図書館の美術本の中に入っても何も不思議ではないと思うんですけれどね。由緒でもって分かれている。

長尾　だから国会図書館と公文書館との境界がどうのこうのという議論をしていても、あまり生産的ではない。お互いに適当なところで分担して、重なりもあるかもしれないし。カナダはカナダの歴史もあって、そのようになったと思うんですけれども。アメリカはなかなかそんなに簡単に統合した組織をつくるなんてあり得ないし。いろいろあるんでしょうね。

菊池　そのイアン・ウィルソンさんが言っていたのは、ライブラリアンとかアーキビストの側からすると、自分のところの組織と思うけれども、国民の立場から見ると一つの情報を得るのに、それが図書館の資料から得られたのか公文書館から得られたかというのはそれほど問題はないんだと。要するに、利用者サイドから見たら、組織が別に二つある必要は何もない、ということを言っていました。

文化施設全体の情報の共有
——図書館・アーカイブズ・博物館の連携

長尾　公文書館と図書館とがどうのこうのという話なんかは、これからいろいろなデータベースをお互いに共有するとか、横断検索的に利用を相互的にやれるようにすればあまり問題にならないわけです。それは組織がどうであれ、利用者に対しては十分やれる可能性はあるわけですよね。公文書館と国会図書館だけではなくて、日本じゅうの図書館とか、もっと広げて言うならば美術館とか博物館のデータベースなんかも連携をやると、いわゆる人類の知識と

図書館にしろ公文書館にしろ、パブリックという概念で活用するところになかなか行かないですね。（長尾）

文化財全体の、ネットワーク的な情報のトータルな把握ができる可能性があるわけでしょう。将来はそういうところに行くのではないかと思いますよ。

粕谷　博物館とか美術館とか、そういうものを全部含めた文化施設全体の意味を、もうちょっと利用者も認識しないとだめだと思いますよ。

長尾　現在はそれぞれ個別に、独立にデータベースをいろいろやっていることはやっているけれども、それをトータルに見ていくということですね。

菊池　ヨーロッパなんかも、例えばアーカイブズという会合なんかに出てくるのに教会とか、それからスポーツ団体、日本で言うと体育協会みたいな、そういうところがみんな代表を送ってくるんですね。ところが、日本ではどうかというと、それぞれの教団なんか仏教寺院、社寺なんかに良質の文書なりアーカイブズ、図書があるんですけれども、それが相互に利用できる形になっていないし、検索できるような形になっていない。あの辺のところをお互いに横につなぐような形のことができれば、随分日本文化力といいますか、そういうものが高まるだろうと思うんですね。

粕谷　日本は昔から、仏教でも何でもみんな宗派のいろいろな細かい規則があって、それを守らないと奥に進めないというようなことがいろいろあったものですから。だから大変な、禅宗でも何でもみんな近代化するのに非常に骨を折ったんですね。それと同じことが図書館でも起こっているんだと思うんですよ、大学でもね。

日本的公共性とは

長尾　日本では昔から教育はいろいろな形で藩なんかでもやっていたわけですけれども、ヨーロッパの場合、教育というのはだれにでもオープンであるという、それこそパブリックですよね。そういうふうに学問も大衆に開放したのが日本と少しちがいます。それが十二世紀ごろからずっと続いてきているのに対して、日本の場合はいろいろなことをやっても何々流派であるとか、仏教でも何々派であるとか、お茶にしろお華にしろいろいろな技術にしろ、すべてにおいて何々流派という閉じた世界になってしまっていますね。それをもっとオープンな世界でやることが日本の場合はできて来ていなかったから、図書館にしろ公文書館にしろ、パブリックという概念で活用するところになかなか行かないですね。

菊池　日本の場合、「公立図書館」と言わずに「公共図書館」ということを言いますね。あれはなぜでしょうか。地方自治体がつくったものは公立図書館ということな

んでしょうけれども。

髙山　パブリック・ライブラリー（Public Library）という英語を直訳していることは事実ですね。厳密には、図書館法では公立図書館と私立図書館とに分けています。そういう状況なので近年、日本図書館協会の中の公共図書館部会のかなり多くが、「自分たちは公立図書館員である」という言い方をしています。ただ、教科書的には、公共図書館、パブリック・ライブラリーというのが図書館の館種の一つであるという教え方をします。

菊池　公共図書館イコール公立図書館ではないんですか。公共図書館というのは、パブリックに開かれた図書館であると。

髙山　はい、パブリックに開かれている。だからその中に私立図書館があっていいんだということです。現実には、私立の公共図書館は極めて少ないわけですが、存在します。

図書館員のステータス

粕谷　もう一つ、私はもうちょっとライブラリアンのステータスを上げるべきだと思うんです。みんな途中でやめていってしまうでしょう。大学に戻ったりね。結局、将来がないと思うからやめてしまうのでね。だから大学に戻らなくても、国会図書館なり公文書館にいれば、十分に社会的なステータスが認められるんだというふうに、それぞれの館長だけではなくて、中堅の人たちがもう少し自治裁量で面白いことがいろいろできる場を与えてやるべきだと思うね。

長尾　確かに図書館人のステータスをもっと上げる必要がありますね。私は京都大学にいたときに、図書館職員の大学の中におけるステータスをもっと上げようという努力を一生懸命やって、キャンペーンもやりました。それで図書館職員が本来教官がする講義の一部を担当するというのもやり始めました。教官と同じようにはできませんでしたが、講義の一部、たとえば演習の部分を担当するようなところまでやったんです。図書館職員はずいぶん元気を出しましたよ。でも日本はやはりその辺まだまだですね。

粕谷　もう文科省は本当に画一主義で、あんな統制力を発揮したら、学校もよくならないし図書館もよくならないですよね。だからもう少し自治裁量の権限を持つことだと思いますね。そうしたらみんな個性を発揮するのではないですか。

早稲田の図書館関係の課長クラスの若い人が言っていたけれども、図書館長というのは総長の次ぐらいの地位にしなければいけないと。私もまさにそう思います。大学の中では大学図書館長のステータスを上げなければいけない。そういう工夫は、美術館も博物館も含めて、全体としてそうだと思います。梅棹さんは、民博の先生方に教

もうちょっとライブラリアンのステータスを上げるべきだと思う。中堅の人たちが自治裁量で面白いことがいろいろできる場を与えてやるべきだと思うね。（粕谷）

授という名前をいかにして与えるかということで随分手を尽されましたが。

長尾　そうそう、あれはよかったんですよ。研究員という名前ではだめだ、教授、助教授という名前にするんだという。あれは非常に賢明でしたね。

研究に不可欠の図書館

長尾　それともう一つは、大学教育をやっている先生方で、図書館を本当に利用して研究してきた人が少ないからなのか、図書館を利用しないと研究が成り立たないんだというような教育を学生にしていないんですよ。だから学生自身も図書館の利用の仕方をあまり知らないし、利用して、なるほどこれは価値があるなと身をもって感じないんですよ。欧米の場合は、図書館を利用しないと学生が卒業できないというか、単位が取れないような教育を、先生がやっているんですね。その辺も変えていくのに時間がかかるんですよ。

粕谷　でもこの前聞いたら、東大駒場の教師たちは学生を年に一回本屋に連れていくんですって。本屋に行って、面白い本に偶然に出会うという経験をさせるとか。

菊池　「本との出会い」ですか。お見合いの場の設定みたいですね。

粕谷　そう。大学の中の生協だけではなくて、世の中には面白い大きな本屋がいろいろあって、そういうところに行って驚くという経験をさせないと、本に対する愛情が生まれないと。学生を引率していくんだそうですよ。何かそういう伝承が日本ではなくなってしまったんですね。

　ジャーナリズムで言えば、一番図書館を利用したのが菊池寛。彼は、友達の窃盗事件か何かの責任を負ってしまって、貧乏しましたからね。東大に行かれなくて、芥川龍之介なんかとは別に京大に行かなくちゃいけなくて。貧乏して苦労して、彼の書いたものは大体、上野図書館（旧帝国図書館）を利用しているらしい。『藤十郎の恋』とか。だから、菊池寛一人を調べても非常に面白いですよ。図書館という視角で見るとまた違った菊池寛像が出てくるし、かつての上野図書館がどういう形で活用されていたのかということもずいぶん見えてくる。

　そういうしっちゃかめっちゃかだけどいろいろな面白い関係を若い人にもう少し経験させると、随分違ってくると思いますけれどね。人間関係全体が希薄になっていってしまっているというか。必ずしも本のことだけではないですけれども、だってみんなファクスで間に合ってしまうから。編集者なんかでも実際に会いに行かないですね。

図書館・アーカイブズの未来

本当の「ゆとり」とは
——合理性・功利性の追求だけでよいのか

春山　「書物」という言葉には「物」と入っていますし、図書館も「館」という施設で、何か物質的な手触りとか、空間といったものがすごく重要で、愛情の対象はやはり形ある物だったり手触りのあるものだったりするんじゃないかと感じます。それでは、図書館やアーカイブズに、これから何か新しい役割はあるものでしょうか。伝統的な知の継承とかはあるでしょうけれども。

長尾　やはり、基本的には時間の流れがゆったりと感じられるような価値観の世界を、もっと知ってもらう必要があると思いますね。すべてが時間に追われているというか、せかせかしているというか、ぱっぱと判断してしまうという状況であるのに対して、時間の流れをどうじっくりと感じるか。そういう環境づくりを小学校、中学校から始めていかないと本当にいいことはできないのではないかという気がします。図書館でも何かのためにちょちょっと利用するだけで、本当の意味で読むとか調べるとはならないのでしょう。

粕谷　「ゆとり教育」は誤解されて有馬朗人さん（元東大総長・中央教育審議会会長）は気の毒なことしたと思うけれども、本当は私はゆとり教育があった方がよかったと思う。私たちのころは受験というものに対して学校自体が一種の軽蔑感を持っていて、受験の前の日までサッカーをやっているような虚栄心があった。だけど、後になってみるとサッカーをやったりボートをやったり、そういう連中の方が伸びているんですよ。受験だけしか考えなくて友達ともつき合わないというのは、たとえいい学校に入っても伸びないですよね。やはり人間には「知的虚栄心」が必要なので、そういうことが今の社会になくなってしまっていましたね。受験塾が大手を振って教育産業と称しているわけですが、受験塾には、受験塾以上の何か理念があるわけではないですからね。塾といえば、昔は、慶應義塾だけではなくて、受験塾以外のいろいろな義塾があったわけですから。もう少し社会的なアピールのできる団体をつくってもらいたいと思いますね。

春山　長尾さんがおっしゃるように、時間、空間をもっと長くとる、広くとるというのがいま失われつつある。「情報」というとらえ方では、最短距離、最短時間でという感じがします。

長尾　何かが醸成してくるというか熟してくるには、必然的に一定の時間がかかるんですよ。いくら化学反応を速くしろといっても、やはりある時間は必要なんだから。そういう時間というのは人間の中にも持たないと、熟したものは出てこないですよ。

知識の詰め込み教育ばかりやって、それ

公文書館として、資料をどの程度咀嚼して提供すればいいのか、専門家たるアーキビストにどこまでの注文をすればいいのか、今でもわからないんです。（菊池）

がいい教師だという評価をやっているわけですが、これは大問題ですね。昔大学では、一日に一ページか半ページしか教科書は進まなかったけれども、いろいろなことをしゃべったりすることによって学生がものを考えるような教育をやっていました。今そういうのがなくなって、一学期間のスケジュールが全部決まっていて、この時間はこれだけ教えるというような調子でやっているわけでしょう。

複数の視座の必要性

菊池　まさに皆さんおっしゃるとおりだと思います。ただ、そのためには、何か一点集中型ではなくて複数の視座、複数のものの見方を養っていくことがどうしても必要なんじゃないか。どうも、こういうことがきたらこういう反応だというような、パブロフの犬じゃないけれども、単式の反応が多いので。複数の応用動作といいますか、いい意味でのしたたかさを持って、いろいろな対応ができるようにしていかないといけないなと。

ちょっとずれるかもしれませんが、最近、公文書館の世界で百年ぐらいの歴史認識みたいな話が出ています。例えば、イギリスが奴隷貿易を廃止（一八〇七年）してから二百年になるが、今までの西インド諸島に連れていかれた奴隷に対してどのような謝罪決議をするか、なんていう話が出るんですよ。あるいは、アメリカでは、日系人をマンザナーをはじめ、幾つかの強制収容所に入れたことに対して、大統領が謝罪し、強制収容された人びとに補償金を支払う法律に署名をしたとか。そういう国際的なコンテクストの中で、日中関係や日韓関係のいろいろな問題も出てくるんだということも、徐々にわかってきます。かつてはフランスなんか絶対そういうことを言わなかったんですよ。旧植民地に対しては、フランス文化を与えていいことをしたのだ、と。ところが、ここのところ大分風向きが変わってきて、サルコジ大統領が選ばれたときに、旧植民地からの移民に対する数量的制限が議論されるようになり、これに反発する特にアフリカ系の若い人たちの暴動があったりすると、多くのフランス人の心の中に、フランス語などの文化の恩恵は別として、やはり旧植民地支配に対して何かの形でわびをしなければいけないのではないか、といった気運も出てきてるようです。

そのように、今までとは違った形のものが急に現実の問題として出てくると、もう一度歴史を見直さなければならないという動きになる。現地に行ってみて実際に接すると、なるほど、そういう歴史があるからこういう問題も起こり得るので、我々も日

本の歴史を、今まで見ていたのとは違った角度から見ないといけない、と勉強になることがあります。

そういう意味で、物事をできるだけ幅広く受け止めて考えながらやっていくためには、自分の立つポジションが複数ある方が絶対有利であり、必要だという感じがしますね。

図書館とかアーカイブズという知的情報資源集積所は、物を集めて、あるいは物を提供していく際に、そういう心がけをしていかないと、逆にミスリードしてしまったり、ディスサービスになったりする可能性がある。そこはよく考えていきたいと、私自身は最近常々思っています。

いかに発信していくか
——検索サービスを超えて

菊池　ただ白状しますと、私も七年前に公文書館長に任命されましたが、公文書館として、自分たちの持っている資料をどの程度咀嚼して提供すればいいのか、専門家たるアーキビストに、どこまでの注文をすればいいのか、というのが実はわからなかった。今でもわからないんです。

我々としては、あるものを偏りなくただ提供して、それをどう解釈しどう利用するかは利用者の方で発見していただく、あるいは利用方法を開発していただければいい、我々は注釈つけずに、ただ探せば出てくるような形にするのでいい——こういう考え方は一つあるんです。

そうではなくて、自分のところで持っているものについては、こういう考え方のもとにこういう形で選別し、こういうものになっていますよと、アーキビストが注釈なり分類なりをして、インデックスをつけた形で利用者に提供していくという考え方もある。どちらが正しいのかというのは本当によくわからない。

長尾　図書館もその問題はありますね。検索システムがあるから自由に検索したら欲しいものが欲しい人に渡るんじゃないかと思うかもしれないけれども、何百万冊とか何千万点という資料がある中で、こんな資料があったのかという出会いもあるわけで、そういうことをやるためには、ある種の切り口でこの資料をながめ直したらこういう整理の仕方になりますよとか、そういうことを利用者に提案するような、いわゆるレファレンスサービスをもっと充実しないと、資料が十全に利用されない感じがしますね。

菊池　ふだん皆さん気づかないけれどこんなものもあるんですよ、こういうことが書いてあるものがありますよ、なんていう

図書館及び公文書館自身が、常に自己更新して、シンクタンクの元になるんだという自覚を大いに自分たちも持ち、それからＰＲをもっとしたらいいと思う。（粕谷）

ことを、展示会だとかデジタル化した画像か何かでもって、みんな見やすい形で提供する。これは大事なことだなと思うんですけれども、あまり行き過ぎるとそちらの方にばかり関心が行ってしまって、偏りを生み出しかねないが、それでいいのかという感じもあります。

シンクタンクの基盤としての図書館・アーカイブズ

粕谷　どうも見ていると、同じことを、時代が変わるといろいろな形で表現するんですよ。例えば、生涯学習というのがありますが、これは無駄なことで、簡単に言えば公共図書館なんて生涯学習なんですよ。あるいは、例えばＮＩＲＡ（総合研究開発機構）なんて、田中角栄が下河辺淳さん（元国土事務次官）のためにつくってあげたんだけれども、下河辺さんのいる間はよかったけれども――、下河辺さんが退いてしまうと、もう後継者がいないわけですよ。最近までは膨大な予算をつけていたんですが、あんなものは、図書館があれば間に合ってしまう。

だから、そういう同じようなものを次々につくるのではなくて、やはり図書館及び公文書館自身が、常に自己更新して、言ってみればシンクタンクの元になるんだという自覚を大いに自分たちも持ち、それからＰＲをもっとしたらいいと思う。

菊池　そうするとどうしても人が要りますね。

粕谷　それは連携すればいいわけだ、出版社や新聞社なんかと。

長尾　そうですね。専門家の中の専門家は、何の整理もしなくても図書館などのいろいろな情報をうまく利用するでしょうけれども、ほとんどの人はある程度いろいろな切り口から見せて、こういう形もありますよ、こういうものもありますよというのをうまく提供しないと、なかなか利用は難しいですね。

粕谷　やってみせなければだめだ。山本五十六（連合艦隊司令長官）ではないけれども「やってみせ、やらせてみせ」か。

菊池　いま長尾さんがおっしゃったように、目録データベースで全部きちんと揃っていますから、それでもってごらんくださいというのは、ある意味で言うと、地図をぱっと広げて「ここはこういうところですよ、だから想像してごらんなさい」というのと同じようなものですね。地面に立ってみないと、木の大きさだとか草のにおいがわからないようなものかもしれませんね。

春山　私が国会図書館におりましたときにかかわったのが「電子憲法展」（電子展示会「日本国憲法の誕生」。二〇〇三年の憲法記念日

に公開）でした。日本国憲法がどうしてできたのかということで、単なる文献目録や年表では面白くないので、憲法学者の解説や当時のいろいろな映像を盛り込むなどして、少し横につながるような作品になったかなと思っています。図書館、文書館なり、博物館なり、美術館なりの伝統的な機能を総合し、新しい作品をネット上で提供したり、ちゃんと形の残る出版物にしたり、というふうに、ＩＴという回路を経由して、新しく「知の継承」が実感できるような作品をつくれるのではないかという気がします。

「国家の品格」を体現する図書館・アーカイブズ

粕谷　例えば憲法一つとっても、昔、深瀬基寛（一八九五―一九六六）という京都の英文学者がおられて、エリオットの専門家ですけれども、英国の憲法学者バジョットの“English Constitution”を『英国の国家構造』と訳したんですよ。憲法とはまさに国家の構造で、国家を構成するものであって、私は非常に名訳だと思いました。結局、司馬遼太郎さんの『この国のかたち』も要するに憲法のことなので、そういう形で憲法

をもう一変とらえ直さなければいけないと思ったんです。のちに辻清明さん(行政学)みたいな専門の行政学者に元に戻されてしまって、『英国の憲法』として「世界の名著」の中に入っていますが。やはり深瀬さんの『英国の国家構造』の方が名訳だと思いますし、英国の慣習法というのを理解するためには、やはりその訳でいかないとだめだなと思っているんですけれども。

最近、『国家の品格』って本が出て大ベストセラーになってしまって、著者の藤原正彦さんは新田次郎の息子さんですよね。その後どうなるのかと思ったら『男の品格』がでて、『女性の品格』もあると。「品格」と名がつくと本が売れるようになってしまいましたが、あれは内容はくだらないものもあるけれど、ある欲求を表現しているという点では非常に意味があると思う。それは、デモクラシーの世の中では、品格の問題が解けていないということなんです。ある出版社の若い人が、保田與重郎(一九一〇―八一。文芸評論家)の本を出したんですよ。何で今さら保田與重郎なんだと思って、その若い人に会って「何で君、保田與重郎を今ごろやるの」と聞いたら「私たちは戦後デモクラシーで育ってきましたけれども、戦後デモクラシーは人間の高貴さを教えてくれませんでした」と。これは、かなり衝撃的な発言ですね。私はデモクラシーというのは、政治の制度としてはもちろんいい、それしかないんだけれども、では人間の本性を満足させるだけの何かを持っているのかというと、どうも持っていないと思う。

その場合、西田幾多郎が盛んに唱えていたというけれども、歴史家のクリストファー・ドーソン(一八八九―一九七〇)が二十世紀の初頭に「デモクラシーとは、万人にとっての貴族主義でなければならない」と言ったのは、逆に言えば、デモクラシーに対する警告なんだと思いますよね。デモクラシーというのは、貴族主義たらんとする意欲がなければだめだと。だからみんな衆愚政治になってしまうわけでしょう。今のクリントンとオバマなんか見ていても、あんなにだらだら選挙をやって、これがデモクラシーで一番いいんだというのは、ちょっと問題がある。いろいろ問題が山積してしまっていると思いますね。

プラトン以来の問題というのは、必ずしもデモクラシーで万々歳というわけにいかないので、やはり人間の高貴さとか知識、知的エリートというものを、どう人間の社会の中で回復していくかが大事な問題ではないかという気がするんですけれどね。そのポイントは「国家の品格」であって、図書館とか公文書館は、まさにその「国家の品格」を担っているものなんじゃないかと言いたい。

春山 粕谷さんが言われたように、やはり図書館や文書館が、国家の中で、またそれぞれの都市の中で重要な位置を持つような国でないと文化国家と言えないでしょうね。本日はどうもありがとうございました。

(二〇〇八年五月十三日　於・藤原書店催合庵)

I 図書館・アーカイブズとは何か

シクストゥスⅣ世がバチカン図書館（1448 年設立）初代館長として，バルトロメオ・プラティナ（左から 3 人目）を任命する。（1477 年頃，メロッツォ・ダ・フォルリによるフレスコ画。バチカン美術館蔵）

民主主義の根本としての図書館・アーカイブズへの「リテラシー」を求めて

日本における文書の保存と管理

【現状のアーカイブズと図書館で、未来が拓けるか】

高山正也
Takayama Masaya

たかやま・まさや　(独)国立公文書館理事、慶應義塾大学名誉教授。一九四一年大阪生。慶應義塾大学大学院文学研究科修了。図書館・情報学。著書に『図書館経営論』(樹村房)『情報分析・生産論』(雄山閣出版)他。

はじめに

平成二十年一月十八日、福田康夫内閣総理大臣(当時)はその施政方針演説で、「年金記録などのずさんな文書管理は言語道断です。行政文書の管理のあり方を基本から見直し、法制化を検討するとともに、国立公文書館制度の拡充を含め、公文書の保存に向けた体制を整備します。」と述べた。首相がアーカイブズ機能の強化を施政方針演説で述べるのはこれが初めてではない。これに先立つ四年前、平成十六年一月十九日に時の小泉純一郎内閣総理大臣(当時)が同じく施政方針演説で、「政府の活動の記録や歴史の事実を後世に伝えるため、公文書館における適切な保存や利用のための体制整備を図ります。」と述べている。比較的短期間に二度も首相が施政方針演説で、公文書管理体制の整備を訴えなければならなかった事情とは何か。これは言うまでもなく、年金記録の紛失、C型肝炎患者リストの放置、海上自衛隊補給艦航海日誌の廃棄、大分県教員採用試験資料の不正廃棄など、国や自治体における文書管理のずさんさとそのずさんな管理の一因として、文書管理と表裏一体の関係にあるアーカイブズが日本ではあるべき水準に比して著しく弱体であることの表面化が直接的きっかけ

であろう。だが、一般国民にとっては文書管理の問題が国の在り方を左右し、一国の首相をして「言語道断」と施政方針演説で言わしめるほどの大きな問題なのかという驚きを伴った実感があるというのも、また正直で率直な感想であろう。

この日本の常識が世界の非常識であることに、既に一部の識者は気づいている。そして今や、公文書管理の担当大臣が任命されるに至った。平成二十年七月十一日、上川陽子公文書管理担当大臣（当時）は、行政文書・公文書等の管理・保存に関する関係省庁連絡会議で、「国としての営みは脈々として続いてゆき、その流れの中で、記録は大変大きな役割を果たすものです。公文書を国の背骨として、過去・現在・未来と時を貫いて伝えてゆきたい……。」と述べている。ここには日本では非常識であるかもしれないが、世界の常識である「文書とは組織の背骨とも言える基盤を形成して、時を貫き伝えられるものである。[1]」という思想を日本も取り入れることが確固として明瞭に表現されている。にもかかわらず、国際的に非常識とも言える考え方が日本で浸透している理由は何であろうか。それはアーカイブズが図書館の亜流であって、行政の納税者に対するサービスの一環として、歴史研究者や歴史好きの市民への社会教育施設、程度にしか考えられていないからではないか。

アーカイブズが図書館の亜流と考えられる一因には、共に文書形式の資料を扱うという類似点がある。では図書館もアーカイブズもともに扱う「文書」とは何であり、その管理拠点たる図書館やアーカイブズとは何であるか、それらを充実しなければならない理由は何か等を以下に考察したい。なお、本稿では、アーカイブズ、公文書館、文書館、資料館を、文書、記録、資（史）料を、記録管理、レコード・マネジメント等を特に断らない限り、同義として扱い、コンテクストに応じて使い分ける。

一　記録知識の管理

1　組織における知識の管理

文書主義に基づく業務の執行が求められる公的機関としての国や自治体は言うまでも無く、私的な営利機関や学術研究機関を含め、組織や組織を構成する個人の経験を歴史や文化としての知識に変換し、利用することが、その組織の在り方や意思決定の質を高めてゆくために必要不可欠であることを我々は知っている。それには組織の経験、すなわち組織の構成員の経験を情報として「組織の知識」に変換することが必要であるが、それには組織がその情報や知識の蓄積を組織の記憶として保持する必要がある。このための社会的制度こそが図書館であり、アーカイブズである。その図書館やアーカイブズでは組織のあり方の決定に参画するすべての人が利用者として想定される。すなわち企業では経営者・管理者だけではなく、国や自治体の行政においては政治家・行政官

のみならず、企業の全従業員や主権者たる国民、そして顧客となる消費者を始めステークホルダーと呼ばれる全ての利害関係者たちが利用者となる。これらの人たちは、主権の行使、業務の遂行、自らの行動決定等をより良いものにするために情報を必要とする。その情報は様々なチャネルから得られるが、情報入手の基盤となる社会的な制度を公的に整備し、要求に応えて情報を提供できる体制を作ることこそ民主主義社会の基盤とも言える。従って、その社会（コミュニティー）の情報に対する要求度が高まるほど、言い換えれば社会の文化度や成熟度が高まるほど、各種の情報のチャネルは充実・発展するはずであり、その観点から、図書館やアーカイブズの充実度は、その社会の発展・成熟度の反映ともいえる。組織やコミュニティーのガバナンスにとって、知識としての情報はますます量と質の両面において重要となるからである。

意思決定の質を向上させる知識のもとは経験である。個人の経験を他者と共有できる知識に昇華させ、組織やコミュニティーが記憶として伝承するためには、経験の記号化・記録化が不可欠となる。その具体例が経験を言語化して、文字による記録を作り、伝承する方式である。「情報を表現するためのすべてのシステムは、表現の手段、すなわち、記録のシステムとしてだけでなく、表現の保存手段としても記録媒体の一形態である物的存在に依存している。[2]」図書館もアーカイブズもこの情報の表現と保存を記録媒体という物的存在に依存しているが、この情報と物的存在との関係を知識科学では、「暗黙知」と「形式知」の変換の過程として捉えていることはよく知られている。

2　知識を記録する形式と種類

情報・知識を暗黙知と形式知に分けると、それぞれが管理主体から見て、その所属組織の外部で発生した情報・知識と組織の内部で発生した情報・知識に分けられる。一般には図書館のコレクションの主要部を形成する出版物は組織の外部で作成された外部（発生）情報であり、組織やコミュニティー内で作成された業務文書を管理する記録管理（現用の文書管理を主に担当するレコード・マネジメントとその延長線上のアーカイブズ）が内部（発生）情報を担当するという区分ができる（**図1**参照）。それでは図書館とアーカイブズがあれば現代社会の知識管理は十分であろうか。この**図1**から明らかな如く、図書館とアーカイブズだけでは我々が有する知識全てを網羅して管理できているわけではない。暗黙知の世界が別に存在する。見方を変えれば図書館やアーカイブズはこの暗黙知を形式知に変換し、保存し、提供するという際限の無い努力を支える社会制度と見ることもできる。この暗黙知を形式知に変換して伝承し、形式知により得られた知識をもとに新たな経験から得られた暗黙知を加えて、それを新たな形式知に変換するという知識増殖のスパイラルを、野中郁次郎たちは「SECIモデル」と名付けた[3]（**図2**参照）。現代社会はこの知識増殖のスパイラルを

どこまでも追求する知識・情報社会であり、このモデルをより機能的、効率的に働かせるよう、適切な社会的サポートの下に知識変換過程を置くために、図書館やアーカイブズを適正に組織し、設置し、位置づける必要がある。そこで図書館とアーカイブズは文書という「形式知」を扱い、またSECIモデルによる知識変換・増殖過程を追求しながらも、既存の形式知の蓄積を行い、「連結化」、「内面化」の過程で、適時、検索・利用に供し、新たな「知」の創造に貢献するという共通性を有する。そこで、図書館は社会教育機関として普遍性を持った学術・文化的な「知」を扱う結果、司書等の関係者にはコスモポリタニズムの思想や価値観が生じ、国内外を問わず広く図書館界ではそのコレクションの相互貸借や相互交流を推進しようとする考えが生まれる。アーカイブズではアーカイブズの世界における国際協調や国際協力は最大限重視されるものの、国や組織の「形」を作るためのガバナンスに不可欠な組織として図書館との間に必然的な差異も生じる。

　さらにこの形式知を管理するためには、管理する対象や手がかりを形式知の知識情報内容と物的記録媒体とに区分し、知識の主題と媒体の属性とに分けて識別する方式が一般的である。前者が知識情報のデータそのものであるのに対し、後者をデータの識別データという意味でメタ・データと呼ぶ。通常の図書館やアーカイブズ、更には博物館等では資料や文書に書かれている情報内容を示す一次データの管理をメタ・データ（図書館の閲覧用目録が代表例）を用いて行うのが一般的である。図書館もアーカイブズも共に、所蔵する多量の情報資源をこのメタ・データ（目録）を用いて管理するという共通性を有する。一方、そのメタ・データの記述項目とその精粗等にはアーカイブズと図書館の間では差異もみられる。一般にアーカイブズでのメタ・データは文書の作成時点や状況に遡っての詳細な記述が求められる。形式知の蓄積・検索拠点である図書館、アーカイブズ、博物館では、それぞれメタ・データを用いて、情報資源を管理しているが、そこにはそれぞれの情報資源の特性によるメタ・データ上の差異が見ら

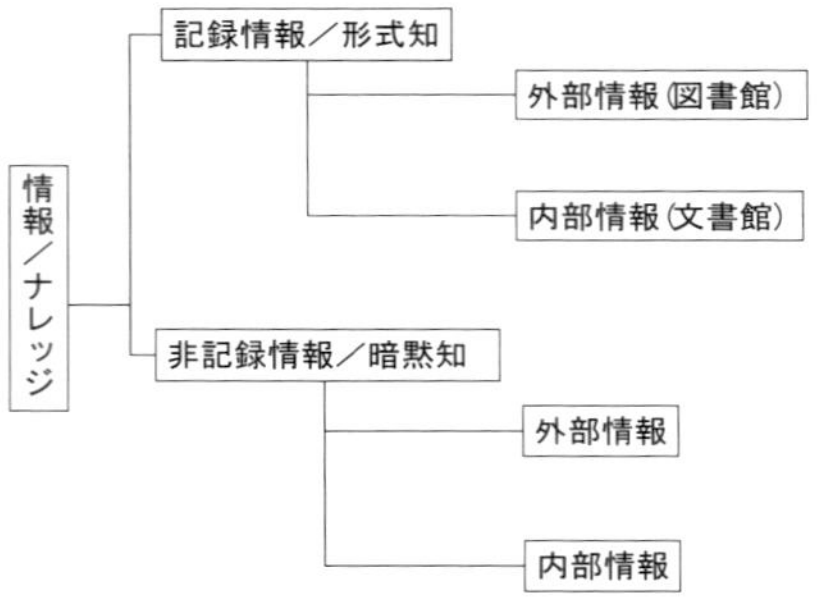

図１　情報／知識の区分

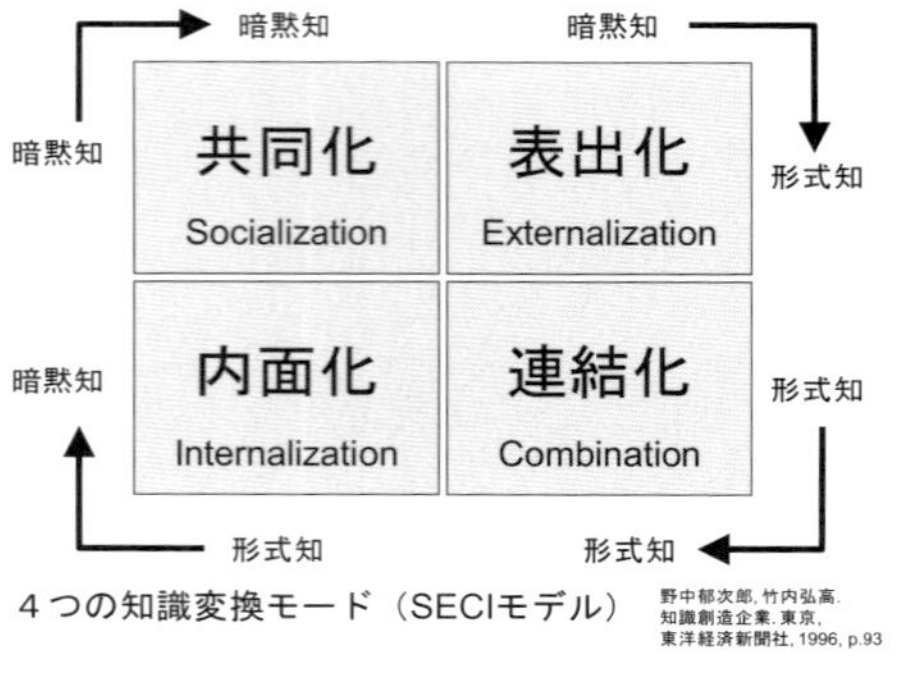

図２　SECI（知識変換）モデル

れる反面、検索手段としてのメタ・データの共通性もあり、博物館、図書館、アーカイブズの連携の糸口にもなっている。

二　図書館とアーカイブズ

1　アーカイブズの弱小性

先に述べたように図書館とアーカイブズは主として文字という記号表記により記録された知識・情報を収集・蓄積し、必要に応じて検索・提供するという類縁性の強い社会的な知識・情報管理制度であるが、そこには明確な差異もある。今日、世界の先進主要各国においてはその出版文化が国民各層に浸透しており、これに応じて、図書館は広く、深く社会の隅々にまで定着している。図書館には、各国ともその国立図書館を中核にして、公共図書館、大学図書館、学校図書館、専門図書館の四館種が存在し、相互に協力ネットワークを形成している。情報流通としての蔵書の貸出・流通の面から見れば、日本では国立国会図書館が図書館間での図書・出版物相互貸借の中央図書館であり、日本の全出版物を網羅的に収集・保存する納本図書館でもある。このように多様な館種から成る図書館の中で、地域コミュニティーの住民にとって最も馴染みが深いのは、社会教育機関として住民の誰にでも公開され、健全なコミュニティーの構成員たる健全な主権者の生涯学習機関となる公共図書館であろう。日本においては公共図書館の大半が公立の図書館で、全国の都道府県と市以上の自治体ではほぼ一〇〇%に近い自治体が図書館を設置しており、都道府県市町村の設置する公共図書館の総数は約三〇〇〇館に達している。このように日本の公共図書館の量的な拡大は実現したものの、その活動やサービスの質の面では、未だ「無料貸本屋」の誇りも多く、国際的にも遜色の無い図書館活動の実現には克服すべき課題も多い。

一方、アーカイブズはと言えば、国や自治体の公文書を保存する公文書館、企業の社史編纂と深く結びついたビジネス・アーカイブズ、地域の歴史史料を集めた郷土史料館等、多岐にわたるが、これらは全て出版物というよりもむしろ、何らかの業務に関わる記録類を専門的に扱い、歴史的に重要な資料類を収集・移管・保存している機関である。今、図書館の世界での公立の公共図書館の比較対象として、公文書館を取り上げれば、日本における公文書館の総数は、平成二十年五月現在ですら、国立公文書館を含む国の機関が四館、都道府県三〇館、政令指定都市七館、市区町で一五館の合計五六館が存在するにすぎず、公共図書館に比して総数はもとより、自治体レベルでの設置率もかなり低い。このことは都道府県や政令指定都市においてすら公文書館を持たず、その行政文書を歴史資料として保存せず、住民がアーカイブズを通じて行政参画するための情報提供できる体制を整備していない自治体が未だに多数存在するということである。

表１　国立公文書館、国立国会図書館比較表

		(独)国立公文書館	国立国会図書館
設立年		1971年	1948年
所属・所管		内閣府所管独立行政法人	国会（立法府）
法令		国立公文書館法	国立国会図書館法
職員数	（役員を含む）	44人	920人
総床面積	合計	23,167平米	215,166平米
	本館	11,550平米	147,853平米
	関西館・つくば分館	11,250平米	59,311平米
	国際子ども・国会分館		8,002平米
	アジア歴史資料センタ	367平米	
コレクション	主な資料	政府機関公文書	営利・非営利出版物
所蔵冊数		111万冊	3,364万冊
年間予算額		19億円	228億円
開館日数		256日	280日
来館者数		29,420人	633,240人

データの典拠：『平成 18 年度（独)国立公文書館業務実績報告書』『国立国会図書館年報』平成 18 年度版

今日では地域住民が行政に対して、そのサービスの一環として社会教育機関である公共図書館の設置を求める声が全国的にも高い。反対に民主社会のガバナンスに直結するアーカイブズ・公文書館設置の声はそれほどに高まらない。その一因にアーカイブズを民主主義社会の基本要件と考えずに、歴史研究者・愛好者のための専用の図書館程度にしか考えない日本社会の風潮があることは既に述べたとおりである。

　このような日本における図書館とアーカイブズの跛行性の一端をアーカイブズと図書館のそれぞれのナショナルセンターである（独）国立公文書館と国立国会図書館の諸元の比較を行えば、**表1**に示す通りであり、この表からもアーカイブズへの日本社会の関心の低さとそれに起因する資源投入の遅れは明らかとなる。

　図書館に比較し、アーカイブズへの関心の低さの理由は所蔵する資料の特性にも起因するとも考えられる。すなわち広く社会各層に受け入れられるべく編集し、読み手にとって魅力的に刊行された読みやすい出版物と、読み手の意向に関係なく業務に付随して作成される業務文書との資料の特性の差も一因であろう。主権行使のための情報基盤として、図書館とアーカイブズは共に形式知を担う基盤的社会制度であることを想起すれば、「無料貸本屋」的な図書館の設置は要求しても、行政参画の基盤となる公文書館には無関心な地域住民や、町おこしや施政の目玉として、「ハコモノ」としての図書館建設には積極的であっても、公文書館はおろか文書管理体制の整備にすら無関心な自治体や行政関係者が多いという日本社会の選好の跛行性は、健全な民主主義社会の形成を考える上で、かなりの危惧を感じざるを得ない。もちろん図書館と公文書館（アーカイブズ）は共に今日の民主主義社会での主権者に対し、形式知に基づく情報提供制度という共通点があるにせよ、その性格が図書館は社会教育・生涯学習拠点であるのに対し、公文書館・アーカイブズは業務記録の管理、保存、中でも歴史的に重要な記録類の保存・利用拠点と異なる。そうではあっても以

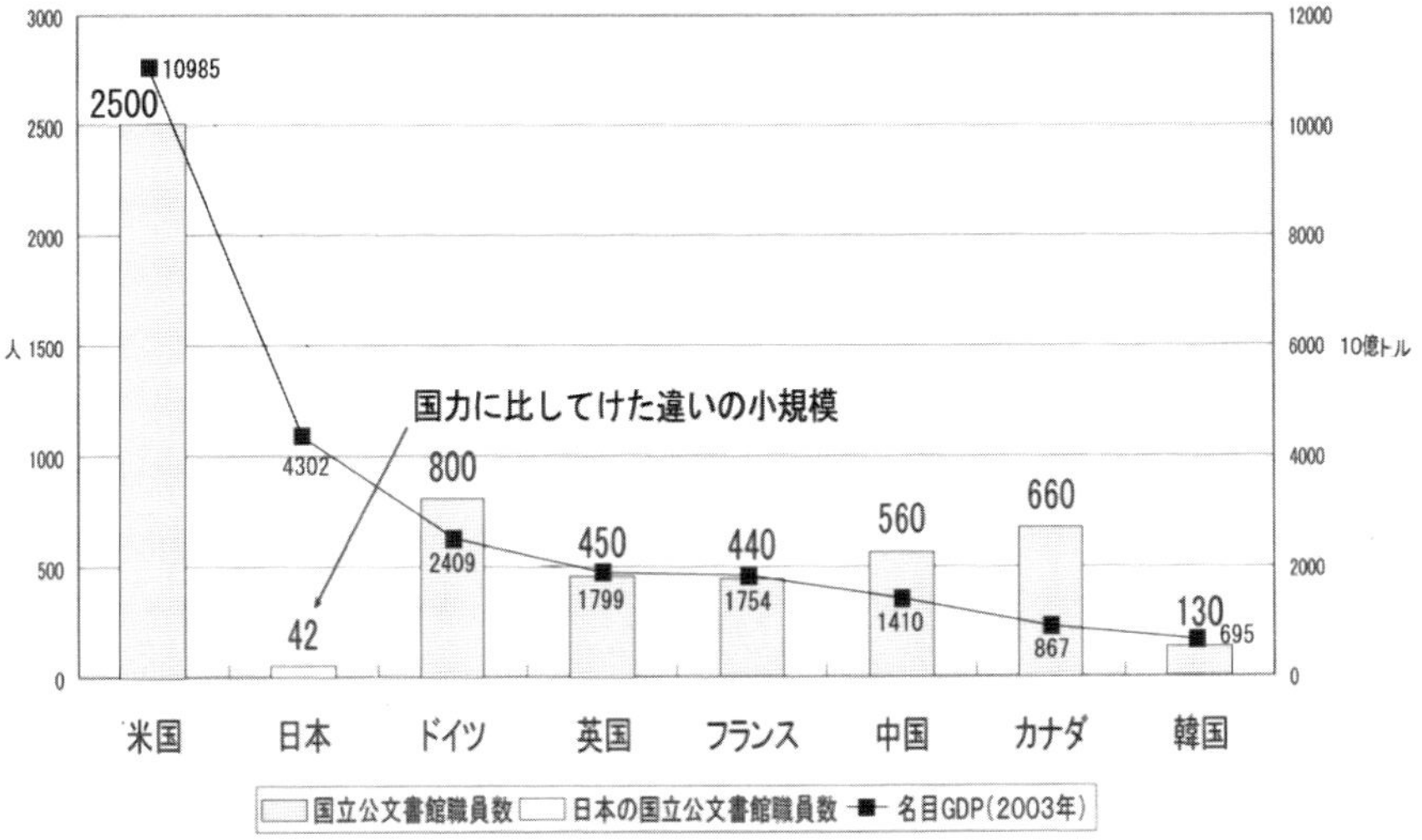

図３　公文書館制度の体制の比較

出典：内閣府大臣官房企画調整課監修『公文書ルネッサンス』国立印刷局, 2005, p.225 より

二に示された図書館とアーカイブズとの間の大きな差異と格差は、健全な民主主義社会での文化、特に情報文化の形成の面からも決して好ましいことではない。

2　図書館・アーカイブズについての日本の実情——国際比較の観点から

日本国内のアーカイブズの状況を公文書館と公共図書館の主に館数を指標にして比較した結果、アーカイブズの弱小性が明白となった。このようなアーカイブズの弱小性は諸外国においてもみられるのであろうか。それとも日本の状態が異常なのであろうか。公文書館に比して館数では圧倒的に勝る図書館についても、日本は未だ主要国に比較し質・量両面で劣っているという(4)。では、日本のアーカイブズの規模は日本の国力に照らしてどのような水準にあるべきなのであろうか。

そこで、アーカイブズの規模の指標を職員数でとり、国力の指標には国内総生産（GDP）をあてて、その国別比較図を作成すると**図3**の如くになる。この**図3**からも、日本におけるアーカイブズが、日本国内で図書館よりも弱小であるばかりでなく、諸外国に比較して、その政治・文化の体制の如何に拘らず、国力に比して極めて弱体であることが明らかになる。また、経済的な国力基準ではなく、公文書館を構成する諸項目の絶対値について、欧米主要国のみならず、アジア主要国と比較しても、日本の国立公文書館の立ち遅れ、弱小性は明白である（**表2**、**3**参照）。

表２　諸外国の国立公文書館との比較　（１）欧米

	日本	アメリカ(NARA)	カナダ(LAC)	イギリス(TNA)	フランス	ドイツ
設立年	1971年	1934年	1872年	1838年	1790年	1919年
所管機関	内閣府	大統領直属	文化遺産省	法務省	文化コミュニケーション省	連邦政府（文化メディア特命官直属）
法令	公文書館法（1987） 国立公文書館法（1999）	連邦記録法等	カナダ国立図書館公文書館法（2004）	公記録法(1958)	文化遺産法（2004、2008年改正）	連邦公文書保存利用法（1988）
職員数	42人	2,500人	660人 （＋図書館500）	600人	440人	800人
施設総床面積	・本館（千代田区）11,550㎡ ・分館（つくば）11,250㎡ ・アジア歴史資料センター（千代田区）	・本館（ワシントンDC）130,000㎡ ・新館（メリーランド州）167,200㎡ ・22の地域分館 ・11の大統領図書館 ＊2002-4年に本館展示リニューアル	・本館（オタワ）71,600㎡ ・新館（ガティノー） ・保存修復センター（ガティノー） ・8の地域分館 ・ポートレート・ギャラリー（オタワ）	・本館（ロンドン郊外）65,200㎡ ＊スコットランド、北アイルランドは別組織	・歴史公文書館（パリ） ・現代公文書センター ・海外公文書センター ・マイクロフィルムセンター ・労働文書センター ＊サンドニに新館建設中 ＊2007年から機構改革中	・コブレンツ本館118,000㎡ ・ベルリン本館 ・軍事公文書館（フライブルグ） ・映画資料館（ベルリン） ・上記のほか7施設 ＊ベルリン本館増築中
主な収集資料	・政府機関公文書（外務省、宮内庁の文書を除く）	・政府機関公文書 ・連邦議会記録 ・裁判所記録 ・大統領記録 ・航空写真 ・地図／建築図面 ・音声／映像記録 ・映画フィルム	・政府機関公文書 ・議会記録 ・裁判所記録 ・私文書 ・ドキュメンタリー絵画 ・写真 ・地図／建築図面 ・音声／映像記録	・連邦、イングランド、ウェールズ各政府機関の公文書 ・王室記録 ・裁判所記録 ・私文書	・政府機関公文書（外務省、国防省の文書を除く） ・裁判所記録 ・公証人記録 ・私文書／企業文書 ・植民地資料	・政府機関公文書 ・立法機関記録 ・裁判所記録 ・国家的に重要な個人・政党・団体等の記録 ・映画フィルム
所蔵文書書架延長	48km	930km	170km	175km	365km	300km
特徴	・国の機関所蔵のアジア歴史資料をインターネットで広く公開	・電子公文書館事業を推進中（2006年度予算4000万ドル）	・2004年に国立図書館と統合（同じ文化遺産省所管、組織規模も同等）	・2003年に歴史資料評議会（HMC）と統合、組織を強化 ・2005年1月から情報自由法を適用	・公文書監督局が約800の国・地方自治体の公文書館を統括	・東西ドイツ統一後、1つの連邦公文書館として再出発 ・世界最大級の映画資料館

出典：国立公文書館資料　2008年9月作成より　　2008. 8 現在

何故、日本ではこのような状況が生じているのであろうか。日本には、保存・伝承するに値する記録や文書は無いのであろうか。日本の歴史や文化にはアーカイブズがなじまないのか。記録を残し歴史を尊重しようとする文化が無いのであろうか。

そうではないと思われる。日本の国や自治体の行政においては、多くの保存に値する行政文書が日々作成されている。それら行政文書の保存についても、古くは律令国家体制が成立して以来、また明治維新後の太政官・内閣と続く明治政府の体制の下でも、少なくとも公文書の保存管理の体制は整備されていた(5)。

それでは日本における文書・記録の管理が乱れ、立遅れ始めるのはいつからであろうか。世上よく言われるのは昭和二十年八月の終戦に際して、膨大な公文書が焼却され、それ以降日本の公文書の管理はおざなりになったという説である(6)。

しかし、多量の文書が焼却された事実はあるにせよ、それで文書管理の意識や行動、さらには体制が一気に崩壊したとも考えられない。重要な公文書が焼けて無くなることは終戦時だけではなく、関東大震災時にも、また明治期に繰り返し起こった政府中央官庁の火災でも起こっていたことである。私見・仮説ではあるが、多分明治以降、公的、私的な組織を問わず、文書管理についての規範的・倫理的な考えより、効率重視の功利主義的な思考と縦割り組織のセクショナリズムが文書量の幾何級数的増大と組織の肥大に伴って顕著となり、文書・記録の集中管理体制を徐々に阻ん

表3　諸外国の国立公文書館との比較　（2）アジア

	中国	韓国	マレーシア	フィリピン	ベトナム
設立年	1951年	1969年	1957年	1958年	1962年
所管機関	国務院・中国共産党	行政安全部	文化芸術遺産省	文化芸術国家委員会	内務省
法令	中華人民共和国档案法（1987）	公共機関記録物管理法（1999）→公共記録物管理法（2006）	国立公文書館法（1966、2003改正）	大統領令（1999）	国家文書保護法（1982）
職員数	560人	300人	440人	200人	270人
施設 総床面積	・中央档案館（北京）118,000㎡ ・第一歴史档案館（北京）　17,600㎡ ・第二歴史档案館（南京）　15,000㎡	・本部（テジョン　政府合同庁舎内） ・支所（プサン） ・閲覧事務所（ソウル） ＊ソウル郊外ソンナムに本館新築、2008年4月開館。総床面積18,827㎡、地上6階地下4階建、総工費約1億1千万USドル	・本館（クアラルンプール）9階建2棟 ・3首相記念館 ・独立記念館ほか6つの記念館 ・10地域分館	・本館（マニラ、図書館と同じビル） ・支部（セブ、ダバオ） ＊マニラ市内に2008年竣工予定の新館建設中	・第一国立公文書センター（ハノイ）　4階建 ・第二国立公文書センター（ホーチミン）　8階建 ・第三国立公文書センター（ハノイ）　新館10階建、旧館3階建 ・上記のほか国家記録文書局の下に保存修復センター等7つの専門施設
主な収集資料	・政府機関公文書 ・共産党文書 ・図書資料 ・音声／映像記録	・政府機関公文書 ・大統領記録 ・土地台帳 ・国家行事の映像 ・記念切手、絵葉書 ・地図／建築図面	・政府機関公文書 ・首相記録 ・音声／映像記録 ・個人文書 ・図書資料 ・王室関係記録	・スペイン植民地時代記録（16世紀～1898） ・米日占領時代記録 ・政府機関公文書 ・最高裁判所判決 ・公証人記録	・政府機関公文書 ・科学技術記録 ・音声／映像記録 ・個人文書
所蔵文書書架延長	1540万点	194万点	—	—	475万点
特徴	・国家档案局が全国約4,000ヵ所の地方档案館を統括	・法律で、国の各機関に半現用記録を保管する資料館の設置や、大統領記録の収集を規定	・2008年7月に国際公文書館大会を開催 ・積極的に記念館事業を展開	・1999年からスペイン政府の資金援助を得て「国立公文書館現代化プロジェクト」進行中	・内務省国家記録文書局の下に公文書館職員養成所あり

2008. 8 現在

出典：国立公文書館資料　2008年9月作成より

でいったと考えられる。また、たとえ大局的に国益に合致していようとも、業務担当者の所属組織の価値観に反する考えは排除し、所属組織の利益や都合だけを考える「内向き志向」や官公庁に多い無謬性至上主義が記録を残すことで所属組織の利益を阻害したり、自らの仕事の誤謬が顕在化したりすることを嫌った結果とも考えられる。(7)

これに加えて、大日本帝国憲法下での「陛下の官吏」から、日本国憲法下での「国民の公僕」に変わった時に、官僚としての業務に対する心構えや責任の自覚の仕方が変わったり、社会的価値観や国家観の変容があったりしたことも影響したであろう。公文書館に残された公文書の作成・保存と管理の実態とさらにはそれらに言及する諸文献を見て、公文書管理に対する担当官の熱意が昭和二十年代以降三十年代、四十年代と時代が下るほどに薄れ、変容してゆくように感じるが、それは偏見であろうか。

3 （独）国立公文書館の概要

現在の日本において、「図書館」という言葉を聞いて分からないという人はまずいない。この図書館界の中核をなし、その頂点を占める国立国会図書館についても、高等教育を受けた成人であれば、まず知らない人はいないであろう。しかし「公文書館」、「アーカイブズ」はそうはいかない。公文書館がどのような機関かの想像はかろうじてその表記文字から想像出来るかもしれないが、

「アーカイブズ」という言葉は、最近一部で流行語になっているとはいえ、未だに過半の人たちにとっては「ジャーゴン（jargon）」以外の何物でもない。そこで、以下に、国立公文書館の概要を紹介することで、日本のアーカイブズ界の実態の一端を示したい。

①国立公文書館前史

日本では遠く律令国家の成立時から幕末に至る各時代に、それぞれの時代の統治行為に伴い、文書の集積とその活用が行われた。国立公文書館に「内閣文庫」として、その集積された文書の主要部分が残る江戸幕府の「紅葉山文庫」はその顕著な一例である。

明治維新後は、太政官政府にいち早く文書類を集め、管理する「掛《かかり》」が置かれ、明治四年に至り「記録局」となる。これが太政官文書局文書課を経て、明治十八年の内閣制の発足にともない、内閣記録局となり、政府内のアーカイブズは組織体制の上では確立した。しかしこの内閣記録局は昭和四年の内閣官房記録課への改組を経て、昭和十七年には「記録課」の文字が消えて、内閣官房総務課に業務が引き継がれる。さらに総理庁官房総務課を経て日本国憲法施行に到る。この間、文書・記録の管理は集中管理体制から各省庁毎の分散管理体制に移っていた(8)。

新憲法体制下では戦後の日本社会の民主化の基盤となる主権者への情報提供のモデルを米国に求めたが、その米国型モデルの中核としては国立国会図書館が設置されるにとどまり、公文書館や記録局が設置されるには至らなかった。そこで昭和二十四年に国立国会図書館に憲政資料蒐集係が置かれ、これが憲政資料室となって、昭和三十六年からは公開されるに至った(9)。しかし、行政資料や司法資料、さらには「民」を含む学術・文化資料や郷土史に関する資料など、大半の価値ある資料は手つかずに放置された。昭和二十四年にはこの事態に危機感を抱いた歴史学者たちが衆議院議長に、「史料館設置に関する請願及び趣意書」を提出した(10)。翌昭和二十五年には日本学術会議から「学術資料の保存ならびに活用について」という答申も内閣総理大臣あてに出されている。また、この間、昭和二十三年より、内閣文庫は国立国会図書館の支部図書館内閣文庫として公開されたし、昭和二十六年には文部省史料館が設置された(11)。

徐々に公的な文書類を歴史資料という共有の遺産として捉える見方が広まる中で、昭和三十三年には日本歴史学協会から日本学術会議に宛て、具体的内容を盛り込んだ「国立文書館建設の要望書」が出された。昭和三十四年に山口県文書館が最初の都道府県レベルのアーカイブズとして設立され、また同年日本学術会議は「公文書散逸防止について」という国立公文書館設立の勧告を兼重寛九郎日本学術会議会長名で岸信介内閣総理大臣あてに行った。これに並行する形で、ユネスコからも日本国政府に公文書館設置勧告がなされ、政府の公文書管理体制整備の動きが本格化し、昭和三十八年度には公文書館設立の調査費も認められるにいたった(12)。

こうして昭和四十六年に至り、総理府に国立公文書館が設置されることになった。ただ、実現した国立公文書館は日本歴史学協会が昭和三十三年の要望書で構想した敷地八〇〇〇坪、建坪四〇〇〇坪、職員数四八五人という構想からすると、建坪は別にしても、職員数にいたっては十分の一にも及ばないものであった。[12]

②現在の国立公文書館

昭和四十六年に総理府の一部門として国立公文書館は発足したが、この国立公文書館にはその後、アジア歴史資料センターが加わることになった。このアジア歴史資料センターの構想は平成六年の村山首相の談話をきっかけに生まれ、紆余曲折の結果、平成十三年に実現したものである。[13] このセンターは、近現代の日本とアジア近隣諸国等との関係について、当時の内閣、外務省、陸・海軍の公文書等の原本画像約一七〇〇万画像（平成二十年九月現在）をデータベース化し、ウエブサイト上で公開している世界的に見て最大規模のデジタル・アーカイブズ・システムであって、国内外の専門研究者をはじめ、関係者からの評価は極めて高い。

一方、本体の国立公文書館も、積極的な活動の展開を志向したが、その小規模性の限界もあり、その業務と活動の課題については、設立一〇周年を期して出版された論文集において、初代の岩倉規夫国立公文書館長が指摘・総括した事項に集約されている。

そこで指摘された今後の課題としては次の四項目がある。

i　各省庁の公文書の円滑な移管
ii　移管公文書等の迅速な公開
iii　保管公文書の分類検索等へのコンピュータの導入
iv　国際公文書館会議に対する積極的寄与[14]

これらの指摘から四半世紀を経て、それぞれの課題の克服に向けて地道な努力を日々積み重ねてきた国立公文書館活動の成果は各項目別にみると次のように概括できる。

iの移管については、残念ながら未だ十分に円滑な移管の実現はできていないと言わざるを得ない。特に、平成十三年度には情報公開法施行の影響を受け、極端に移管数が落ち込んだ。その後回復したとはいえ、その移管率（移管文書量／移管対象文書総量×一〇〇）は未だ〇・七％前後で低迷しており、アーカイブズ先進諸外国における移管率二～三％には遠く及ばない。

iiの迅速な公開という課題については、全ての移管・受入れ文書の目録作成と公開を、受け入れてから十一ヶ月以内に完了させており、この課題は一応達成されていると言える。今後の課題は検索サービスの基本である目録の質の向上を電子媒体移管に伴うメタ・データ付与をも視野に入れつつ、いかに実現するかにある。

iiiのコンピュータの導入については、受け入れた全公文書の目録データをネット上で受入れ後十一ヶ月以内に公開することに加え、原本画像の公開も約六〇〇万画像（平成二十年九月現在）に及ぶ他、マイクロ化、デジタル化を着実に進め、地方公共団体向け

のシステム標準化も進めるなど、これまた我が国を代表するデジタル・アーカイブズ・システムを実現し、提供している。

ⅳの国際関係への積極的寄与では、国立公文書館長が国際公文書館会議（ＩＣＡ）の副会長、同会議東アジア部会（ＥＡＳＴＩＣＡ）会長を務め、各種国際会合の国内での開催や国外での会議の主宰・参加など、世界における日本の国立公文書館のプレゼンスは館の規模に比して極めて大きい。これは日本のアーカイブズ界を代表しての菊池光興国立公文書館長の個人的力量に負うところが大きいことは言うまでもないが、その菊池館長を支えるスタッフの体制と能力、館界を代表しての対外的な方針決定の体制の在り方なども無視し得ない。国際図書館連盟（ＩＦＬＡ）等での日本図書館界のプレゼンスのレベルを考えると、アーカイブズ界の対外対応の仕方は図書館界の参考になるかもしれない。またアジア歴史資料センターの事業に対しては国内や近隣諸国からはもとより、欧米の研究者たちからも高い評価を得ていることは既述のとおりである。このように国立公文書館は日本のソフトパワー推進の一翼を十分に果たしているとも言えるが、今後、この国立公文書館が果たしている役割を一層高めるとともに、その影響を広く日本のアーカイブ界の隅々に、さらには類縁機関である図書館界、博物館界にも広げ、アーカイブズや図書館のソフトパワーとしての効果を広く社会各層に認識させ、浸透させることが望まれる。

岩倉初代国立公文書館長の指摘から四半世紀の時の経過は、この間に指摘事項には無かった電子公文書（特に所謂ボーンデジタルの公文書）への対策や、情報公開制度との整合、国際標準での業務活動等の時代を反映する課題をも国立公文書館に迫っているが、国立公文書館では最新・最先端の技術や理論の裏付けを得た上での万全な対応を志向しているものの、現状では必ずしもそれに十分な体制はとれているとは言い難い。

この国立公文書館は創立以来、総理府の一部門として位置づけられてきたが、平成十三年の四月より内閣府所管の独立行政法人国立公文書館となった。独立法人化によりそれまでに比較し運営の自由度を大幅に得たとは言え、その自由度を最大限に生かしても、国立公文書館としてなすべき業務の量と水準に比し、職員定数四二名というその小規模性の持つ限界は如何ともし難く、抜本的改善策の可及的速やかな採択・適用が不可避となっている。

三　文書類の蓄積・検索文化の再構築

１　公文書管理体制の整備――政府の対応経過

国の形を創るための重要な一基礎となる国立公文書館の強化・整備の必要性については多くの識者の等しく認めるところであったが、平成十五年四月に、内閣府大臣官房長の下に、「歴史資料として重要な公文書等の適切な保存・利用等のための研究会」が置かれることになり、公文書館強化方策の検討が始まった。研究

会が主要国の実態調査を踏まえて中間報告をまとめるや、直ちに同研究会は内閣官房長官主宰の「公文書等の適切な管理、保存及び利用に関する懇談会」(以下、懇談会と略す)に改組された[15]。時の内閣官房長官は後の内閣総理大臣福田康夫氏であり、既に熱心な公文書館整備・強化推進派であることは知られていた。同懇談会は存続し、平成十六年六月、第一次の報告書を取りまとめ、これに基づき、中間書庫システムと電子媒体による公文書の扱いに関する二つの研究会を立ち上げた。この研究会はそれぞれ平成十八年の四月に報告書を懇談会に提出した。これを受けて、同年六月に懇談会は「中間段階における集中管理および電子媒体による管理・移管・保存に関する報告書」をまとめた。

この間、平成十七年三月には福田康夫議員(当時)を中心に約三〇名の与党議員からなる「公文書館推進議員懇談会」(以下、議員懇談会と略す)が結成され、この議員懇談会が、平成十九年の夏に公文書館の整備・強化について政府に提言を行うこととした。「この国の歩みを将来への資産とするために」と題する提言を十一月にまとめ、翌十二月に政府への提出となったが、この間、福田議員は、内閣総理大臣就任に伴って、その提言の提出側から受取り側に回ることとなった。

提言を受けた政府側では平成二十年一月に内閣府に公文書等保存・利用推進室を開設したが、福田首相は同年二月に上川陽子公文書管理担当大臣を任命し、「公文書管理の在り方等に関する有識者会議」を立ち上げ、内閣官房に公文書管理検討室を設けた。この有識者会議は平成二十年七月に中間報告として「時を貫く記録としての公文書管理の在り方——今、国家事業として取り組む」を発表し、国立公文書館の拡充・強化、文書の一貫管理についての政府の統一ルールの作成などを提言した[16]。政府側はこれに呼応して、公文書館に関する法案を準備することとなった。今後はこの法案の成立並びにその内容がいかなるものになるかが、国立公文書館の将来のみならず、日本のアーカイブズ全体の将来の在り方に影響したり、規定したりすると思われ、注目される。

法案成立の可否とその内容には政治状況による影響が及ぶことが懸念されるが、福田総理大臣は退任表明後に「公文書管理の在り方等に関する有識者会議」に出席し、「政権が変わっても重要政策は変わらない。」と強調している[17]。

2 ソフトパワー時代の図書館とアーカイブズ

図書館やアーカイブズには広く大衆に理解されている機能に加え、今日的に注目すべき機能があることを指摘しておきたい。それは民主主義国日本の国の形を整え、主権者の民度を向上させるのに不可欠なアーカイブズや図書館に社会的な関心が今一つ高まらず、従って公的な資源投入が必ずしも十分でないということがこれからも続くなら、それが今後、国益を大きく損なう危険性を孕むことになりかねないということである。

日本が明治維新により、十九世紀の列強による帝国主義競争の最後尾にかろうじて割り込み、二十世紀における工業化・経済力競争においては、敗戦を経験しながらも経済大国と成り得たが、二十一世紀の国際間競争に対していかなる展望が持てるのであろうか。二十一世紀においては、現在の国境線は消滅し、多民族・多文化共存社会が到来するとの楽観論があるかもしれないが、政治的な国境線の消滅や変動があっても、民族・地域・歴史・言語等の文化的な差異が人為的に簡単に消滅するとは考えにくい。むしろ今後の世界においては、異なる民族や文化を持ったグループが近接して共生・共存する機会が増大する結果、摩擦や紛争が多発し、それらを防ぐためにも、異なる文化についての知識・情報や調査結果、さらにはそれらをもとにした研究の価値がより一層高まるとも考えられる。その情報流通や調査、研究の基盤に図書館やアーカイブズが不可欠である。日本の国や文化を国内はもとより国外の関係者にもよりよく知らしめ、極東、さらにはアジアにおける知的情報ストックの一大拠点となることが、単に力による要求、説得、懐柔、誘導、威嚇だけではない、より大きな力ともなりうる。そのような従来とは異なる「力」に対し急速に関心が高まっている。これがソフトパワー、パブリック・ディプロマシーとして、今日広く知られるにいたっている「力」なのである。

ソフトパワーとは、ハードパワーとしての軍事力・経済力によ る国際社会での影響力の行使ではなく、国の文化やそれを用いた政策の魅力を国際関係に利用することを言う(18)。換言すれば、二十一世紀は軍事力・経済力の競争以上に、知力・文化力の競争の時代だということである。この知力・文化力の競争において、図書館やアーカイブズがそのパワーの基盤を構成するという考えが世界的に定着しつつある。知的情報資源を収集・蓄積・検索する情報サービス機関としての図書館、アーカイブズの充実度がソフトパワーの時代の優劣を決定づける。それゆえ、図書館やアーカイブズの充実度がその社会の発展度・充実度の反映にもなるのである。

地球規模でみると極東・漢字文化圏は世界のなかでも文化の集積度の高い一極として存在する。二十世紀の後半に至るまで、日本についての研究はもとより、極東・漢字文化圏の研究の主要な基地は世界的に見て日本であり、日本人研究者は当然のこと、東洋諸文化についての外国人研究者にとっても、日本の研究機関とその基盤となる研究図書館の利用が不可欠であったと言える。それは他国に比して優れた研究者の存在に加え、研究用の資料の相対的に優れた蓄積と利用環境が日本に存在したからである。しかし現在は状況が異なる。日本以外に優れた資料の蓄積やデジタル変換、データベース構築等が進んでおり、そこには優れた日本人以外の図書館員・アーキビストもいて、日本語以外の言語による優れたレファレンス・ツールも存在する。日本について研究する日本人研究者までもが、外国、具体的には英語文化圏の図書館やアーカイブズを使う例や、それらを使わなければ先端的な研究が

出来ないという例は枚挙に暇がない。もし、デジタル化が進展する状況下で日本の図書館やアーカイブズの現状がこのままで続くと、あと何年も経ずに、英語文化圏だけでなく中国語文化圏やハングル文化圏の図書館やアーカイブズが日本のそれらを凌駕し、日本人研究者による日本をテーマにする研究までもが外国のデータベース、さらには図書館やアーカイブズに依存せざるを得ないという事態が出現しかねない惧れがある。このような事態が引き起こすであろうマイナスの効果については言うまでも無い。一方、日本にしか残存しない漢籍や朝鮮本などの佚存《いつぞん》書の存在をはじめ、単に日本固有の芸術・文化や人文科学以外にも自然科学、科学技術資料類に加え、幕藩体制下から現代に至る日本の政治、経済、社会の諸政策とその関連資料類など、日本の情報資源の潜在的可能性とその価値は極めて大きいのも事実である。

このようなマイナス面を防ぎ、プラス面を助長するために、一刻も早いアーカイブズや図書館についての認識の向上・深化と、それらの最低限で国際標準レベルまでの整備・充実へ向けての資源の投入が不可欠であろう。

今後の情報化の進展とともに、学術・文化の交流は一層盛んになろう。この動きに従来の我が国の対応はどちらかといえば、文化交流、即情報のフローとして、人物交流や作品の貸借等の側面にウエイトが置かれていた感がある。この種の情報フローに基づく文化交流の価値は認めるにやぶさかではないが、円滑な交流を行い、所期の効果を上げるためにも、その前提に十分な情報のストックの存在が必要である。豊かな文化と歴史を誇る日本にあって、その情報ストックとその管理体制の現状の改善には一層の配慮が必要と思われる。情報化、国際化、デジタル化が進展しても、その情報ストックの主たる社会的蓄積拠点が図書館であり、アーカイブズであることに変りないことを今一度想起しておきたい。

むすび

図書館とアーカイブズは現在の民主主義社会形成の一基盤であり、主権者への情報提供に関わる社会制度であることは繰り返し述べてきた。しかし、その集積する情報の記録物は図書館が出版物という編集・査読の過程を経て作成された複製物が主であるのに対し、アーカイブズは業務執行に伴い作成される業務文書が主流となる。この違いが図書館とアーカイブズの情報提供サービスの上にも反映される。

図書館のコレクションは科学、文芸等の普遍的な知識・文化に関わる文献を一人でも多くの読者に閲覧利用させることに主眼が在る。そこでは民主主義の基本条件の一つである研究や表現の自由に基づき、全ての図書館コレクションの閲覧の自由が保証されるとともに、図書館所蔵の文献の形で形式知化された知識情報の地球規模での自由な流通が前提となり、保証もされている。した

がって図書館は、国や自治体、官と民といった設置母体の境界を越えて、資料を自由に流通させる。これは図書館界でのコスモポリタニズムの思想が図書館相互協力・相互貸借の基盤に流れているからでもある。

一方、アーカイブズは業務執行に伴い作成された文書が集積されているが、第三者により公開を意識して評価・検討されることはない。業務文書の世界では原則として閲覧・公開請求時まで情報内容の第三者利用の可否についての評価・検討の機会は無いと言える。このことはアーカイブズの世界では、各国のアーカイブズ・公文書館が積極的に国際交流は行っても、コスモポリタニズムに基づいて、原本（一次資料）を対象とする図書館型の相互協力・相互貸借を行うことはなじまないことを意味する。このような差異を持ったアーカイブズと図書館が共に充実し、相互補完的に活動することは成熟した民主主義社会としての各コミュニティーの健全な発展に不可欠でもあり、その成熟度の反映でもある。

しかし、残念ながらわが国では図書館もアーカイブズもその充実度は、未だ在るべき水準への途上にあると言わざるを得ない。これを一刻も早くあるべき充実度まで引き上げるには、単に行政に対しての要求を繰り返すだけでは能がない。行政への要求とともに関係者自らの行動も求められる。その際何より必要なことは、図書館やアーカイブズの有様を少数の愛好者的な住民だけではなく、多数の住民が求め、利用するものにする必要がある。そのためにあるべき利用法について理解したうえで、利用するという図書館やアーカイブズについてのリテラシー、即ち「常識」を身に付けていることである。日本において図書館やアーカイブズの現状を招来した原因の一つに、日本の社会に、図書館利用、アーカイブズ利用のリテラシーの欠落があり、そこに公共図書館を無料貸本屋に、アーカイブズを歴史愛好家の史料庫にした一因がある。少なくとも図書館やアーカイブズの現状を改善する当事者としては、図書館やアーカイブズ関係者である司書やアーキビストをおいて他にない。

この意味からも、二〇〇八年六月に、図書館法が制定後約六〇年にして、極めて不十分ながら初めて本格的な改正が行われたし、来るべき本年度の通常国会には公文書館法案〈仮称〉が提出される見込みである。この二つの動きが期せずして同じ年度に起きたことは、日本の民主主義の成熟度を高め、未来を拓くために、司書やアーキビストをはじめとして関係する全ての人たちが行動を始める時に至ったことを示しているやに思われる。

註

（1）公文書管理の在り方等に関する有識者会議「時を貫く記録としての公文書館の在り方――今、国家事業として取り組む」内閣府、平成二十年七月一日。〈http://www.cas.go.jp/jp/seisaku/gyouseibunnshou/dai2/siryou2〉（参照二〇〇八年九月八日）

(2) ジョン・フェザー『情報社会をひらく』高山正也訳、勁草書房、一九九七年、一九頁。

(3) 野中郁次郎・竹内弘高『知識創造企業』梅本勝弘訳、東洋経済新報社、一九九六年、四〇一頁。

(4) 日本図書館協会の調べでは、人口一〇万人当たりの図書館数はG７諸国平均では五・四六館であるのに対し、日本は二・四三館、国民一人当たりの公共図書館予算額は、米国三五五一円、英国二七七一円に対し、日本は八八六円である。

(5) 中野目徹『近代史料学の射程』弘文堂、二〇〇〇年、三五八頁。岩倉規夫・大久保利謙『近代文書学への展開』柏書房、一九八二年、四二九頁。

(6) この説は昨今の日本の公文書管理の乱れに言及される際にしばしば指摘されているが、その一例を示せば、公文書館法の提唱者である岩上二郎元参議院議員・元茨城県知事や、作家の澤地久枝氏も国立公文書館の紀要で同じ指摘をしている。岩上二郎「公文書館への道」『北の丸』国立公文書館、第二一号、一九八九年、三―九頁。澤地久枝「歴史ドキュメントと公文書」同、一〇―二一頁。

(7) 牟田昌平「戦前の公文書にかかわる神話と現実」『アーカイブズへのアクセス――日本の経験、アメリカの経験』小川千代子・小出いずみ編、日外アソシエーツ、二〇〇八年、二四―三七頁。

(8) この問題について、中野目徹『書生と官員――明治思想史点景』汲古書院、二〇〇二年の第iv章「制度化のなかの個性」の第二節「内閣記録局の公文編纂」等が参考になる。

(9) 『国立国会図書館五十年史本編』国立国会図書館、一九九九年、三〇六頁。

(10) 安澤秀一『史料館・文書館学への道』吉川弘文館、一九八五年、二七一―二七五頁。

(11) 『内閣文庫百年史』国立公文書館、一九八五年、四四六頁。

(12) 岩倉規夫・大久保利謙『近代文書学への展開』柏書房、一九八二年、四二九頁。

(13) 国立公文書館の広報誌『アーカイブズ』の第二七号（二〇〇七年三月）に、アジア歴史資料センターの設立後五年間の回顧と展望がまとめられている。

(14) 岩倉規夫「一内政公務員の軌跡――国立公文書館長を退官して」『近代文書学への展開』柏書房、一九八二年、六八―八五頁。

(15) この間の状況については、内閣府大臣官房企画調整課監修『公文書ルネッサンス』国立印刷局、二〇〇五年、三二八頁を参照されたい。また、公文書等の適切な管理、保存及び利用に関する懇談会については次を参照されたい。
〈http://www8.cao.go.jp/chosei/koubun/index_k.html〉（参照二〇〇八年九月八日）

(16) この中間報告は以下で閲覧できる。なお最終回の会議が平成二十年十月十六日に開催され、最終報告書がまとめられることとなった。
〈http://www.cas.go.jp/jp/seisaku/koubun/index.html〉（参照二〇〇八年九月一一日）

(17) 平成二〇年九月四日午前一〇時より内閣府で開かれた「公文書管理の在り方に関する有識者会議」第一〇回会議に福田内閣総理大臣が出席し、冒頭の挨拶で述べている。
〈http://www.kantei.go.jp〉（参照二〇〇八年九月八日）

(18) 特に米国ブッシュ政権下でのソフトパワー戦略の具体的方策については次の書に平易に紹介されている。小浜正幸・京藤松子『ブッシュとソフトパワー』自由国民社、二〇〇六年、一五四頁。さらにこの問題の一般的な理解のために、次の書は不可欠であろう。ジョセフ・F・ナイ『ソフト・パワー――21世紀国際政治を制する見えざる力』山岡洋一訳、日本経済新聞社、二〇〇四年、二六九頁。この他にも流行のテーマとして「ソフト・パワー」を扱った書物は多い。

開放型の知のネットワークの構築が求められる日本

日本の知識情報管理はなぜ貧困か

【図書館・文書館の意義】

根本　彰　Nemoto Akira

ねもと・あきら　東京大学大学院教育学研究科教授。一九五四年福島生。東京大学大学院教育学研究科博士課程修了。図書館情報学。著書に『文献世界の構造』『情報基盤としての図書館』（勁草書房）他。

1　図書館と開放型ネットワーク

図書館とは、近代社会に埋め込まれた開放系の知のネットワーク装置である。大学や研究施設などの知的創造を行っている部門に図書館を設置することは当然のものとされている。また、近代国家はナショナルライブラリーを設置して国民文化的なアイデンティティの源泉のひとつとし、十九世紀後半以降の都市には大衆社会の成人教育の場としてパブリックライブラリーが設置された。二十世紀になると、学校教育の方法が教師による知識注入型から学習者が主体になる知識探究型に変化するにしたがって、これをサポートするための学校図書館が重視され始めた。

図書館は単なる書籍の保存提供施設ではない。何よりもその開放性が重要である。学術の世界は、最近でこそ知的財産権の主張や学術出版産業の寡占化の影響で知識抱え込みの様相を呈しているが、そもそもは知識人の自由な交流ネットワークが支配してきた世界である。学術の成果は、個人の業績として認められそれが就職や昇進のような実利につながることはあるとしても、基本的には学術の世界に貢献したという名誉の構造に組み込まれることで維持されてきた。そして、教育や文化もそうした学術研究の開

放性規範が元になってきた。だから、知識とは特定の個人や集団を超えて社会で共有されるべきものであり、それは国を超えたネットワークとなる。

その意味でインターネットと同型の仕組みであり、そのことはヴァニヴァー・ブッシュやアラン・リックライダーなど二十世紀中頃にインターネットにつながるアイディアを出した工学者たちが書籍および図書館の電子化を出発点にしたことからも明らかである。[1] 図書館は知を生産する個人が知を社会化し、それを使用する人がそれを自由に入手することのできる開放型ネットワーク装置として近代社会に組み込まれたのである。

本稿はそうした社会装置の仕掛けが日本でもつくられようとしたにもかかわらず、機能不全をおこしていたことを示すいくつかの事例を報告しようというものである。知識の開放ネットワークを生かす前提として、社会の組織自体が開放的な知識システムをもつことが必要である。しかしながら、日本はみずからの社会組織にきわめて閉鎖的な知識情報管理の仕組みを築いてきた。

日本で図書館や文書館が十分に機能していないのは、知を特定集団の共有物にとどめることで権威を保ち権力を行使する考え方が強かったからであるが、時代はそれをすでに許さなくなっている。情報公開制度が中央・地方の行政に採用され、国民・住民は行政を監視することができる。どんな組織も説明責任（アカウンタビリティ）を問われる。企業には法令遵守（コンプライアンス）が求められ、公益通報者保護法によって内部告発が促進される。また、医療行為には説明を受けた上での合意（インフォームドコンセント）が当然とされる。これら最近使われるカタカナ用語はすべて情報の開示に関わっている。

公開性の情報ネットワークの典型は、先にも述べたようにインターネットである。一部にはインターネットが普及したことで、図書館や文書館のような公共機関は不要になるという意見もあるが、それは違うだろう。インターネットには大量の情報が存在し、検索エンジンですぐに取り出せるようになっているが、ネット上にあるのは公開された情報だけである。逆に言えば、情報の公開を進める努力をしない限り、入手できるものは限られているということである。むしろ、情報過多の状況をつくることにより、検索エンジンがフィルタリング装置となって状況を隠蔽する作用をもたらすことのほうが問題である。

2　戦争と情報管理

戦後教育改革が、連合国軍による日本人に対する長期的な思想改造のプロセスであったという保守系の論者の見方がある。占領期に検閲を行ったり教育改革によるイデオロギー注入を行ったりしたことで、日本人が自ら起こした戦争の責任や戦後社会のあり方について決定的な誘導が行われ、自虐的な歴史観がもたらされ

たというものである。そうしたことがあったという指摘は一面の真理を含むものであるが、全体像をとらえたものとはいえない。戦時体制において情報のコントロールが伴うことは当然である。だが、ある戦争の前後で採用された体制の相違から一時的に異なった歴史観が注入されることがあったとしても、それが決定的にその後の歴史観を左右することはありえない。歴史は検閲や教科書検定のような情報操作で変更できるものではなく、もっと長期的な国民的議論のもとにつくりあげられるものであり、実際に戦後はそうした過程にあったと思われる。

だが、そのためには歴史的議論をするのに参照する豊富な情報源がなくてはならない。この点で、近代日本は大きな問題を抱えてきたということができる。歴史をつくるためには自らが行ったことを振り返るための資料が不可欠であるが、日本社会はそうした自己参照の資料群を組織的につくることを避けていた。

占領軍の検閲を詳細に検討して戦後思想の出発点が操作されたものであったという議論の端緒をつくった江藤淳は、その著『閉ざされた言語空間』を書くにあたって、ワシントンDCの郊外にある図書館と公文書館に通って資料の博捜を行った[2]。江藤は、占領軍が日本に言論の自由を与えるといいながら検閲を行い、それも検閲の事実そのものを隠蔽しながら行った欺瞞的なものだったという主張をするのに、その検閲の事実を示す資料がアメリカにしっかりと保存されているのを利用したのである。

彼が利用した検閲関係の資料は二種類ある。一つは、スートランドにある国立公文書館の分室に保管されていた膨大な占領軍関係資料のなかで検閲を担当した機関の公文書である。そしてもう一つはメリーランド大学マッケルディン図書館にあるプランゲ・コレクションで、検閲を受けた書籍と雑誌、新聞のコレクション合計七万点からなる。つまり、検閲を行った機関の文書と検閲を受けた出版物とがそれぞれ別の機関で保存され、利用可能になっていたことで彼はこの本を書くことができた。

連合国軍は国際機関であったが実質的にアメリカ軍が担っていたから、占領行政の公文書は連邦政府法に基づいて一定期間の保存ののちに公開されることになっている。したがって前者の占領軍資料は制度的に後世において利用することが保証されていたものである。それに対して、後者の検閲資料は公文書の範疇には含められず、占領が終われば廃棄される運命にあったものであるが、担当者の判断で自らの大学に持ち込まれ保管されていたものである。

この担当者は後にメリーランド大学の歴史学教授になるゴードン・プランゲである。彼はアイオワ大学で歴史学のトレーニングを受けた後メリーランド大学で教えていた一九四五（昭和二十年）年のちょうど日本の占領行政が始まったときに、請われてマッカーサーの連合国軍総司令部（GHQ／SCAP）の一員となった。彼の仕事は、当初江藤が描いた出版物検閲に関わるものであった

が、その後の大半の期間は太平洋戦争の正史を書くことに費やされた。その作業はマッカーサーの失脚で正史として刊行されずに終わったが、真珠湾攻撃やミッドウェイ海戦などの戦史や第二次大戦時に国際社会の裏舞台で活躍したリヒァルト・ゾルゲの研究書として結実した(3)。とくに太平洋戦争の日米の軍隊の行動を研究した前二著には日本軍関係者に対するインタビューが多数使われており、これは彼が占領期全体を通じて日本に滞在して研究を継続した結果もたらされたものであったことを示している。

さて、ここで論じておきたいのは戦争と情報管理の問題である。占領軍の公文書は国立公文書館で公開された。また、プランゲは歴史学者として占領行政に関わり、彼の判断で検閲資料が保存公開されることができた。これは戦争あるいは軍事占領といえども、それが終われば実証的な歴史学の対象になることが想定されていたことを示している。日本軍や日本政府が戦争末期に戦争裁判を怖れて大量の文書を焼いたことが知られているが、そうした態度とは逆のものである。

もちろん戦勝国と戦敗国の違いはあるだろう。残された文書にどのような操作が加えられているのかについても予断を許さない。しかしながら、ここには米国社会がもつ知識情報管理についての考え方の典型が示されている。彼の国では、機能的な組織は合理的な知識情報管理システムをもつことが要請される。知識情報管理システムには文書管理システムと文献管理システムが含まれる。組織には文書がつきものであり、それを管理するのは当然のことながら、これを時間軸に沿って管理することによって評価や歴史のための資料とする。近代においてもっとも合理的な組織の一つであるべき軍隊には、機密を保持しながら効率的に任務を伝達する通信と文書管理システムがつくられる。しかしながらこれも一定の期間の後には、公文書館に送られることになる。

他方、文献管理システムとは組織の構成員が共有すべき知識を管理する仕組みのことで、通常は書籍・雑誌・新聞・地図・レポートなどの印刷物の形をとり、これを管理する機関が図書館となる。文献管理は二十世紀になると新しいメディアを取り入れてどんどん変化していった。写真、映画、録音テープなどのマルチメディア資料が開発されることで記録の手法が格段に拡がった。また、紙媒体をマイクロフィルム化して管理することで省スペースと検索性が格段に向上した。これらのニューメディアを含めた文献管理の手法はドキュメンテーションと呼ばれる。

軍隊はドキュメンテーションの実験の場であった。軍事行動には写真や映画撮影の要員が送り込まれて、そうして撮影された写真や映像は戦術や戦略を立てる際に文書や文献資料を補うものとして大きな役割を果たすことになる。また組織的に空中写真を撮影したり、軍事活動のための地図を作成したりした。これらの資料は一時的な作戦や軍事行動のためだけでなく、軍隊全体で共有することが作成の目的であったから、一点一点の資料について統

一的な整理が行われて一定の規則に従って目録が作成された。ドキュメンテーションとは、このように、個々の資料に対してそれが存在することを知らない人も再利用が可能なようアクセス手段を付加することをいう。

一例を挙げよう。ときどきテレビや映画などで第二次大戦中の海戦や原爆投下などの実写映像や写真が登場することがある。それらの多くはアメリカの国立公文書館（NARA）に保存されていた資料が後に公開されたものである。NARAはアメリカ連邦政府の公文書館として、世界最大の規模を誇ってきた。(4) 同機関の公式インターネットサイトによると、文書資料九〇億ページ、地図七二〇万枚、写真二〇〇〇万枚以上、映画フィルム三六万リール、ビデオテープ一一万点が所蔵されている。これは、日本の国立公文書館が公式に発表している所蔵公文書数六五万冊、古書古文書四八万冊と比べると、量的に桁違いであるだけでなく、資料の種類が格段に多いことに驚かされる。

沖縄県公文書館はNARAに職員を滞在させて、第二次大戦の沖縄戦やその後の琉球民国政府関係の多様な資料を入手しようとしてきた。その報告によると、たとえば写真については、陸軍四一〇〇〇枚、海軍二八〇〇枚、海兵隊四四〇〇枚、空軍八〇〇枚の沖縄関係の写真を収集したという。(5) それぞれの写真には、分類、キャプション、撮影地、撮影日時が付けられおり、収集にあたっては、コレクションのカード目録にある分類キーワードの「沖縄」「爆撃」「空中写真」などを手がかりに確認の作業を行ったということである。この写真は同館のホームページでみることができる。みてみるとキーワードやキャプションが和訳されていて検索性を高めていることが分かる。写真自体の資料性は言うまでもないが、それを保証するための資料管理とドキュメンテーションが最初にしっかりと行われ、それを発掘した同館がさらにアクセス性を高める努力を加えたことに感銘を受ける。(6)

近年、「インテリジェンス」に対する関心が高まっている。インテリジェンスとは情報の組織的な分析活動のことである。その関連書が何冊も出され、外交や防衛における重要性が声高に指摘されている。日本軍が太平洋戦争に負けた理由として、戦争の個々の局面を左右するインテリジェンスが十分に機能していなかったことが挙げられることもある。(7) しかしながら、インテリジェンスとは概説書も指摘するように日常的な情報活動をいかに効果的に行うか、そしてそれをいかに合理的に分析するかが重要であり、決して非合法的なヒューミントの活躍や集中的な情報機関の必要性が前面に出るべきものではない。上記の第二次大戦から戦後期の米軍のドキュメンテーションの例に見られるように、インテリジェンスを支える情報管理の質が問われるべきだろう。

筆者はかつて日本の戦後図書館史に影響を与えた米国図書館協会（ALA）の活動を研究したことがある。そこで目を見張ったのは、第二次大戦中の米国においてALAや議会図書館（LC）

が情報活動の重要なエージェントとして戦時体制に積極的な協力を行っていたことである。[8] たとえば、戦時体制に入る際に連邦政府のインテリジェンス組織の集中化が行われ、情報調整局（COI）が発足した。現在のCIAの前身となる機関である。この機関から資金を得て、議会図書館に特殊情報部（Division of Special Information）が設けられたが、これは同館の文献情報をインテリジェンス活動のために提供する役割をもっていた。

日本の占領においても、ALAは昭和二十一（一九四六年）年三月の対日米国教育使節団の一員として図書館関係者を推薦して、戦後の図書館法や学校図書館法成立の足がかりをつくった。連合国軍総司令部（GHQ／SCAP）に多数の図書館員が派遣されて、占領軍の情報管理やCIE情報センター（CIE図書館）において活動していたのである。プランゲはそうした軍事組織の情報管理要員として参加していた。それ以外にも軍隊に図書館を持たせ司書を派遣したり、戦後に接収した敵国の軍事技術情報のドキュメンテーションを進めたりといったことがこの時期連邦レベルで行われたが、いずれも図書館の機能が国家的な情報戦略と密接なつながりをもっていたことを示している。[9]

本年創立六〇周年を迎える国立国会図書館が昭和二十三（一九四八年）年に成立したことは、日本国家がそうしたアメリカ型の図書館を装備することになった重要な事例であった。その成立にもアメリカの図書館関係者が関わっている。しかしながら、立法府に所属して国会議員や国民に対して最先端の文献知識を整理して提供することを重要な任務とする同館は、日本の他の図書館や文書館を遥かに凌駕する量と質をもつ情報管理能力を存分に生かすことができたのかどうかについては疑問なしとはしない。議員に対する調査サービスがどのような役割を果たしたのかは、日本の立憲政治史のあまり検討されてこなかった重要なポイントである。[10]

3　学習指導要領と日本人の学び

社会における知識情報管理のもう一つの事例として、学校図書館について述べておくことにしたい。これこそが、アメリカ型の知識情報管理に基づいた教育の補助装置として図書館を導入しようとしながら、教育政策の転換によって旧来の日本型に戻ったためにうまく展開できなかったものだからである。戦後日本の教育界における隘路となっている学校図書館をうまく教育政策に結びつけることは、日本の将来に向けて重要な課題になる。

ここ数年の国際的な学力調査の結果が示すように、日本の子どもたちが基礎的な学力についてはまずまずのものをもっていても、それを応用して表現や行動に結びつける能力や学びに対する意欲そのものが不足している状況がある。これは昔から指摘されていたことで、その原因が知識を系統的に注入する学習方法にあると

いう反省は一九七〇年代から存在している。とくに財界では教育の国際性を主張し、知識詰め込み式の学習は農工業時代のものであって、知識産業時代の教育はより創造的な学習を指向すべきであると説いていた。ゆとり教育はこのような考え方に沿って教育における知識情報管理のあり方の変更を迫ったものであった(11)。

では創造的な学習とはどういうものか。言うまでもなく学習活動においては学習者自らが学ぶ意欲をもつことが必要である。アカデミズムの世界に少しでも浸ったことのある人なら、知の世界は決して固定的なものではありえず常に揺れていると感じている。このような揺れは開放的なシステムだからこそ成立する。創造的な学習はこれをアカデミズムの世界のものとせずに、学習者自らが知の創造過程に参加することで可能になる。

だが、文部科学省が一〇年に一度定めている学習指導要領で規定される知の世界は、学術的なものにつながるとしても、子どもたちが固定的な内容を学習することを前提にしている点で閉じている。本来、小中高大学と上がっていくにつれてより専門的で高度になることがあるとしても、学齢が下だから狭い知の世界にいて学齢が上がるとだんだんと開放的な世界に移るということにはならないはずである。日本の子どもたちの意欲のなさは、自らの経験や知的好奇心の芽がカリキュラムの展開につれて摘まれていくことにあるのではないか。

たとえば小学校から始まっている総合的学習では、フィールドでの聞き取りや社会参加、観察などが重視される。フィールドで展開される具体的な事象に基づいて学習を始めようとすると、教員が持つ知識や教科書や副読本だけでは対応できない。それを説明できるのは土地の古老や様々な分野の専門家のような人的な情報源となる人たちであり、あとは文献資料に基づく調査も見聞したことの確認という意味では重要である。だがこれまで総合的な学習についてたびたび批判されてきたように、このような開放的な知を前提とした学習方法についてノウハウの蓄積がなく、結局のところフィールドで見聞きしたことについておざなりな発表やレポート提出を要求するだけで終わっていたことが多い。これだと学習者の疑問や対外的な関心、そしてコミュニケーションが学習過程のサイクルに収まらず、ただ体験しただけで終わってしまう。

このような問題解決型あるいは探究型と呼ばれる学習は、学習者が一定範囲の知の体系をマスターするのではなく、自分で課題や関心を外に向けてそれを自分で解決するものであるが、外部の知とカリキュラムを結びつける役割を果たす人が必要である。これを行うのが学校図書館専門職である。たとえばアメリカの学校にはメディアスペシャリストと呼ばれる専門職が置かれ、学校図書館で図書などの文献管理を行うだけでなく、学習内容に合わせて教員の教材作成の支援や外部の専門機関との連携、子どもたちの研究調査への支援を行っている。学校における知識情報管理を行う存在である(12)。

占領が終了した翌年の昭和二十八（一九五三年）年に学校図書館法が誕生した。この法律は世界に先駆けて、すべての学校に図書館を設置し、司書教諭と呼ばれる学校図書館専門職を配置することを規定した。だが、この法律はほとんどの学校に図書館や図書室を設置させる力とはなったが、できた図書館の多くは図書資料を置いた部屋にすぎなかった。というのは肝心の司書教諭配置のための財政措置が伴わず、「当分の間」司書教諭を配置しなくともよいという附則がつけられたからである。

そのため、学校図書館はあたかも理科教師のいない理科実験室あるいは養護教諭のいない保健室のようなものになった。自治体や学校によっては、教諭の資格をもった司書教諭ではなく司書として事務職員を配置した例もあった。しかしそれだと教師が授業を展開するときの教材づくりを助けたり、子どもたちが自ら図書館の資料を使って調べてそれを発表するのを支援したりといった、学校図書館法の趣旨である教育課程の推進に資するにはうまくいかないことが多かった。何よりも、学習課程そのものが学習指導要領によって規定された方法に基づき一定の内容を教え込むものに戻っていたから、教科書や副教材などが用意されれば十分でそれ以上の文献資料が必要とされることはなかった。図書館には読書推進の場あるいは勉強部屋以上の機能が要求されることはなかった。

学校図書館制度はアメリカから導入されたものと言ってよい。だが一九四〇年代から五〇年代はアメリカでもまだ整備の途上にあった。メディアスペシャリストが普及したのは、スプートニクショックによって連邦レベルでの教育改革が実施された一九五〇年代末以降である。この時代にアメリカはより創造的な学習を目指してメディアスペシャリストを配置したのに対し、日本では逆に学習指導要領で学習内容を増やし、より系統的に学ばせる方向にシフトした。アメリカではそうした創造性を指向した教育方法が学力低下を招くとして、一九八〇年代には日本の教育政策を参考にしながら共通カリキュラムを導入するなどの試みを行った。

このように、系統学習と探究学習はどちらかだけでよいというわけではなく両方の要素が必要なのだろう。だが、日本の学校は系統学習にどうしても引き寄せられる傾向があり、探究学習のための条件整備を怠ってきたのである。

司書教諭の配置を猶予する措置は「当分の間」どころか実に平成十五（二〇〇三年）年まで五〇年間続いた。この年に改正学校図書館法が施行されて、一二学級以上の規模をもつ学校には司書教諭の配置が義務づけられることになった。折から、文部科学省はゆとり教育を推進する過程で総合的学習の時間を設けたり、個々の教科において課題解決型の学習を推進したりするなど、学習者が主体的な学習を行う方針を打ち出していた。だが、この司書教諭の配置は再び財政上の問題から中途半端なものにしかならなかった。

文部科学省は先ごろ小中学校の新しい学習指導要領を発表した。「ゆとり教育」に対して学力低下批判が巻き起こり、「ゆとり」は後退して、ふたたび各教科に一定の学習時間を保証するものに戻りつつあるとされている。こうして再度、系統的学習あるいは注入式学習が復活し、図書館の役割は重視されないものに戻っていくのかどうかが問われることになる。

4 時間意識と図書館・文書館

戦争と図書館、そして学校図書館をめぐる知識情報管理の考え方をみてきた。日本人は情報や知識を非言語的なものも含めて個人から個人へと伝えるものと考える傾向が強い。人間依存型の知識コミュニケーションである。もちろん本を書くことで多くの人にメッセージを伝えることもできるが、自分のもつノウハウを伝授するといった感じの書き方が一般的である。それに対して欧米の知識情報管理の前提は、共通の知識情報空間が存在し、何らかの知識活動をする人はそこから何かを取り出しそこに何かを加えるという感じになる。

歴史家ピーター・バークはその著書『知識の社会史』で西欧の近代社会における知識装置の全体像を描いて見せたが、そのなかで近代化思想の担い手であった知識人たちは自らが「書物の共和国」(Respublica literaria) に所属しているという意識を強くもっていたと述べている。[13] そしてそうした知的共同体のなかに、異なる地域に住む学者同士を仲介し、知の組織化を試みようとする「知識管理者」たる人々がいた。フランシス・ベーコン、コルベール、ライプニッツ、ノーデ、ディドロ、オルデンバーグなどの人々であるが、これらの人々のなかには、学者兼司書であった人(ライプニッツ、ノーデ)、図書分類法に大きな影響を与えた人(ベーコン)、百科事典の編集を通じて知識組織化に影響を与えた人(ディドロ)など、図書館の組織原理と切っても切れない関係をもつ人物が含まれている。

図書館の組織原理とは、パッケージされた知識=書物を社会的な知識ストックとして共通利用するために、組織的なコレクションをつくりこれを保存すること、コレクションへの容易なアクセスを可能にするために分類や目録の仕組みを開発すること、これらの操作を担う司書を配置することである。しかし、そこから派生して、書物自体に知識アクセスを容易にするための目次や索引を備えることや、知識利用の工夫として主題書誌や人物書誌を編纂したり、雑誌記事や新聞記事の索引をつくったりといったドキュメンテーション活動が生まれていった。これは同じ時期に発展した学会や学術出版、百科事典や辞書の出版、著作権の整備、執筆における引用ルールなどとともに、社会的な知識コミュニケーションの在り方を規定したといえる。

日本にも近代以降こうした仕組みが少しずつ導入されたけれど

も、知識ストックを自らつくりそれを利用して知識コミュニケーションを豊かにするという発想はあまりなかった。そのためにこうした装置はつくられてもうまく機能しなかった。知識の体系そのものが西欧にすでに存在しており、みずからこういう装置を使って知識生産を行わなくとも学問の輸入という方法で対応できたことがその背景にある。またこうした装置そのものが西欧社会で生み出されたものであるから、輸入概念として取り入れられうまく使いこなすことができなかった側面も否定できない[14]。

　日本の知識情報管理のもう一つの特徴は時間軸の軽視である。かつて一世を風靡した野口悠紀雄『超整理法』は、新しいものを新しい順に並べ古いものは捨てるというきわめて単純な原理によって情報を整理する方法を提案した[15]。彼は、図書館の資料整理法や梅棹忠夫の京大式カードによる情報管理法には、使われない古いものがだんだんたまって必要なものが出しにくくなる難点があると述べた。いかにも微分的な時間軸しかもたない市場経済学者らしい考え方であるが、それと社会や学術における知識情報管理法は区別すべきである。今を生きる個人の時間管理法と、時間軸に沿って情報や知識を蓄積する社会的な知識情報管理法とは別物であり両方が必要である。だが、野口の著書がベストセラーになってから一五年が過ぎたが、個人のみならず社会全体の市場志向は強まり、古いものをどんどん捨て短期的な効率性を求める知識情報管理を行う方向にいっそう向かっているように思われる。

　だだ、これが新自由主義的な状況からくるものばかりとはいえない。日本人には伝統的に大晦日が過ぎれば過去一年のことは水に流して、新しい一年が始まるというような循環的な時間意識があることが、時間軸に沿った知識や情報の蓄積が行われにくくする要因となっている。

　昨年出た加藤周一『日本文化における時間と空間』は、このような日本人の時間意識を欧米と比較しつつ明らかにした興味深い著作である。加藤は、日本人の時間意識を象徴するものとして、絵巻物で描かれる物語世界を挙げている[16]。絵巻物では物語の展開場面が絵の連続によって描かれる。しかしこれは全部を広げて見るものではなく、両手で持って一場面を見て見終わったら絵を巻いて次の場面を見るという操作を繰り返すものである。加藤は、これによって場面が時間的な流れをもつことは強く意識されているが、場面は相互に独立して、場面間の因果関係を確認しにくい構造になっているという。このことは、日本人が「今」に著しく関心を集中し、それが「過去」の結果生じたこと、あるいはそれが次の「未来」へ繋がることを無視しがちであることの典型に見えるとしている。

　この議論は日本で図書館や文書館の重要性を軽視してきた理由の一端を示している。知識情報管理のための社会的装置の要請は因果論的あるいは近代的な科学意識、歴史意識から生じている。つまり、それらは歴史的社会的な自己省察の装置なのである。こ

れまで見てきた例でいえば、軍隊のような組織においては戦術、戦略をつくるために必要な情報、知識、インテリジェンスをもたらす。また、その軍隊を歴史的に評価するためのアーカイブズになる。さらに、それは学習者一人一人が主体的に知識を獲得するための学習資源となる。

昨年春に見学したハワイの私立高校の図書館には、地域資料室が設けられ、各種の歴史資料が所蔵されていた。そのなかに、一八九三年ハワイ王国の女王リリウオカラニがアメリカの圧力で退位させられる際に、女王とハリソン大統領との間で締結された公文書があった。これは州立公文書館が所蔵しているもののコピーであるのだが、この事件そのものがハワイ人にとっては屈辱的なものであるとされ、文書はハワイ人の歴史観を形成する重要な役割を果たしているとされる。

見学したときに、その資料の解釈について生徒たちが女王と大統領の言い分を裁判形式で主張し合う歴史的寸劇を演じていた。架空の国際裁判所において、原告の女王と被告の大統領、そしてそれぞれの弁護人、裁判長に扮した生徒たちがこの文書をどのように解釈するかを巡って丁々発止のやりとりをしていた。コピーとは言え、一次史料を使って歴史解釈を議論し合う授業は新鮮でかつ極めて高度なことに驚かされた。

アメリカの歴史教育の一つの側面として、生徒自らが生の歴史的素材に触れ、自分たちで解釈し自らの言葉で表現することで実施されていることを確認することができた。これを可能にするのは一次史料を保管する公文書館であり、これを教材として管理する学校図書館である。ここには知識が講義や書物を通じて一方的に伝えられるのではなく、知識の源泉にさかのぼって学習者自ら体験し言葉にする創造的な知識形成のプロセスがある。日本でも、学習者あるいは市民一人一人のこうした知識形成プロセスを前提

にした知識情報管理システムが構築される必要を感じた瞬間であった。

注

（1）W・F・バーゾール『電子図書館の神話』（根本彰ほか訳）勁草書房、一九九八年。

（2）江藤淳『閉された言語空間――占領軍の検閲と戦後日本』文藝春秋、一九八九年。

（3）ゴードン・W・プランゲ『トラトラトラ――真珠湾奇襲秘話』（千早正隆訳）日本リーダーズダイジェスト社、一九六六年。ゴードン・W・プランゲ『ミッドウェーの奇跡』（千早正隆訳）原書房、一九八四年。ゴードン・W・プランゲ『ゾルゲ・東京を狙え』（千早正隆訳）原書房、一九八五年。

（4）NARA利用のガイドブックとして、仲本和彦『研究者のためのアメリカ国立公文書館徹底ガイド』凱風社、二〇〇八年、が刊行された。長らく現地で調査を行ってきた著者のノウハウが余すことなく示され、アメリカ社会において歴史を保存し歴史を再構成するとはどういうことかを知るヒントが得られる。

（5）仲本和彦「在米国沖縄関係資料調査収集活動報告Ⅱ――米国国立公文書館新館所蔵の映像・音声資料編」『沖縄県公文書館研究紀要』第九号、二〇〇七年。

（6）次のサイトでみられる。http://www.archives.pref.okinawa.jp/toppage/flm_archas_syasin.html

（7）北岡元『インテリジェンス入門――利益を実現する知識の創造』慶應義塾大学出版会、二〇〇三年。小谷賢『日本軍のインテリジェンス――なぜ情報が活かされないのか』講談社、二〇〇七年など。

（8）根本彰「占領初期における米国図書館関係者来日の背景――ALA文書ほかの一次資料に基づいて」『日本図書館情報学会誌』vol.45, no.1, May 1999. pp.1-16.

（9）その研究の一端は、「占領期図書館研究」の報告書シリーズの一冊『戦後アメリカの国際的情報文化政策の形成』として公表している。http://plng.p.u-tokyo.ac.jp/text/senryoki/index.html を参照のこと。

（10）根本彰「21世紀の国立国会図書館――二つの機能を評価する」『情報の科学と技術』Vol. 57, No.11, 2007. p.512-518.

（11）ゆとり教育は、理念が先走って準備が十分でないままにスタートしたために、現場がついていけずにうまくいかなかったというのがふつうの見方である。根本浩『ゆとり教育は本当に死んだのか？』角川書店、二〇〇七年。だが、筆者はそもそも系統的カリキュラムと探究的カリキュラムは相容れないところがあり、そこを調整せずに両方をパラレルに進めようとしたためにうまく行かなかったと考えている。根本彰「学校教育と図書館の関係に寄せて――物語からの脱却」『月刊国語教育』Vol.27, No.5, July 2007, p.12-15.

（12）学校図書館についての全体像は次の文献を参照。日本図書館情報学会研究委員会編『学校図書館メディアセンター論の構築に向けて』勉誠出版、二〇〇五年。

（13）ピーター・バーク『知識の社会史――知と情報はいかにして商品化したか』（井山弘幸・城戸淳訳）新曜社、二〇〇四年。

（14）日本にはバークの言う「知識の社会史」全般を扱った研究は見当たらないが、中山茂『歴史としての学問』中央公論社、一九七四年が総合的な視野をもった著作で参考になる。

（15）野口悠紀雄『超整理法――情報検索と発想の新システム』中央公論社、一九九三年。

（16）加藤周一『日本文化における時間と空間』岩波書店、二〇〇七年、九〇―九三頁。

国家による統治情報を、国民の手に取り戻すために

アーカイブズの原理と哲学

【日本の公文書館をめぐり】

大濱徹也

Ohama Tetsuya

おおはま・てつや　筑波大学名誉教授、独立行政法人国立公文書館特別参与。一九三七年山口生。東京教育大学文学部卒業。歴史学。著書に『乃木希典』（河出文庫）『明治キリスト教会史の研究』（吉川弘文館）『日本人と戦争』（刀水書房）他。

1

アーカイブズは、文書館用語集研究会編『文書館用語集』（大阪大学出版会、一九九七年）によれば、①史料、記録史料、②文書館（もんじょかん）、③公文書記録管理局、④コンピュータ用語では、複数のファイルを一つにまとめたり圧縮したファイルのこと、と定義されています。この「史料、アーカイブズ」とは、①個人または組織がその活動のなかで作成または収受し、蓄積した資料で、継続的に利用する価値があるので保存されたもの、記録史料、②歴史研究に利用可能なすべての記録・モノ情報資源、または、歴史研究のための文字記録情報、です。

ここで問わるべきは、「用語集」が説く無味乾燥な定義ではなく、アーカイブズの根にある世界とは何かということではないでしょうか。昔時、アーカイブズは、図書館と共に王や教会寺社の権威の象徴であり、その権力を支える記録資料の器として存在しました。王や聖職者、国家官僚は、アーカイブズに移管、収集蓄積した知の遺産を管理独占しつづけることで、権威と権力を確保してきたのです。その一端は、正倉院文書、東寺百合文書、北野社家文書等々をはじめ、イエズス会文書などにうかがえます。これらの文

書は、歴史研究の素材として価値ある「史料」とみなされておりますが、国家の統治、寺社の経営、教会の運営に資する組織存立の根拠となる記録情報資源であるが故に管理保存されてきたものです。

ちなみにイエズス会文書は、H・チースリク「イエズス会会報の成立と評価」（『東方学』四九）が述べていますように、鉄の規律をもって全世界にキリストの福音を説かんとした、精神十字軍を支えた情報収集の成果にほかなりません。イエズス会は、一五五八年に会憲を制定し、目下と目上が一体となって布教するための方策を提示し、「相互の文通は、きわめて有益」と位置づけます。この文通こそは、相互に情報を交換することで、宣教に関わる共通の理解をもたらし、お互いの親密さを生み育てることを可能としました。情報の公開・共有こそは、会員相互の団結をうながし、苦しい状況下で布教にあたる者への励みと慰安をもたらしたのです。そのためにも、（1）各会員は直接自分の一番上の上長に毎週手紙を書くこと、（2）各修道院長や管区長は総会長に毎月ごとに各宣教師の働きについて報告すること、（3）修道院や神学校は四ヵ月ごとに状況報告のこと、を課しています。その一方、各宣教師には、必要と思うならば、直接総会長に手紙を出すことを認め、苦境でも何でも訴えてよいとしていました。

これらの諸報告や手紙は、会員ニュースとして編集し、各管区に送るとともに、「感化の書」として外部の人に紹介されます。イエズス会「年報」は、これらを編集したもので、支援者である王侯貴族に配布され、布教資金を求める活動報告書にほかなりません。

こうした情報収集は、一五七三年の「諸書簡作成上の規定」でマニュアル化され、ローマに出すべきものとして、（1）上長に必要と思われる情報、（2）各地に散在する会員が一致団結に思いをいたす情報、（3）読者に良き感化をもたらす情報、を求めています。ローマは、これらの情報をもとに、各地に相応する宣教戦略をたてるとともに、宣教のための良き物語を編集して配布します。

巡察師ヴァリニャーノは、こうしたローマへの情報が宣教師の恣意的な思いこみに左右されないように、報告書作成のマニュアルを提示しました。各修院・教会は、日誌を作成し、年度末にその重要事項を管区長に送ることを指示されます。この要約作成にあたっては、第一部が（1）日本の一般的状況、その年の政治状況、（2）教会の一般的状況、司教の活動、教会の献堂式について、司祭叙階、為政者との交渉状況、会員の統計、健康状態、喜捨のこと、年度内の死亡会員への追悼文のこと等、第二部が各地教会の状況等々。報告書はラテン語とその国の言葉で書くことになっています。

こうしたイエズス会の営みは、現在の組織運営に重ねるならば、インテリジェンスともいうべきもので、諸組織の情報を一元的に把握し、政略を錬り、戦略を構築する知と情報の府としてアーカイブズが存在していたことをうかがわせます。このことは、ウンベルト・エーコが描いた物語『薔薇の名前』の世界に読みとれま

す。そこでは、アーカイブズを「知識の貯蔵庫であり、一切の人間を近づけさせてはならない場所」と位置づけています。知と情報の独占こそは権威と権力の源泉にほかなりません。まさにアーカイブズや図書館を支配する者は、知と情報を支配することにより、権力を恣意的に行使し、過去、現在そして未来をも己が手で操ることが可能となったのです。

2

市民革命は、このような王や聖職者・官僚に独占された知と情報を市民・国民に広く解放することで、国民国家の新しい地平をきり拓きます。ここにアーカイブズは、国民の権利と義務を確認する器とみなされ、国家やコミュニティの営みにかかわる記録資料を保存管理し、国民たる記憶を共有していくことを可能とします。そのため国民は、アーカイブズを場として、一人の市民たる私の愛郷心、愛国心を確かめうるのです。その意味では、アーカイブズのあり方は、当該社会の政治文化を図る尺度であり、その成熟度を示す指標にほかなりません。

復古革命で成立した明治国家の指導者は、欧米の文明社会を視察する途次、博物館、図書館をはじめアーカイブズに出合うことで、文明をささえている根に気がついています。久米邦武は、岩倉使節団一行の旅を記録した『米欧回覧実記』において、図書館やアーカイブズ等を訪れた時、慶長年間に翻訳されたキリシタン版や日本キリシタンの記録等に出会い、驚愕し、文明の「根元ハ愛古ノ情」にあることに気づいた一人です。日本が、文明の説を受けいれ「旧ヲ棄テ新ヲ争ヒ、所謂ル新ナルモノ、未タ必モ得ル所ナクシテ、旧ノ存スヘキモノ、多ク破毀シ遺ナキニ至ル」と。文明開化をかかげて生活の形である文化を否定した日本の姿を問い質し、西洋文明の根が何によるかを指摘しています。

記伝文籍ノ如キハ、其国ノ時代、升沈ヲミルノ宝ニテ、廃紙残簡モ、亦収録シテ失ハサルヲ務メサルヘカラス、西洋ノ書庫、博物館ヲミル毎ニ、其用意ノ厚キ、我東方ノ遠国ノ物モ、重貨ヲ惜マス、労苦ヲ厭ハス、収集採録セリ、以テ我邦人ニ示スニ、往往ヲ驚異自ラ知ラス、却テ其解説ヲ聞テ、我内地ノコトヲ詳悉シ帰ルニ至ル、西洋ノ能ク日新シ、能ク進歩スル、其根元ハ愛古ノ情ニヨレリ

この「愛古ノ情」への眼は、北海道開拓を指導したH・ケプロンがライブラリーと博物院の施設が必要なことを説き、教育制度の設計にかかわった学監モルレーも学校の付属物として書籍館が大切だとしたなかにも読みとれます。ここには、現在を生きる場から「古」を問い質してこそ、歴史が現在生きて、明日を創造していく糧になるとの思いがあります。まさにアーカイブズは、そ

のような場であり、現在を検証する素材の器です。

　こうしたアーカイブズへの眼をもっていた一人が明治国家の設計者伊藤博文でした。伊藤は、大蔵少輔として、民部省から大蔵省が独立するにあたり、会計関係の書類、簿冊を記録司が管理し、「千百載の後」まで留めおき、検証しうるようにしておくことが必要だと力説します。議会が開かれたとき、何を証拠に国家財政の説明ができるのかと、政府の国民への説明責任を果す上からも記録司の設置が急務であると論じたのです。

> 目今の如きは、緊要の証書たりとも、之を各寮各司の書匣中に堆埋し、之を失ふも亦之を顧みず、出納の簿冊にして全州の会計を知るべき根本たる書も、僅かに一小冊に止るに付、之を失ふ時は再び之を推知するの法なし。若し如此の状にて数十年を経ば、如何にして当時の会計出納の証を知ることを得んや。他日開化の進歩大に拡充し、国民より名代人を出して議院に臨ましめ、以て当時の会計を難議せば、其時に当り大蔵卿は何の書冊何の証書を披いて其支払を探知し国民の問に答へん歟。今日の政府をして国民に背くの冤罪を受けしむるに至るべし。これ記録司を置くことの急務たる所以なり。

　伊藤の論にはアーカイブズに課された使命への理解が読みとれます。いわば国家官僚は、御雇外国人が記録資料や図書に寄せた思いと同じように、記録管理の重要性を理解し、アーカイブズへの眼を備えていたのです。しかし国家官僚は、この眼を統治の武器に活用すべく、国家の記録を己の物となし、アーカイブズを国民の視界から遠ざけました。

　まさに建設途上の国家においては、国家の記録を官僚が独占したがために、統治の知を身につけた官僚による権力の専制的運用が可能になったのです。かつ統治の記録は、天皇の官吏として、天皇への説明責任を果すための証であるが故に、体系的に管理保存されてきました。そのため日本の国家アーカイブズは、国民に開かれた場として存在するのではなく、天皇大権の枠組に強く規定されざるを得なかったのです。その限りでは、天皇の官吏たる責務を果しうるように、記録資料の適切な管理と運用がなされていました。

　このようなアーカイブズをめぐる日本の現状こそは、統治の継続性を保証する具とみなしこそすれ、記録資料をもとに国家の営みを検証する作業を可能とする器にアーカイブズを位置づけることはありませんでした。そのためアーカイブズは修史編纂を支える「史料」の蔵とみなされたのです。

3

二十世紀初頭に欧米視察をした東京帝国大学教授黒板勝美は、

アーカイブズが「学問研究のためだけではなく、政治上各省の事務を敏活ならしむる上に多大な便益がある」器であるとの認識をもちます。このような認識は京都帝国大学教授三浦周行にもみることができます。三浦は、アーカイブズが古文書館としての役割を担いながらも、一番大事な使命が公文書ないし半現用の公文書を集め、行政の機能的運営をはかっていく場なのだと述べています。

日本では、このように国家の営みを検証しうる場としてのアーカイブズ像が紹介されながらも、アーカイブズを修史編纂の器たる古文書館とみなす眼のみが説かれてきました。その背後には、久米邦武が「神道ハ祭天ノ古俗」で帝国大学を追放された受難が問いかけているように、国家の神話を検証する営みが許されなかった「天皇の国」たる日本の現実があります。歴史学における近現代史研究は、この黒い緞帳に覆われ、タブー視されていました。そのため国家の営みを学問的に検証する器たるアーカイブズは存在しえなかったといえましょう。ここに歴史研究者は、修史編纂事業のための古文書館にのみ眼を向ける心意にとらわれ、アーカイブズに「史料」の蔵たることを期待しつづけてきたのです。

かくて国家の営みにかかわる記録資料は、国家官僚の行政運営に資するものとして秘匿され、各組織の恣意的運用にまかされ、現在にいたっております。いわば国家アーカイブズは、記録管理部門、文書担当の地位が低いように、伊藤博文の提言にもかかわらず、日陰の存在でありつづけたのです。いわば国家アーカイブズは厚く黒い緞帳に覆い隠された世界であったといえましょう。

一九四五年の敗戦はこの黒い緞帳に覆われた世界にある風穴を明けることを可能とします。その営みは国立国会図書館設立に託した思いに読みとれます。当時、参議院図書館運営常任委員会委員長であった歴史家羽仁五郎は、「国立国会図書館の創立」(『図書館雑誌』五九―八)なる一文で、「日本の民主主義の城砦」たるべく、「革命的に創立された図書館」が国立国会図書館だと述べています。

あらゆる専制はつねに知識の専制にもとづいていたが、いま独占資本の支配は知識の独占をくわだてている。その官僚主義による政治の資料の独占をやぶり、人民主権の国会の立法機関としての機能の発展を保障するには、あらゆる政治の資料の公開が実現されなければならない。人民主権の立法機関としての国会があらゆる立法すべての政治の資料を管理すること、ここに国立国会図書館の革命的意義があった。

羽仁の思いは、「僕が議員になったのは、治安維持法を防ぐためだ。図書館運営委員長になったのは議員の無知による犯罪を防ぐためだ」と、一九六二年の記念講演で回想していますが、戦前のような強権的国家の支配を許さないとの強き意志に支えられたものにほかなりません。ここに国会図書館は、図書を集積する単

なる図書館ではなく、議員の迷妄を覚まし、国民が統治情報を手に、国家の営みを検証しうる調査機関を兼ね備えた器と位置づけられたのです。国立国会図書館法前文は、このような思いをふまえ、新生日本建設に向けた決意を表明しています。

国立国会図書館は、真理がわれらを自由にするという確信に立って、憲法の誓約する日本の民主化と世界平和とに寄与することを使命として、ここに設立される。

「真理がわれらを自由にする」なる一文は、「ヨハネ福音書」八章三二節「真理はあなたがたを自由にする」からとったもので、羽仁がドイツ留学中に心うたれた大学図書館の銘文に示唆を受けたことによります。この聖句は、内村鑑三が「真理と自由」で、アメリカ留学中にジョンズホプキンス大学大講堂入口アーチの銘文を紹介していますように、欧米の大学をささえてきた精神のよりどころであったといえましょう。羽仁は、この聖句に託した思いを、参議院本会議における国立国会図書館法の趣旨説明で、「従来の政治が真理に基づかなかった結果、悲惨な状況に至った。日本国憲法の下で国会が国民の安全と幸福のため任務を果たしていくための調査機関を完備しなければならない」と説き、創立の意義を後に次のように要約しています。

(1) 無知はすべての悲惨の原因であり、人民主権は無知の上に確立することにできない。憲法の保障する人民主権の確立に寄与できること。

(2) 国会図書館が同時に国立中央図書館の機能をはたすことによって、日本の図書館を文部省などの官僚主義の支配から解放し、日本の図書館があらゆる文書の公開・読む自由の保障・検閲の禁止・出版の自由等の基盤の上に自由に発展充実することが期待されること。

(3) 行政各省の図書館および司法すなわち最高裁判所の図書館を国立国会図書館の分館にすることによって、あらゆる政治資料を人民主権の国会の手にとどくところにおいたこと。

いわば国立国会図書館は、(3)にみられるように、行政各省と司法の図書館を分館と位置づけ、あらゆる文書・資料を管理し、公開の道すじをつけました。このことは、国会議員が政策決定に資するための事実的情報を提供すべくレファレンスと調査の奉仕を行う機能を、国会図書館が負わされたことにほかなりません。まさに国会図書館には、統治情報を集約し、統治の主体者たる国民をして、国家の統治が正義にもとづくか否かにつき検証しうる器となることが期待されていたといえましょう。

4

思うに国会図書館に負わされた使命は国家アーカイブズが担う

べきものにほかなりません。しかし日本では、欧米のアーカイブズ文化の根にある世界を十分に見きわめなかったがために、国家アーカイブズが存立しませんでした。そこで新生国立国会図書館は、国家アーカイブズ的機能をとりこむことで、広く国家の統治情報を国民の手にゆだねようとします。

ここに国会図書館は、行政機関等が営んだ統治情報を、一元的に集約すべく、行政・司法の各機関に支部図書館を設置し、各支部の予算を中央館たる国会図書館の管理下におくことをめざしたのです。しかし支部図書館は、「特別な機関」ではなく、「特殊な付属機関」とみなされ、各省庁の分課分業規程に位置づけられることもなく、国会図書館との協議事項となっていた職員の定数規程も具体化されませんでした。そのため支部図書館は、各行政機関等の統治情報の管理保存という理念を実現しえないまま、各省庁が必要とする図書資料を収集する器となり、専門図書館への道を歩まざるをえなかったのです。

たしかに敗戦がもたらした「民主革命」への夢は、すべての統治情報を国民の手にわたす器として、国立国会図書館を造形しようとしました。しかし、ここに読みとれるアーカイブズ的機能は、国立国会図書館という制度設計が時代に先んじた早産の故に、失われていきます。この間、図書館は、一九五〇年の図書館法が「図書・記録その他必要な資料の収集」と規定したのをふまえ、古文書、行政資料等をはじめとする地域の歴史資料の受け皿となっていました。それは、すでに一九三三年の図書館令改定で、「図書ヲ蒐集シ」を「図書記録ノ類ヲ蒐集保存」となったこともあり、図書館の課題だったのです。かくて郷土資料室等が各地域図書館の個性を生み出します。

そのため日本では、郷土資料室等をアーカイブズの祖型と思いみなし、古文書等の歴史資料保存室をアーカイブズとみなしてきたようです。戦後の歴史学界は、こうした「史料保存」運動を主体的に担い、図書館から独立した文書館設立を提起します。その成果が一九五九年の日本学術会議第二十九回総会における「公文書散逸防止について」の勧告です。

この一九五九年という年は、山口県が旧藩主毛利家文書の受け皿として山口県文書館を設立し、日本ユネスコ国内委員会が内閣文庫へ国際公文書館会議への加入勧誘を通知、国立国会図書館の組織改正で国会図書館の支部図書館部を廃止するなど、日本のアーカイブズにとり画期となる年です。また五月には、初代国会図書館長金森徳次郎が退任挨拶で、図書館を「国民の血、あぶら」と話しております。

図書館が「国民の血、あぶら」であるならば、アーカイブズは国家の血管、神経組織が良き働きをしているか否かを検証する器といえましょう。このようなアーカイブズへの期待は、ある種の歴史資料を物神化した「史料保存」という問いかけであるかぎり、欠落しがちです。しかし歴史資料なるものは、現に組織の営みを

記録した生物《なまもの》であることに思いいたせば、過去の化石ではありません。想起すべきは、記録資料が単なる「史料」ではなく、記録情報資源たるアーカイブズとして、現在を生きる人びと、国民・市民の日常を規定していることです。このことは、日本の村が江戸時代から受けついできた文書類、佐渡の帳箱をはじめ、戸長箪笥、「御帳」などと呼称されてきた記録類のあり方に読みとれます。また、豪農と称される家、名主・庄屋や戸長を代々歴任してきた家の記録たる「家記」類も同様です。

このような記録文書は、家や村の営みにかかわる地域住民の権利と義務を確認し、明日を生きる糧となってきたものにほかなりません。いわば過去の歴史的遺物としての古文書なのではなく、地域住民の協同性を保障する証拠ともいえます。まさに村や町のアーカイブズは、地域の営みを記録した文書等を納めた「帳箱」や「箪笥」が器であろうとも、協同体をめぐる記憶を共有し、地域住民の暮らしを支えてきました。こうした営みこそはアーカイブズの原点にほかなりません。ここには欧米のアーカイブズ文化につらなる世界の一端が読みとれましょう。

しかし日本のアーカイブズ像は、この原点を故意に無視するかのごとく、古文書館に偏重した跛行性に冒されているのではないでしょうか。それだけにアーカイブズに問われる原点を確認せねばなりません。

5

国家アーカイブズをはじめとする各種のアーカイブズは、イエズス会のみならず村や町のアーカイブズが物語るように、知と記憶を担い共有していく器として、組織文化を体現しています。この器は、国民統合に向けた記憶への目を育てるのみならず、進化しつづける情報革命の下に無名化され、無規範な状況下に放置されている大衆が国民たる我、市民たる私を確かめる場となりうるように、記録情報資源を活用し、奪われ、失われんとする記憶を想起せしめる宮殿です。この宮殿は、「真理がわれらを自由にする」との標語にこめられた世界を具体化すべく、無知がもたらす専制を打破するためにも、統治の主体者たる国民・市民としての責務を果すことを可能にします。

いわば知と記憶の宮殿ともいうべきアーカイブズの営みは、国家アーカイブズとして、

（1）政府の能率の向上、マネジメントにかかわり、
（2）政治の文化性道義性、政治文化の成熟度を示す指標であり、
（3）国民・市民と称される構成員の権利を証明し、義務を確認するなど、個人的利害に関わり、
（4）公的には、政府の機構、機能をアーカイブズが保障することによって、政府の組織的系統的運営を実現します。

まさに公文書・法人文書等からなる記録情報資源は、組織が占有する公用財であり、社会の公共財として、秘匿されるべきものではありません。現在アーカイブズに問われるべきは、国民の権利や義務に関る根本的な証拠になりうるか否か、国民と政府の関係でみれば、国家の営みを国民が統治の主体者として検証しうるか否かです。

この営みは、国家が広く国民に開かれた存在となり、開かれた社会を保障する民主主義の実現をめざしています。そのためには、統治の主体者である国民・市民の眼で国家を、統治の営みを検証し、政略と戦略を構築することが求められます。このことは、記録や情報等に「苦すぎる真理」が読みとれるか否かに関ります。ロシア革命を指導したレーニンは、運動路線をめぐる「論争が泥仕合でうずまっている」現状を批判し、「議事録には、苦すぎる真理がたくさんありすぎる」と、議事録をふまえた議論をよびかけ、ヘゲモニーを確立しようとした一人です。ここでいうヘゲモニーとは、権力的・暴力的に力をふるうのではなく、道徳的・文化的優位性を意味します。

交渉とは、異見・異論に対し、記録や情報等をふまえ、己が意見を貫くことです。「苦すぎる真理」への眼こそは、党大会の議事録の分析をなしたレーニンのみならず、あらゆる論争に求められています。ちなみに現実政治に足をすくわれず、己の理想に身を投じた政治家といえる大平正芳は、「三〇年ルール」が文明の証であることを認識し、外交は記録をふまえた交渉であるとなし、外交アーカイブズの充実が重要なことを知っていた一人です。権力闘争は、「苦すぎる真理」への眼で記録を読みとり、他者を説得しうるならば、陰惨な色彩からいくらかまぬがれましょう。

しかし日本の現実は、アーカイブズ文化が未熟であるがため、記録情報資源をふまえた議論を聞くことがまれです。そのため政策決定も場当り的な跡追いの感を否めません。それだけに「真理がわれらを自由にする」に託された世界に現在こそ思いいたすべきです。

思うにアーカイブズは、図書館や博物館等、記録情報資源の移管、収集管理保存をめざす器の一つである以上に、知と情報の府として、当該組織のインテリジェンスたる使命を負わされており、より良き明日に向けた政略と戦略を構築していく器なのです。この器は、別言すれば、

(1) 国家、コミュニティ、企業、学校等々に関わる当該アーカイブズの成立母体となっている諸組織・団体などの記録資料を体系的に残し、組織の円滑かつ適切な運営と継続性を保障する器であり、

(2) 記憶の宮殿として、諸組織・団体などの記憶、国家や民族のなかで無化された記憶を蘇生し、己が営みを想起し、位置づけるなかに記憶を共有せしめる器たる存在にして、

(3) 人間が人間であることの営みを証し、その記憶を蘇生せし

める知の遺産を継承するのみならず、そこに蓄積された多様なる記録情報資源を管理・保存・公開していく責務を負わされている器

にほかなりません。

このようなアーカイブズが負わされた使命は、アカウンタビリティーとかモラルハザード、またアイデンティティーなどという言説に託した問いかけが横行している昨今、組織を賦活せしむる術として注目されています。他者を納得させるには、証拠をふまえた説明が求められ、結果についての責任が問われます。組織の一員たる己を確認してこそ法令遵守が可能となりましょう。まさにアーカイブズは、いまだ社会的認知が乏しいとはいえ、現在の閉塞状況を打開し、明日を生きうる活力を可能とする器なのです。

かかるアーカイブズの現状を思いみるとき、日本のアーカイブズは第一歩を踏み出そうとしているのではないでしょうか。この歩みを確かなものにするには、アーカイブズの原点を確かめ、開かれた社会を地に根ざす営みが求められます。そのためには、「記録史料」としてではなく、現状を問い質す記録情報をアーカイブズの資産にせねばなりません。

6

二〇〇八年四月三日に国際公文書館評議会専門家団体部会であるSPA運営委員会がまとめた世界アーカイブ宣言草案は、小川千代子が主宰する「DJIレポート」第七四号に、訳出されています。ここには、現代社会をより開かれた構造となし、市民社会を支える器となりうるアーカイブズを確立したいとの強き信念が表明されています。

> アーカイブは行動、情報、記憶の基盤（もと）である。アーカイブは社会発展に欠かせない役割を担う。アーカイブは行政経営行動の説明責任と透明性を支える権威ある情報源である。アーカイブは唯一無二にしてかけがえのない文化遺産である。個人とコミュニティの記憶を反映し、アーカイブは国家と社会の記憶と独自性の共有化に貢献する。アーカイブへのオープンアクセスは人類社会の知識を豊かにし、民主主義を促進し、市民の権利をまもり、生活の質を高める。

アーカイブズは、市民が責任ある主体として行動しうるように、人類の活動にかかわる諸記録を情報資源として何人にも提供せねばなりません。そのためにはアーカイブズを司る記録士（司）ともいうべきアーキビストが必要です。アーキビストは、訓練を受けた専門家として、「社会のために現存する保存価値ある記録を特定するとともに、管理運営や、組織、文化及び知的活動の真正な証拠としての価値ある記録の生成を確保すること、ならびにそ

れら記録を維持管理し利用に供すること」を責務とします。

この責務は、記録管理に関わる知識のみならず、行政経営などの現場における実践をふまえた訓練によって、はじめて果しうるものです。アーキビストの仕事は、当該組織が秘匿すべき記録情報を手にするだけに、きわめて禁欲的であり、時に寡黙であることが求められます。その素養としては、歴史研究者としてではなく、一市民として歴史を読みとる感性が必要です。その意味では、日本の歴史学界で耳にする「歴史研究者はすべからくアーキビストたれ」という言説ほど、アーキビストを愚弄した戯言はありません。記録情報資源を司る記録士（司）たるアーキビストは、歴史研究者の片手業で対応しうるものではなく、歴史研究者に対峙する固有なる職業なのです。

このようなアーキビストの養成は、歴史学科の一隅に寄食した資格認定で可能となるものではなく、専門職たる処遇と結びつくことではじめて実現しえます。かつこの専門性には、文書管理等の実務担当者の経験知によること大なだけに、経験者から何を学びとるかが問われもします。いわばアーキビスト制度を確立するには、現用文書にも眼くばりできる記録と情報を管理分析しうる訓練こそが、当面の課題とすべきではないでしょうか。

日本の現状は、"Democracy starts here"なる思いを託し、『時を貫く記録としての公文書管理の在り方——今、国家事業として取り組む』なる中間報告が二〇〇八年七月一日に出されましたように、記録管理法の制定などを視野にいれ、国家アーカイブズを強化するための新しい歩みがはじまったばかりです。それだけにアーカイブズが担うべき原点を確認し、あらゆる記録情報を広く社会に開いていくことが何故求められているかについての哲学、国民市民一人ひとりの考え方が問われています。

思うにアーカイブズは、組織の血管・神経ともいうべきものだけに、そのありかたに組織が規定されます。それだけに開かれた社会、開かれた構造を担い保障しうるアーカイブズとはいかなる世界かを現在ほど考えねばならないときはありません。

その意味では、アーカイブズという世界を己が営む日々の暮らしの場から読みとり、私のコミュニティから国家に至る回路に位置づけ、多様な統治に関わる記録情報を手に入れることが求められています。この営みこそは、国家の統治を統治の主体者たる国民・市民たる私の立場から検証することを可能とします。かかる検証作業こそは、政治を国民・市民の手にとりもどし、市民たる自覚と責任を問い質すなかに、より良き明日を可能とするのではないでしょうか。一人の国民・市民として、無知がもたらす専制への崩落ではなく、統治情報等を己の手にとりもどし、正義にもとづく統治を実現したいものです。

参考文献

大濱徹也『アーカイブズへの眼——記録の管理と保存の哲学』（刀水書房二〇〇七年）

国家的財産としての「個人文書」を歴史研究に活かす方途とは？

個人文書の収集・保存・公開について

伊藤　隆
Ito Takashi

いとう・たかし　東京大学・政策研究大学院大学名誉教授。一九三二年東京生。東京大学大学院人文科学研究科修士課程修了。日本近現代史。著書に『昭和初期政治史研究』（東京大学出版会）『日本の内と外』（中央公論新社）他。

一　個人文書を集める

一般に公文書という用語に対して私文書という言葉が用いられる。私文書とはいかにも私的な文書というニュアンスがあり、私は公人の「私文書」を個人文書という言葉で表現することが多いので、ここでも個人文書という用語を用いることにする。この個人文書が歴史学研究にとって公文書と並んで、いやそれ以上に重要だということは、多くの歴史研究者の常識だと思うので、くだくだしく述べることをしない。アメリカ等の場合公文書は貴重である。それは政策決定過程が公文書に記録されているからである。日本の公文書の場合、殆どが決定文書であり、研究者の興味を引くことが少ない。「記録」「文書」というものについての考えの違いである。これも研究者の常識と言っていい。『原敬日記』がカバーする時期の公文書と日記の情報の質と量を比較して見れば一目瞭然であろう。公文書が無用であるということはないが、日本における官僚等の仕事の仕方を反映しているともいえよう。

さらに個人文書は公文書と共に、歴史学研究に取って重要というだけではない。それらはともに、国家的な貴重な財産だということを強調して置きたい。日本人、日本社会、日本国家が何をし

てきたのか、まさにそれが「日本」であるが、先日国立博物館で展示された『御堂関白記』をはじめとする陽明文庫の近衛家の文書記録が国の宝である（多くが国宝や重要文化財に指定されている）とすれば、時代は遥か後になるが、国会図書館憲政資料室所蔵の三条実美や岩倉具視関係文書等々は国の宝に指定されて然るべきものであろう。尤も指定されて却って使用が不便になるということもあるので、指定は考えものだが。

保存や公開に先だって、個人文書の収集ということがまず考えられなければならない重大な問題としてある。個人文書を最も多く所蔵しているのは、なんといっても国立国会図書館憲政資料室である。現在どの程度の個人文書を所蔵しているか定かでないが、平成五年現在で、二宮三郎氏によれば（「憲政資料室前史」『参考書誌研究』四十三～四十五号、平成五～七年）、「二五〇家二〇万点」ということであるが、その後も増大し続け、現在公開されているだけで文書群数は四五〇を超え、整理中を加えればさらに膨大な量になっている。

こうした膨大な量の史料群は自然に集まったものではない。どのように集められたのかについて、戦後憲政資料室の創設に大きな役割を果たされた大久保利謙先生の『日本近代史学事始め』（岩波新書、平成八年）にある程度詳しく述べられている。それによると、戦前の憲政史編纂の事業を復興する仕事をやるようにという勧めがあり、昭和二十三年十一月に「日本国会史編さん所設置に関する請願」を両院で採択してもらう運動をし、翌年国会図書館が発足した時、金森徳次郎館長の決断で憲政史編纂を国会図書館で行うということになり、「憲政資料編纂事務を委嘱する」という辞令を貰ったという。「知らないうちに予算がつけられていた。九〇〇〇万円です。これは当時としては、相当大きい額で、本当にありがたかった」とある。参議院の奥の書庫に一部屋でスタートし、大久保先生も二十五年には「国会分館図書課憲政資料係長」に任命された。ここで編纂事業と切り離されて、史料の蒐集に特化した。大久保先生の書くところによれば、「昭和二三～二四年の頃といえば、一方で史料保存の運動があり、一方で代々伝わってきた史料を手放す空気が出ていました。御大家も財産税をとられたり、家が小さくなったりして、大変だったのでしょう。当時、私は史料散逸を防ぐのが何より重要だと強く思っていました。海外流失の心配もあった。そういう意味では、史料を蒐集するうえで、ちょうどいいタイミングだったことはたしかです」といい、伊藤博文、陸奥宗光、井上馨、伊東巳代治、牧野伸顕、樺山資紀等の関係文書を蒐集したときのことを回想している。

実はこの大久保先生の手によって収集された個人史料を基礎にした国会図書館憲政資料室が、最初のアーカイブスと言えるものである。公の機関が、個人文書それ自体を蒐集し、広く公開するというのはこれが初めてだからである。戦前に大久保先生も関係なさった憲政史編纂会という組織があった。この組織については

前に触れた二宮氏の論文に詳しく書かれており、大久保先生の前掲書でも簡単に触れられている。昭和十二年五月に衆議院に憲政史編纂会が発足して尾佐竹猛氏が委員長、それと並行しての「貴族院五十年史」編纂事業も翌年に発足して、これも尾佐竹氏が中心、大久保先生は後者の担当者であった。このときに蒐集した史料が「憲政史編纂会蒐集文書」として、憲政資料室に引き継がれている。憲政史編纂会には『明治天皇紀』編纂に関わった渡辺幾治郎氏なども加わっていた。周知の通り、『明治天皇紀』の編纂に当たっても、明治天皇を囲む多くの重臣たちの史料の蒐集が行われ、これが現在宮内庁書陵部所蔵の臨帝本といわれる膨大な史料群である。憲政史編纂も明治天皇紀編纂も、そのために史料を集めた。と言っても全てそれぞれの家から史料を借りて筆写するというやり方であった。従って残っているものは筆写本である。岩倉具視、三条実美、大久保利通、木戸孝允以下それぞれの家には、編纂所というべきものが設けられていて、『岩倉公実記』など伝記編纂のために整理をおこなっていた。国会図書館憲政資料室の「山県有朋関係文書」はマイクロフィルムで山県宛書簡他を見ることが出来るが、山県有朋の伝記編纂のため（徳富蘇峰が担当した）他家の史料、つまり山県が出した書簡等を筆写で蒐集したものが「山県有朋伝記編纂資料」という資料群名で同じく憲政資料室で現在見ることが出来る。これらは、その家の持つものも、他家から筆写したものも、編纂に用いられるだけで、伝記に引用されたもの以外のものが、研究者に公開されることを全く予期したものではなかった。編纂に関わった人が秘かに筆写を持っていたということはあったようだが。そういう意味で、史料の集積であったが、アーカイブスということは出来ず、大久保先生が憲政資料室を最初のアーカイブスと言った所以である。

大久保先生は元侯爵、貴族院議員ということでの人脈もあり、先に述べたように金森館長から多くの予算を得て、大量の史料の蒐集を行い、憲政資料室を日本近代史研究に欠くことの出来ないアーカイブスとして確固としたものにした。後に大久保先生は実証的日本近代史の確立者としてと同時にアーカイブスを設立した功績で朝日賞を授けられたが、平成二年に、もうお年を召されたというので、国会図書館客員調査員を私に譲られた。私は、すでに昭和三十年代から憲政資料室の史料を使って研究を進めていたが、新しいところ、昭和史の史料が少ないということを痛感しており、私自身が研究で関係のある人物のご遺族にアプローチして、発掘した史料群を出来る限り憲政資料室に入れるようにご遺族にお願いするようにしていた。そうした一つが「小川平吉関係文書」であった。後にも触れるが、この縁で宮沢喜一元首相からご生前に史料を憲政資料室にご寄贈いただくことを前提にお預かりして、目録を作成して、つい今年に憲政資料室に運び込んだ所である。

平成二年から十年足らずだったと思うが、その間に私はご遺族にアプローチして史料の存在を知った所の家に積極的にお願いし

て史料を憲政資料室に入れていただくことが出来た。その数は数十に上ったと思う。その後、一時憲政資料室の位置付けについて図書館の幹部と衝突して、客員調査員を罷免されたので、ちょうどスタートした政策研究大学院大学に最も新しい時期の近現代史史料の集積を作るつもりで、関係者の諒解のもと、遺族を探し、手紙を書き、訪問し、史料を見せて貰い、大学に寄贈して下さるようにお願いし続けた。この段階になると、直接自分の研究のためということとともに、後世に史料を残さなくてはならないという使命感で行動するようになった。ちょうど進行していたＣＯＥオーラル政策研究プロジェクトで次々にお話を伺った方々に、ご自分の史料を将来どうするかという問いをかけて、現在のところ一番安心出来る公的なところである憲政資料室か現在私が勤務している大学に入れて下さいとお願いして諒解を得たものが少なくなかった。さきの宮沢氏のもの、藤波孝生氏のものなどはその一例である。その他さまざまな縁故を辿って三十数史料群をお預かりした。ところが、大学の方針が一変し、大学に史料集積を出来なくなったので、目録を作成して次々に憲政資料室に寄贈していただいた。それがこの三月に終わったのである。その間にも、後に述べる『近現代日本人物史料情報辞典』の編纂と関連して、ご遺族を探し、お願いして、直接に憲政資料室に入れて頂いたものも二十件ばかりあった。

　こうしてご遺族と接触してみると、かなりの方々のご遺族が親の史料を廃棄しているということに気がついた。それは住宅状況ということもあるが、「家」の崩壊、つまりかつてのように家督を継いだものが基本的には前の家督から引き継いだものを保管し、次の世代に伝えていくということが希薄になったということである。子供たちが次々と独立し、別に住まい、両親が死んだらその居宅を処分する、その時に自分にとって特に意味のない両親の史料などはどう扱っていいのか分からず、廃棄処分をするというような事態が少なくないということである。生前に頂いておかないと残り方が少なくなるということになる。これからの史料収集に関して留意すべきことかと思う。

　その場合も含めて、ご本人乃至ご遺族との信頼関係の構築ということが不可欠である。言ってみれば私的財産を公的財産にしていただくということだから、そのことの意味を十分にご説明し、ご了解を得るということが必要である。研究者が自分の研究に当たって、それと関係の深い人物のご遺族にアプローチして、史料を閲覧させていただいた場合、それを公的な所に寄贈して後世に残すことの重要性を説明しなければ、個人史料の蒐集は困難である。

　毎日の様に訃報を見ていると、その方のオーラルヒストリーをしておきたかったなあという思いと、その方の史料はどうなるのだろうかなあという思いが浮かぶ。そしてそういうときに、公的に史料を残して貰える様に依頼できる権威ある組織が欲しいと思

うのである。さらにどのような人の史料を収集していくことが必要かを協議して、組織的に具体的に遺族に働きかける収集委員会といったものが欲しいと思う。次に述べる史料保存機関でそうした機能と組織を持っているところもないわけではないが、そうした保存機関の連合の横に収集委員会を作って、史料を発掘する研究者を含めて協議することを提案したい。

二　保存公開の機関

私がご遺族に寄贈して下さるようにお願い出来たというのも、それを受け入れてくれるところがあってのことである。個人文書を大々的に蒐集保存公開することを目的にした公的な機関は存在しないが、幸いなことに広く憲政関係の史料を受け入れる信頼出来る国立国会図書館憲政資料室があったからである。その後東大法学部が大々的に近現代の史料の蒐集を行い（法政資料センター）、東京大学史史料室が東京大学百年史編纂の過程で収集した個人文書を中心に収集を行い、また早稲田大学が大学史資料センターを作り、積極的に大学出身者、関係者の史料の蒐集を行い、慶應義塾大学の福沢研究センターが福沢を中心とする関係者の史料を集め、また國學院大學、学習院大学、中央大学、明治大学、大東文化大学、法政大学などが、大学関係者等の個人史料を収集している。また三井文庫、三菱史料館、住友史料館などが、必ずしも家文書とは言えないが経営史料を中心に保存している。財務省財政史室は大蔵省幹部であった人の個人文書の集積を行っており、情報公開法に従って公開しているが、目録が公開されている訳でないので、非公開に近い状況である。防衛省防衛研究所図書館が戦前期の帝国陸海軍の公文書と共に『戦史叢書』編纂の過程でかなり多数の個人文書を収集し、公開している。

こうした個人史料の収集保存機関の在り方は様々であるが、いずれも決して充分に満足のいく状態にあるとは言えない。第一にスペースである。一般にこうした機関はその組織全体の中で重要視されていることは少ない。そこに、場合によっては大量の個人文書が収納されるということになれば、そのスペースの確保は困難を極める。最大の機関である国会図書館憲政資料室でさえ、ここ十年近くの間に私の研究室や遺族のお宅からダンボールで千箱近い史料を搬入したら、書庫が一杯になったということである。恐らくどの機関もスペースの問題に悩んで居られることであろう。一つの解決法として、画像にして閲覧させることにして、原史料を別置するという方法が考えられる。これは画像としてネットに出す費用が必要だということ、また別の収納場所の確保という別な問題を生じさせるが。

第二は目録の作成である。公文書と違って個人文書は極めて個性的なものであり、史料のあり方によってどのような整理が作成者にとっても閲覧者にとっても便利かということを考えて作成す

るのが適当と思われる。共通性ということも大事かもしれないが、そのためにはかなりの無理をしなければならない。広い整理室があるという場合は少ない。運び込んだ史料を片端からデータベースとして入力していく、それを目録として、後はそのデータの検索で利用するという方法をとってもいいのではないかと思う（いずれ余裕があれば、冊子目録を作るということにして）。目録作成の一番の悩みは、費用の問題である。その機関の人員が充分ということは殆どない。従って大学院学生等のアルバイトに頼る以外にない。この費用が容易なことでないことはここ数年の経験で身に沁みているところである。

第三にはその機関の人の問題である。一般に日本ではアーキビストがきちんとした職種として認められていないだけでなく、そうした機関にアーキビストが配置されるという保証もない。国会図書館憲政資料室はライブラリアンによって構成されている。ある程度史料の取り扱いに慣れれば、実質アーキビストになるが、慣れた頃には異動ということになる。異動は図書館全体の人事として行われるので、適任者、この仕事に意欲のある人が来るとは限らない。「史料館―アーキビスト」を制度的に認めさせていくのも今後の課題である。

但しアーキビストとは何かということを真剣に考えなくてはならない。現在多くのアーキビスト養成講座を主導しているのは、近世文書、近代公文書を対象としている人々である。しかも必ずしも対象になっている人々は、歴史研究をしているわけでもなく、講座の中で歴史を学んでいるわけでもない。ヒストリアンとアーキビストとの境界ははっきりしたものではあり得ない。アーキビストが尊敬されている国のアーキビストは多くの場合ヒストリアンでもある。歴史を知り、歴史を愛することがアーキビストとヒストリアンを協力者とするのである。私は自身をヒストリアンと自覚しているが、同時にアーキビストでもあると考えている。

実際に個人史料の収集や整理や目録作製に従事しているのは若い大学院学生や研究者である。これらの人々の大変な努力に支えられているのである。しかしこれは研究自体ではないというので、研究者としての評価の対象になっていないし、また科学研究費やその他競争的資金の対象となっていないのである。この点を改革することは絶対に必要である。その仕事を評価し、それに資金を与えるようにしてほしい。これは強く提案して行きたい。

第四に、紙ベース以外のデータ、画像や音声のテープ、フロッピー、CD、DVD等をどう扱うか。特にMOとかビデオテープのベータ方式のもの、ワープロ専用機のデータの様に現在再生が困難なものをどう扱うかという問題である。

第五に全ての媒体についての劣化の問題にどう対応するかという問題である。これは既に多くの研究もなされている様なので、問題として挙げておくに止める。

「公開」についても結構様々な問題があるであろう。なるべく

公開したくない、利用者を制限したいという態度を取っている保存機関に対しては、是非公開に積極的に取り組んで欲しいという以外にはない。国会図書館憲政資料室は積極的に公開に踏み切っているが、秘匿すべき個人情報や現在の問題に深く関わる比較的新しい文書、微妙な文書等については留保していると思われる。これは誰がどのような基準で決めているのか不明であるが、一般的には妥当な対応だと評価できる。直ちに公開できない文書記録も、そうだからといって収蔵しないというのではなく、受け容れて、暫く公開を留保して数年ごとに再審査をするという仕組みが必要だと思われる。公開に伴う史料の破損・劣化の問題には、前述の様に画像として公開する以外にないであろう。

三 史料についての情報

個人史料にアプローチすることは必ずしも容易なことではない。何処にどのような史料が保存されているか、遺族の許に保存されているか、或いは既に散逸してしまっているか、こうした情報を一元的に提供するセンターを作り、ネット上で情報を提供したいというのが私の多年の希望であった。これは極めて多くの人々のご協力がなければ不可能で、私の周辺の人々もその成功を危ぶむ人が少なくなかった。平成十三年四月に近代日本史料研究会の主だった人々と相談、ネット上で提供する場合には執筆者に少額たりとも謝礼を差し上げることが難しいということから書籍にすることにして、最初に数十人に呼びかけを行ったのが同年七月であった。呼びかけに応じて下さったのは最終的に二百名を越え、多くの方々から、さらに取り上げるべき人物と史料情報や、その執筆候補者の紹介を受けた。こうして平成十五年九月までに五百三十九項目の原稿が集まり、季武嘉也氏と共編で『近現代日本人物史料情報辞典』を吉川弘文館から刊行したのが、平成十六年七月であった。これだけでは近現代日本の重要人物の史料情報を尽くすことには到底足らないということで、続刊の計画を進め、その後も多くの方々のご協力を得て、およそ百五十人の執筆者から二百六十二項目の原稿を頂き、平成十七年十二月に第二巻、さらに多くの執筆者から二百六十三項目の原稿を頂き、平成十九年十二月に第三巻を刊行することができた。なお第二巻以後は、既に書かれている項目についての「追加情報」も提供して頂いている。これで一〇〇〇人を越える人々の史料情報を提供できたのであるが、その間に取り上げるべき人物のリストも日々増大し、既に執筆されたものを含めて二〇〇〇近くになっており、現在第四巻の原稿をお願いし、集めているところである。恐らくエンドレスの仕事になるだろうと覚悟している。皆さんのご協力をお願いする次第である。

四　史料を公刊する

主要な史料が、上記のように画像として、インターネットでアクセスできるようになるまでは、史料を見たい人はその史料を保存している史料館等に足を運び、そこで請求して閲覧し、必要な部分はコピーを依頼しなければならない。インターネットでアクセスできるようになるまでにはこれからかなりの費用と時間がかかるであろう。これまでそうしたことが可能になるということは考えられなかった。そこで重要な、ということは利用する頻度の高い史料は出版される必要があったし、或いは草書などで書かれた書簡類等の文書は書き起こして、年代推定をし、注記や「解説」の付された出版物にされてきたが、その必要はそう簡単になくならない様に思う。

実はアーカイブスよりも史料の翻刻の方が古い歴史を持っている。それの大規模なものは、日本史籍協会という維新史料編纂会――これも史料を大量に蒐集した組織であった――の外郭団体が、編纂会の史料収集に当たって入手した維新前後の、多くは個人の一次史料を、三〇〇人の会員に対して、大正四年から昭和十年にかけて日本史籍協会叢書として翻刻出版したものである。「岩倉具視関係文書」「大久保利通日記」「大久保利通文書」「大隈重信関係文書」「木戸孝允日記」「木戸孝允文書」「西郷隆盛文書」「中山忠能日記」等々一八七冊を刊行したのである。この仕事をした人々は大いに顕彰さるべきであろうと思うが、大きく取り上げられたことはない。昭和四十二年以降東京大学出版会から解説を加え復刻再刊し、さらに昭和五十七年以降同出版会から「続日本史籍協会叢書」が刊行された。

戦後には明治大正期の研究に強い影響を与えた『原敬日記』が刊行され、また東京裁判に提出された史料の中で、「原田メモ」と称されたものが『西園寺公と政局』として刊行され、昭和戦前史研究に大きな影響を与えた。私が一次史料の翻刻にかかわった最初のものである『木戸幸一日記』も東京裁判に提供されたものであり、これも昭和戦前史研究に大きな影響を与えたものである。みすず書房の「現代史資料」「続現代史資料」のシリーズ、粟屋憲太郎氏らの「資料日本現代史」（これら二つのシリーズは個人史料というわけではないが、その中に個人史料も含まれている）、私自身が主導した山川出版社の「近代日本史料叢書」などもある。

私はこれまで史料館に収蔵されたもの、自分が発掘したものを含めてかなり多くの一次史料を翻刻出版して来た。その場合の問題点を以下に述べておこう。第一は、新しいところでは、遺族に著作権があり、その出版の許諾を得る必要があるということである。印税が発生する場合には、それを作業をする側の労力への配慮とどのように配分するかということについての諒解を得る必要がある。遺族からプライバシー等を充分に配慮するように要望さ

れることがある（特に日記の場合）。史料としての価値を傷つけないように基本的には原文の儘ということであるが、どうしても配慮をしなければならぬ場合もあるので、それを最小限にするように説得するのも重要な課題である。第二は、商業出版として成り立つかどうかを出版社側と話し合い、必要ならどこかからの資金援助を求めなければならない。私が携わったいくつか、例えば『有馬頼寧日記』（全五巻）『品川弥二郎関係文書』（全八巻の内現在七巻編纂中）『山県有朋関係文書』（全三巻）等は尚友倶楽部（旧子爵伯爵団体）からの強力な援助を得ている（その他多くの史料を翻刻刊行している「尚友叢書」）。また現在刊行中の『木戸孝允関係文書』（全六巻）はかつて出版した『木戸幸一日記』の印税を基金にしたものがあり、それを活用している。古くは『小川平吉関係文書』（みすず書房）や『伊藤博文関係文書』（塙書房）の場合、文部省の出版助成金を申請して交付されていた。その他中央公論社（『重光葵手記』『続重光葵手記』『牧野伸顕日記』『尾崎三良日記』『石射猪太郎日記』『鳩山一郎・薫日記』『重光葵　最高戦争指導会議記録・手記』）・みすず書房（『小川平吉関係文書』『続現代史資料4・陸軍・畑俊六日記』『続現代史資料5海軍・加藤寛治日記』『高木惣吉　日記と情報』『石橋湛山日記』）・朝日新聞社（『新訂　二・二六事件　判決と証拠』『佐藤栄作日記』）・山川出版社（『真崎甚三郎日記』『大正初期山県有朋談話筆記・政変思出草』『海軍大将小林躋造覚書』『井川忠雄日米交渉史料』『本庄繁日記』『徳富蘇峰関係文書』『松本学日記』）・東京大学出版会（『木戸幸一日記』『木戸幸一関係文書』『上原勇作関係文書』『木戸幸一日記・東京裁判期』『東条内閣総理大臣機密記録・東条英機大将言行録』）などから多くの史料を出版して頂いたが、これは出版社がリスクを取って出して頂いたものである。

第三は、少量の史料の場合には別であるが、多くの場合は多くの人々の協力を求めて共同作業となる。そうした作業チームを編成しなければならない。若い研究者、大学院学生、大学生その他に呼びかけ、参加して貰うことになるのであるが、どこかから資金を調達できる場合にはアルバイト費を支払うことができるが（一番大きなグループを作ったのは『佐藤栄作日記』の場合で、これは朝日新聞社が充分にバックアップしてしてくれたので心配は全くなかった）、しばしばボランティアに近い（後で僅かな印税を配分することになる）状態で仕事をして貰うことになることもある。草書で書かれた書簡の場合、それを読める人を求めなければならないし、その解読の難しさとその人の能力に応じて仕事を配分するとか色々工夫が必要である。兎に角分担した分をパソコンで入力して貰って、フロッピー或いは添付ファイルでメールで送ってもらう（もう十数年まえまでだったら原稿用紙に書いて郵送して貰うというのが一般的であったが）、それをつないで、数人でクロスチェックをして本文を確定し、並行して注記をつけ、ゲラになったところで索引を拾い、「解説」を書き、という順序になる。読みにくい字の解読にはかなりの忍耐と時間を必要とする。判読自体がなかなか困難な仕事

である。最近十数年に、私どもの他にいくつか多少継続的なこうしたグループや組織が出現した様に思えて嬉しく思っている（『宇垣一成関係文書』『日本陸軍とアジア政策――陸軍大将宇都宮太郎日記』『大隈重信関係文書』を編纂しているグループ他）。

私は現在も上記『木戸孝允関係文書』『品川弥二郎関係文書』の他、尚友倶楽部で『児玉秀雄関係文書』、中央公論新社からの『斎藤隆夫日記』『桜田武日記』、軍事史学会の事業の『畑俊六回想録・獄中日記』等に係わって仕事をしている。こうした作業はまだしばらく必要であろう。

以上述べてきたように、今後の課題は少なくない。皆さんのご協力を得たく、またお知恵を拝借したいと希望する次第である。

＊＊＊

「歴史」に向き合うための第一歩としての「公文書」公開

アジアにおける史料の共有

【アジア歴史資料センターの七年】

石井米雄
Ishii Yoneo

いしい・よねお　国立公文書館アジア歴史資料センター長、京都大学名誉教授。一九二九年東京生。東京外国語大学外国語学部中退。タイ地域研究。著書に『タイ近世史研究序説』（岩波書店）『上座部仏教の政治社会学』（創文社）他。

高まりつつある期待

二〇〇一年一一月三〇日に「国立公文書館アジア歴史資料センター」がスタートして以来、早くも七年の歳月が流れた。センターでは、公文書をデジタル化して、利用者が、「いつでも、どこでも、だれでも、無料で」をモットーに、国立公文書館、外務省外交史料館、防衛省防衛研修所図書館の協力を得て、明治維新以降、一九四五年太平洋戦争終結にいたる七七年間のアジアに関する公文書の公開を行っている。当初は、まずお隣の中国や韓国は、公開するとはいうものの、おそらく国益を損ねるような文書は秘匿して、公開に踏み切ることはあるまいと考えられていたらしい。こうした疑念は、センターの発足を伝えた某英字紙が、取材もせず、当然のことのように、公文書の公開とはいえ、一五年戦争関係の文書はすべて除かれていると書き、それがアジアの英字紙にまで転載されたという事実に示されている。しかし風説とは異なり、極秘を含め、アジアに関するすべての公文書がデジタル化され、世界の研究者に提供されているのが事実である。幸い、中国の档案局長など、近隣諸国の文書担当者は、センターを視察に訪れて現状を知り、公文書公開に対するセンターの姿勢を評価してくれ

るようになっている。
あるとき日中歴史共同研究委員会の中国側関係者を訪問した筆者は、センター設立の経緯について詳しく説明しようと、そもそもセンターとは、と設立の趣旨から話し始めようとすると、これを聞いた委員長は、ご主旨はとうに承知しています、それより早く目標の数値を達成してくださいい、期待しているのですから、と言われ絶句したことを思い出す。中国の歴史関係者は日常的にセンターのサイトにアクセスしていると聞いた。事情は韓国でも同様のようである。日本がアジアとの関係の歴史を重視しているひとつの証左としてセンターが開設されたという当初の目的は、徐々に浸透しつつあるようだ。

「歴史事実」の確認のために

メディアには、「歴史認識の共有」ということばがしばしば登場する。しかし「歴史認識」を共有することなどできるものなのだろうか。発生したある歴史事実について、それぞれの立場から当事者なりの認識をもつのは当然であろう。しかし歴史事実が二国間にわたる場合、その事実をめぐる認識が同一であることはそもそも期待することが無理なのではなかろうか。殴った者と殴られた者。加害者と被害者。起こった事実について、関係者の立場によって認識が異なるのは当然であろう。「歴史認識」を言う前にまず「歴史事実」の確認を行うことがまず大事なのではあるまいか。事実を確認すること無しに「認識」だけが一人歩きすれば、かえって「事実」の確認をさまたげることに成りかねない。ひとつの例を挙げよう。「南京大虐殺」をめぐる議論がそれである。中国では三〇万人が動かぬ数字として定着している。他方、日本には、「大虐殺」はなかった、という言説すら存在する。三〇万対ゼロ。こうした状況のもとにあっては、実際には何万何千人が殺されたのか、という具体的「事実」探索の努力はきわめて困難となる。現在もっとも必要なのは、関係国と協力して、まず「歴史事実」をいかにして確認するかについて議論し、その方法を探求することではなかろうか。歴史的に何がどのようにして起こったのかという事実確認のための協力こそ、いままさに求められているのである。

幸いなことに、文書のデジタル化技術の発展は、歴史事実確認の手続きを格段に容易にしつつある。こうした技術発展を背景に、秘密文書を含めすべての公文書を公開するという事例が、具体的に日本に誕生したという事実は、文書公開のモデルを世界に向かって提供したといってよかろう。もちろん、どの文書を公開するかという基準の設定は、当事国の主権に属するものであり、これを他国に強制するわけにはいかない。とはいうものの、物事はいっぺんにできあがるものではない。現実的なのは、まずできるところから始めることであろう。そのもっとも手っ取り早い方法

としてリンクがある。日本の国立公文書館と、中国の档案館をリンクでむすび、韓国の公文書記録院もまたそのリンクに参加する。これをさらに拡大して、東南アジアの諸公文書館、アメリカの公文書館、ヨーロッパの公文書館等々、世界の公文書館がリンクで結ばれるならば、公文書の利用が格段に容易になり、学問の発展にも貢献すること間違いなしである。

アジア歴史資料センターは国立公文書館、外務省外交史料館、防衛省防衛研修所とがネットで結ばれていると書いた。単なるリンクではない。相互に横断検索することが可能となっているのである。以前は、沖縄、北海道など、公文書館から遠くに住む研究者は、飛行機に乗り、ホテルにとまって、三館を別々に訪問して資料を検索しなければならなかったが、アジア歴史資料センターの開設によって、自宅にいてコンピュータで、三館所蔵の公文書を閲覧することが可能となった。加えて横断検索が導入された。このおかげで、ある館にある史料が、実は別の館にある史料につながる一連の史料の一部であることが判明したケースもある。横断検索あればこその話といえよう。これをさらに国外まで広げ、その間の横断検索が出来るようになるとすれば、どれほど研究者を裨益することになるかは想像に難くない。

公文書公開は価値ある第一歩

やや唐突な事例だが、ここでオリンピック憲章について考えてみたい。一八九四年、ピエール・ド・クーベルタンは、「スポーツを通して心身を向上させ、さらには文化・国籍など様々な差異を超え、友情、連帯感、フェアプレーの精神をもって理解し合うことで、平和でよりよい世界の実現に貢献する」ことを目的に「国際オリンピック委員会」を立ち上げた。その後二つの世界大戦や東西冷戦によるボイコットなど、紆余曲折を経ながらもオリンピズムは現在まで継続している。「オリンピックで重要なことは、勝つことではなく参加することである」という。すべての国際組織は、参加者が増えることによってその価値がたかまるのである。北京オリンピックには二〇四の国々が参加した。一九四五年世界の安全保障と経済・社会の発展のための協力を目的として設立された「国際連合」は、当初五一カ国でスタートしたが、現在一九二カ国が参加している。国連は、第二次世界大戦の戦勝国主導でつくられた組織であるため、敵国条項がのこっていたり、一五カ国の加盟する安全保障理事会が絶大な権限をもち、かつそのうち旧戦勝国の五カ国だけが拒否権を行使できるなど、その運営に問題を抱えているものの、その存在が世界の平和維持に、大きな役割を果たしつつあることは周知の事実である。

ある組織に当初から完璧を望むことはそもそも無理な話である。「無いよりはあった方が良い」という組織であるならば、その設立を模索する価値がある。「歴史事実」の共有を可能とする組織の設立もこの意味で意義があるといえよう。まずアジア諸国の間に限ってでも「歴史事実」を共有できる組織をどうすれば作れるのか、その手段の検討を始める時期にきているように思われる。参加国は、当然のことながら、それぞれの判断で公開する公文書の範囲をきめるであろう。その範囲は、情勢次第で将来変更することになるかもしれない。しかしそれがまず第一歩である。はじめから完全な組織などできるものではない。その意味で、日本の国立公文書館にアジア歴史資料センターが開設されたという事実は、こうした動きのきっかけをつくったと考えるべきではなかろうか。さはさりながら「公文書」とはそもそも歴史事実をつたえているといえるのか、という質問をしばしば受ける。たしかに歴史事実をつたえていない公文書も存在しはする。しかしそれが事実であるかどうかを判断するのは史料批判を任務とする歴史家の仕事ではないか。すくなくとも「公文書」の提供は、歴史家に材料をあたえることにその意味を求めるべきであろう。

「アジア歴史資料センター」が発足して七年。その設立までにさらに七年を要したという過去の歴史は、公文書を公開することをめぐってさまざまな意見が存在し、いまも存在している事実を示している。にもかかわらず、これまでのセンターの歴史を顧みるとき、やはりこれは開設する価値のある存在であったという確信は日々つよまっている。さらに一歩すすめて、「アジアにおける史料の共有」の実現を心から期待するものである。

データベースの思想

データベース軽視は、日本の民主主義成熟度のバロメータ

山﨑久道
Yamazaki Hisamichi

やまざき・ひさみち　中央大学文学部教授（社会情報学専攻）。一九四六年東京生。東京大学経済学部卒業。博士（情報科学）東北大学。データベース論。著書に『専門図書館経営論』（日外アソシエーツ）他。

一　データベースとは何か、そしてデータベースの社会的役割とは

1　データベースの概念・本質

データベースという言葉は、著作権法（第二条）では、「論文、数値、図形その他の情報の集合物であって、それらの情報を電子計算機を用いて検索することができるように体系的に構成したものをいう。」と定義されている。

これはデータベースの概念をよく表したものと言えるが、その内容を分析すると、以下の三点になる。

（1）文献等の集合物であること。
（2）体系的に構成されていること。
（3）検索可能であること。

（3）の検索可能というのは、（2）の体系的構成の結果なのであるから、単に情報が集まったというだけでなく、それがある統一的な意思の下に整理されていることがデータベースの特徴である。そして、ここにこそ、データベースの本質がある。つまり、それは、情報を後で使うことを考えて、あらかじめ整理して蓄積

しておくためのツール、ということである。これは、まさに図書館やアーカイブズが果たしてきた役割と同じである。こうしたものを情報ストックと呼ぶとすると、現代のコンピュータ化社会において、データベースはその代表格だと言えよう。

現代では、経済活動その他に伴って、膨大な量の情報が無秩序に生産されて流通しており、インターネットやコンピュータなどの情報技術はこの傾向をいっそう助長している。それは、人々の経済的、社会的、文化的営為の結果であるとともに、彼らは、日々、生活し、仕事をしてゆくためには、自らが必要とする情報をすでに発信された情報の集積の中から見つけて、自分たちの活動の参考にしてゆかなければならない。こうした点は、個人のみならず企業その他の組織においても同様であることは論をまたない。その巧拙や妥当性の如何が、企業の命運すら左右するようになっている。

データベースは、そうした目的での情報利用という目的に沿うよう、あらかじめ、索引作業や管理ソフトウェアの組み込みなどによって情報集積に対して、その表現内容などの配列分類に一定の秩序を与える。現実的には、キーワードや分類など、探索のための有効な手段を装備している。つまり、資料を整理・配架して、分類や目録から資料を探しせるようにしている図書館やアーカイブズと同じような機能を持っているのである。

したがって、データベースは、情報ストックを組織的に整理して提供する機能を代表していると見ることができる。その意味では、データベースもインターネットのホームページの集積とサーチエンジンの組み合わせも、図書館と同じような機能を持たせようとしたものであると見ることができる。その意味からすると、データベースは、まさに人間の社会的記憶を外部化したものだと言える。記憶力の良い人というのは、たくさんのことを覚えているだけでなく、その場に応じて自らの頭の引出しの中から、最適な情報を取り出せる人のことを言う。とすれば、これは、とりもなおさずデータベースが実現しようとしている機能そのものなのである。

2　データベースはなぜ必要なのか、そして、何に使われているか？

それでは、データベースは、いったいどんな場面で使われるのであろうか。ここでは、研究開発を考えてみよう。研究というのは、研究者が、これまでの学問的成果に、新規でかつ有効な発見、理論、解釈等を付加して当該分野の発展を図ることを目的としておこなわれる。そのためには、その分野におけるこれまでの学問的成果が、その研究者の手によって自由に入手でき参照できるような状態に置かれていなければならない。現実に研究を進めるにあたっては、自らの研究テーマや方向性が定まった時点で、これまでその分野でどんな研究が行われ、どのような成果が構築されているのかを調査しなければならない。これを、先行研究調査と

いう。

一方、研究者は、研究が終了した段階で、自らの達成成果を論文としてまとめ、学術雑誌に投稿する。これは審査を経てその雑誌に掲載される。これを、第三者が収集して、分類やキーワードを付加して構成したものが、その分野のデータベースである。したがって、研究者はデータベースを検索することによって、現在までの研究の達成状況を、効率よく把握することができるのである。

そのようにして研究を進め、独自の成果が得られると、それを論文にまとめる。これが学術雑誌に投稿され掲載されることによって、この分野における新たな知見が公になり、それがデータベースに収録されることによってだれでも利用可能な社会的資源になる。これを、今度は別の研究者が参照・引用することによって、新たな研究が進むこととなる。データベースを活用したこのような参照と引用の連鎖によって、社会全体の研究の進展が加速化される。つまり、研究の進展には、研究成果の組織された情報ストック（定期的更新と評価を伴う）であるデータベースが不可欠なのである。

前述したように、情報を整理・蓄積・保管し、必要に応じて、特定の情報要求に基づいて利用できるようにしたストック情報資源として、データベース、図書館、アーカイブズなどがある。その点、インターネットは、元々フロー情報のためのユーティリティであり、電子メールやファイル転送などに使われてきた。それが、WWWによって不十分ながらストック情報の側面を持つようになった。しかしながら、検索の原始性、著者の匿名性、情報の保存における不安定性、品質評価の不在などの問題は依然として残ったままである。

いま述べたようなデータベースの利用は、研究開発のみならず、企業の新製品開発、特許の申請、病気の治療などにおいても同様に行われており、そうした業務の要の位置を占めている。

二　データベースの沿革と現状

1　データベースの整備状況（日米比較）

つぎに、現実のデータベースの、日米における整備状況をみてみよう。二〇〇一年の段階で、データベース産業の売上高は、米国が四兆二千億円であるのに対し、日本は、三千億円である。ひと桁違うのである。人口の差を勘案しても日本の数値ははるかに劣っている。データベースを作成している組織（プロデューサという）の数も、米国一五三三に対し、日本は一四四である。これもひと桁違う。作られる数が少ないのだから、売り上げや流通利用にも格差があるということもできる。さらに、自国内で作られた、いわゆる「国産データベース」の数も、米国六八八九、日本一四八七と、これも大差がついている。

データベースの整備には彼我の間に大きな差があると言わざるを得ない。

その理由としては、

（1）データベースの発展の歴史の差

（2）索引の思想の差

（3）データベースの価値、ひいては、情報ストックに対する彼我の社会意識の差

などがあるものと考えられる。いずれにしても、日本の情報化は、ハードウェア先行で、ソフトウェアやコンテンツの整備は大きく立ち遅れている。その結果、日本は、医療や化学などの分野で、米国等のデータベースに大きく依存する結果となっている。

2　データベースの歴史と分野別現状

それでは、データベースが発達している（学問）分野、あるいはデータベースをよく利用する分野というものがあるのであろうか。経験的にみると確かにある。それは、医療・医学・薬学情報、化学情報、特許情報、判例情報、新聞記事情報といったところであり、いずれも、事例研究に依存する分野である。

医療・医学・薬学情報の分野では、ＭＥＤＬＩＮＥが最重要である。ＭＥＤＬＩＮＥとは、米国国立医学図書館（ＮＬＭ）が作成している医学文献データベースで、世界約七〇カ国、約四八〇〇誌の雑誌を収録している。日本の雑誌は約一七〇誌収録している。医学および広範囲にわたる関連分野の論文情報を収録している。この分野では、最も網羅的で信頼性の高いデータベースと言えよう。日本の大学、病院、製薬会社等で、研究、診療、薬品開発などに、頻繁に使用されている。

化学情報では、Chemical Abstracts（ＣＡ）が重要である。一九〇七年から、化学文献の調査手段を冊子体、マイクロフィルム、ＣＤ－ＲＯＭで提供してきた。現在ＣＡは、世界の新刊科学論文と特許について、簡潔な要約を作成して毎週提供している。

特許情報については、これまでにない新規な発明を目指す必要があることから、データベースの必要性は良く認識されている。特許出願が世界的にみて多い日本でも、この分野のデータベースはよく利用されている。判例情報は、もともと判例重視の米国で発達したが、日本でもようやく頻繁に利用するようになった。特に司法制度改革によって誕生した法科大学院の教育の中では、重要な訓練項目としてよく利用されている。新聞記事情報のデータベースは、もう日常的なものになっている。切り抜きをスクラップする代わりに、「日経テレコン」などの記事情報データベースが頻繁に使われている。

三　データベースと索引の思想

1　情報を探すために整理しておくということ

どんな情報でも、それをあとから探す（＝検索する）ためには、なんらかのキーを付けておく必要がある。このキーは、通常簡潔な言葉で表され、キーワードなどと呼ばれる。このキーワードが適切に与えられているか否かが、あとで検索するときの効率を大きく左右する。どんなにすぐれた情報検索システムをもってきても、キーワードの与え方が不適当だとどうしようもない。キーワード付与というこの大切な作業は、索引作業もしくはインデクシングと呼ばれている。よいデータベースの条件は、含まれている情報の内容がすぐれていることとともに、そのデータベースにおける索引作業が妥当であり、信頼性があるということである。

さらに、人間の世界における情報のやりとりを、情報の送り手と受け手の間のコミュニケーションととらえると、これには、以下のような種類があると考えられる。

第一は、同時代人との間のコミュニケーションである。会話、電話、電子メールなどによって行われるが、これは、双方向的であるので、お互いの使う語の意味を質問・確認しながらコミュニケーションを行うことができ、思いついた言葉、つまり自然語を使いながら行っても不都合はない。とくに、同一学問分野においては語（ジャーゴンも含む）が、共通なので、コミュニケーションの確実性はさらに増す。

第二は、過去に書いた日記を書いた人自身が今読むといった、同一人の間のコミュニケーションである。同一人であるため、時間はたっても、語の使い方や概念の構造は余り変化しないので、意味を間違って受け取ったり、解釈に困ることもさほど起こらない。この場合も、自由に書いた言葉だけで内容が通じる。

第三は、違う人が違う時代に書いたもの、つまり文献を、別の人が今読むという種類のコミュニケーションである。この場合は、見かけ上同一の語を使っていても、語の意味・使い方や概念との対応が異なっている可能性がある。しかも、読者がそのことをいちいち著者に確認する方法が実際上ほとんど存在しない。しかも、一つのキーワードで多数の文献を検索したときなど、同一の語についての意味づけや使用法、概念との対応が、はなはだしい場合、著者の数だけ異なることになる。その場合も、文書全体を見れば理解できるかもしれないが、キーワードやタイトルだけで文書を代表させたときには誤ったコミュニケーションに陥る危険が大きくなる。

現在のインターネットの検索エンジンによる検索の最大の問題点は、同時代の人間同士のコミュニケーションに使われる方法を、そのまま、蓄積された情報検索に適用させたことにある。つまり、全文の自然語検索は、語の使い方が、人によって変化することや、

多義性があることや、時代の移り変わりが反映することをすべて無視していることになる。

実のところ、膨大なデータベースの中から、自分が本当に求めている情報が引き出されるのは奇跡に近い。とくに、固有名詞以外の一般名詞の場合、特に特定の事物を示すのではない抽象名詞(学術研究等において重要な検索項目となる現象、行為、政策、反応、結果、法則)には、こうした状況が当てはまり、情報検索行為そのものの信頼性を損なうことになる。

ここにおいて索引作業、特に語の意味を限定し、概念との対応づけを明確にし、それを用語集という形でコミュニケーションのためのツールとして利用するシソーラスなどの考え方が、効果を発揮することになる。多くのデータベースには、シソーラスの手法や考え方が組み込まれており、時間と空間を超えた言語によるコミュニケーションの精度や効率を保証するようになっている。つまり、データベースは、過去の情報や記録を現代に呼び戻すための必要不可欠なツールなのである。

2　索引の思想に乏しい社会

ところで、欧米で出版された本には、立派な索引の付いているものがある。日本では、索引の付いていない本も多い。索引は、本の中の飾りくらいにしか思われていない。索引の思想がない社会なのかも知れない。しかし、本の巻末索引は、まさにその本の内容のデータベースを具現化したものなのである。本が情報の集合体であるとすると、それを情報内容から検索するための大切な仕組みとして、索引があるのである。

日本では、最初からページを繰って粛々と読んでゆかなければいけない、というように教え込まれているのであろうか。しかし、先行研究の調査には、何十、何百という文献に目を通す必要がある。索引もデータベースもなかったら、いったいどのようにしてそれを実行できるのであろうか。本を「読む」ことは推奨されても、本を「引く」というのは、辞書くらいにしか適用されない考えのようだ。確かに、日本の学校の宿題でも、一冊から二冊の図書を指定して読後感想文を書かせるものは多いようだが、数十冊の本を指定してそれを参照しつつレポートをまとめるといった課題はほとんどない。いや、日本の大学ですらそういう課題は少ない。

索引の専門家が集まる索引家協会が組織されたこともあるが、現在は解散している。日本データベース協会も、現在はその歴史を閉じている。しかし、索引がなくてどうして情報が探せるのか。グーグルは、「世界中の情報を整理する」と豪語している。こうした発想は、日本の社会では出てこないのだ。

3　データベースの価値についての認識の欠如

日本では、情報を保存したりする、というと後ろ向きの作業としてしか評価されないきらいがある。しかし、たとえば、企業内

でデータベースを作るということは、無形の資産、すなわち、インタンジブルズを作って、企業価値を上げるものだと認識されている。日本の企業では、無形資産としては、ブランド、特許、商標などの「知財」くらいしか重要視されていない。しかし、米国では、インハウス・データベースなども、インタンジブルズとして認知し、これを企業価値の源泉として直視してゆこうという考え方が主流になりつつある。つまり、情報を整理してデータベースを作るということは、積極的な企業価値の生成であると認識するのである。

その点なども考えてみると、日本におけるデータベースの低迷の背後には、日本人の精神構造があるのではないかと思われる。そこには、いろいろ複雑な問題がある。たとえば、革新的なパーソナルコンピュータ製品はなぜ日本でできなかったか。日本では、そのための部品はほとんど生産されている。結局、全体を組み上げることができなかったのであろう。日本人は、全体を構想するよりも、細部の彫琢にこだわるのではないか。「角を矯めて牛を殺す」という社会風潮である。

これは、イノベーションができない社会であるとも言えよう。つまり、失敗が許されないのである。大相撲で、相撲協会の関係者やマスコミが「一二勝三敗などの低レベルの優勝では云々」などと言うのをよく聞く。しかし、一二勝三敗の優勝は低レベルなのであろうか。結局、三敗の方を問題にするのである。一二勝もしているのに！ これは、減点主義の人事評価が横行する企業社会にも相通ずる。結局、過去に犯したミスの方を問題とし、過ちのないことを目指す。しかし、試行錯誤をしないで、つまり過ちを犯すことなしに、イノベーションなどできない。間違いから学習し、次を修正する能力こそ重要なのである。その間違いを記録したものが、データベースであるという面もある。

途中経過を丹念に記録する、という文化の欠如は、企業における技術の継承にも問題点を生んでいる。たとえば、メーカーの設計部門では、製品の最終デザインの仕様や形式のデータは詳細に残されている。しかし、例えば自動車を例にとると、そこまでに至る思考過程、つまり、どうしてボディをこのような形にしたのかとか、窓のスタイルをなぜそのようにしたのか、などの理由づけ、設計コンセプトは明確には文章化されていない。結果から推測することはできるものの、絶対確実にそうだと言えない場合も多いであろう。こうした点が分からないと、結局、製品の改良や新製品の開発に支障をきたすことになる。このようなとき、もし設計者のメモや心覚え、業務日誌などが残されていたら、そこに私たちは、上記の問題の解答を得ることが期待できる。

ただ、注意しなければならないのは、日誌のようなものには、「行動」を記すことはあっても、「思考」や「思考経路」を示すことは少ないということだ。とくに、日本では、記録を残すことは、「業務外」のことだという伝統的通念があって、そもそも物事や業務

の記録すら作られないことも、しばしばある。だれでも、新入社員になると議事録を作らされたことがあるかもしれないが、日本では、議事録つくりなどは、きわめて形式的な業務であり、重要でない雑事の最たるものとされている。ここにも、データベースを軽視する土壌がある。こうして、社内データベースのなかは、ベストプラクティス（成功例）ばかりになってしまう。現実にはそんなに成功体験ばかりがあるはずはないので、過去の記録を修正してしまう。改竄できなければ廃棄する。こうして「偽装国家」が生まれる。

極端なことを言うと、日本社会は、過去の情報の改竄が前提の社会なのであろうか。過去を直視しない国民性や政治が、ここにも投影しているといわざるを得ない。過去の情報を改竄せず、あるがままに記録するというのは、データベースだけでなく、アーカイブズにも、よりよく当てはまることである。結局、無謬性を追い求める社会なのではないだろうか。米国の大統領は過ちを犯しそれを認めることもあるが、そもそも日本の首相は過ちを犯してはいけないのである。大統領のスキャンダルが公開される国では、データベースも育成でき、過去を改竄する国では、データベースは育たないのかもしれない。

さらに言えば、日本の組織は、データベースや記録が無い方が都合の良い統治機構を持っているのだろう。これは、政治、行政、企業、医療法人、学校法人、すべてについて言える。データベースが普及しない国家や社会というのは、結局、過去を直視しない国家や社会の反映である。この点は、同じ機能を持つ図書館やアーカイブズの未発達と軌を一にする。

かつて、米国のデータベースのエキスパートから聞いたのは、「データベースこそは、最も民主主義的な情報媒体だ」という台詞である。その理由は、データベースは、地位や身分や経験の差に関係なく、誰でも情報に自由にかつ平等にアクセスできるからだという。たしかに、データベースが整備されていない国では、情報や知識は教えてもらうものであって、市民自らが独力で調べて獲得するものではないとの未成熟な政治・社会状況が生み出されてしまうのかもしれない。データベースの整備状況は、日本の民主主義の成熟のバロメータと言ってもあながち牽強付会ではないのである。

＊　＊　＊

デジタル世界における図書館とアーカイブズ

デジタル化がもたらす大きな可能性を十全に開花させるには？

杉本重雄

Sugimoto Shigeo

すぎもと・しげお　筑波大学図書館情報メディア研究科教授。一九五三年大阪生。京都大学工学研究科単位取得退学、工学博士。ディジタルライブラリ、ディジタルアーカイブ、メタデータ。

はじめに

一〇年ほど前になるが、アメリカの図書館がなぜ積極的に歴史資料や貴重資料のデジタル化を進めるのだろうかと素朴な疑問を持ち、アメリカで何人かの大学の研究者や図書館員に意見を求めたことがある。そのときの答えの中で、「これはデモクラシーです」というものが強く印象に残っている。デモクラシーということばの語感が日本語とでは少し異なるのかもしれないが、一部の専門家に限らず、誰に対しても貴重な資料を見られるようにすることそのものに十分な価値を認めていることを理解できた。

また、筆者は、国立公文書館アジア歴史資料センターのデジタルアーカイブで西郷隆盛が書いた参議の辞表を見つけた時、教科書に書いてあることを裏付ける実際の資料を簡単に見られることに素朴に感動した。また、軍艦大和の戦闘記録を見た際には、現実にあったことを伝える強い力を持っていることに改めて気づかされた。このデジタルアーカイブは世界的に見ても非常に大きなもので一一〇万件を超える資料が提供されている。これを見てい

ると、有名な人物や出来事に関する資料も、多数の資料の中にあってこそ歴史資料としての力を持つこと、専門家以外にはごみにしか見えないかもしれない多数の資料が歴史を直接に語っていること、そしてそれらに簡単にアクセスできることの大事さを感じる。

インターネットの爆発的な発展の中で、図書館やアーカイブズはインターネットを利用した資料の提供や適切な利用環境作りを進めてきた。これによって、我々は様々な資料に容易にアクセスするための手段を得た。本稿では、ごく表層的ではあるが、図書館やアーカイブズにおいて、デジタル世界に対応するためにどのような努力がなされてきたか、どのような課題があるかについて述べたい。

デジタルライブラリのはじまり

この一五年ほどの間のインターネットや携帯電話の発展によって、私たちの情報の発信と流通の方法は大きく変化した。私たちは、普段インターネットで調べ物をし、ワープロで文書を書き、メールをやり取りし、そしてそれらをパソコンのディスクにためている。読みやすいからという理由でプリントし、そして多くの場合読んだ後の紙を捨てている。これは、ある意味では、私たちがペーパーレスな環境に暮らしていることを表している。出版流通もデジタル化の進展によって大きく変化した。たとえば、学術情報の流通はインターネットが基盤になっているといってよい。また、音楽やビデオ、事典や辞書もネットワークを介した配信が進んでいる。こうした情報環境の進化の中で、図書館やアーカイブズは非常に大きな影響を受けながら、ネットワーク情報化社会に向けたサービスを発展させてきた。

九〇年代に入り登場したクリントン政権が情報スーパーハイウェイ構想を打ち出した。そうした中、米国国立科学財団（National Science Foundation, ＮＳＦ）は研究助成プログラム Digital Library Initiative（ＤＬＩ）を一九九四年に開始した。ＤＬＩは、先端情報技術分野と人文科学というように異分野を結びつけ、新しいコミュニティを作り出す魅力ある取組みとして受け入れられた。同じ頃、Ｇ７による世界情報基盤構想の中で、文化や教育研究を支える図書館や博物館などにも焦点が当てられ、各国の国立図書館や大学図書館、博物館や美術館、そして公文書館でも様々なプロジェクトが進められた。

筆者は、はじめて Digital Library ということばを見たとき、「デジタル化によって、文字のみならず音や映像も、内容を劣化させずにコンピュータに蓄積し、ネットワーク上で送受信できる。すなわち、ネットワーク上に図書館機能を作ることができる」ということを強く印象付けられた。そして、以前からあった Electronic Library ということばにはない新鮮さを感じたことをよく覚えている。日本語で「図書館」ということばはどうしても建

物を連想させがちである。ところが、ライブラリと書くと、ソフトウェアや音楽、映像などのライブラリのように建物を直接的には感じさせないものも含まれ、「館」のイメージが少し薄められる。我が国では一般には電子図書館ということばが用いられるが、こうした背景があるため、ここではデジタルライブラリというカタカナ語を用いている。ちなみに、中国では数字図書館と呼んでいる。

デジタルライブラリとデジタルアーカイブ
――ことばと概念――

デジタルライブラリとは、簡単にはネットワーク上で利用できる図書館サービスないしは図書館機能である。図書館には様々なサービスがあり、デジタルライブラリはそれらのすべてを対象とするといってかまわない。最も一般的なデジタルライブラリのサービスは、デジタル資料の収集・蓄積・提供とアクセス支援であろう。前者はデジタルコレクション形成とその提供という言い方もでき、電子出版物を提供することや、既存資料を電子化して提供することが含まれる。後者には、ネットワーク越しのレファレンスサービス、主題や目的毎に有用な資料の情報を集めディレクトリ化して提供するサブジェクトゲートウェイといったものがある。また、これらに加えて、デジタル資料の保存も重要な機能である。

アーカイブということばには、もともと政府や組織、場所などに関する歴史的な文書や記録を集めたものという意味がある。他方、コンピュータの世界では、保存のための形式で蓄積保管されているデータないしはその保管システムのことをアーカイブという。いずれにしても、アーカイブは、環境と役割に応じてそれなりの長い期間に渡って文書や記録あるいはデータを保管し、必要に応じてそれらを利用に供する役割を持つもののことと理解できる。

デジタルアーカイブということばは、遺跡や建造物、美術工芸品などの文化遺産をデジタル化したもの、書物や文書をデジタル化し蓄積したもの、ウェブページを収集蓄積したものなど、色々な意味で使われている。ここでは、デジタルアーカイブということばを、中身は何であれ、デジタル資料をそれなりの期間保存し、提供するサービスという意味で用いている。

本稿のタイトルではアーカイブズという複数形を用いている。アーカイブズということばは、公文書館など、歴史文書、公文書を系統立てて収集、蓄積、保存する役割を持つ機関や組織を意味する。一方、デジタルアーカイブズということばは一般的ではない。ネットワーク上に実現したアーカイブズ機能の場合、電子公文書館やデジタル文書館と呼ぶ方がしっくりするのであろう。

現用文書を含めて公文書を記録管理する公文書館の場合、その本来の機能は公文書のライフサイクル全般に関わるものである。

文書ライフサイクル全体を適切に管理し、効率的に文書にアクセスできるようにするには、文書の適切な組織化とコンピュータによる管理が欠かせない。先進的な記録管理システムを持つ韓国やオーストラリアでは統合的な取組みが進められている。残念ながら我が国での取組みは遅れをとってしまっている。これは重要な領域ではあるが、本稿ではこれ以上触れない。

図書館、アーカイブズ、博物館や美術館（ミュージアム）は、我々の文化や活動を記録し将来に残すという役割を持っている。従来、こうした記録は、本や文書、美術品や映像テープといった「もの」として残されてきたので、こうした機関はものを中心に機能してきた。一方、デジタル化は内容（コンテンツ）とその配信蓄積媒体の分離を進めることでもある。デジタル化への対応という観点から見るとこうした機関の違いも見えてくる。

図書館の場合、資料の多くは多くの部数が作られる出版物である。利用者が必要とするのは資料そのものというより、資料の内容である。そのため、資料の収集保存も含め、図書館は利用者が求めるコンテンツの提供に最も良い環境を作ることに責任を持っていると言える。アーカイブズの場合、記録を正確に残すことに責任を持つ。一方、利用者に提供するものは基本的にコピーである。ミュージアムの場合、基本的に現物を持ち、それへのアクセスを提供する役割を持つ。図書館やアーカイブズが資料の内容の提供を中心に資料のデジタル化、ネットワーク化を考えられるのに対し、ミュージアムにおける資料のデジタル化は現物の仮想化、すなわちネットワーク上の仮想空間内での実体化であり、仮想空間を利用した現物へのアクセスの提供と言える。

学術リポジトリとその可能性

大学図書館を中心として、学術リポジトリの開発が熱心に進められている。その背景には学術雑誌の高騰がある。学術コミュニティの場合、そのメンバーは論文の著者であり、かつ読者である。学術雑誌の高騰は、自分で書いたものが買えなくなることを意味し、決して望ましいことではない。そこで、学術情報へのオープンアクセスを進める要として、学術リポジトリの発展に大きな期待がかけられている。

物理学や計算機科学などの分野では、プレプリントやテクニカルレポートを電子的に提供する学術リポジトリが九〇年代初め頃から開発されている。こうしたリポジトリ間の協調のために、二〇〇〇年頃にOpen Archives Initiative（ＯＡＩ）が立ち上げられた。ＯＡＩは、リポジトリ間協調のためのフォーラムとして働くほか、複数のリポジトリにまたがるメタデータ収集のプロトコルの開発などを進めてきている。

従来、論文は印刷物として出版するという制約のために、動的な内容を含めることはできなかった。電子的に作る論文は、ビデ

オやシミュレーションなどをそのまま論文に組み込むことで、より充実した内容を表せる可能性を持つ。論文に動的な内容を含めることは、学術的内容をより的確に伝えるという意味では重要であり、今後もっと検討されるべきことであろう。

二〇〇〇年代に入ってヨーロッパを中心に、大きなデータコレクションや十分な計算能力、可視化機能に根ざした研究方法や学術研究環境を意味するeScienceと呼ばれる領域の重要性が認められた。また、NSFの研究プログラムDataNetでは、論文から生の研究データにいたるまで、多様な資料を長期に渡って学術研究に活かすための環境づくりが進められようとしている。インターネットの能力を活かせば、研究成果としての論文だけでなく、研究活動の基盤となる生のデータの共有も可能になる。そこでは、データやサービスの適切な組織化と提供に加えて、長期的なサービスの視点を持つことが求められる。すなわち、生データから学術論文までの多様な資料をカバーし、それらを利用するための多様なサービスを提供する安定したオープンアクセスインフラとしての役割が求められる。

公共図書館とデジタルライブラリ

日本図書館協会のデータに基づくと、現時点で八〇%を超える公共図書館がウェブページを開設している。公共図書館でのデジタルアーカイブの開発はそれほど活発とはいえないが、いくつかの図書館が郷土資料をデジタル化して公開している。たとえば、岡山県立図書館は、県下の公共図書館の蔵書の横断検索、貴重資料画像、県民が作るデジタルコンテンツ、岡山県に関わる資料への入り口となるページなどを提供する「デジタル岡山大百科」と呼ぶサービスを早くから作り上げている。また、公共図書館にとって新しくて重要なサービスといわれるビジネス支援や行政支援の場合、非来館型のサービスが強く求められると思われる。

インターネット上にしかない公共図書館としてInternet Public Library（IPL）がある。これは、ミシガン大学の図書館情報学の大学院での演習から一九九五年にスタートしたプロジェクトである。GoogleでLibraryという単語で検索した場合、IPLはアメリカ議会図書館と肩を並べてトップ5に入るほど有名であるが、数名のスタッフを中心に運営されてきた組織である。ネットワーク上での公共図書館機能を理解する上で重要な例であると思う。

デジタルアーカイブの長期利用

アーカイブは長期の利用を前提とするので、デジタルアーカイブの長期利用というのは少し変なフレーズである。しかしながら、情報技術の急速な進歩と変化、社会環境の変化のために、デジタルアーカイブを長期に渡って利用し続けるにはいろいろな障壁が

ある。

一般に、もともと電子的に作成された資料であれ、紙の資料をデジタル化して作成した資料であれ、資料の利用のためにはソフトウェアや機材も含めて保存しなければならないという問題を持つ。基本的に、広く流通する標準に基づいて作られたものは保存しやすい。また、単純なテキストやイメージは保存しやすいが、ハイパーリンクのような動的機能や特定のブラウザに依存した表示形式といったものは保存しにくい。

一概にデジタルアーカイブの長期利用が難しいと言っても、見栄えや使い勝手をも含めて資料を元のまま保存しなければならない場合と、原資料の内容を人間が読むことができさえすれば十分であるとする場合では保存の難しさは大きく異なる。ハイパーリンク、アニメーションなど様々な機能を、元のまま長期保存することは難しく、この問題に対する万能薬はないと思う。

こうした機能保存の難しさに加えて、CDやDVD等の媒体そのものの長期保存に対する信頼性の問題、コピーの容易さに由来する原本性保証の問題などのために、紙やマイクロフィルムによる保存の優位性が言われることがある。しかし、デジタル資料が持つ機能を犠牲にして、人間にとっての見読性さえ残せばよいのであれば、デジタル保存でも長期の保存は可能であろう。いずれにしても、保存に対する要求要件を明確にした上で、保存にかかるコストによって保存方法を決めるべきであろう。その際、単位資料あたりの保存に消費されるエネルギーなどの環境コストも含めた評価が必要であろう。

メタデータについて

メタデータの定義は「データに関するデータ」である。たとえば、図書の目録は図書のメタデータ、人名事典は人に関するメタデータである。筆者は、メタデータの説明をする際に、お茶や水のペットボトルを持って行くことにしている。聴衆の前でラベルを取り、「あなたはこの中身を飲めますか」と尋ねる。そうすると、大抵の答えは「飲めない」である。その理由は明らかで、ラベル、すなわちメタデータ無しでは中身が何かわからなくなってしまったからである。デジタル資料にもこれと同じことが当てはまる。メタデータ無しのデジタル資料は安心して使えない。

図書館やアーカイブズは多数の本や雑誌を所蔵はしていても、出版社ではない。図書館は、所蔵資料を適切に整理し、配架し、検索できるようにし、そしてアクセスを助ける。こうした過程でいろいろなメタデータを作り出している。図書館やアーカイブズが作り出す付加価値のかなりの部分はメタデータに関わると言って良い。

デジタルライブラリやデジタルアーカイブで用いられるメタデータには、資料を整理し、検索するためのもの、資料の保存や

アクセス制限、権利管理などのための管理情報を表すもの、資料の構造や利用環境などの技術的要件を表すもの、利用者や利用環境の特性に合わせて適切な資料を選択するためのものなどがある。

インターネットを基盤とするサービスであるデジタルライブラリやデジタルアーカイブには、コミュニティ内はもとより異なるコミュニティにまたがった相互運用性が求められる。また、資料の保存は、時を隔てたコミュニティ間での相互運用であるともいえる。相互運用を可能にするためにメタデータが果たす役割は大きく、メタデータ自体も相互運用性を持つことが求められる。

インターネット上の資料の記述のためのメタデータとして広く用いられるダブリンコア（Dublin Core）のコミュニティでは、よく“Do not re-invent wheels”ということを言う。これは、すでに広く使われているようなものを再発明するようなことはするなという意味である。すなわち、同じ意味を持つメタデータの記述要素を独自に定義することはせず、異なるコミュニティの間でも記述要素をできるだけ再利用しようというものである。こうした再利用により、メタデータの相互運用性を高めようというものである。

おわりに

現在もSemantic WebやWeb2.0といったキーワードで表される、ウェブをより高度化する技術の開発や実用化が進められてきている。こうした情報環境の変化に合わせたサービスを提供できるように、図書館もアーカイブズも努力を続けていかねばならない。また、先端的技術やサービスという派手な面に目がいきがちであるが、長期間のサービスを保証すること、何らかの障害を持つ利用者に対しても利用者の特性に応じて資料へのアクセス性を高めることといった、いわば地味な部分を忘れてはならない。こうした面において、図書館やアーカイブズは色々なノウハウを持っているはずである。図書館やアーカイブズは、自分たちが持つノウハウや技術を基礎にして、情報環境の進化にもっと寄与すべきであると思う。それには、図書館やアーカイブズ間の協調が重要であるし、大量かつ高品質な資料を持つデジタルライブラリやデジタルアーカイブの協調は、新しいサービスを生み出す大きな可能性を持っている。

最後に、かつてはよく聞いた「デジタルライブラリは図書館か？」、「インターネットは図書館か？」という素朴な疑問について考えてみたい。はじめの疑問について、図書館の視点からは、デジタルライブラリは図書館にとっての重要なサービスのひとつであって図書館そのものではない、という位置づけに変化はないであろう。一方、ネットワーク経由でしか図書館を使わないという利用者は増えていると思う。そうした利用者にとっては、デジタルライブラリこそ図書館なのであろう。また二番目の疑問につ

いて、専門家は、インターネットそのものには図書館が満たすべき機能のすべてがあるわけではないので、インターネットは図書館ではないと答えるであろう。その一方、「インターネットで何でも調べられるから図書館なんて必要なの?」と考えている人もいる。図書館であれアーカイブズであれ、それらのサービスを一般のインターネット利用者が知らず知らずのうちに利用しているようになれば、本当の意味でデジタル化に成功したことになるのであろう。

＊

＊

＊

電子アーカイブズの危機

山下貞麿

やました・さだまろ　日本レコードマネジメント株式会社コンサルタント代表。一九三六年生。記録情報管理。著書に『たかが文書、されど文書管理』（日経ＢＰ企画）他。

近年ＩＴの技術革新によって文書・記録の電子化が急速に進んでいる。

大量の文書・記録がサーバーやハードディスクやＣＤ、ＤＶＤなど様々な電子の記録媒体に保存され、ネットワークを利用して便利に検索したり閲覧したり出来る時代になってきた。

多くの行政機関や民間企業等で保存されているこれらの大量の電子文書・記録の中には、重要記録としてまた歴史的価値のあるアーカイブズとして、長期保存や永年保存が必要なものも少なくない。

現在、このような様々なハードやソフトやフォーマットに依存して保存されている重要文書・記録や将来のアーカイブズが、今後二〇年～三〇年、さらに長期間にわたって安全に維持管理され継承されるであろうか。このような電子文書・記録の長期保存に不安を抱いている人は少なくないと思われる。

電子文書・記録の災害　日本は地震や火災や水害など天災の多い国である。

最近の一〇年間を見ても、阪神淡路大震災をはじめ東北や新潟地方でも度々大地震が発生して、多くの建物が崩壊したり尊い人命が失われている。

日本ではこのような大地震による火災や台風による水害などによって、古くから多くの貴重な文献や書籍などが焼失したり、流失する歴史が繰り返されてきた。

現在、紙の文書・記録に加えて、サーバーや様々な電子媒体に保存されている大量の重要な電子文書・記録が、今後発生するかも知れない関東大震災や阪神淡路大震災のような大地震に十分に耐えられる保存体制が整備されていると言えるであろうか。

万一、共用サーバーやデータセンターなど大容量の電子文書・記録の保存システムが破壊されるような事態が発生すれば、紙の文書・記録の被害とは比較にならない大量の重要文書・記録の喪失が予測される。

電子文書・記録の人的災害　また、大容量化が進むサーバーや拡大するネットワーク環境などの高度なＩＴシステムによって保存管理されている電子文書・記録は、大地震などの天災によるリスクに加えて、システム障害や記録データの管理ミス、ハッカーやウィルスによるデータ破壊など、様々な人的災害によるリスクが懸念されている。

特に現在、様々なハードやソフトや記録媒体によって保存されている大量の電

子文書・記録を、ＩＴの進化に対応して今後長期にわたって継続して的確に維持更新していくためには、多くのＩＴや文書・記録管理の専任者たちの組織的な活動が必要不可欠である。

　日本の行政機関や民間企業等では、文書・記録を組織の重要な知的資産として、長期的観点に立って天災や人災に備える十分な管理体制がまだまだ確立されているとは言えない。

電子文書・記録のバックアップ　従って、ＩＴの技術革新が急速に進化しつつある過程にあって、当面長期保存が必要な重要な電子文書・記録は、予測される様々な災害に備えて電子文書・記録の分散保存や紙やマイクロフィルムによるバックアップ体制の確立等が必要である。

　「電子」は作成・編集及びネットワーク利用による大量記録の送受信や共有化と検索・閲覧等には極めて便利であるが、原本性の確保や長期安全保存には、現在のところ技術面でも、また管理面においてもまだまだ多くの課題がある。

重要な電子文書・記録が、大地震に十分に耐えられる保存体制が整備されていると言えるであろうか。

　一方、「紙」は編集や更新やネットワークによる共有化等には不向きであるが、原本性の維持や長期保存には適している。

　すなわち電子文書・記録の長期保存のリスクを補填するには、当面、紙やマイクロフィルムによるバックアップ体制が必要である。

　マイクロフィルムは一〇〇年の利用実績を経て、今、電子に取って替わられつつあるが、長期保存の電子文書・記録のバックアップとして、その利用価値が見直される必要があるのではないだろうか。

文書・記録管理（レコードマネジメント）体制の強化　高度化するＩＴシステムによって作成され、保存管理される電子文書・記録の管理には、紙に比べてより高度な管理体制が必要である。

　すなわち、重要文書や将来のアーカイブズとなるべき記録等について、それらの評価選別や保存期間の判断基準、及び電子の保存媒体の選定や分類方法、登録管理システム等々について、それらの管理基準やルール等を整備し、重要文書やアーカイブズが長期にわたって安全、確実に保存できる管理体制の確立が急がれている。

　特に、現在各部門別のそれぞれのサーバーに様々なシステムやフォーマット等に依存して保存されている多種多様の電子文書・記録を、長期間にわたってもれなく的確に維持管理するためには、ＩＴの管理者と文書・記録管理責任者との継続的かつ密接な連携プレーなくしては実現不可能である。

　米国の行政機関や民間企業等では、このような電子文書・記録の長期保存管理が今後の重要な経営課題として取り上げられ、文書・記録管理者（レコードマネジャー）たちの今後の役割の重要性がますます高まってきている。

未来に生かす放送アーカイブ

【記録と記憶を残す】

扇谷　勉

おうぎたに・つとむ　NHK解説委員。一九五三年生。「ときめき夢サウンド」「N響アワー」「NHKスペシャル　夏の思い出」「スタジオパークからこんにちは」他を担当。

一九九三年、私は音楽番組制作者として旧ソビエト共産党中央保管所を取材した。保管所には中央委員会政治局と宣伝局の約一五〇万点の機密文書がある。芸術に関する指令や決定の文書だけで一つのフロアを占めている。その圧倒的な文書量は、ソビエト国家がいかに芸術の世界を支配していたかを物語っている。チャイコフスキーに関する極秘文書はその中にあった。宗教や皇帝を賛美する作品、手紙や日記などはチャイコフスキーのイメージを傷つけないよう削除するか改ざんして出版、あるいは演奏することを指示している。

　チャイコフスキーは「序曲一八一二年」のクライマックスで、帝政ロシアの国歌「神よ　皇帝を守りたまえ」を引用して作曲しているが、政治的理由からこの部分はロシアの作曲家グリンカの旋律にすり替えられた。作品を本質的に破壊しないようモスクワ音楽院の院長シェバリンが手を加え、違和感なくつなぎ合わせた。一九四〇年から五〇年の歳月をかけた「チャイコフスキー全集」全七八巻の出版は、国家が一人の音楽家に行った検閲と改ざんの集大成でもあった。こうして歪められた作品と偶像を正そうと、研究者たちは関連資料を二〇年かけて洗い出し、新チャイコフスキー全集を完成させようとしている。元の姿に戻すのに、多くの時間と労力が費やされる。失ったものも多いだろう。

　私たちは、取材で得た事実と信頼すべき資料などをもとにニュースや番組を放送している。NHK全体でニュース三九八万項目、六一万番組を保存（二〇〇七年）。このうち、二〇〇三年に設立された「NHKアーカイブス」（埼玉県川口市）には四割以上のニュースや番組が保存されている。保存庫はデジタルテープに換算して最大一八〇万本まで収容可能。全国五六か所の放送会館などで番組公開ライブラリーを実施、過去に放送された約六千本を視聴することができる。その数は少しずつ増えている。アーカイブス設立の背景には、収録テープの使いまわしやフィルムの劣化など過去の実情と反省、課題がある。

　「放送は文化」――いかに効率的に番組を蓄積していくかという課題への答えが〝アーカイブ〟である。映像や音声には時代、社会、地域、人々の暮らしが生き生きと刻まれている。一度失われたら二度と取り戻せない。だからこそ、私た

ちは放送記録をきちんと残して活かし、伝えていく責務を負っている。

かつての日本がそうであったように、今アジアの発展途上国は、放送記録を日々失う危機に直面している。特に、東南アジアでは高温多湿の苛酷な気象条件、戦争や政治的混乱によって多くの映像と音声が失われた。ベトナムやカンボジア、タイ、東ティモールなどの国々は時代の空白を埋め、国の歴史を再構築しようと〝アーカイブ〟に取り組んでいる。

ところが、放送機器や収録テープの不足、保存に適した温度や湿度の調整などの技術的問題、アーカイブ専門家の養成、資金調達など難問が山積している。

制作者側の意識も問題だ。放送記録を制作者の著作物だとして、一定期間保存した後に廃棄するプロデューサーも少なくないという。アジアの経済成長を背景にアーカイブへの関心が高まる中、日本はアジア諸国に対して何ができるのか、具体的な協力や方法を示して欲しいと思う。

映像や音声には時代、社会、地域、人々の暮らしが生き生きと刻まれている。

二〇〇七年四月、ＮＨＫと日本レコード協会など六団体は「歴史的音盤アーカイブ推進協議会」を設立、貴重な音源のアーカイブに着手した。かつて音声の記録メディアとして重要な役割を担っていたＳＰ盤レコード。一九〇〇年初頭から一九五〇年ごろまでに録音された七万曲（音源）が現在確認されている。流行歌や伝統芸能、著名人の朗読や演説などの音源をデジタル技術で蘇らせて保存する。公開は二〇一一年の予定だ。ＳＰ盤や音源の大元である金属原盤は、日本の近代化を伝える生きた証言。しかし、これまで破損や劣化などで捨てられたＳＰ盤や原盤は多く、またレコード会社の統廃合などの事情もあり、音楽分野のデジタル保存は遅れていた。今後散逸から守ることが出来れば、当時の世相や文化を再評価し、再認識する好機も生まれるだろう。

二〇〇八年十二月には、ブロードバンド回線などを通じて有料配信する「ＮＨＫオンデマンド」が始まる予定だ。著作権のハードルを乗り越えなければならない。それによって過去の番組などがいつでも見られるわけだが、そこから新たな価値が生まれるかも知れない。

私たちは、公文書や歴史的資料、放送記録などの保存と公開について真剣に考える時に立っている。何をどこまでどんな形で保存するのか。デジタル保存だけでなく、オリジナルの大切さを考慮する必要もあるだろう。過去の記録と記憶を将来に生かす。そのために知恵と工夫と努力が必要ではないだろうか。アーカイブは未来を問う。

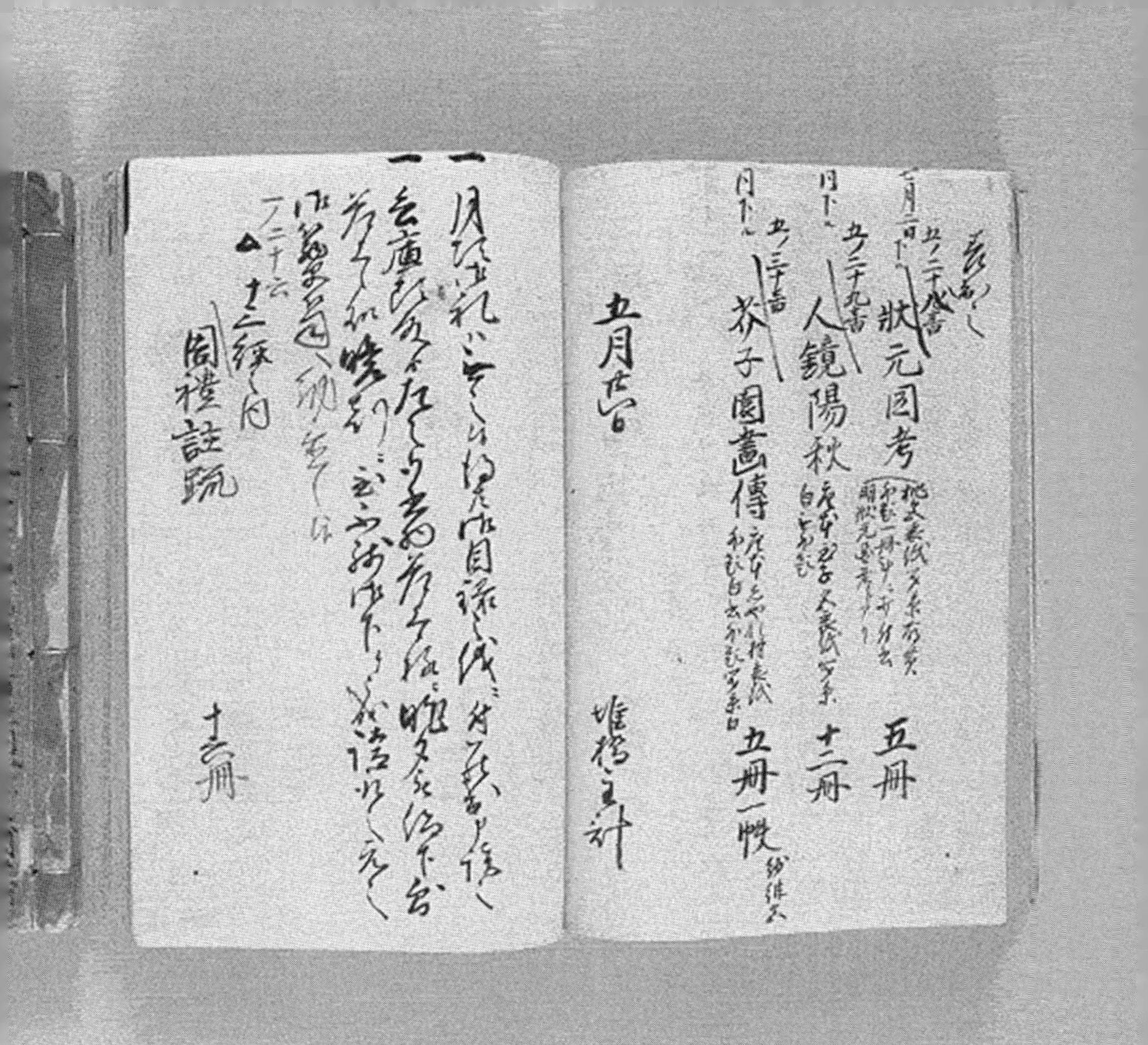

紅葉山文庫の業務日誌『御書物方留牒』（独立行政法人国立公文書館所蔵）

「知の装置」の現在——法と政策

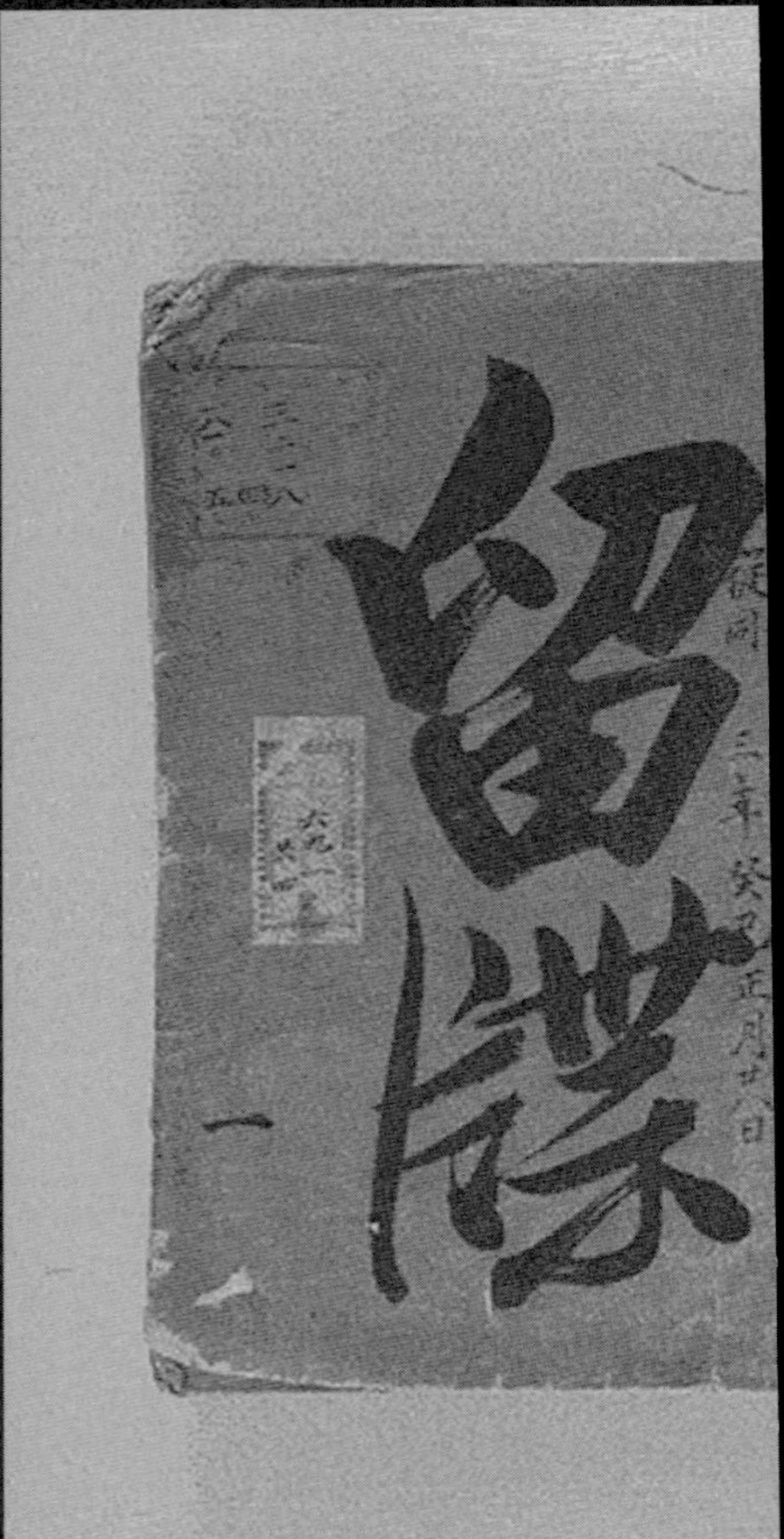

財政危機の今、図書館というサービスをいかに維持するか

地方自治体の経営と図書館

南 学
Minami Manabu

みなみ・まなぶ　横浜市立大学教授・理事。一九五三年神奈川生。ＵＣＬＡ教育学大学院修了（修士号）。著書に『自治体アウトソーシングにおける事業者評価』（学陽書房）他。

地方財政危機で不可能となった図書館予算の確保

公共図書館にとって、現在の地方財政の危機は非常に大きな影響を及ぼしている。どのように図書館の使命や目的、存在意義を説明しても、肝心の図書購入費（資料費）はもちろん、人件費も含む運営経費の削減に向けた圧力は高まる一方だからである。

もちろん、経費削減の動きは図書館運営に限ったことではない。むしろ、好業績の企業を地域内に持ち、税収が確保できている一部の自治体を除いて、税収・交付税交付金が減少している圧倒的多数の自治体では経費削減が業務全般に及んでいるのが現状である。予算削減、人員削減、組織削減は、「行政改革」の数的な「成果指標」として、マスコミなどで報道されるようになってきている。特に、少子高齢化の流れの中では、社会保障費、医療費の増加が著しく、自治体の予算査定の際には、「生きる」（福祉関連事業）、「死ぬ」（医療関連事業）に関わる事業かどうかが判断基準になるともいわれるほどに厳しい状況が続いている。

「人はパンのみに生きるものに非ず、されどまたパンなくして人は生きるものに非ず」（河上肇）というのが、多くの自治体の現状であることは間違いない。しかも状況は悪化するばかりである。

経費削減への大きな動きの中で、最近の図書館運営にとって最大の関心事になっているのは指定管理者制度の導入である。平成十五年の地方自治法改正によってこの制度が誕生したときには、指定管理者制度による図書館運営の事例はほとんどなかった。それは、法改正の付則によって、すでに管理運営を外郭団体に委託している施設に関しては、法施行後三年以内に、指定管理者制度を導入するか直営にするかを決定することが定められていたために、自治体の直営形態が多かった図書館は、指定管理者制度を導入するかどうかの判断が迫られていなかったという事情がある。しかし、制度がスタートして数年が経過し、特に、管理運営を担う民間事業者が多数存在する都市部において、「公の施設」への導入が進んできたために、公立図書館への制度導入が検討され始めたというのが現状である。

指定管理者制度の当初の導入に際しては、民間事業者を指定管理者にすることで、経費削減に結びつくという期待と、導入以前に管理運営を行っていた外郭団体の存廃と職員の雇用問題への不安というジレンマをどのように考えるかという課題が大きかった。しかし、導入事例が多くなると、雇用確保問題は、退職者の不補充や、他分野への配置転換で「軟着陸」をする事例も増え、深化する財政危機のもとで、経費削減への期待も大きくなり、指定管理者制度の導入は拡大する傾向にある。

官民の役割分担を変えた行政改革

財政危機が深まると「行政改革」が大きな課題となり、経費削減のための様々な改革手法が登場してきた。その中で、単に経費削減をするだけではなく、官民の役割分担を根本から変える大きな行政改革は平成十二年の介護保険制度と、先述の平成十五年の指定管理者制度である。

歴史的に、福祉政策は「救貧対策」を主軸とした「官」の「独占事業」であった。高齢社会における代表的な「福祉政策」は介護であるが、「右肩上がり」の経済成長を望むことができない成熟型社会経済構造のもとで、少子高齢化が急激に進むので、もはや「官」が税金で介護需要の全てをまかなえることは不可能になった。このような状況で適用された社会システムが介護保険制度である。社会的介護システムの制度設計・維持管理、介護度認定、事業者管理は「官」が担当しつつも、様々な介護メニューを提供する事業主体は民間が主軸となったのである。

我が国では、政府による福祉施策は行政がその必要性を判断し、提供する「措置行政」といわれてきたが、介護保険制度の成立によって、介護等の福祉サービスの必要性に関する「認定」は行政機関が行うものの、実際の福祉サービスは、民間を主体としたサービス事業者との「契約」によって行われるようになったことにな

る。

介護保険制度は、措置行政から契約制度へ、官民の役割分担という大きな転換に舵を切った大きな「行政改革」であった。そして、地方自治法改正によってスタートした平成十五年からの指定管理者制度は、官民競争による事業者決定を行うという点で、さらに一歩踏み出した「行政改革」となった。

「官」の領域を開放した指定管理者制度

指定管理者制度の創設までの「公の施設」の管理運営に関する規定の推移を見ると、平成三年からの大きな変化の動きが分かる。

地方自治の原則が確立した現憲法が制定され、昭和二十二年に地方自治法が施行された時点（日本国憲法の施行と同時）には、「公の施設」という規定はなかった。その後の法改正における「公の施設」に関する規定の流れをみると次のようになる。

1　昭和三十八年の地方自治法改正によって「公の施設」に関する制度の創設（営造物から「公の施設」を切り出し）が行われ、その管理委託は規定で公共団体・公共的団体のみに認められた。

2　平成三年の地方自治法改正によって「公の施設」の管理受託者の範囲が拡大され、「公の施設」の管理受託者として地方公共団体の一定の出資法人が追加（二分の一以上の出資法人、四分の一以上二の出資法人のうち二分の一以上の役員の派遣法人又は自治大臣の指定法人）されて、同時に「利用料金制」の導入も行われた。

3　平成九年の地方自治法施行規則の一部を改正する省令で、「公の施設」の管理受託者のうち自治大臣の指定法人を廃止し、その代わりとして、主要な役員派遣かつ当該法人の管理運営に係る事務に従事する主要な職員派遣法人等を追加した。

4　平成十五年地方自治法の改正によって指定管理者制度の創設が行われた。

このように、指定管理者制度への流れは、行政の役割が大きく変化し、市民、民間セクターの力が大きくなり、相対的に行政の役割が小さくなってきたことを示している点で興味深いものがある。

明治維新以後しばらくは、日本の社会資本整備はもちろんのこと、富岡製糸場のように本来であれば民間企業が建設する工場まで「官営工場」として、「官」の資金調達力に頼らざるを得なかった。しかし、現在、国と地方を合わせて八〇〇兆を超える借金を背負っている「官」は、社会保障費の増大に「首が回らない」状態であるのに対して、一五〇〇兆円にも及ぶと言われる個人金融資産を背景に、「民」の側は、数千億円という工場建設をはじめとして、活発な設備投資を行っている。ＰＦＩによる公共事業をみれば、長期にわたる投資のための資金調達を行うのは、「官」

ではなく「民」になっている逆転現象も少なくないことがわかる。

また、民間の資金調達力が格段に大きくなったことと併せて、民間の力が伸びているのが、サービス産業におけるノウハウの蓄積である。日本の工業製品の質が高いのは、世界でももっとも厳しい評価の目を持った日本の消費者の要求に応えるための努力の積み重ねがあったということは常識となっている。顧客の苦情受付窓口が企業の品質向上の大きな「資源」ともなっているのは、民間の競争環境にあるためと言っても過言ではないだろう。人口密度が高く、民族的な同質性も高い日本では、ソフトも含めた「商品」の競争は非常に厳しい。その競争の中で市場を拡大している企業のサービスノウハウの蓄積は非常に大きなものがある。

資金調達の面でも、サービス提供の面でも、民間の力が大きくなり、その結果として「官民の役割分担」という発想が一般的になったことは明確である。そして、この流れの中で、介護保険制度や指定管理者制度をとらえれば、このような官民協働という社会システムは決して従来の官民分離のシステムに戻らないことは誰の目にも明らかとなる。指定管理者制度のもとで、どのように図書館の役割を果たすのか、関係者の発想の転換が求められている。指定管理者制度を導入するには、その施設がどのような使命（目的）をもち、その使命達成のためにどのような活動が必要なのか、そして、その活動をもっとも効率的に効果的に達成する管理運営方法とその主体が誰なのかを明確にしなければならない。

その観点からすると、日本の公共図書館の使命に関する議論は極めて乏しいことが分かる。

問われる公立図書館の使命と活動

図書館法第二条の定義では、「この法律において「図書館」とは、図書、記録その他必要な資料を収集し、整理し、保存して、一般公衆の利用に供し、その教養、調査研究、レクリエーション等に資することを目的とする施設で、地方公共団体、日本赤十字社又は民法（明治二十九年法律第八十九号）第二十四条の法人が設置するもの（学校に附属する図書館又は図書室を除く。）をいう。」とあり、第二項では、「前項の図書館のうち、地方公共団体の設置する図書館を公立図書館といい、日本赤十字社又は民法第二十四条の法人の設置する図書館を私立図書館という。」とも規定されている。

法によれば、一般に用いられている公共図書館という用語はなく、あえて公共図書館と表現するときには、私立図書館を含むと言われている。そして、公立図書館の設置は地方公共団体（地方自治体）に限定されている。国で設置するのは、特別法で定められた国会図書館のみで、公立図書館は全て地方公共団体が設置したものに限定されている。

日本では、公共図書館のほとんどは公立図書館を意味するが、

アメリカでは事情が違っている。もっとも有名なニューヨーク・パブリックライブラリーは文字通り公共図書館であるが、公立ではなく、私立（財団）の運営である。私立図書館であっても、日本の公立図書館は足元にも及ばないダイナミックな活動を展開している。

　このニューヨーク・パブリックライブラリーの本館は図書（資料）の貸し出しはしていない。研究（リサーチ）機能を重視しているからである。そのかわり、閲覧は数百万件の資料から検索でき、現物も二〇分程度で手にすることができ、専門分野別の部屋も数多く存在し、調査研究活動も行っている。貸し出しは、分館で受け付ける、というように一般の図書館との機能分担ができている。パブリックライブラリーという名称であるが、行政機関直営ではなく、財団による運営なので、積極的に寄付を受け付け、事業収入も図っている。もちろん、アメリカ国内には州や市町村が税金で運営している図書館も無数に存在している。しかし、行政機関が税金を投入し、正規の職員を雇用して配置して運営しなくとも、無料で、充実した資料と機能を提供し、国際的にも高い評判を得ている図書館が存在していることは確かな事実である。

　アメリカの図書館と比較すると、日本では、公共図書館の理念を実現するためには、自治体が設置する公立図書館として税金を投入し、正規職員を配置し、無料で運営しなければならないという「思いこみ」が大きすぎているのではないだろうか。税金で運営していると、その目的や成果を数字で説明する必要があるのは当然であるが、情報を蓄積し、整理し、提供する図書館の本来のサービスを定量的に説明するのに非常に難しい。したがって、年間利用者数、蔵書数、一人当たり年間貸出冊数がサービス水準を表す数値として使われることになる。地域社会のニーズを狭くとらえると、貸し出しが中心的なサービスになることが指摘されている。一九六〇年代に東京都日野市を先頭に展開された「市民の図書館」運動によって、飛躍的に図書の貸し出し数が伸びたことは特筆されるが、一方で、自治体の「横並び」的な発想の中で、一人当たり貸し出し数が公共図書館運営の代表的な評価指標になってしまったことは、貸し出し中心主義に陥る図書館が大幅に増えたというデメリットでもある。わかりやすい成果指標は必要であるが、そのわかりやすさによってサービスの内容が図書貸出件数に偏り、公共図書館の本来の機能についての検討、議論が不足する傾向にあるのも事実である。

図書貸し出しのコストは無視できない

　図書館で本を読むと税金が二七七円かかる！——報告によると、まず、図書館へ行って本を読むと、二七七円の税金が費やされる。目当ての本をどこにあるかとたずねると、その分人件費などがかかり、一件につき九一三円。もっと複雑な相談をすると、

表1　図書館のコスト分析

（『地方行政』〔2000年11月6日:2〕より転載）

伝統的分類	金額	ＡＢＣ活動分類	金額	件・人数	単価（円）
施設管理費	16,000	開館準備（閲覧）	31,200	112,000	約280
図書購入費	14,000	カウンター（貸出）	74,600	425,000	約180
職員人件費	72,000	カウンター（予約）	25,300	45,000	約560
施設減価償却	9,000	レファレンス	6,700	5,800	約1,200
情報システム運営	38,000	図書管理（返却督促）	2,200	1,200	約1,800
事務連絡費	3,000	文化事業業務	10,200	685	約15,000
合計	152,000	合計	152,000		

（注）項目、金額、件数は分りやすくするために概数で、実際とは異なる。金額の単位は千円・年間。

調べる時間が増えるため一件五三一九円。うっかり返却日を過ぎ、督促されたら、そのための作業や電話・はがき代などで、一件あたり一八四四円。講演会や映画会などの図書館の催しに参加すると、一人あたり一万四九一二円の税金がかかる計算になったという（『朝日新聞』二〇〇〇年九月十六日）。

この記事で紹介された公共図書館のコスト研究に関する報告の内容は、『地方行政』（二〇〇〇年十月三十日、十一月六日号、時事通信社）に連載され、**表1**のようなＡＢＣ（活動基準原価計算）によるコストの算出結果とともに、貸し出しサービスが大きく注目されている公共図書館のあり方についての問題提起となった。このコスト分析により、図書館のさまざまな利用形態別のコスト算出を示し、図書館機能をコスト面から考える材料が提供されたことになる。

無料であると「思いこんでいた」図書館での本の貸し出しサービスであるが、コスト分析をすれば、相当の費用がかかっていることが判明した。

公共図書館にとって、貸出件数が多いことは悪いことではない。しかし、コストを考えると、貸出件数を多くするための方策、つまり、人気のあるベストセラーを数多く揃えたり、コンビニや宅配を使って貸し出しや回収のサービスを行うことが、税金の使い道として正しいのかどうかを検証する必要が出てくるのではないだろうか。

ベストセラーを貸し出すことは悪いことではない。しかし、限られた財源の使い方として、一般の書店で簡単に手に入るものを数十冊も税金を使ってそろえる必要があるのかどうかを、地域住民に問いかける必要があるのではないか。

図書館で無料で借りられることにより、評判になっている本に出会い、読む楽しさに目覚めるケースがあるという図書館員の説明もある。しかし、本を読む楽しさに気づくのは、中学生くらいまでのことではないだろうか。

自分で稼ぐことができる社会人になっている市民にそのような「楽しみ」を強調するのは、図書館職員の「独りよがり」であろう。社会人に対して、「楽しさ」を体験させることができるとしたら、

話題になった国際情勢に関する基礎的な歴史的、社会的背景を自分で調べるという楽しみ、地球環境を悪化させる要因を分析し、みずからの生活を見直す契機となるような自発的研究なのではないか。

また、ベストセラーを大量に購入するコストは、全体予算のごく一部であるとの説明もある。しかし、資料費の総額が大きければ、当然に割合は低くなるが、資料費の総額が半分になれば、割合は無視できるものではなくなるはずである。

公共図書館は三〇〇〇館ほどあるという。現在、良心的な学術出版、地方出版を担う出版社の多くが経営危機にあるといわれている。しかし、学術書、地方固有の特色ある出版にとって、採算点はせいぜい二〇〇〇部程度であろう。公共図書館が「知的資産」として価値を認めた書籍の購入を積極的にすすめれば、このような良心的な、あるいは、質の高い出版社の多くは「生き延びる」ことができる。我が国では、有形無形の文化資産に対する税金の投入が少ないといわれている。少なくとも、出版文化の領域においては、公共図書館の果たす役割は、非常に大きいといえるであろう。

公共図書館に指定管理者制度を導入するメリット

我が国においては、公共図書館と公立図書館の区別もほとんど議論されることもなく、自治体の直営、すなわち税金での運営を行っていることで、貸出件数というわかりやすい指標にとらわれすぎる傾向もあることを述べた。公共図書館、公立図書館の使命を十分に議論していない段階では、指定管理者制度の導入に極めて的外れな反対論が成り立つことになる。多くの公立図書館での反対の理由は次のような論点である。

1 図書館の継続性、安定性、蓄積性を守ることができない。
2 図書館の自立性、独立性の確保が保障されず、「図書館の自由」が脅かされる。
3 制度導入が経費削減を目的としているため、図書館で働く人々の一層の低賃金化が進行し、不安定雇用が拡大する。
4 住民要望に基づくサービス改善を図ることが難しくなる。
5 他の自治体や類縁機関との連携が妨げられる。

反対論者によれば、指定管理者制度の導入によるコストの削減の源泉は、指定管理者になった民間企業（団体）が収益を上げようとするために労働コストを低く抑えるからだという。つまり、契約社員、派遣社員、短時間の臨時職員などの非正規社員の雇用では、低賃金、不安定雇用になり、スタッフの定着率も仕事へのモチベーションも当然低くなるので、高い専門性や蓄積性を求められる図書館事業にはなじまないとする。

しかし、この種の議論は業務委託の場合に発生する可能性があることで、指定管理者制度の場合には、全く違った管理運営の委

託になることが理解されていない。

業務委託は、管理運営責任を自治体が担いつつも、その業務の一部あるいは大部分を外部の事業者に委託する形態である。この場合、自治体は外部委託する業務内容と実施マニュアルを「仕様書」に明記し、基本的には競争入札によって請負事業者を決定することになる。これに対して、指定管理者制度では、指定された事業者が対象となる公の施設に関する利用承認行為や料金徴収も含む管理運営の全てを期間を限定して担うことを、議会の議決によって決定するというプロセスをとる。事業者を指定することは法的には「行政処分」として扱われ、委託料は指定管理料とされる。したがって、指定管理者は、その施設の管理運営に全般的な裁量権を持ち、自己判断で提供サービスの拡充を図ることができるとともに、指定期間中に「評価」を受けることとなる。

したがって、専門性を無視し、サービスの質を落とし、利益追求を目的とした指定管理者は、指定期間におけるパフォーマンスに厳しい評価を受け、次の指定を受けられなくなる可能性が高くなるのである。指定管理者にとっては、事業の継続を望む場合には、限られた予算の範囲で、もっとも効率的、効果的な管理運営を達成しなければならず、専門性の高い仕事にはそれなりの待遇で専門家を配置し、定型的な仕事にはマニュアルを整備し、業務対応の賃金によるパートタイムなどを配置し、それぞれに厳しく自己評価を行うことになる。現行の公立図書館では、職員は厚い身分保障、毎年昇給する給与体系の地方公務員であり、厳しい自己評価を科されていないのが現状である。指定管理者制度では、事業と雇用の継続に緊張感を持っている民間事業者と、身分と給与が保障されている公務員のどちらが効率的、効果的な管理運営を行うのか、ということが問われることになる。

さらに、小規模な自治体では、指定管理者制度の導入によるメリットも考えられる。それは、職員の専門性を高める可能性である。小規模自治体では、図書館も一館のみというケースがほとんどである。この場合は、一旦、図書館司書として採用されると、わずか一〇名程度の職員の集団の中で、定年までの数十年を過ごすことになる。また、専門的な研修の機会も、都道府県の段階で実施される数少ない研修会に参加する程度になる可能性が高い(事実、市町村立図書館では年一回の研修も行われない図書館が半数以上である)。このような環境では、緊張感を持って専門性を高める努力を継続させるには相当の困難が伴うことは容易に想像できる。

このようなケースに指定管理者制度を適用すると、指定管理者になった民間事業者が自治体間の枠を超えて、広域的に複数の図書館の管理運営を担う可能性が大きくなる。こうなれば、職員の異動で、図書館相互の人的な交流もできるし、違った環境で自らの仕事やその専門性を客観的にとらえることもでき、さらに、研修の機会も多くなる可能性が高い。

指定管理者制度の成功例と展望

公立図書館における指定管理者制度の適用事例はまだ少ないが、成功例として注目されているのが、東京都千代田区立図書館である。千代田区立図書館の事例は、夜間人口四万に比して、昼間人口八五万と言われるほどの「業務地区」で、国会図書館の専門家を館長に、コンシェルジュデスクサービス、夜一〇時までの開館、ビジネス関連資料やレファレンスの充実、斬新なデザインなどで全国の注目を集めている。

千代田区立図書館の指定管理者制度導入の画期的なところは、斬新な施設やコンシェルジュデスクを設置した利用者サービスの拡充だけではない。感心したのは、ウェブサイトを開くと、ホームページに「ミッションステートメント」として千代田区立図書館宣言が明記されていることであった。

> 千代田区立図書館は、教育・文化・社会生活の発展に向けて、基本的人権としての知る権利を保障するため、千代田区民及び昼間区民への基本的な行政サービスとして、図書館サービスを提供することを任務とします。そのため、区内の大学、書店、古書店、文化施設等関連機関とも連携し、図書館サービスの充実に不断に努めます。その基盤となる理念として、「図書館の自由に関する宣言」（日本図書館協会一九七九年総会議決）に定める、資料の収集と提供の自由、個人情報の保護等を尊重し、実践します。
>
> 千代田区立図書館
> 平成十九年五月七日

このミッションステートメントは、税金で運営される公立図書館においては、必須のものと考えられるが、実は、千代田区立図書館が日本で最初の事例だということである。ここにも、我が国の公立図書館の大きな課題が提示されることになる。

税金という公金の使い方に関して、あまりにも鈍感なのが我が国の現状なのではないだろうか。千代田区立図書館の事例の画期的なところは、この税金の出所に注目したことである。千代田区において、税収の大部分は、四万人強の住民からではなく、日本の中心と言われる区内に立地する大手企業からもたらされる。都区における税収調整制度で全ての税収が使えるわけではないが、それでも、相当の税収は確保できるので、税金を負担している企業に勤めている在勤者へのサービスを中心に据えるという、合理的な税金の使い方をステートメントに盛り込んだのである。さらに、日本でも有数の古書店街との連携という地域特性も盛り込んでいる。

このような新しい公立図書館のミッションステートメントが生

まれたのは、指定管理者制度の効用であると言える。我が国全体を見渡した場合には、まだまだ税金の使い方に緊張感を欠く事例が多く、税金で給与を安定的に支払われている公務員に、税金を負担している市民や企業等へ、質の高い専門的なサービスを提供しなければならないという使命感に欠けている事例も多い。そして、限られた税収を効率的、効果的に活用する介護保険制度や指定管理者制度という、官民の役割分担の枠組みをかえるような社会システムへの理解とその適用方法にも未熟さが目立っているのも事実である。

　しかし、時代とともに社会経済環境は確実に変化している。その変化に適用した社会システムの構築の創意工夫には終わりはない。不断の研究と検証が必要であるが、その研究と検証のための知的財産と知恵を生み出す場として、図書館が十分に活用される必要があるだろう。

＊

＊

＊

図書館が体現すべき「公共性」とは何か?

公共図書館の経営

【知識世界の公共性を試す】

柳与志夫
Yanagi Yoshio

やなぎ・よしお　国立国会図書館資料提供部電子資料課長。一九五四年大阪生。慶応義塾大学文学部卒業。図書館情報学。著書に『図書館経営論』（学文社）他。

いきなり私事になるが、私が図書館に勤めてもう三〇年が過ぎた。その大部分は国立図書館という、図書館の中でも特殊な種類の図書館にいたわけだが、比較的最近の二年半だけは公共図書館の現場も経験している。自分でも改めて驚いてしまう長さだが、その間に図書館に対する親近感というか距離感に変化があった。

もともと現代哲学を大学で学んでいたが、ラッセルやオースティン以上に、一番好きな哲学者はライプニッツだった。彼が貴族のお抱え図書館員でもあり、世界中にアカデミーと図書館をつくり、それを統合しようと計画したことにも関心を惹かれていた。図書館の現場は、そんな理想とはほど遠いものだったが、それでも仕事や図書館情報学の勉強を通じて、図書館の可能性や改革に前向きな気持ちを持ち続けてきた。

しかし、この一〇年ほど、自分の考えていること――それが何かは最後で述べる――を実現するには、どうも図書館という枠組みでは、理念的にも、制度的にも狭すぎるのではないかと感じ始めて、文化・知的情報資源の経営《マネジメント》あるいは政策論に関心の比重を移していた。ちょっと図書館の将来を見限ったところがあったかもしれない。ところが、また最近、図書館、特に公共図書館の可能性をもう少し追究してみたい気になってきた。それが短い公共図書館経験の効用かどうかはわからないが、その「可能性」につ

いて、以下で考えてみたい。

一　公共図書館とは

公共図書館は、「公共」と「図書館」の二つの言葉でできている。二つとも日常的な言葉として誰でも理解しているようでいて、その実、一般に理解されている意味は「誰でも」「ただで本を貸してくれるところ」といったところだろうか。公共図書館の可能性を考えるためには、もう少しその言葉の本質を考えてみる必要がある。

まず公共性を考えるために、四つのレベルを設定して、その対立軸を表にしたのが**表1**である。そうすると、軸の右側、つまり「非政府・非営利で、社交性を重んじ、公共の利益を追求すること」の方に公共性という言葉が比較的なじみそうだ。しかもこの四つの要素を統合すると、日本で一般に理解されている公的機関（政府や自治体）に支えられた公共性ではなく、「民間公共」とでも呼ぶものになっている。それは不思議なことではなく、米国公共図書館発祥のひとつとされるフィラデルフィア公共図書館は、フランクリンら有志が自弁でまかなう会員制図書館から発展し、現代米国を代表するニューヨーク公共図書館も、民間基金、寄付、政府補助金、収益などで運営される、いわば私立図書館である。

国家・政治レベル	政府	非政府
市場・経済レベル	営利	非営利
行動様式（生活レベル）	親密性	社交性
行動原理（理念レベル）	私的利益	公共利益

表1　公共性を構成する対立軸

この公共性の構成要素には、「公共」利益という言葉が入ってしまい、同語反復になっている部分がある。では、「公共」とは何か。おそらくそれはひとつの概念では括れない、いくつかの概念が歴史的・理念的に合わさったものであり、一義的に意味を決定できるものではないだろう。しかしここでは、議論を進めるために、公式性[1]（official）、共通性（common）、公開性（open）の三つの要素を含んだ概念と理解しておきたい。従来の公共性をめぐる一般的言説では、このいずれかの概念が中心になっていると思われるからである。

この公共概念から現在の公共図書館を見ると、自治体が設立し（公式性）、年齢や社会背景を問わず誰でもが読むことのできる本や雑誌を扱い（共通性）、開館時間内ならどんな人でも入館して利用できる（公開性）という意味で、民間施設はもとより、他の公的施設と比べても、公共図書館ほどこの三つの要素を兼ね備えているところはないのがわかる。

それでは、「図書館」の方はどうだろうか。

ここで図書館の一般的定義をあれこれ考えることは、とりあえず関心の外にある。「情報・知識を媒体化した資料を収集し、整理し、保管して利用できるようにした施設」とでもしておこう。図書館資源におけるインターネット情報源や電子ジャーナルなど

外部情報資源の比重が大きくなるにつれて、「収集」がいったい何を意味するかという重要な問題が提起されているが、ここでは置いておく。論じたいのは、こうした図書館の諸機能を支えている本質的機能は何かということだ。私なりの結論を言ってしまえば、それは蓄積性、編集性、信頼性の三つの要素からなる、文化・知的情報資源の公共的利用の保障である。

蓄積性とは、フローとしての資料を長期にわたって蓄積し、ストックとしていつでもフロー化できる価値を持たせる機能であり、編集性は、資料を目録化、今でいえばメタデータ化し、さらに抄録、翻訳、合冊、編集、デジタル化、ハイパーテクスト化などの加工を行い、ストックがそのままの形ではなく、様々な出力形態で利用できるようにする機能である。近代に確立した出版物という形式の完成度が非常に高かったため、特定著者の分散したテクストの収集・編集、テクストの校訂など、近世まで普通に行われていた図書館でのテクスト編集機能が、近現代の図書館では忘れられがちになっていたが、近年のデジタル化の進展によって改めて見直され始めたことは興味深い現象と言える。

さらに、資料分類法による知識体系の提示や版の管理によるテクストの真正性の保証などが支える信頼性も、知識の世界を安定させ、安心して図書館の資料を利用するためには不可欠の機能である。誤解のないようにしたいのは、こうした信頼性の装置が、永遠で、無謬であるのを意味するわけではないことだ。知識分類の体系も変化する。現在世界の多くの図書館で使われているDDC（デューイ十進分類法）が、知識工学で使われるオントロジーやタクソノミー、あるいは利用者参加型のフォークソノミーなどに置き換わることは十分あり得る。肝腎なことは、知的な共通基盤となる集合性や階層性のまったくない、ばらばらのテクストや資料を使うことは難しいということである。

この三つの図書館機能が、それぞれ公共性の三つの要素に対応する側面があることに注目してみてもいいだろう。つまり、信頼性は公式性に、蓄積性は知識の共通基盤を作るという意味で共通性に、そして編集性はその必要に応じて誰にでも利用できる形で提供するという意味で公開性に対応している。こうした形で「公共」と「図書館」の間に接点を見出すことができる、というのはいささか強引だろうか。

二　公共図書館から

「公共」「図書館」のあり方を少し考えたところで、現実の公共図書館はどうなっているか見てみよう。

現在、日本のほとんどの公共図書館は、自治体によって設置・運営される公立図書館である。今や、非常勤職員の増大、業務委託の拡大、指定管理者制度の導入などにより、公立図書館経営の現場は、千差万別の状況でひとくくりに論じることは難しくなっ

郵便はがき

料金受取人払

牛込局承認

3467

差出有効期間
平成21年3月
2日まで

162-8790

東京都新宿区
早稲田鶴巻町五二三番地

株式会社 藤原書店 行

（受取人）

ご購入ありがとうございました。このカードは小社の今後の刊行計画および新刊等のご案内の資料といたします。ご記入のうえ、ご投函ください。

お名前	年齢
ご住所 〒 TEL E-mail	
ご職業（または学校・学年、できるだけくわしくお書き下さい）	
所属グループ・団体名 連絡先	
本書をお買い求めの書店 市区郡町 書店	■新刊案内のご希望 □ある □ない ■図書目録のご希望 □ある □ない ■小社主催の催し物案内のご希望 □ある □ない

書名

読者カード

●本書のご感想および今後の出版へのご意見・ご希望など、お書きください。
（小社PR誌『機』に「読者の声」として掲載させて戴く場合もございます。）

■本書をお求めの動機。広告・書評には新聞・雑誌名もお書き添えください。
□店頭でみて　□広告　□書評・紹介記事　□その他
□小社の案内で　（　）（　）（　）

■ご購読の新聞・雑誌名

■小社の出版案内を送って欲しい友人・知人のお名前・ご住所

お名前　ご住所 〒

□購入申込書（小社刊行物のご注文にご利用ください。その際書店名を必ずご記入ください。）

書名　冊	書名　冊
書名　冊	書名　冊

ご指定書店名　住所

都道府県　市区郡町

ている。しかし、本来の運営形態は単純である。司書資格のある職員を独自に採用し、原則として図書館から異動させずに図書館内で経験を積んでいく司書職制度をとっている自治体と、一般職の自治体職員を通常の人事異動で配置する自治体に大別されるが、その基本は、運営経費をすべて自治体予算でまかない、職員はすべて地方公務員（司書資格の有無は別）、自治体所有地に建設・保有している図書館施設というように、経営資源であるヒト、モノ、カネのすべてにわたって一〇〇%自治体丸抱えの、いわば「官立」図書館が実態だった。そこに「民間公共」という概念が入り込む余地はない。では、こうした公共図書館は、官立ゆえの強みを発揮できたのだろうか。

例えば、司書職制度を採用している図書館では、それが職員相互の専門性を高め、お互いに切磋琢磨する方向に働くよりも、「公務員」司書の身分保障になりがちだった。労働条件維持の観点から日曜開館や夜間開館に反対する一方で、専門職であることを示すべき新規サービスの開発はほとんど行われず、貸出に特化したサービスの改善にとどまることが多かった。そもそも経営の本質は、経営権の独立、つまり必要な経営資源を組織の内外から調達できるか否かにかかっている。その意味で、「官」の内側にしか経営資源をもたない図書館に最初から経営はなかったと言ってもよいかもしれない。

こうした状況に、近年大きな環境変化が押し寄せている。それは自治体の財政難による図書館予算削減や公務員定数削減という内部の問題と、公営事業の民間開放・市場化という外側の要因が絡んでいる。そして図書館の市場化は、ＰＦＩによる資金調達面、ＭＡＲＣ（機械可読目録）購入や資料装備のような図書館サービスの供給面、図書館運営要員の委託など、経営資源のあらゆる分野にわたっている。そもそも公共図書館サービスは、無料貸本屋批判からもわかるように、排除性・競合性をもつ財としての性質から、市場になじむ部分があった。

書店でも公共図書館でも本は主力製品である。では、同じタイトル、たとえばハリー・ポッターの本は、書店と図書館で同じものなのか、違うものなのか。私的財である商品として流通し、最終的には個人の所有となる本と、図書館が所有し、一種の文化財として現在及び将来の図書館利用者すべての人が借りることのできる準公共財的な本とでは大きく性質が異なることは確かだろう。図書館には商品を公共の文化資源にしていくという濾過装置が働いている。そのために、選書・発注・整備・目録化・書架配置・貸出手続き・修復・保存等にかかる人件費など、実はひょっとすると本自体の価格以上の大変なコストがかかっている。しかし一方で、利用者の要望にこたえるために、ひとつの図書館が何十冊ものハリー・ポッターを購入し、次々と貸し出した場合、それが公共の文化資源と言えるのだろうか。

現在の司書資格は専門職の資格としてはあまりにもその知識・

技能の要求水準が低すぎるが、それでも図書館運営を支える最低限の人的保障であった。しかし実際には、全国の図書館では、正規職員の司書有資格者が一名以下の図書館が半数を優に超える状況となっている。そのような図書館では、司書有資格を採用条件とする非常勤職員採用や業務委託を拡大したため、図書館に興味もなく、意欲もないが、権限はもっている正規公務員職員と、司書資格をもって現場の実務を支えるが、権限もなく、低賃金で働く非常勤職員や委託職員の組み合わせという奇妙な状況が現出している。

このように、公共図書館の現状は、いわばなし崩しの市場化が進み、本来ならようやく内外の経営資源を使って図書館経営を確立していくべき機会に、経営の方向性が見えないまま呆然と立ちつくしているかのように見える。

三　公共図書館へ

情報や知識を商品として取り引きする市場が成立し、そこを出版物やCD、情報・調査サービスなどの製品・サービスが流通している。また、近年では、企業が持っている内部知識（内部文書、ノウハウなど）を資産化し、経営資源として活用しようとする知識経営（knowledge management）の考え方が普及しつつあり、情報・知識の市場化はますます強まっているかのようである。

しかし、人が情報や知識を日常的に得る場面を考えてみると、書店・古書店で書籍を購入することももちろんあるだ、それ以上に家庭や職場、学校・大学・図書館などの公的機関、インターネット情報源（その背後に広告産業があるが）、友人・知人とのコミュニケーションなど、その多くを非市場的な場で獲得している。その中でも、公共図書館が、その公共性（公式性・共通性・公開性）と情報・知識の蓄積性・編集性・信頼性において、特別な地位にあることがわかる。問題は、現実の公共図書館がその地位にふさわしい役割をこれから果たしていけるのか、そのためにはどのような条件が必要なのかということである。

現実の公共図書館政策あるいは図書館現場の改革の方向については、別稿に譲り[2]、ここでは理念的な課題をひとつ取り上げておきたい。それは公共性を支える仕組み、境界性の担保の問題である。

「公共性」には、市場や日常的利害関係、人間間の葛藤を逃れ、すべての人が公平かつ公正に扱われる安定的な「場」（物理的だけでなく、理念的な）」のイメージがあるように思われる。しかし、そこには当然、私的利益の世界から隔てる境界線が存在するはずだ。公共性の概念に時代や地域で異なる部分がある以上、その境界線も絶対的なものではなく、常に変化するが、細胞膜が細胞内物質の出入をコントロールするように、その最大の機能として境界の内外を区別する、つまり公共の世界に入ってくる情報・知識、

そして人を「選ぶ」ということがあるはずだ。それが公共世界にふさわしいか否かを日々時間の経過の中で価値評価する機能なしに公共性は成り立たない。つまり、トポスとしての公共性に加えて、クロノスとしての公共性の側面があるのだ。公共性のもつ包含や公平というイメージの裏側に、それを担保する除外や区別という機能があることに目をつぶってはいけないのではないだろうか。そして当然ながら、そこに社会的偏見や政治性が入り込む危険性がある。公共図書館が、文化・知的情報資源の公共的利用を保障する場として機能していくためには、こうした境界線のせめぎあいから逃れずに、立ち向かっていく勇気を図書館員がもたなければならない。それが「図書館の自由」の本質的な意義だと思う。

今世界は市場優位の社会が普遍化しているように見える。しかし、それはモノ（商品）中心の社会にふさわしい形態をとっているだけで、市場のアプリオリな優位性・普遍性を保証しているわけではない。人間・自然関係や情報・知識・知恵が優位を保ち、市場はマージナルな役割しか与えられていない社会がかつてあったし、これからもありうる。冒頭で述べた、私がここしばらく考えていること、それは、文化・知的情報資源の公共的利用を保障する仕組みをどのように構築していくか、ということだった。そのひとつの方策として、情報・知識の生産から利用に至るサイクルの中で、その公共的利用に関心と責任感をもつ人たちが、業種や職務を横断して集える「場」と「時」を保障し、さらに、そのような機能の実現を担う新しい人材を育てることに、公共図書館は貢献できるのではないかと思っている。その意味で、改めて公共図書館の可能性に注目している。

＊　＊　＊

注

（1）ここでいう「公式性」は、政府・自治体によるという意味に限定せず、民間企業・NPOを含めて、公共目的の正式な組織的裏づけがあるという意味で捉えたい。

（2）柳与志夫「公共図書館経営の諸問題」『図書館の活動と経営』大串夏身編、青弓社、二〇〇八年。

日本人の社会活動の基盤、「日本語」の豊かさをとりもどす

文字・活字文化と図書館

肥田美代子
Hida Miyoko

ひだ・みよこ　童話作家、薬剤師、（財）文字・活字文化推進機構理事長。一九四一年大阪生。大阪薬科大学卒業。国会議員時代に国立国会図書館国際子ども図書館の設立、「文字・活字文化振興法」等の制定に尽力。著書に『ゆずちゃん』（ポプラ社）他。

子どもたちの現在

文部科学省の〇七年度の学校基本調査によると、小中学校で病気や経済的な理由以外で、年間三〇日以上欠席した「不登校」の児童生徒は一二万九二五四人に上り、二年連続で増加したという。中学校では三四人に一人が不登校で、これは過去最高の数字である。不登校は小学校が全体の〇・三四%に当たる二万三九二六人、中学校が二・九一%に当たる一〇万五三二八人で、小学校、中学校ともに学年があがるにつれて増加する傾向をたどっている。

不登校のきっかけは「友人関係」一八・四%、「親子関係」一一・一%、「いじめ」三・五%となっていて、子ども対子ども、子ども対親の関係が良好さに欠けていることが指摘できる。文部科学省は今回初めて、各都道府県に不登校が増加した理由を聴取したが、その結果、「人間関係をうまく構築できない子どもの増加」九三%、「家庭の教育力低下で基本的な生活習慣が身についていない」八二%、「嫌がるものを無理に行かせる必要はない」六五%、「無気力でなんとなく登校したくない子どもが増えている」六四%となった。

これまで不登校の原因は、学習の過重負担や効率性を追求する

「詰め込み授業にある」という説が濃厚であった。こうした説を根拠に「ゆとり教育」が導入され、授業時間は大幅に減らされた。学習の過重負担が原因であれば、「ゆとり教育路線」のもとで減少してもいいはずなのに、不登校児童生徒は、中学校の場合、二〇〇一年から一貫して増え続けていて、そうした説の根拠を希薄なものにしてしまった。中学生の三四人に一人という不登校の割合は、一九九一年の調査開始以来、最高の数なのだ。

しかも「勉強がきらい」とか「学校がきらい」とかいうのではなしに、対人関係が大きな要因となっている。対人関係は、言葉のやりとりの濃淡で、その良し悪しが決まるにちがいない。それだから言葉が蓄積されていなければ、「その人」に自分の思いを伝えることはできない。そのために孤独になり、その孤独感はある一瞬、衝動的な行動を引き起こす要因ともなる。

劣化する日本語

日本の子どもたちは、経済的には恵まれた環境にある。

衣食住だけでなく、テレビ、メール、インターネットといった電子メディアの進展で、多様な手段で情報収集もできるようになった。この物質的な豊かさの半面、子どもたちが失ったものは多い。なかでも大きな損失と思えるのは、不登校の大きな要因となっている「人間関係」であり、これは電子メディア時代の特色といえるものかもしれない。

離れた相手とメールをやりとりするだけではなく、町を歩きながら横の友達とメールでやりとりする光景をもみかける。オフィスでも若い世代は言葉ではなく、パソコンで報告したり、相談したりするし、家庭では母親がメールで、子ども部屋に「夕食よ」とか「宿題は進んでいるの」とか送信する事例も増えているようである。

言葉を使うチャンスがどんどん狭まり、「沈黙の範囲」はひろまるばかりなのだ。かつて子どもたちは地域の大人たちの生の会話を聞いて言葉を覚え、地域における異年齢の子ども同士の遊びも、話し方や言葉を学ぶ絶好のチャンスであった。それらの総和が「地域教育力」であったが、いまそれは根こそぎ失われ、新たに電子メディアによるやりとりが加算され、いよいよ言葉の劣化は勢いを得ている。肉声によるコミュニケーションの二十世紀から、記号によるコミュニケーションの二十一世紀へと歩き始めているように思える。

メールが市民生活にとって便利なのは確かである。しかしその結果、言の葉が育たず、日本語の劣化が進み、日本人でありながら、適切な日本語が使えない若者が増える傾向にあることは社会全体の損失である。

日本語は日本人にとって、すべての社会活動の基盤である。政治も経済も文化も芸術も、母語―日本語ではじまる。古事記や日

本書紀、源氏物語や枕草子といった作品が日本語で残されていたから、数千年後を生きる私たちも読めるのである。そのように考えると、日本語の劣化は、日本の精神文化そのものの衰退につながるものであることがわかる。

読書の意味

日本語を国民の手で再生する方法は、一人でも多くの国民が読書に向かうことのできる環境を整えることであろう。先人たちは、学校の教科書以外の読書で語彙や言葉を覚えたといっていい。池波正太郎や松本清張は高学歴ではなかったけれど、人びとの心を揺さぶる名作を残している。内外の小説や歴史書を読むことで言葉を知り、文章を書くことを自己学習されたのであろう。『パンセ』で有名な哲学者パスカルも、一度も学校に行ったことはなく、親の教育と内外の書物を読むことで自己形成したそうである。「だから学校に行く必要はない」と言いたいのではなしに、読書には計り知れない可能性がある、ということである。

本のたくさんある家庭で育った子どもは「本好き」に育つといわれている。本大好きの子に育てるには、親や周りの大人が読書を楽しむライフスタイルを作り上げることが一番である。それで子どもの読書離れの半分は解決するのではないかと思う。また、それが子どもを読書に向わせる最良の方法であろう。

しかし日本の大人は本を読まなくなった。一か月に一冊も本を読まない成人は、実に五割に上っている。大人が本を読まないで、子どもに読めといっても説得力がない。本を読まない親の元で、読まない子どもが育ち、次の子どもも読まないという不読の連鎖は、この国の人びとの創造力や想像力の水位を下げてしまうにちがいない。

教師の読書量も落ち、読書教育や図書館を活用したチーム授業のできる教師も育っていない。「子どもに薦める五〇冊の本をリストアップせよ」といわれて、さらさらとブック・リストを作れる教師はどのくらいいるだろうか。加えて「薦めた理由を一冊あたり一〇〇字にまとめよ」といわれたら、さらさらはさらに減るにちがいない。

患者に適切な日本語で症状の説明ができない医者や、薬の効能書きは読めてもその意味を理解できない薬剤師も増えているそうである。ビジネス社会でも営業上のトラブルを、言葉のやりとりで解決できない、レポートが書けない、パソコンの漢字変換に誤りの多い社員が急増していると聞く。こうした事例は職業人として生きる上で必要な基本的な読解力を身につけないまま、社会に出たとき、どんなことが起きるのかをリアルに映し出している。企業はいま、家庭や学校で身につけさせることのできなかった基礎的な常識、知識から教えなければならない状況と立ち会っている。

家庭には、小さいけれど本棚があり、親は子どもと一緒に、ときおり本屋さんや図書館に顔をだして、活字文化にふれる。学校では、学校図書館を活用した授業がふつうのこととされ、子どもたちは教科書にない知識や知恵を発見する。そうすれば欠乏しがちな精神の栄養は補充されるだろう。

新たな公共図書館像

図書館は、言葉の森であるばかりでなく、人類の知恵や知識の海である。

頭脳に記憶したり、口伝したりするだけでは限界があると知った人間は、自分たちの知識や知恵を石や動物の骨に刻む技術を発明し、それを印刷技術に高め、今日の文字・活字文化を誕生させた。北京オリンピックの開会式でも描かれたけれど、文字・活字文化は四千年の歴史があり、図書館はその歴史がびっしりとつまった壮大な情報の山岳地帯である。図書館の質と活用状況は、その国、その町、その地域の文化水準や民度を図る指標といっていい。

まず公共図書館に注目してみよう。

ここは住民生活に密着し、住民のすべての活動に貢献する生活空間でなければならない。人生のそれぞれのライフスタイル、ステージに対処できる情報や技術が提供され、生涯学習や地域教育力再生、子育てや介護、経済や社会の活動の核として、その役割を果たすことが期待されている。これまでのように「無料貸本屋」として読書だけに重心を置くスタイルは、半分の役割しか果たしていないことになる。貸出率を重んじる図書館もあるけれど、それに傾くと本屋でも売れ筋のいいベストセラー本を仕入れてしまうことになって、図書館の個性的な顔がみえなくなる。

何を読めばいいのか、何を学びたいのか、どんな方法で学べばよいのか、そうした好奇心と欲求にもきちんと応え、コミュニケーションできる図書館であることを、私は期待している。いま、日本の子どもたちに不足しているのは、読むことに加えて、読むことで知りえた情報を自分の人生や対人関係に応用してゆく力である。これは読書後をどう展望するのかという図書館人の新たな課題であろう。

公共図書館は、どこも同じ顔に見えるけれど、仔細にみれば決してそうではない。京浜工業地帯の特徴を活かして、自然科学や工学・産業技術系の充実した神奈川県立川崎図書館のような個性的な図書館もある。これを敷衍すれば、ある図書館は内外の古典文学については、世界で類を見ないといわれるほどの蔵書があり、ある図書館は童話や絵本、詩集で特徴がある、といったような個性的なアピールのできる図書館が望まれる。

貸出率の向上も重要ではあるが、書店で購入できる本は書店で買う世論を喚起し、上手な公共図書館の使い方を身につける社会

人を育てるのも図書館人の役割であろう。人員が足りない、予算が足りない、図書に詳しくない職員が送り込まれてくる、だからそう何もかもできるものではない、という悲鳴も充満している。

その半面、限られた予算、限られた人員で住民のニーズに応える公共図書館も増えている。できることから手をつけ、少しずつ質を高め、それが自治体を動かし、必要な予算と人を引き出すというステップを着実に踏んで、公共図書館を拡充させているところもある。こうした図書館は希望であり、その運営方法には学ぶことが多い。悲鳴を上げる時代を卒業して、改革のエネルギーに変えているからだ。

そうした事例を紹介すると、「ああ、あそこだから、できるのですよ」という反応がもどってくることもある。この反応も理解できないわけはないけれど、先進的な改革の取り組みはどこかで応用できるものがある、と私は思っている。

学校図書館の充実

次に学校図書館に目を向けて見る。

十数年前まで多くの学校図書館は「開かずの間」であった。司書も司書教諭も配置されていなかったから、子どもは寄り付こうとしなかった。国会議員在職中、私は幾つかの学校図書館の実態調査に行ったが、蜘蛛の巣の張った倉庫となったところもあった。「勉強の邪魔だ」という図書館不要論を述べる校長や教師もいたし、本を読む時間があったらドリルの一冊でもこなしたほうがいいという意見も耳にした。読書時間は必要ないという学校が圧倒的であったのだ。その間にも子どもの教室離れ、学習離れは進んだ。

教師の知識を黒板に向かって一方的に教え込む授業は、子どもの立場からすれば、あまり魅力を感じないようである。ところが図書館を使うことに慣れた子どもは学習に意欲的であることを知った。それで学校図書館が授業で果す役割を見直す必要性を感じた。

学校図書館法は、学校司書の配置を本則で定めながら、附則では「当分の間、置かなくもいい」ことになっていた。この附則を削除することが緊急のテーマとなった。

それで超党派の「子どもと本の議員連盟」を立ち上げて、法改正の論議を始めたのだった。議連の力に圧されて、文部科学省（当時は文部省）は、学校図書館の実態調査を実施し、一九九三年に「学校図書館図書整備新五か年計画」を策定する。

議連の活動は、四四年ぶりの学校図書館法改正となった。九七年のことである。この改正で附則は削除され、司書教諭の義務配置が決まった。ただし、これは小規模校には適用されず、また配置された司書教諭も兼職のために、充分な活動ができないという課題を残した。法改正は、学校図書館改革への一歩を踏み出しただけのことであり、司書教諭の業務を軽減したり、専任にしたり

してその能力が最大限発揮できるようにしなければならない。

学校図書館図書の整備については、九三年以来、五か年計画が継続され、〇七年度から三期目の「新学校図書館図書整備五か年計画」がスタートし、単年度二〇〇億円、五か年で一〇〇〇億円が交付税措置されている。ところが交付税には色がついていないから、それをいいことに、教育予算に計上しないで、土木工事やスポーツセンター建設に流用している市町村もある。

図書整備交付税は子どものものであり、一〇〇％子どもの本に回すよう予算化できるかどうかは、その自治体がどのような子どもを育てようとしているのかと深くかかわっている。

文字・活字文化推進機構の役割

学校図書館整備に向けた取り組みの過程で、私は読書に関する法的整備の必要性を痛感した。それで「子どもの未来を考える議員連盟」「活字文化議員連盟」などの議連を立ち上げ、その議連をバックに二〇〇一年の「子どもの読書活動推進法」、二〇〇五年の「文字・活字文化振興法」を全会一致で成立・可決することができたのだった。

この二つの法律の制定で、日本における読書環境整備のための法的整備は終えた。その直後の郵政選挙で落選したのを好機に、私は政界引退を決意した。それでも自分がかかわった読書関連法を空文化しないためには、どうするかという課題が残った。法律に魂を吹き込むためには、国民運動が必要であり、国民運動を起こすにはその母体を形成しなければならない。

二〇〇七年一〇月二四日に発足した「財団法人 文字・活字文化推進機構」は、「子どもの読書活動推進法」と「文字・活字文化振興法」の二つの法律を具現化する団体として誕生した。出版、新聞業界をコアに経済界、労働界、医師会、歯科医師会、薬剤師会、広告代理店、放送業界、図書館関係などで理事会を構成し、評議員には作家、学者、経営者らを網羅し、国民的な活字文化・読書推進活動にふさわしい陣容に配慮した。

この機構は、これまで新聞業界や出版業界だけに閉じこもりがちであった読書推進運動から、業種、職能を超えた活字文化・読書運動に発展させようという、日本では初めての異業種連合の団体である。代表は資生堂・福原義春名誉会長、副代表は作家の阿刀田高・日本ペンクラブ会長に就任してもらった。

現在、読書活動を支える人づくりとして「子どもの読書サポーター講習会」「図書館人スキルアップ講座」を実施している。全国の小学校五、六年生一〇〇人を招待して、滋賀県琵琶湖で開催した「平成二十年度わくわく子ども読書キャンプ」は、子どもたちに好評だったので、国体並みに全国都道府県の持ち回りで開きたいものと考えている。

ビジネス社会へ読書の大切さを伝える「仕事に役立つ読書術」

（日本経済新聞と共催）、医療関係者と患者が「言葉の力」を分かち合う「医療とコミュニケーション」（仮称　朝日新聞社と共催）などの企画も順次実行に移してゆく予定である。

私たちの目標は明確である。それは国民が読書に向かう環境を整え、読書人口＝国民総読書量の底上げを図り、言葉の力で日本の未来を拓くことである。二〇〇九年秋には「言語力（読む・書く・聞く・話す）検定」も実施したいと考えている。この検定は、読書のきっかけをつくり、読書で得た知識や教養を社会的に活用できる人材育成に貢献することを大きな課題としている。それぞれの人生のステージで自らの読解力を確かめ、次のステップに進めるようフォローアップしたいと考えている。

私たちはこれからの活字文化・読書推進の活動のすべてを、二〇一〇年国民読書年に収斂し、その後の活動に備えることにしている。

資料

文字・活字文化振興法

（平成十七年七月二十九日法律第九十一号）

（目的）

第一条　この法律は、文字・活字文化が、人類が長い歴史の中で蓄積してきた知識及び知恵の継承及び向上、豊かな人間性の涵養並びに健全な民主主義の発達に欠くことのできないものであることにかんがみ、文字・活字文化の振興に関する基本理念を定め、並びに国及び地方公共団体の責務を明らかにするとともに、文字・活字文化の振興に関する必要な事項を定めることにより、我が国における文字・活字文化の振興に関する施策の総合的な推進を図り、もって知的で心豊かな国民生活及び活力ある社会の実現に寄与することを目的とする。

（定義）

第二条　この法律において「文字・活字文化」とは、活字その他の文字を用いて表現されたもの（以下この条において「文章」という。）を読み、及び書くことを中心として行われる精神的な活動、出版活動その他の文章を人に提供するための活動並びに出版物その他のこれらの活動の文化的所産をいう。

（基本理念）

第三条　文字・活字文化の振興に関する施策の推進は、すべての国民が、その自主性を尊重されつつ、生涯にわたり、地域、学校、家庭その他の様々な場において、居住する地域、身体的な条件その他の要因にかかわらず、等しく豊かな文字・活字文化の恵沢を享受できる環境を整備することを旨として、行われなければならない。

2　文字・活字文化の振興に当たっては、国語が日本文化の基盤であることに十分配慮されなければならない。

3　学校教育においては、すべての国民が文字・活字文化の恵沢を享受することができるようにするため、その教育の課程の全体を通じて、読む力及び書く力並びにこれらの力を基礎とする言語に関する能力（以下「言語力」という。）の涵養に十分配慮されなければならない。

（国の責務）

第四条　国は、前条の基本理念（次条において「基本理念」という。）にのっとり、文字・活字文化の振興に関する施策を総合的に策定し、及び実施する責務を有する。

（地方公共団体の責務）

第五条 地方公共団体は、基本理念にのっとり、国との連携を図りつつ、その地域の実情を踏まえ、文字・活字文化の振興に関する施策を策定し、及び実施する責務を有する。

（関係機関等との連携強化）

第六条 国及び地方公共団体は、文字・活字文化の振興に関する施策が円滑に実施されるよう、図書館、教育機関その他の関係機関及び民間団体との連携の強化その他必要な体制の整備に努めるものとする。

（地域における文字・活字文化の振興）

第七条 市町村は、図書館奉仕に対する住民の需要に適切に対応できるようにするため、必要な数の公立図書館を設置し、及び適切に配置するよう努めるものとする。

2 国及び地方公共団体は、公立図書館が住民に対して適切な図書館奉仕を提供することができるよう、司書の充実等の人的体制の整備、図書館資料の充実、情報化の推進等の物的条件の整備その他の公立図書館の運営の改善及び向上のために必要な施策を講ずるものとする。

3 国及び地方公共団体は、大学その他の教育機関が行う図書館の一般公衆への開放、文字・活字文化に係る公開講座の開設その他の地域における文字・活字文化の振興に貢献する活動を促進するため、必要な施策を講ずるよう努めるものとする。

4 前三項に定めるもののほか、国及び地方公共団体は、地域における文字・活字文化の振興を図るため、文字・活字文化の振興に資する活動を行う民間団体の支援その他の必要な施策を講ずるものとする。

（学校教育における言語力の涵養）

第八条 国及び地方公共団体は、学校教育において言語力の涵養が十分に図られるよう、効果的な手法の普及その他の教育方法の改善のために必要な施策を講ずるとともに、教育職員の養成及び研修の内容の充実その他のその資質の向上のために必要な施策を講ずるものとする。

2 国及び地方公共団体は、学校教育における言語力の涵養に資する環境の整備充実を図るため、司書教諭及び学校図書館に関する業務を担当するその他の職員の充実等の人的体制の整備、学校図書館の図書館資料の充実及び情報化の推進等の物的条件の整備等に関し必要な施策を講ずるものとする。

（文字・活字文化の国際交流）

第九条 国は、できる限り多様な国の文字・活字文化が国民に提供されるようにするとともに我が国の文字・活字文化の海外への発信を促進するため、我が国においてその文化が広く知られていない外国の出版物の日本語への翻訳の支援、日本語の出版物の外国語への翻訳の支援その他の文字・活字文化の国際交流を促進するために必要な施策を講ずるものとする。

（学術的出版物の普及）

第十条 国は、学術的出版物の普及が一般に困難であることにかんがみ、学術研究の成果についての出版の支援その他の必要な施策を講ずるものとする。

（文字・活字文化の日）

第十一条 国民の間に広く文字・活字文化についての関心と理解を深めるようにするため、文字・活字文化の日を設ける。

2 文字・活字文化の日は、十月二十七日とする。

3 国及び地方公共団体は、文字・活字文化の日には、その趣旨にふさわしい行事が実施されるよう努めるものとする。

（財政上の措置等）

第十二条 国及び地方公共団体は、文字・活字文化の振興に関する施策を実施するため必要な財政上の措置その他の措置を講ずるよう努めるものとする。

附　則

この法律は、公布の日から施行する。

日本の図書館にかかわる法制度の構造と課題

日本社会に見合った水準の図書館サービスはいかにして実現できるか

山本順一

Yamamoto Jun-ichi

やまもと・じゅんいち　桃山学院大学経営学部教授。一九四九年兵庫生。早稲田大学大学院政治学研究科博士課程単位取得満期退学。図書館情報大学大学院修士課程修了。図書館情報学、行政法学、情報法学。著書『電子時代の著作権』（勉誠出版）他。

一　日本の図書館関係法を概観すれば

〝図書館〟といえば、一般に多くの図書や雑誌、CDやビデオ、DVDなどの視聴覚資料を〝図書館資料〟として擁し、それらを利用者に平等に、分け隔てなく提供する社会的施設と認識されている。最近では、その名称にあるように〝図書〟などの伝統的な紙媒体資料にとどまらない。館内に相当数のインターネット接続端末を設置したり、利用者が持ち込むノートパソコンが使用できるように情報コンセントや無線LANを整備し、〝公的に設置された無償のインターネット・カフェ〟の機能を期待され、サイバースペースへの情報の受発信基地の役割を果たしているし、果たそうとしている。

そのような〝図書館〟は、利用対象や図書館サービスの内容とレベルの相違にしたがって、いくつかの種類があるとされる。この図書館の種別は国により微妙に異なる場合があるが、日本の図書館業界では一般に四つの種類に分け、それを〝四大館種〟と言い習わしている。

すなわち、第一は、ローカルな個性を持つ地元地域社会において、性別、老若男女、障害の有無などを問わず、すべての市民の娯楽と学習に開かれている〝民衆の大学〟が〝公共図書館〟である。この公共図書館を規律する法律が図書館法（昭和二十五年四月三十日、法律一一八号）で、都道府県、市町村等が設置する公立図書館と公益法人が設置する私立図書館についての定めをおいている。

第二は、小学校、中学校、高等学校とそれに相当する学校に必ず置かれているのが〝学校図書館〟で、当然、学校教育法（昭和二十二年三月三十一日、法律二六号）と学校教育法施行規則（昭和二十二年五月二十三日、文部省令一一号）に法的根拠をもつが、学校図書館の専門的職務に従事する司書教諭を定めた学校図書館法（昭和二十八年八月八日、法律一八五号）が重畳的に規律している。

第三は、大学など高等教育機関のなかに設置されるのが〝大学図書館〟で、学校図書館と同じく、学校教育法のほかその下位法令が関与する。たとえば、大学を新設、学部・学科を増設しようとすれば、その設置認可手続は大学設置基準（昭和三十一年十月二十二日、文部省令二八号）が大学図書館に一定の整備水準を求めている。短大や大学院の場合も同様の設置基準が支配している。

第四は〝専門図書館〟で、特定の分野の主題専門性を備えた図書館資料コレクションを利用者に提供するものである。これには雑多なものが含まれる。公共図書館の一部門や大学図書館の部局図書館が特定の分野に特化した資料を収集提供している場合には専門図書館とみなしうる。地方議員の活動に資するべく地方議会に付設された図書室は地方自治に特化した専門図書館であり、地方自治法（昭和二十二年四月十七日、法律六七号）一〇〇条一八項の規定にもとづき設置されている。それぞれ所掌事務に直結する資料を抱える官公庁の図書室や独立行政法人などにおかれる図書室は各省設置法や個別の組織法、設置条例などに根拠をもつ。公益法人の運営する専門図書館は定款や寄付行為による。民間企業の図書室、資料室は任意に置かれるものであろうが、当該企業を超えて市民に公開されているものもある。

このように多種多様な図書館が日本国内には存在し、それぞれに規律する法令等が異なる。しかし、このほかに忘れてはならないいまひとつの図書館がある。それは日本に限らず、どこの国でもその国の〝図書館の図書館〟（the library of libraries）、国内の図書館活動の要となり、国際的な図書館活動が期待される図書館がある。国立図書館（national library）である。日本では国立国会図書館がこれにあたり、国立国会図書館法（昭和二十三年二月九日、法律五号）にもとづき運営されている。もっとも、立法府に置かれる国立図書館というのはアメリカ議会図書館もそうであるが、世界的視野で見れば少数派に属する。国の行政省庁に置かれる図書館を国立国会図書館の支部図書館として位置づける、国立国会図書館法の規定により行政各部門に置かれる支部図書館及びその職員

図　日本の図書館関係法の構造

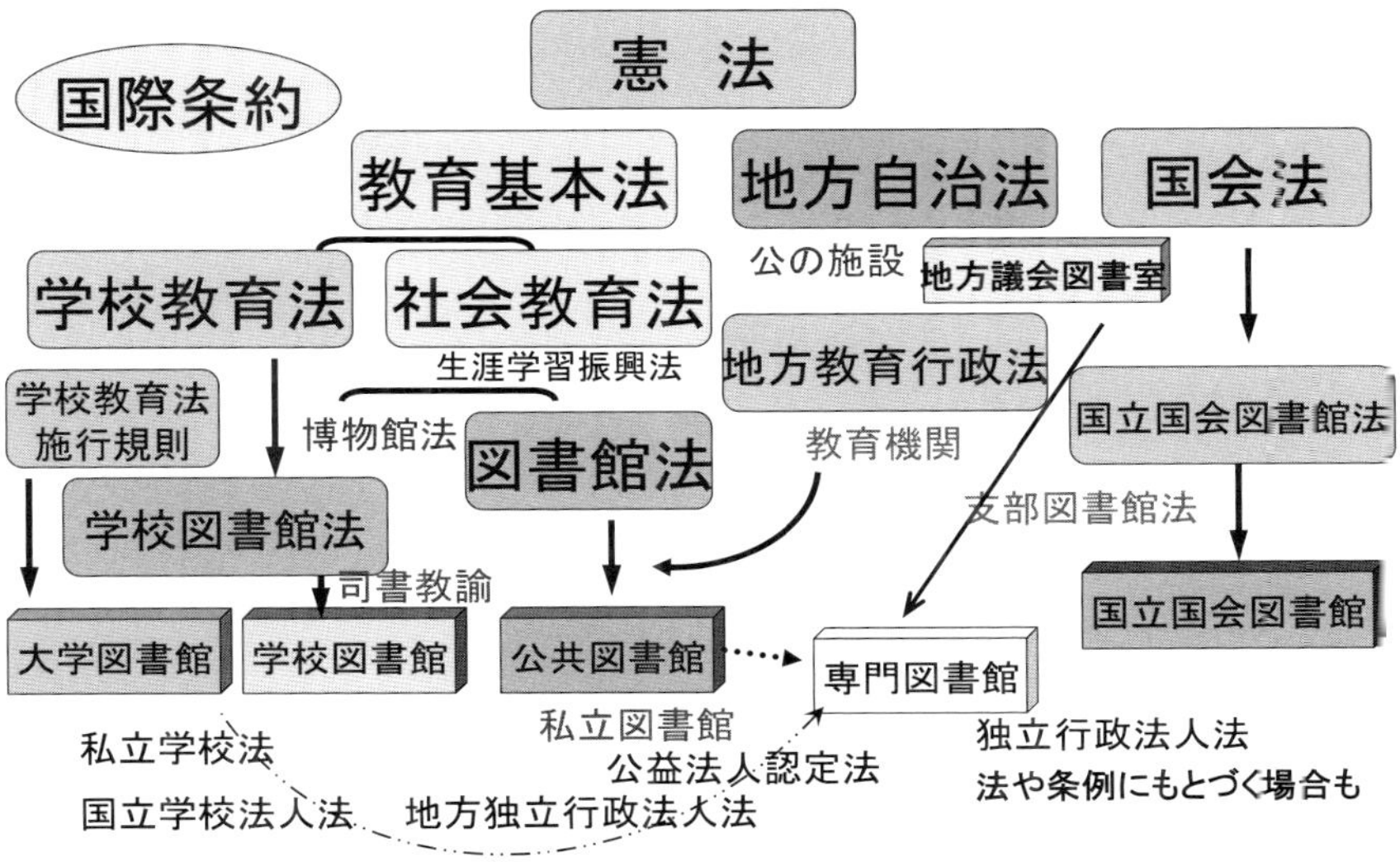

＊この図には含めなかったが、図書館の類縁機関である公文書館につき、公文書館法、国立公文書館法等が存在する。

に関する法律（昭和二十四年五月二十四日、法律一〇一号）は世界的にも珍しい。

ここまで図書館に直接かかわる関係法を瞥見した。しかし、図書館を取巻く法はこれらに尽きるものではない。南アフリカ共和国の憲法は図書館に言及しており、アメリカの州憲法のなかには図書館に関する憲法規定をもつところがある。日本国憲法には〝図書館〟という文言を見ることはできないが、教育を受ける権利（二六条）、知る権利・表現の自由（二一条）、学問の自由（二三条）、思想および良心の自由（一九条）などは図書館利用者が享有すべき基本的人権である。憲法や国際条約を含めて、日本国内の図書館を包摂する諸法を図式的に整理したものが上図「日本の図書館関係法の構造」である。

この図に示した法律以外にも、子どもの読書活動の推進に関する法律（平成十三年十二月十二日、法律一五四号）や文字・活字文化振興法（平成十七年七月二十九日、法律九一号）等があり、これらについては本誌の別稿で詳細に取り上げられるであろう。

二　世界の図書館界が思い描く図書館像と日本の図書館界の課題

先に国立図書館と四大館種にふれたが、日本の図書館が罹患している宿痾《しゅくあ》とその抱える課題を論ずるに当たって、主として〝公共図書館〟を念頭におくことにしたい。

ユネスコ公共図書館ガイドライン

国際図書館連盟公共図書館分科会ワーキング・グループが三年にわたる国際的に開かれた議論のなかで作成し、二〇〇一年に公表した「公共図書館サービス——発展にむけての国際図書館連盟・ユネスコガイドライン」（*The Public Library Service: IFLA/UNESCO Guidelines for Development*）[1]を手がかりとして、二十一世紀の現代に望まれる公共図書館の仕組みを考えることにしたい。同書の中には世界中の数多くの国々の図書館が紹介されているが、日本の図書館実践はまったく見ることができない。

このガイドラインは、各章の冒頭に「ＩＦＬＡ／ＵＮＥＳＣＯ公共図書館宣言」（UNESCO Public Library Manifesto, 1994）[2]の該当箇所を引用しているところからもうかがえるように、同宣言を下敷きにしている。同宣言が国際連合に属する専門機関、ユネスコで採択され、それにもとづくガイドラインがまたユネスコにオーソライズされているということは、このガイドラインに一定の国際的規範性が備わっているとみることができよう。日本国憲法九八条二項が「条約及び確立された国際法規は、これを誠実に遵守することを必要とする」と述べ、少なくない分担金を負担し、事務局長を出している日本としては、ここで取り上げるガイドラインが描く〝公共図書館像〟を参酌し、施策展開をしてもよさそうに思われる。

ガイドラインの〝公共図書館の役割と目的〟と題する第一章の最初のページ（ページ付がなされていないが一五頁目、邦訳の一九頁）に、「公共図書館は、世界的な現象である。それらは、文化的背景が異なり、さまざまな発展段階にある多種多様な社会に存在する。公共図書館運営の背景がそれぞれに異なるために、そのサービスとサービスの提供のしかたは必然的に異なる」とある。ということは、先進諸国はそれに見合った図書館の運営の仕方と図書館サービスのメニューがあり、発展途上国、世界最貧国にはその経済社会的な状況に見合った図書館運営と図書館サービスメニューが想定されることになる。ガイドラインは、「多くの人々が十分な居住空間をもたず、勉強するのに必要な電気もない南アフリカでは、公共図書館はまず何よりも学習に必要な基礎的設備、電灯、机や椅子を提供することが最優先とされる」（邦訳二二頁）と指摘する。国内的に経済的格差の拡大が生み出す「情報富裕層と情報貧困層との間の格差が拡大する一方」の先進諸国においては、「伝統的な形態の情報を提供するとともに、市民に広くインターネットへのアクセスを確保することによって、情報富者と情報貧者との間の格差を埋め」るために、公共図書館を「情報の世界への電子的なゲートウェイ」としなければならない、とする（邦訳二三頁）。

図書館におけるインターネット利用サービス

そして、経済社会的発展段階がインターネット利用を許容している諸国においては、「図書館は、すべての市民が、経済的な事情にかかわらず、電子形態で利用できる情報にアクセスできるように、インターネット／ワールド・ワイド・ウェブへの無料のアクセスを市民に提供しなければならない」とし、「図書館は少なくとも市民が利用できる一台のワークステーションと、図書館職員と共用しないプリンターを一台設置しなければならない」ことを確認している。すべての市民に対して、インターネット情報資源へのアクセスの提供、利用を任務とする公共図書館は、市民の情報利用の便宜のためにハードコピー、プリントアウトを与えることを国際的には当然のこととしているのである。情報環境の高度化が実現している日本の公共図書館多くが利用者のためにプリンターを設置しておらず、ディスプレイに映し出される画像の提供にとどめ、利用者に対して、画面上の情報をメモに取らせることを強いる態度は世界的に見ても大いに奇異な現象といえる。日本では図書館職員も含めて著作権制度の問題とする人たちが少なくないが、結局は図書館の使命をどのように考えるかということに尽きる。

図書館の人事管理、職員体制

「公共図書館の主たる目的は、教育や情報入手、およびレクリエーションや余暇活動を含めて、自分の成長を求める個人やグループの要求を満たすために、さまざまなメディアを使って、資源とサービスを提供する」ことにある（邦訳二〇頁）。そのような利用者の知的成長を通じて民主主義社会の発展と維持に貢献するものとされている図書館は〝専門職の資格をもつライブラリアン〟〝ライブラリー・アシスタント〟〝一定の技能を備えたスペシャリスト〟〝支援的職員〟から構成されるものとされている（邦訳九二頁）。つまり、国際的な感覚では、公共図書館には大きく四つの職種が存在する。〝専門職の資格をもつライブラリアン〟は、図書館学および情報学の学修課程を履修し、学位または大学院レベルの学歴をもつとされ、固有の図書館業務の専門性に見合った企画、運営、資料選択、利用者層別サービス、レファレンスなどにあたるとされる。〝ライブラリー・アシスタント〟は図書館資料の貸出返却、配架、データ入力など定型的な日常業務にあたる。図書館の規模に応じて、コンピュータや財務、マーケティングなど特化した専門性をもつ〝スペシャリスト〟が必要とされる。また、清掃や車両の運転、守衛やライブラリー・ポリスのような秩序維持のための〝支援的職員〟も図書館には不可欠である。

日本の図書館法では一三条一項に「教育委員会が必要と認める専門的職員、事務職員および技術職員を置く」との定めがあるが、五条に定める司書資格を保有する職員も十分には配置されておらず、館内の職務分担体制は未整備のままと言わざるを得ない。

これらの図書館という職場に働くすべての職員の給与は、当然ではあるが、「その地域社会における他の類似の仕事に対し支払われる賃金と同等のものでなければならない」（邦訳九一―一〇〇頁）。その労働はその〝地域社会で生活し、働き、そして学習する人々にとって、もっとも都合の良い〟環境とサービスの提供に向けられなくてはならない。日本はどうかといえば、地方公共団体の財政破綻は図書館の経費節減に向かい、基幹的な業務に従事する非常勤専門職員の採用配置や指定管理者制度の導入により、月一五万円程度の所得しか与えられていない現実はあまりにも悲しい。二〇〇八年六月の図書館法を含む社会教育三法改正の国会附帯決議もその点を突いていた。

図書館サービスのフィロソフィー

工業化や都市化、サービス産業が伸展している社会においては、利用者の便宜を考えれば、夜間開館や休日開館は当然であろうし、もっとも多くの利用者が来訪する休日には組織が擁する人的資源のフルパワーの開放が要請されるはずであろう。日本の地方自治体直営の公共図書館の一般的サービス水準の高さは評価に値するとしても、正規職員が週末に半数出勤という姿はニーズに見合った〝サービス産業〟としては面妖な慣行である。また、同じく日本のことを言えば、最近ではいくらか変化がみられるのを承知で言えば、多くの図書館が週に一度月曜を休館とし、場合によっては月末、年末年始は当たり前に休館し、年度末に一定期間市民の図書館利用を休止し、トータルで年間七五日程度入り口の扉が閉じられているというのはどういうことか。中国の公共図書館では、上海図書館が年中無休としてからその後を追う図書館が少なくない。また、世界で最初の公共図書館とされるボストン公共図書館が一八五四年にオープンしてから一〇年程度で利用者市民から休館日の多さを指摘され、年度末に一定期間対市民のサービス業務を閉じて曝書、蔵書点検していたのを通常業務を継続する中で部門ごとに蔵書点検することにしたというエピソードも紹介されている。(3)

公立図書館の財源

ガイドラインを見ると、当然ではあるが、「公共図書館が見事にその役割を果たすためには、十分な額の資金が決定的に重要である。長期にわたって適切な規模の資金が確保できなければ、サービス提供のための基本方針を作成することもできないし、利用可能な資源を最大限効果的に利用することもできない」と述べ、「地域社会に対する長期の投資」を意味する公共図書館が「安定した恒常的な運営を続けるためにも、資金が必要とされる」ときわめて常識的なことが確認されている。

ガイドラインは、公共図書館の主要な資金源として、〝地方自治体、地域または中央政府における図書館整備を目的とする課税〟

と〃中央政府、地域または地方自治体からの図書館を対象とする使途を特定しない交付金〃をあげている（邦訳三九頁）。日本の文化では、国に道路建設を目的とする目的税の制度はあっても、アメリカなどで実施されている固定資産の評価額の一〇〇〇分の一を目安として図書館運営の目的税とする〃ミル税〃（millage rate）のような地方税は考えにくいのかもしれない。日本でも地方交付税交付金の積算根拠に一応は公立図書館があげられているが、財政が逼迫している市町村にとって、使途が特定されていない資金を図書館に誘導するのは困難であろう。

　ユネスコのガイドラインの巻末に付されている、一九九八年に制定されたフィンランド図書館法を見てみたい。九条に「地方公共団体は、教育的文化的設備に係る財政措置に関する法律（一九九八年、法律六三五号）にもとづき、図書館運営に要する経費について、法に定められた州政府補助金の交付を受けるものとする」と規定しており、同条後段は、〃公共図書館の運営〃に限らず、「地方公共団体は、教育的文化的設備に係る財政措置に関する法律にもとづき、図書館の建設および改修に要する経費について、政府補助金の交付を受けるものとする」だけでなく、続けて「また、バスもしくは船舶を移動図書館として購入する場合は、図書館の建設とみなすものとする」とある。図書館を孤立した建物とみるのではなく個々の利用者に延びる機能とみているのである。かつての日本の図書館界においてもそれに通じる「全域サービス」の構築というコンセプトがあったが、貧すれば鈍するの現在ではすたれつつあるように思える。

　公立図書館を振興するには掛け声だけでなく、必要な資金が流れてゆく仕組みを作らなければならない。

　ひとつ面白い規定を紹介しておこう。日本の国立国会図書館法は、その二六条に「館長は、国立国会図書館に関し、その奉仕又は蒐集資料に関連し、直ちに支払に供し得る金銭の寄贈を受けることができる」とある。この規定は、国立国会図書館のモデルとされたアメリカ議会図書館に関する規定（合衆国法典第二編第五章一五六条）をなぞったものである。訳しておこう。

第一五六条　議会図書館信託資金委員会への寄贈等

　当該委員会は、当該委員会と議会図書館に関する両院合同委員会の承認を得て、議会図書館のために、またはその資料コレクションないしはそのサービスに関連して、財産の寄贈、遺贈を受理、受領し、保有し、管理する権限が認められている。

　アメリカ連邦議会図書館長は、資金調達の営業マンであることを法的にも期待されているのである。この国の国会図書館長には民間への営業活動が期待されていないのであろうか。同じ論理が公立図書館長にも妥当してもよいように思われる。ユネスコのガ

イドラインは、スペインのとある公共図書館が市内の企業から資金を受入れ、商業的・経済的情報サービスを展開した例をあげている（邦訳四一頁）。

公共図書館の〝無料原則〟の確認と図書館サービスの水準

公共図書館に限らず、一定の品質を備えた公共サービスには、それ相応の給与を保障された適切な人材を随所に配置したうえで、そのサービスに要する経費を調達しなければならない。応能負担が適用できる場合には受益者市民にその一定部分を負担させることができるが、福祉行政などのセーフティネットにかかわる相対的貧者に給付する公的サービスについては、その財源は公的資金からの拠出と市民や企業からの寄付ということになる。公共図書館サービスについては、従来の先進諸国の調査によれば、多くの場合その利用者の大半は中産階級、比較的学歴の高いホワイトカラーとその家族とされてきた(4)。アメリカでもその実態を踏まえて図書館サービスの有料化がときに話題とされることがあったが、公共図書館の世界においては〝無料原則〟はいまなお自明の法理とされている（日本の図書館法もその一七条でそのことを確認しており、いろいろ取り沙汰されたようであるが、今回の図書館法の改正でも無料原則は維持されており、主務官庁の問題意識の確かさを示している）。

先に紹介したフィンランド図書館法は五条で「図書館が所蔵する蔵書の館内での利用および当該図書館から貸出を受けた資料の利用は、無料でなければならない」と定める。しかし、それだけにとどまらず、さらに「中核図書館および地域図書館による公共図書館への図書館間相互貸借は無料でなければならない」としている。〝無料〟原則は、図書館間相互協力にも及ぶべきものである。そうでなければ、財政力のない僻地に住む住民は豊かな資料コレクションを擁する大都市圏の公共図書館の利用者と平等な情報資料へのアクセスが保障されないからである。日本では公立図書館に限らず、大学図書館でも図書館間相互貸出にかかる経費を利用者に転嫁するところが少なくない。

公共図書館はよく〝民衆の大学〟（people's university）といわれる。手から口への日常生活を余儀なくされる家庭に育った庶民は、義務教育が終われば、社会に出て安い賃金で働かなければならない。職場での自己実現に資する職務に関する知識、社会人としての教養、個人的に関心をもつテーマについての自学自習のために公共図書館を利用する。不景気でレイオフ、解雇されたり、失業したような場合には、再就職に必要な知識、あるいは起業に役立つ知識情報を無償で公共図書館から入手する。貧乏人の成り上がりのためのスプリングボード（跳躍台）が公共図書館である。

日本でもよく知られている、ドイツ系移民で貧しい家具職人の息子であるエリック・ホッファー（Eric Hoffer, 1902?-83）は学校にもゆけず、渡りの日雇い労働者として職業を転々とした後、サンフランシスコに落着き〝沖仲士（港湾労働者）の哲学者〟と呼ば

れるようになり、晩年にはカリフォルニア大学バークレー校の政治学教授となった。一九七〇年代にカリスマ的な存在となったが、彼を支えたのは公共図書館での人並みはずれた読書であった。また、今日では世界中に普及している事務用普通紙複写機であるが、その元となっているのは一九三八年のチェスター・F・カールソン（Chester F. Carlson, 1906-68）の発明（ゼログラフィ）である。彼もまた貧しい店舗を持たぬ理髪師の息子で、苦学力行し化学を学んだ。夜学で法律も学んでいる。若い頃印刷屋で働いた経験があり、ささやかな啓蒙的化学雑誌を刊行したこともあってか、電子複写機の発明に取組んだ。マロリー社で特許業務に携わりながら、毎夕、ニューヨーク公共図書館に通いつめ、画期的な複写機を発明したのである。彼はこの発明で一億五〇〇〇万ドルを超える財を手に入れたが、生前一億ドルを財団や慈善事業に投じている。分野を異にするが、ホッファーもカールソンも公共図書館を〝研究室〟とした在野の研究者であった。

日本の公共図書館については、このような在野の研究者を育てるところという認識を持つ人は少ない。ベストセラーや推理小説を利用する〝公設無料貸本屋〟、無料でCD、ビデオやDVDを貸してくれるところ、娯楽・レクリエーション機能を強く意識する人たちが多いように思われる。しかし、日本でも都道府県立図書館のほか、地方中心性をもつ都市に設置された市立図書館のなかには、長年にわたりていねいな選書を積み重ね、洋書や学術雑誌は所蔵していないものの、日本の一流大学のレベルには程遠いとしても、大学院を抱えるそこそこの大学の附属図書館の蔵書に匹敵するコレクションをもつところはある。残念なのは近年の資料費の削減である。ユネスコのガイドラインにも叙述があるが、各国の放送大学が提供する高等教育サービスの提供やインターネットを利用した遠隔教育の普及に思いをいたし、日本の公共図書館のサービス水準が再検討されてもよさそうに思う。

三 むすび

日本においても、図書館振興について反対する人はまずいない。国会においても、地方議会においても、頻度はともかく図書館が議題にあがった場合には、与野党、政党政派を問わず、総じて図書館整備については〝好意的〟である。しかし、人口集積が希薄でその経済効果が危ぶまれる高速道路や高規格道路の建設、新幹線の新設延伸、安全保障や軍備などと異なり、十分な財源は与えられず、質量ともに適切な人材の配置が考慮されることも少ない。

二〇〇八（平成二十）年七月一日閣議決定された教育振興基本計画において、身近な「地域の知の拠点」と位置づけられている公立図書館であり、「これからの図書館像——地域を支える情報拠点をめざして」[5]や「二〇〇五年の図書館像——地域電子図書館の実現に向けて」[6]などでも文部科学省は見事な目指すべき方向を

明示している。しかし、〝絵に描いた餅〟をぶらさげるだけで実現に向けての仕組みはできそうにない。水平で対等な役割分担を担う地方公共団体も、いまのところ、それぞれの地域社会に見合った高水準の図書館サービスを実現するカネもチエも十分に搾り出そうとするようには見えない。政策のプライオリティの変更とシーリングとは異なるゼロベースの予算編成の手法に移らない限り、日本の図書館の未来に陽《ひ》はささないようにも感じられる。

注

（1）このガイドラインの本文は、http://www.ifla.org/VII/s8/proj/publ97.pdf でアクセス、入手することができる。『理想の公共図書館のために――IFLA/UNESCO ガイドライン』日本図書館協会、二〇〇三年はその邦訳である。

（2）http://www.ifla.org/VII/s8/unesco/japanese.pdf を参照されたい。

（3）ウォルター・ホワイトヒル著、川崎良孝訳『ボストン市立図書館一〇〇年史――栄光挫折、再生』日本図書館協会、一九九九年を参照のこと。

（4）たとえば、森耕一編『図書館サービスの測定と評価』日本図書館協会、一九八五年、三七―八四頁を参照。

（5）http://www.mext.go.jp/b_menu/houdou/18/04/06032701.htm

（6）http://www.mext.go.jp/b_menu/shingi/chousa/shougai/005/toushin/001260.htm

＊　＊　＊

国会図書館の知られざる重要機能＝「立法補佐」をいかに改革するか

立法調査機関・議院法制局の改革と国会図書館

小林 正
Kobayashi Tadashi

こばやし・ただし 前・国立国会図書館専門調査員。一九四七年愛知生。論文に「国立国会図書館法制定史稿」(『レファレンス』五七六号)「我が国の景観保全・形成法制」(同六七二号)他。

はじめに

手元に「立法調査研究機構(仮称)構想(案)」と題する一枚の組織図がある。日付は、1996.4.1(April Fool)、1996.10.31修正。当時、実現可能性が殆どないと承知しながら、筆者が半ば戯れに作成した組織図である。この構想の眼目は、衆議院、参議院、国立国会図書館(以下「国会図書館」または「図」と略)の各調査部門、衆・参の各法制局を全て統合した新たな「立法補佐機構」の創設にあった。

この構想の背景には、筆者が当時、国会図書館調査及び立法考査局(以下「調立局」)で阪神・淡路大震災(一九九五年)後の復興支援、被災者支援(その中には、新たな被災者支援立法の素案作成もあった)等の調査に追われる中で、衆・参の調査部門でも同様の調査が行われ、法制局でも被災者支援などの立法作業が行われるのを見聞きするにつれて、議員へのより良い、効果的な立法補佐はど

うあるべきかを改めて考えさせられたことにある。

国会図書館は国民に開かれた図書館であるが、第一義的には国会のための図書館であり、議員の立法補佐等のための調立局がある。

本稿では、国会の調査機関、法制機関の組織・機能を紹介するともに、その問題点を検討し、今日の諸状況の中で、改めてこれらの機関の統合問題を考えてみたい。また、これらの機関が統合されるとすれば、残る国会図書館のあり方も併せて考えることとしたい。

こうした機関、議論は、関係者の間ではよく知られているが、一般的には余り知られていないと思われる。その意味で、ここで紹介することには一定の意義があると考える。

一　立法調査機関の組織と業務

現在、国会に置かれている議員のための調査機関としては、衆議院調査局、参議院常任委員会調査室・特別委員会調査室、国会図書館調立局がある。

1　立法調査機関の組織

国会における議案等の審査や調査は、委員会中心に行われている。衆・参の調査機関は、これらの委員会の活動を補佐するために、それぞれの常任委員会・特別委員会にほぼ対応する組織となっている。

衆・参の組織が異なるのは、平成九年末の国会法改正に基づいて、衆議院に委員会の審議・調査のための予備的調査を行う制度が導入されたことから、衆議院事務局に調査局が設置され、従来は参議院と同様に置かれていた各常任委員会調査室・特別委員会調査室が調査局の内部部局と位置づけられたことによる（以下便宜的に「調査室」とも略）。予備的調査は、現在、衆議院調査局と衆議院法制局のみにある権能である。

これに対して、国会図書館調立局は、政策分野別に調査室・課を構成し、国会の委員会と必ずしも対応していない室・課もある。

衆・参の常任委員会調査室の室長には専門員が充てられ（特別委員会調査室長は専門員ではない）、国会図書館調立局の調査室主任には専門調査員が充てられている。その員数は、専門員が衆・参各一五名、専門調査員が一五名。専門員・専門調査員の待遇は、概ね中央省庁の局長相当である。各調査機関の定員数は衆議院三〇八名、参議院二五二名、国会図書館一八一名（平成十九年三月末現在）である。

2　衆・参の常任委員会調査室の業務

衆・参の常任委員会調査室の職務は、同様であり（特別委員会調査室もこれに準じる）、常任委員長の命を受けて調査を掌り、①

議案（法案を含む）等の起草のための調査等、原案の要綱作成、②付託案件の提案理由・問題点等の調査等、③①以外で所管事項の法律の制定・改廃や国政調査に資するための調査等、④調査報告書の原案作成、⑤委員長の口頭報告の原案作成、⑥所管事項に関する基礎的調査、資料の収集整備、を行うことである。また、委員長以外の議員にも依頼に応じて、委員会の所管事項についての調査等を行う（以上、議院事務局法、参議院常任委員会調査室規程等）。

以上は、法規上の規定であるが、具体的なイメージが掴めるように、以下に特徴的な事例を紹介する。

一つは、「法案参考資料」の作成である。法案参考資料は、委員会での法案の審査のために、法案提出の背景・経緯、法案の解説、論点などを収載し、主として委員会委員に配布される。法案参考資料は、内閣提出法案の場合も、議員提出法案の場合も作成される。

その他には、委員会決議等の原案作成、委員会審査終了後の本会議審議に向けての議案要旨・委員会報告の原案作成等がある。委員会審査に際しては、委員からの依頼に基づいた質疑のための資料提供等も多い。また、現地調査などへの委員派遣に関連する業務もある。

3　国会図書館調立局の業務

調立局の職務は、①両院の委員会に懸案中の法案等の分析・評価等、②立法資料・その関連資料の蒐集・分類・分析等の準備と資料の提供、③議案（法案を含む）の起草、④国会の必要が妨げられない範囲での行政・司法各部門、一般公衆への蒐集資料の提供・利用（国立国会図書館法）である。ただし、①は委員会、③に委員会・議員の「要求」がある場合に限られ、調立局が自発的に行うことができるのは②、④のみである。

調立局の実際の業務では、上記①、③に関するものは極めて少なく、専ら②に関連して、様々な国政課題に関する資料の提供が大半を占める。諸外国の立法例、統計等の依頼も多い。近年では、単なる資料の提供に止まらず、識者の様々な見解・意見等を整理した「報告書」を添付するケースや議員に直接説明に赴く例なども増えている。

国会の立法調査機関の調査等の特色として、依頼者の要求に合致する方向での資料選択、分析等を行う場合が多い点を挙げることができる。重要な政策課題については自主的に調査し、刊行物として議員や一般に広く公開もしている。こうした刊行物は、各調査機関から様々に刊行され、主要なものは、インターネットで各々のＨＰから簡単に入手できる。

二　国会の法制機関（議院法制局）の組織と業務

衆議院、参議院には、議員の立法活動を補佐する機関として、

それぞれに法制局が置かれている。各法制局の構成は、部・課制であり、部・課の所掌事務は、概ね常任委員会の所管事項に対応している。

衆・参の法制局長の地位は、内閣法制局長官と同じである。定員は、局長を含め衆議院八二名、参議院七六名（平成十九年三月末現在）。

両法制局の職務は、「議員の法制に関する立案に資する」（国会法）ことであり、具体的な業務は、議員立法に際して、議員（委員会を含む）の依頼に応じて法案を作成すること、作成されている法案を審査して必要に応じて修正等を行い法案を仕上げることである。

内閣提出法案の場合、一般的には、所管官庁が法案を作成し、内閣法制局は専ら審査を行うが、議員立法の場合、議院法制局は、法案を作成する官庁と内閣法制局の法案審査の両方の役割を果たしていると言えよう。

議院法制局のその他の業務としては、各議院において審査中の法案（内閣提出法案も含む）の修正案の作成、議員の依頼に応じて行う憲法や法律の解釈等もある。

三　立法調査機関・議院法制局改革への提言

本節では、国会の調査部門、法制部門が抱える業務等の問題点を検討し、その解決策としての統合問題を考える。

1　立法調査機関の業務の問題点と統合論

国会図書館の例ではあるが、近年議員等からの調査依頼の件数が増加（平成九年度と十九年度の受理件数比で六五％増）し、回答期限も短くなる傾向にある。平成十九年度（受理件数二万六七四四件）では回答期限が当日中のものが約四五％、当日中を含め二日以内が七四％である。このため、繁忙時期の残業が常態化し、繁忙時期も長期化する傾向にある。こうした依頼の傾向が今後も続けば、近い将来、回答の質の低下を免れないことが懸念される。

現在の立法調査では「短時間」、「質の高さ」の追求がキーワードである。本項では、各機関に共通する問題として①職務（業務）の重複、②人員数（人員の不足）、③職員の専門性の確保、をこのキーワードを念頭に検討する。

①職務（業務）の重複

最初に、衆・参の委員会調査室と国会図書館調立局の職務（業務）の重複について、法規面、実態面を見てみよう。法規的には、大局的に見れば両者が行い得る「職務の範囲」については大きな差はないと言える。

実態面では、衆・参の調査室は委員会と密接していることから、前述の「法案参考資料」の作成、委員会決議等の際の原案作成等の委員会と特に関係の深い業務を専ら行う。一方、国会図書館調

立局の主な業務に、前述のように議員等の依頼に基づく文献提供等であり、その他に調立局の刊行物などに様々な国政課題等に関して論文・記事を執筆する作業も業務量として大きい。しかし、これらの業務は、衆・参の調査室も行っており、こうした業務を調立局の特有の業務と位置づけることはできない。こうした依頼調査、原稿執筆などは、量的な問題は別にして、調査室と調立局の「業務の重複」と捉えることができよう。

なお、こうした業務実態上の「役割分担」は、法規によるものでなく、各機関がこれまでの経緯等からそれとなく「棲み分けた」結果ということができる。

以上は、業務を類型別に見た場合の分担と重複であるが、今後の組織のあり方を考えるときには、業務の類型における重複だけでなく、類型的には異なる業務であっても、行われる作業内容が殆ど同じ「作業の重複」を考える必要があると思われる。また、業務量、作業量も考慮しなければならないであろう。

「立法調査」には、業務の類型が何であれ、その殆どの場合に、基本的には「調べて、資料を提供する」、「調べて、書く」ことが直接に、間接に付随するため、相当量の作業の重複等が発生することは避けられない。

衆・参調査室と国会図書館調立局の業務の重複等を推計できる統計は見当たらない。筆者はこれまでの経験、見聞等から、作業の重複等まで含めると、少なく見積もっても四〇—五〇%は重複すると推測するが、確証はない。

こうした現状分析に立って、もしも衆・参の調査室と調立局の間で「役割の明確化」によって「重複」を解消する（あるいは抜本的に減らす）とすれば、「立法調査」を行う機関と行わない機関を峻別するのが唯一の方法であろう。即ち、国会図書館は主として所蔵する文献等の複写のみを行い、委員会、議員等からのその他の依頼は、基本的に衆・参の調査室が行う、というものである。この場合、国会図書館調立局は実質的には必要ないことになる。しかし、こうした方法は「統合」と比較した場合に、立法補佐機能の拡充・強化の観点からは格段に劣り、採るべき方法ではないと考える。

なお、衆・参の調査室の職務は、基本的には同一であり、違いは対象とする議院が異なる点のみである。従って、同じ職務を行う職員が衆・参の両方に相当数いるということになる。相対的には、当該の院で議案が審議されているときは、当該の院の調査室が比較的に繁忙であると言えるであろう。対象の違いだけで「役割の明確化」がなされているとして済ませることは、立法補佐の拡充・強化、効率化等の観点からは極めて疑問である。

結局のところ、本質的な重複の解消は統合以外にはない。衆・参調査室の繁忙の時期が異なる等の問題、②で述べる人員数とも併せて考えれば、統合によりその機能も強化され、効率性、機動性も増すと考えられる。

②人員数（人員の不足）

各機関とも人員の不足がよく言われている。

立法調査機関の職員数の適正規模、必要最小限の職員数について拠るべき基準はないため、ここでは農林水産部門を例に、人員問題を考えることとする。具体的には、農林水産分野の中をいくつの担当分野に分け、担当分野ごとの担当者を何人とするか、である。

担当分野については、なるべく客観的、合理的なものとするために、農林水産省の政策部門を参考とする。農水省は、現在、内部部局（大臣官房・五局）と外局（林野庁・水産庁）を合わせ、大きく八つの政策分野がある。

立法調査機関の農林水産担当部門においても、担当分野としてこの八分野を想定する。担当分野の範囲は、各担当者がその担当範囲の行政分野の政策、法令、農林水産業界の状況等をできる限り熟知するとともに、常に最新の情勢をフォローし続けるために、「適当な範囲の行政分野」でなければならない。

次に、担当者は、この八分野のそれぞれに最低二名を配置することが望ましいと考える。最低二名という数は、人事異動等に際しての業務の継続性、即応性等の業務の安定性確保のためには複数の担当者が必要であると考える故である。所管する事柄が相当多い分野、課題も多く、議員からの依頼調査も多い分野は、増員を考慮すべきであろう。この結果、農林水産分野の要員は最低一六名＋αとなる。

一方、現在の各調査機関の農林水産担当室、課の職員数は、専門員、専門調査員その他管理職を除けば、衆議院農林水産調査室一一名、参議院農林水産調査室七名、国会図書館調立局農林環境課三名（同課五名中の農林水産担当者数）の計二一名となる。

前記のような人員配置は立法調査三機関を統合した場合にのみ可能である。農林水産分野以外の分野でも、状況は殆ど同じである。現状で人が少ないと感じる原因には、こうした点があろう。今後の立法調査の「時間」「質」の追求には、必要な担当分野に、その分野に習熟した人員を複数配置できる、ここに掲げたような組織が望ましいと考える。

③職員の専門性の確保

「職員の専門性の確保」には二つの側面がある。一つは、職員が配属された担当分野の専門性の養成・確保の問題である。この場合の「専門」の程度について、現在の国会審議、依頼調査の動向などを考えるときに、少なくとも自分の担当分野で「よく知らない」問題があってはならない、と考える。立法調査である以上、行政的、法的理解も重要である。このためには、担当分野は適当な範囲でなければならず、その実現には①で述べたように「統合」が鍵である。統合後は、複数担当制の中で、オンザジョブトレーニングが有効に機能すると思われる。

次に問題となるのは、人事異動との関係である。衆・参の調査

室ではそれぞれの事務局の運営部門と、国会図書館調立局では図書館の総務部門、司書部門との、人事異動がかなりある。調査部門から見た場合、こうした異動は必ずしも調査担当職員のキャリア形成に考慮が払われているとは言えず、調査部門の職員がようやく担当分野に慣れた頃に調査部門以外に異動するケースも多く、問題は大きい。

この問題は、職員の採用方法とも関連する。現在、衆・参法制局は各々単独で職員採用試験を行っているため問題は起きないが、調査部門の場合、各機関の採用試験の中で特に調査部門の職員が区別されていない。そのため、衆・参・図それぞれの全体の人事の中で調査部門の人事が行われることから、こうした状況が生まれるが、現状では、この問題の有効な解決は困難であると思われる。

「統合」が行われれば、こうした問題は解決されるが、統合前であっても、調査部門が共同で行政府の国家公務員試験と同様な資格試験を実施し、合格者から各調査部門が面接等で採用する方式を検討すべきであろう。更に言えば、国会全体も各々の機関別に職員採用試験を行うのでなく、共通の資格試験を実施することを検討する必要があると思われる。

「調査」は、人の能力の涵養もあるが、最終的には人の数である。分散よりも集中こそが原則であろう。結局、本稿で取上げたような様々な問題を解決するためには、「統合」による新組織の設立が最も合理的であり、かつ効率的である、と言える。

なお、この統合される新調査機関は、衆議院、参議院、国会図書館のいずれの組織にも属するものでなく、衆・参事務局と並ぶ独立した組織でなければならないと考える。

2 議院法制局の組織・業務の問題点と統合論

衆・参法制局の職務に関して、法規上は先述の「議員の法制に関する立案に資する」との規定のみである。ここで、一つの問題が生じる。

法規的に見れば、法案等の作成が職務として明文で規定されているのは、国会図書館調立局、衆・参常任委員会調査室である。調立局の職務には議員立法に際して法案の起草が、衆・参の常任委員会調査室の事務には法案の原案の要綱の作成が、規定されている。

法規的には法制局と立法調査部門との職務の重複と見ることもできるが、これは如何なる理由によるものであろうか。

国会図書館法の制定過程（昭和二十三年）では、法案作成に関する法制局（当時、法制部）と調立局の関係が国会で議論され、結論は二者併存となった。その議論は、我が国でも議員立法が増加するとの予想の下に、「法制部は最終的な仕上をする。それ以外の相談はここ［＝国会図書館］でやるというぐあいに解釈して［法制部で］最終の決定をやる」と総括され、「立案の最終決定をする

のは国会内部における法制部」との了解に達した（拙稿「国立国会図書館法制定史稿」『レファレンス』五七六号参照）。衆・参の常任委員会調査室の事務の規定も、これと同趣旨ではないかと思われるが、検証はしていない。六〇年前の議論であるが、立法補佐の今後のあり方を考える上で示唆に富む。

実態面では、法制局が法案の作成の殆どを行っており、実質的な役割分担がなされている。調立局、調査室では、法案作成に必要な立法的思考や立法技術に習熟していないこと、法規の規定にも拘らず、法案の作成は法制局の業務であるとの意識が強く、自らの業務であるとの認識が乏しいこと等から、法案等の作成を敬遠する傾向がある。

続いて、法制局が行う法案作成業務に関する問題点を考える。

議員提出法案を提出者の別に類型化すると、超党派法案、与党法案、野党法案に大別できよう。当該委員会に所属する全政党・会派が賛成する超党派法案は、一般的に委員会提出法案として提出される。

法案作成においては、法の対象となる事象の実態の把握、憲法その他諸法律との整合等が十全に図られなければならないが、超党派法案、与党法案の場合は、当該法案に関係する行政省庁の協力が得やすいと言われる。行政省庁は所管する行政を通じて、法案の対象となる様々な事象の実態、関係法令等を把握していることから、その協力は、法制局の法案作成の労力を相当軽減すると思われる。

一方、これに対して野党法案の場合、多くは政府の政策に対抗し、現状の問題点を強く意識しながら法案を作成するものである。議院法制局の法案作成は、立法調査の場合と同様に、依頼の趣旨を最大限尊重して立法作業を行うが、野党法案の場合は、上記のように政府の政策に対抗する等の面が強く表れるため、依頼の趣旨をそのまま取入れたのでは現行の諸法律、制度などとの整合性等で問題がある、ということも起り得る。その場合、法制局は「立法の補佐」として、問題点を指摘することになるが、この場合、依頼議員と間で厳しい立場に立つこともあると聞く。

野党法案の場合、立法作業に際して関係省庁の協力は多く期待できないし、依頼者もそれを望まないこともある。そのため、法案作成に当たって、法案が対象とする様々な事象の実態、行政の実態、関係法令等を自ら把握する必要があるが、現在の業務の状況、担当職員数（例えば、衆議院法制局で農林水産担当の第四部第一課は課長を含め四名）では、立法調査機関以上に常日頃担当分野に精通しておくことは困難であると思われる。

こうした状況の中での野党法案作成は、法案の対象となる事柄が複雑で、専門的、技術的要素の多いもの程困難の度合いを増す。例えば税法関係など、税行政、税の実務の経験がない場合、余程日頃の蓄積がないと思わぬ誤り、不備が生じ易い。実際にも、かつて、こうした事例で不備を指摘されたこともある。

議院法制局の作成する法案は省庁の作成するものに比して粗い、と言われることがしばしばあるが、こうした事情を考えると、現状ではやむを得ない面もあると思われるが、今後もこのままで良いということにはならない。

立法作業に際しては、組織的な作業、検討が必要である。今後の議員立法の増加に対応して、効率的で質の高い立法作業を行うために、また担当者が日頃の蓄積を重ねられるように、両法制局を統合し、人的資源を集中する必要があると考える。

3　立法調査機関と議院法制局の統合問題

次に、統合された立法調査機関（以下「新調査機関」）と統合された議院法制局（以下「国会法制局」）との関係を考える。問題となるのは、法案作成の業務である。法案審査は国会法制局が行う以外にないので何ら問題はない。

論理的には、内閣提出法案の場合と同様に、新調査機関が法案を作成し、国会法制局が審査する、という形式が望ましいのではないかとも考えるが、現実的には、ある程度の期間で新調査機関の職員の多くに、法案作成能力を身につけさせることは極めて難しい。

一方、国会法制局は、統合後の人員（定員合計一六八名）でも新調査機関と同様の担当分野、複数担当制は不可能であり、今後も議員立法が増加するとすれば、将来的には統合後の人員数でも対応できない事態も予想される。

そうした状況の中での法案作成業務の新たな展開を考えるとき、法案作成業務の中核は国会法制局に置くとしても、国会法制局と新調査機関の「協働」が極めて有効な方法であると思われる。「協働」の方法は、調査機関が法案作成に必要な資料を調査して提供することから、調査機関が法案を作成し法制局が審査することまで様々考えられるが、予め特定の方法を定めておくのでなく、場合によって選択できる形が望ましいと思う。こうした「協働」には、調査機関の職員にある程度の立法能力を身につけさせる必要がある。その場合、法制局との人事交流も有力な方法であろう。

こうした「協働」を円滑に行うためには、新調査機関と国会法制局とを一つの統合された組織（大統合）とするのが望ましい。この場合に、大統合された新組域における国会法制局の位置づけは、外局（文部科学省における文化庁）あるいは特別の機関（法務省における検察庁）として位置づけ、相応の地位とする必要があると考える。

4　統合に関する総括

これまで、新調査機関、国会法制局を創設すべきこと、更に、新調査機関と国会法制局を大統合した新たな「立法補佐機構」を創設することが望ましいことを述べてきた。

しかし、こうした統合に対して、関係する各機関、職員の間で

は「抵抗感」が強い。組織を割かれることへの抵抗感、現状が変わることに対する不安・心理的抵抗感、衆・参については戦前の貴族院、衆議院時代から続く対抗心もあろう。こうした抵抗感・心情が元となっているため、自らの手で統合といった抜本的な組織改革を行うことは実際上中々に難しい、ということになる。

こうした状況の中で、統合できない理由、統合が必要ない理由が捜されることになる。その一つが、衆、参を超えた統合は、憲法の要請する二院制の否定、一院制の議論にも繋がるため問題がある、との見解である。

議院の庶務、議事運営等に関する事務を行う議院事務局の場合はひとまず置く。立法調査機関、法制局の統合は、両院の審議の独立性を阻害する恐れはないことから、二院制の否定に繋がる懸念もなく、憲法上の問題を惹起しないと考える。もしも国会にある機関が衆、参のいずれかに属さなければ二院制の否定に繋がると言うのであれば、「両院」の議員等を対象に調査等を行う現在の国会図書館調立局、更には「国会」に属する国会図書館は憲法に抵触する存在と言うのであろうか。

なお、新調査機関は衆、参のいずれにも属さないことから、各院の委員長の命を受けて職務を行う専門員、常任委員会調査室の制度は二院制との関係で影響を受ける。新調査機関でも「二重構造」的組織にすれば制度維持も可能かとも思われるが、委員長、委員会からの依頼は最大限優先的に行うことを明かにし、現在調査室で委員会に対して行っている業務を全て担保することでこの問題を解決することが望ましいと考える。

現今の政治状況、財政状況等を見るときに、他から強制されるのではなく、自ら改革の意思を示し、国会審議により強力に貢献できる新たな「立法補佐機構」の確立に向けて検討を始める時期に来ていると思われる。

なお、こうした組織の統合に際しては、創設される機関の定員数、専門員・専門調査員を含む管理職ポストの職務内容・必要数等についても改めて検討されるべきであろう。なお、立法調査、法案作成業務に関しては、依頼する議員、依頼する政党・会派等の依頼の趣旨をできる限り尊重して業務を行う関係上、いわゆる一般的な政治的中立等とは微妙な関係が生じるため、部門の責任者にはそうした制限を受けない特別職（現在の専門員等）の職員が新組織でも必要であると思われる。

四　国会図書館独法化論

新調査機関が創設されるとすれば、調立局が抜けた後の国会図書館はどのような組織として存続するのが望ましいのであろうか。最初に結論を述べれば、大きくは「国会」所管、直接には大統合された立法補佐機構あるいは新調査機関が所管する「独立法人」の形態が最も適当ではないかと考える。その場合には、「独立国

会（立法）法人国立国会図書館」といった名称の新たな制度を創ることとなる。

独法化の前提となる国会図書館の「業」の実体を見ると、基本的に非権力的な業務を行う「現業」の機関である。図書館行政を行うのは文部科学省であり、国会図書館にその権限はない。「現業」は恥じることではない。国会図書館は、自ら「現業」の機関であるとの認識に立って、その組織、業務を新たに構築すべきであると考える。

「現業」の機関であれば、国としての意思を決定し表示する行政官庁と同じ基準の予算執行、契約行為、物品管理等を強制されることは、業務の合理性、効率性等を考えるとマイナスが多いと言えよう。例えば、国会図書館の所蔵する九〇〇万冊の図書、八五〇万冊の雑誌を、行政官庁の国有財産と同じ基準で管理等することが果たして合理的であろうか。

独法化のメリットは、業務執行の柔軟性、自由性が向上することにある。例えば、予算についても柔軟な執行が可能であり、予算の中で何を優先するかは法人の権限、責任で決定できる。半面、国の予算制度の下での組織運営と異なり、収益改善等を含め自らの経営に責任を負うこととなり、「独立法人」を運営する者の「経営責任」は重くなる。しかし、これは視点、発想を変えれば、新たなビジネスモデルの開発や新しい収益事業の可能性の追求のチャンスと捉えることもできる。

人材採用の面でも、独法化により新しい状況が生まれる可能性が高く、組織の活性化が期待される。国立大学法人では、法人化で自由度が増した大学にビジネスチャンスを求める就職希望者が急増したと報じられている。

国会図書館の場合も、客観的に見ればプラス面が大きい。旧来に固執することは、新たな展開を拒むことになり、望ましい選択とは思われない。

「独法化」について、国会図書館は組織として反対しており、職員の中でも抵抗感は強い。また、図書館界でも、国会図書館の独法化が他の図書館に与える影響等への憂慮もあって、反対が根強い。そこで挙げられる反対論はここでは省略するが、総じて、大きな問題となるような理由は殆どないと思われる。例えば、「納本制度」の維持も問題はない。

こうした反対論は、結局のところ、「今のままが良い」ということであって、独法化によって国の機関でなくなることが納得できない心情に加え、経営（運営）の「責任」が重くなること等に対する不安、心理的抵抗感などであり、一般の職員であれば更に、処遇（国家公務員としての身分・待遇、労働条件等）が変わる可能性への不安、心理的抵抗感などがあろう。

経営の「柔軟性」、「責任」が増すことを独法化に反対する理由にはできない。「責任」の問題であれば、責任のあるポストに就かないという選択肢もあろうし、その他の問題であれば、現在の

独立行政法人等の現状をみるときにそれほど心配する必要はないと思われる。実際には「案ずるより産むが易し」である。

独法化後の国会図書館について、経営方法、国会サービスのあり方等、まだ書くべき課題は多々あるが、別の機会としたい。

おわりに

言うまでもなく、本稿の中の意見に渉る部分は私見であるが、できる限り客観的な状況分析、状況判断を心がけたつもりである。特に、事実関係については正確さを旨として記述するように努めたが、衆・参調査室、議院法制局など、経験していない業務についても本稿の必要上かなり詳細に記している。そのため、思いがけない間違いがあり得ることを恐れるが、その際はご指摘いただきたいと思う。

筆者として希望したいのは、関係者の間でも、社会的にも、「統合」、「独法化」について、関係者の利害得失でなく、立法機関としての国会全体の利益、また社会的な利益の上に立った活発な議論であり、本稿がその一助となれば幸いである。

なお、最後にお断りしておきたいことは、執筆の過程では、事例に基づく業務の実態分析や結論に至る論証等を行ったが、紙数の関係で本稿では主として結論を中心に記述し、事例分析等の多くは割愛せざるを得なかった。また、問題点等で省略したものもある。これらについては他の機会としたい。

学術コミュニケーションを支えるメディアは、どのように変容しつつあるのか

機関リポジトリの現在

竹内比呂也
Takeuchi Hiroya

たけうち・ひろや　千葉大学文学部教授。一九六一年福井生。愛知淑徳大学大学院文学研究科博士後期課程（図書館情報学専攻）単位取得退学。図書館情報学。著書に『変わりゆく大学図書館』『図書館はまちの真ん中』（勁草書房）他。

はじめに

研究成果を公表し、それを流通させ、さらなる研究のためにそれらを利用するという学術コミュニケーションのための公的なメカニズムとして、学術コミュニティは学術雑誌を発展させてきた。その特徴として、常に新しい研究成果が公表される場であること、専門家による査読によってその時点で受容されているパラダイムの範囲内において正しい内容であることが保証されていること、そして雑誌の入手可能性が図書館等を通じて広く保証されているということが挙げられる。このような機能を果たすために、学術雑誌は出版され、そして（主として大学）図書館はそれを購読し、保存し、利用者の求めに応じて提供してきた。このようなシステムは安定したものと考えられてきたが、なぜ本稿で論じる「機関リポジトリ」が登場することになったのだろうか。

シリアルズ・クライシス

学術雑誌は、十七世紀に生まれた学術コミュニケーションの手段であるが、そもそも学協会が主催する公開講演会などに参加で

きなかった人々にその様子を伝えるための媒体であったのであり、それが今日我々が目にするような形に発展してきた。これを維持してきたのは研究者自身が組織してきた学協会であったが、一九五〇年代以降、研究成果が爆発的に増加したこと、それらを公表する場としての学術雑誌のタイトル増が求められていたこと、同時に学術情報の国際的流通の必要性が高まったことなどから、国際的な商業活動としての学術出版産業が成り立つようになった。

一九八〇年代から米国の大学図書館では、「シリアルズ・クライシス（雑誌の危機）」という現象が顕在化した。シリアルズ・クライシスとは、論文数の増加などの要因によって学術雑誌の価格が高騰して多くの大学図書館の予算を圧迫し、それが雑誌購読のキャンセルを誘発した状況をさす。学術雑誌の販売部数の減少は更なる価格の上昇をもたらす要因となり、いわば負のスパイラルを描く状況に至った。その結果、雑誌に掲載された論文の入手可能性が低下することへの危惧が生じ、さらには図書館が買い支えることによって成り立っている雑誌が衰退し、研究者の成果公表の場が縮小するのではないかという危機意識も高まったと考えられる。

またこの時期には主に学術出版物を刊行してきた商業出版社の買収や合併があり、少数の出版社による寡占化が生じたこと、また吸収合併によって一部雑誌の価格が高騰したことなどから、シリアルズ・クライシスをもたらした原因は国際的に活動する商業出版社にあるという見解が広く受け入れられることとなり、学術コミュニティあるいは大学図書館と商業出版社が対立する構図が生まれた。

オープンアクセス運動

学術雑誌刊行のヘゲモニーを、もともと学術コミュニティの構成員ではない商業出版社に握られていることに対する不満から、これに対抗する形で勃興してきたのがオープンアクセス運動である。オープンアクセスとは「学術雑誌に掲載された論文の無料で制約がないオンラインでの利用」と一般に考えられている。このような動きが顕著になったのは二〇〇二年頃であるが、それ以前にも学術コミュニティあるいは図書館界が商業出版社への対抗策を講じてこなかった訳ではない。北米の図書館関係団体を中心に結成されたＳＰＡＲＣ（Scholarly Publishing and Academic Resources Coalition）は、有機化学分野の主要雑誌の一つであるElsevier社の *Tetrahedron Letters* に対抗する形で米国化学会による *Organic Letters* の刊行（一九九九年）を支援した。これは、後者が前者に取って代わることを意図したものであったが、図書館から見れば結局は購入しなければならない雑誌のタイトルが増えたに過ぎなかった。しかしこのような流れは、例えばPLoS（Public Library of Science）のさまざまな「オープンアクセス雑誌」（著者等が経費を負担する形

をとり読者が支払いを求められない雑誌）に引き継がれていると考えることができる。

また、オープンアクセスの問題が盛んに論じられるようになる前から、「主題別リポジトリ」は存在していた。物理学分野の主題リポジトリとして知られているarXveがe-print archiveとして登場したのは一九九一年である。これは当時米国のロスアラモス国立研究所にいたGinspargによってこの分野におけるプレプリント（学術雑誌に投稿あるいは受理された論文の原稿）交換のためのメカニズムとして生みだされたものである。その目的は、この分野における研究成果の迅速な普及を実現することにあると考えられるが、背景には学術コミュニケーションにおいて、学術雑誌の刊行には時間がかかることが長年問題になっていたことがある。公式なコミュニケーションのメカニズムである学術雑誌を補完するために、非公式な手段としてプレプリントを交換するという習慣が物理学分野には古くからあったが、e-print archiveは、これまでその分野の研究者自身によって作り上げられていた習慣を電子情報環境下において合理化したものとみることができる。逆に言えば、プレプリント交換の習慣がない分野において外部的な圧力によって主題別リポジトリを構築しようとしても実現するのは困難であり、当初Ginspargが目論んでいたような学術コミュニケーションの変革をもたらすような大きな潮流になることはなかった。

機関リポジトリの登場

このようなオープンアクセスをめざす運動の中で登場したのが、機関リポジトリ（institutional repository）である。これは機関に所属する研究者の研究成果等を収集し、その機関の図書館などが設置するサーバ上に電子的に蓄積して、インターネット上で無料で提供するアーカイブシステムであり、このシステムに蓄積されるコンテンツは誰もが自由に入手できる。二〇〇二年にＳＰＡＲＣがその構築を推奨したことからにわかに注目を集めることとなったが、ＳＰＡＲＣの文書の中でも言及されているように、機関リポジトリには、オープンアクセスの実現にむけて大学などの学術研究機関（あるいはそれらに附属する図書館）が学術情報流通に積極的に関与するという側面と、大学などの学術研究機関からの情報発信を強化し、大学の社会に対する説明責任を果たすとともに、その認知度を高めるという側面がある。

Directory of Open Access Repositories（http://www.opendoar.org/）によれば、二〇〇八年八月二三日現在で、世界中に一二一三の機関リポジトリが存在している。日本においては、千葉大学において附属図書館を中心に二〇〇二年度に企画が開始された「千葉大学学術成果リポジトリ（ＣＵＲＡＴＯＲ）」が最初の機関リポジトリである（正式公開は二〇〇五年）。その後国立情報学研究所（ＮＩＩ）

が、最先端学術情報基盤整備（ＣＳＩ）事業の一環として各大学の機関リポジトリ構築を支援したこともあって、大学を中心に機関リポジトリの設置が進んだ。ＮＩＩによれば、二〇〇八年八月現在で日本には八四の機関リポジトリが設置されており、これには雑誌論文、学位論文、図書その他を含めさまざまなコンテンツ、およそ二七万件が蓄積されている。各大学の個々のリポジトリに蓄積されているデータの件数は、各図書館に所蔵されている印刷資料数に対比させるとまだわずかな量ではあるが、着実に増加してきたと言えるだろう。

オープンアクセスから見た機関リポジトリの意義

機関リポジトリに蓄積されているコンテンツについては、そのメタデータを蓄積した専用のデータベースからも検索できるが、GoogleやYahoo!などの一般的な検索エンジンでも検索できるようになっており、誰もが自由にアクセスできるということが最大の特徴である。機関リポジトリの構築が開始された当初は、商業出版社等が刊行する雑誌に掲載された論文の著者最終稿を収集し、アクセスを保証することが機関リポジトリの最大の使命であるような議論もあった。これに対して、商業出版社や学協会側は著作権などを楯にとって機関リポジトリへの論文の掲載を認めないなどの動きも見せたが、今日では、欧米の主要な学術出版社や学協会の多くは、彼らが刊行する雑誌に掲載された論文の著者最終稿を機関リポジトリに搭載することを容認するようになっている。そういう意味では機関リポジトリによってオープンアクセスを実現できる環境は整ってきたということができ、これはこれまで機関リポジトリを推進してきた関係者の努力によって実現した大きな成果である。

しかし、機関リポジトリとは全く関係なくオープンアクセスが実現してしまう可能性も否定できない。米国下院歳入委員会は、二〇〇四年に、国立保健研究所（ＮＩＨ）が資金提供した研究プロジェクトの成果を、PubMed Centralを通じて公刊後六ヶ月以内に無料公開すべきであるという勧告を行ったが、これは公刊後一二ヶ月以内に公開という形に修正されて二〇〇七年一二月に法制化された。英国でも主要な研究助成団体の一つであるWellcome Trustが二〇〇六年に助成対象とした研究の成果をPubMed CentralあるいはUK PubMed Centralで公開することを義務づけた。

主要商業出版社はこのような義務化に対応するだけではなく、ハイブリッド・ジャーナルを提案してきた。ハイブリッド・ジャーナルとは、有料の電子ジャーナルに掲載される場合であっても、著者が一定額を支払うことによって、その論文は誰もが利用できるようにするというものであり、Wellcome Trustなどの資金提供機関はそのための経費を研究助成金から支出することを認めている。また、高エネルギー物理学分野では、各国の関係機関

だ資金を出し合って刊行経費を賄うことによって、その分野の主要な学術雑誌をすべてオープンアクセス雑誌化しようという動きもある。

このように学術雑誌、あるいはそれに掲載されている一部の論文が機関リポジトリとは関係なくすでにオープンアクセス化しつつあること、また機関リポジトリに蓄積される学術雑誌掲載論文は、その質の保証を学術雑誌の査読システムに依存していることを考えれば、機関リポジトリが学術雑誌そのものの存在を脅かし、学術コミュニケーションの本質を変えるような事態に直ちにたち至ることはないと思われる。

大学図書館から見た機関リポジトリの意義

大学、あるいは大学図書館（あるいは研究機関附属の図書館）から機関リポジトリの意義を考えるには、機関リポジトリのもう一つの側面、すなわち大学などの学術研究機関からの情報発信を強化し、大学の社会に対する説明責任を果たすとともに、その認知度を高める機能を持つことを重視する必要がある。

このような機能を図書館が担うことは、学術情報流通における大学図書館機能の一大改革と言えるだろう。大学図書館はこれまで、学外でパッケージ化された学術情報（しかも、そのうちのいくつかは、大学内で生産されたものである）を取り込み、主として学内の利用者に対してサービスすることによって、その存在意義を示してきた。しかしながら電子ジャーナルなどの電子情報資源の普及によって、利用者が大学図書館という場所に行くことなく必要な学術情報資源を入手できるようになってきており、大学図書館の存在意義についての認識が弱まってきている。しかも出版社はますます利用者との直接的なつながりを強化しようとしている。今後も大学図書館が学術情報流通において何らかの役割を担っていこうとすれば、学内で生産された学術情報を学外に発信する機能を強化し、従来学術情報流通において出版機能と考えられてきたような機能の一部を図書館が担うことになると思われる。

その際重要なのは、オープンアクセスの観点から商業出版社等が出版する学術雑誌に掲載されている論文の著者最終稿を収集・提供するだけではなく、これまで存在していながらアクセスに障壁があり、なかなか利用できなかった研究や教育の成果、すなわち紀要論文やこれまで「灰色文献」と呼ばれてきた学位論文、会議資料、研究報告書、ワーキングペーパー、あるいは教材や統計などの数値データなど、その大学でしか入手できないユニークなアウトプットの発見可能性を高め、利用を容易にすることである。

このような情報発信の強化は、大学図書館サービスの質的向上にもつながっている。例えば千葉大学のCURATORで『千葉大学看護学会誌』が利用可能となることにより、この雑誌に掲載されている論文に対する、図書館間相互協力に基づく文献複写の依

頼件数が大幅に減少している。このことは機関リポジトリが学術情報を必要としている人々の情報入手の可能性を高めていることと、図書館業務の合理化をもたらしていることを示している。

また、大学の認知度を高めるという点では、機関リポジトリが国際性を持っていることも指摘しておきたい。ある大学の機関リポジトリのアクセスログの分析結果によれば、アクセスの三分の一は海外からのものである。大学の国際的な認知度の向上にも貢献していると言えるだろう。

まとめにかえて

学術コミュニケーションにおける学術雑誌の地位は揺るぎなく、今後も存在し続けるに違いない。ただし、中国やインドといった学術新興国からの論文が国際的な学術コミュニティに多く流入するようになって論文数そのものが増大しており、学術雑誌の価格上昇の要因となっている。ここには新たなシリアルズ・クライシスの根があり、新たなクライシスを防ぐためにはビジネスモデルの変革が改めて求められよう。どのようなビジネスモデルが最適かということについては議論のあるところではあるが、学術雑誌のオープンアクセス化へ向けた動きは今後ますます強まるものと思われる。

機関リポジトリは、当面、著者最終稿を無料提供するという形でオープンアクセスに貢献していくだろう。のみならず、ライセンス契約あるいはオープンアクセス化によって利用可能になっている学術雑誌を中心とした電子情報資源とともに、このような学術雑誌には含まれないコンテンツを蓄積・提供することによって、大学図書館サービスにとってはなくてはならない電子情報資源の基盤の一部となっていくと思われる。そうなることによって、これまで大学で生産されながらも存在が不明確で「灰色文献」となっていた成果物の利用可能性を高め、大学からの情報発信を支えるとともに、文献提供という大学図書館にとって最も基本的なサービスを改善していくことになろう。

図書館サービスの範疇を超えて考えれば、機関リポジトリは、これからの大学にとって、その大学が生産した学術的成果を蓄積するための学術的社会基盤となっていくと思われる。しかし、機関リポジトリに保存されているコンテンツ数にはまだ限りがあることからもわかるように、大学の構成員全員がその意義を理解し、自発的に様々なコンテンツを登録している訳ではないだろう。それゆえ収集における網羅性を高めるための工夫が必要である。また、コンテンツをどのように発見可能とするかについては多様なアプローチが求められる。

Ⅱ 「知の装置」の現在――法と政策

専門家の独占を破る「知識への案内役」という機能の未来像

インターネット社会とレファレンスサービスの将来

田村俊作

Tamura Shunsaku

たむら・しゅんさく 慶應義塾大学文学部教授。一九四九年新潟生。慶應義塾大学大学院文学研究科博士課程単位取得退学。図書館情報学。編著に『公共図書館の論点整理』(勁草書房)『文読む姿の西東』(慶應義塾大学出版会)他。

図書館のサービスの一つに「レファレンスサービス」と呼ばれるものがある。図書館関係者なら皆知っているサービスだが、一般にはあまり知られていない。

近所の公共図書館でも大学図書館でも、少し大きなところなら、百科事典や人名辞典、法令集、各種文献目録などの並んだコーナーがあり、近くには机と椅子が配置されている。こうしたコーナーを「レファレンスコーナー」と呼ぶ。大規模図書館で独立した部屋を持っている場合には、独立した「レファレンス室」が置かれていることもある。新しい図書館の中には、情報コンセントや無線LANの設備を備えて、そうした机でメールのやりとりをしたり、ウェブを検索したり、原稿を作成したりと、さまざまなデスクワークができるようになっているところもある。

コーナーの一隅にはカウンターがあり、職員がいる。デパートの案内係のように利用者の質問を待つのが基本姿勢なのだろうが、図書館により職員のしていることはさまざまである。閉架書庫からの資料の出し入れも担当していて、出たり引っ込んだりしている人、何やらパソコンを前に忙しそうにしている人、利用者の登録なども兼ねている人、さすがに最近は読書にふけったり、同僚

とおしゃべりをしている人を見かけることは少なくなった。

図書館のウェブページを見ると、「調べ方の案内」とかいう名で、資料の探し方を案内するページや、「レファレンス事例紹介」といって、図書館に寄せられた質問と回答を載せているページなどがある。

これらのすべてがレファレンスサービスである。と言って、何か具体的なイメージが湧いただろうか。図書館側から要約すれば、利用者が図書館やその蔵書を使いこなせるように案内し、資料やそこに含まれている知識を活用してもらえるように援助するしごとで、カウンターでの対面のサービスが中心である、ということになる。

レファレンスサービスは十九世紀の後半、アメリカの図書館の発展期に、図書館の目録法や分類法とともに誕生した。アメリカで生まれ、アメリカで発展したサービスである。わが国にも、明治の末に紹介・導入されたのだから、もう百年近くは経つ。にもかかわらず、さっぱり知られていないのはどうしてなのだろうか。インターネットが普及しているご時世に、そんなサービスにしがみついていて、果たして未来はあるのだろうか。

本稿では、世間に知られていないのに、図書館員はなぜか重要だと信じているサービスである、という現状認識を考察の出発点として、インターネット時代における図書館レファレンスサービスの将来について考えてみたい。およそ知られてもいないサービスの将来を論じて何になるのだろう、という恐らく当然の問を意識しつつ、サービスの今日的な意義とあり方を考えてみたい。

本稿では、したがって、次のような事項が検討される。

1　レファレンスサービスはなぜ普及しないのか。この問はさらに二つの問を含んでいる。すなわち、（1）そもそもニーズはあるのだろうか、および、（2）ニーズがあったとして、サービスはニーズに適合しているのだろうか、の二つである。

2　図書館員はなぜ知られてもいないサービスにこだわるのか。サービスを提供することにどのような意義を見出しているのか。

3　インターネットが普及し、グーグルなどの検索エンジンの登場により、情報検索の環境が劇的に改善されているときに、図書館がレファレンスサービスを提供することにどのような意義があるのか。

図書館員はなぜレファレンスサービスにこだわるのか

まず、図書館員たちがどんな意義をレファレンスサービスに与えているのかを見てみよう。

レファレンスサービスでは、カウンターでの応対や、資料の探し方を案内するパンフレットの配布などを通じて、図書館からアクセス・利用できる情報源を利用者に案内する。図書館内の利用

案内、資料の活用法の案内という点では、レファレンスサービスはデパートの案内や、客に商品の説明をする店員と本質的には何ら変わるところがない。一方、レファレンスサービスを図書館の中核的なサービスの一つと考える図書館員は多い。では、単なる「案内」に過ぎないものにどんな特別な意義があるのだろうか？

アメリカでレファレンスサービスの確立に貢献した人物の一人に、サミュエル・グリーンがいる。彼は一八七六年に発表した「通俗図書館における図書館員と利用者とのあいだの人的な交流や交渉の望ましさ」という有名な論文で、レファレンスサービス（という名はまだなかったが）は学者や識者など図書館資料の使い方に習熟した人のためではなく、図書館資料の活用のしかたを知らず、また、気後れしている普通の市民やまじめな少年少女のためにある、と述べている。[1] つまり、レファレンスサービスは（1）資料の活用のしかたを知らない人を助けて、（2）資料に含まれる知識を活用してしごと、くらし、学校などで直面する課題を解決するように背中を押してやる、というサービスだ、という理念が表明されているのである。この啓蒙的理念は今日なお図書館員に継承されている、レファレンスサービスの基本理念だと考える。

レファレンスサービスでは、図書館資料がわれわれに与えるものは知識である、と考える。資料を入手し利用することには、入手した嬉しさや、知ることの楽しみ、あるいは本によっては背徳感など、さまざまな情緒もつきまとうのだろうが、レファレンスサービスでもっぱら問題にするのは、本の中に含まれている知識である。知識こそ、われわれを向上させ、学問を発展させ、社会を豊かにする。図書館はそうした知識を提供する機関である。レファレンスサービスを支える図書館の基本理念を整理すると、このようになろう。

知識への案内は、モノの案内とは異なる独特の性質がある。どんな資料にはどんな知識が含まれているか、どのようにすれば探せるのか、ということ自体が知識なのである。モノの場合、モノとモノへの案内・説明とは明確に区別される。モノについて説明し、モノを使うのは、知識である。すなわち、知識こそ、われわれの日々を支え、社会を作り上げて行く本質的・普遍的な存在である。レファレンスサービスを提供するということは、本をはじめとする図書館資料を単なるモノとして提供するのでなく、図書館資料に含まれる知識を提供しようとすることを意味している。図書館はレファレンスサービスの提供を通じて、単なるモノの提供を超えて、この「知識」という普遍的存在の世界に参画しようとしているのである。

それなのになぜレファレンスサービスは知られていないのか

レファレンスサービスを通じた図書館の知識の世界への参画のしかたは独特である。図書館が提供するのは書物に含まれる知識

であるが、レファレンスサービスが提供するのは、知識に至る道筋、すなわち、知識にアクセスするための知識である。サミュエル・ジョンソンのよく知られた一節を引用しよう。

> 知識には二種類ある。われ〳〵が自身その問題を知ってゐる場合と、それについての知識が何処を探したら得られるかを知ってゐる場合とです。われ〳〵が何かの問題を調べる時に、第一にしなくてはならぬことは、どの書物がそれを扱ってゐるかを知ることです。(2)

この第二の知識を図書館が扱うことについては、問題が二点ある。

1　資料の取り扱いを超えて、資料に含まれている知識を図書館員は扱えるのか。

2　第二の知識は知識の本体にとってある意味で余計な知識、できればなしで済ませたい知識である。余計な探す手間などかけずに、ただちに必要な知識を入手できたらどんなにいいだろうか。

まず第一点目から検討しよう。

どんな分野であれ、分野の中には必要な知識を調達するしくみが必ず含まれている。それは先生や先輩などの人物であったり、分野に固有の資料とその使用法の知識である。法曹の世界の人間であるならば、判例をどのようにして検索・入手し、またどのように読めばよいのかといったことは、必須の知識として修得しているはずである。つまり、資料に含まれている知識を扱う第二の知識も、基本的にはその知識が属する分野のものなのである。

図書館員のような資料を扱う人間がこの事態に対処する途は二つある。一つは、その分野の人間になり、第二の知識に詳しい専門家になることである。いま一つの途は、知識へのアクセスはあきらめて、モノとして図書館資料を扱うことに徹することである。いずれの場合でも、レファレンスサービスは成立しそうにない。

第一の場合、図書館員（というよりは研究者）のしごとは、研究のかたわら専門分野の資料の整備、書誌などの資料へのアクセス手段の整備、資料利用に関する同僚の相談に乗ること、新人に使い方を説明することなどになるだろう。かつてのドイツの学者司書や旧い大学の図書室担当助手などを想像すると良いかもしれない。

第二の場合には、図書館員は資料の管理と受け渡しが主なしごとで、レファレンスサービスに似た点と言えば、せいぜいのところで簡単な質問に答えるくらいとなるだろう。

レファレンスサービスを担当する図書館員は、このどちらの立場にも立っていない。彼（女）は専門家ではないが、専門家の知識の世界の外側にいるわけではない。それは専門家の資料探索をときに助けるとともに、その知識を学生や一般の人たちに向かっ

て開いてゆく、という役割を担う。「学者や識者など図書館資料の使い方に習熟した」のではない人たちが対象であるとする、先に述べたサミュエル・グリーンの言は、知識を万人に開放しようという媒介者の役割を図書館員が担うことの宣言である、と読むことができる。専門家ではないが、専門家の知識の世界に入り込んでゆく、これは困難な道だが、報酬もまた大きい。

万人に知識への道を開く、社会の基礎をそこに置く、そのための社会的装置を作る、これは啓蒙の国アメリカにいかにも似合いそうな考え方である。実際レファレンスサービスはアメリカ社会に良くマッチした。サミュエル・グリーンが論文を発表してから一〇年後の一八八六年に、利用者の資料探索の援助として、どんなサービスが一番役に立っているのかということについての調査が行われた。蔵書目録や雑誌記事索引などがあげられるのではないか、との調査者の予想に反し、もっとも良くあげられたのは「図書館員による個人的援助」であった。[3] つまり、グリーンの論文からわずか一〇年で、利用者の資料探索の援助はアメリカの図書館界に重要なサービスとして根付きだしているのである。

では、わが国にはなぜ根付かないのか。それは、専門家による知識の独占状態の中で、アメリカのように一般の人に知識を開くような回路が求められてこなかった、としか言いようがない。知識の秩序が固定されている中で、一般の人が自ら専門家の意見に疑問をはさんだり、あるいは自ら知識を求めて飛び込んでゆく、といった回路は十分でなかったし、まして図書館にそのようなことは期待されてこなかった。つまり、しごとでもくらしでも健康でも、専門家からもらう知識だけに頼らずに、自ら得た知識をもとに自ら考えよう、新しい領域に飛び込んでいこう、とする人がおおぜい存在しない限り、レファレンスサービスのような、良くわかっていない人々に、知識の入口まで案内してあげる、といったサービスの意義を理解してもらうのは難しかったろう。

インターネット時代における レファレンスサービスの意義

インターネットの登場が、先に述べた第二の問題、すなわち、第二の知識は本来余計で邪魔なものでしかないから、インターネットのような便利なツールができると、レファレンスサービスのような回りくどいサービスは不要になるのではないか、という問題を顕在化させる、という意見がある。実際、アメリカではこの懸念は大きく、これからのレファレンスサービスをどのように展開すべきかをめぐって議論が戦わされている。

しかし、ことわが国のレファレンスサービスについては、その実態がこれまで述べてきたようなものであるとするならば、インターネットの登場は、むしろチャンスとしてとらえられるべきものであることがわかる。なぜなら、インターネットは誰もが知識にアクセスできる共通のツールを提供することによって、知識を

万人に開かせるための強力な道具となりうるからである。一方、ツールはあくまでもツールでしかないのであってみれば、その他のツールも含めた探索環境を整備し、知識を活用しようとする人々の背中を押す人はこれからも必要となるだろう。

しかし、そのような新しいレファレンスサービスは、図書館が所蔵する資料だけを資源として使い、利用者の質問を待っているこれまでのレファレンスサービスとは、相当に様子が違うかもしれない。筆者はその芽を公共図書館のビジネス支援サービスに見ている。同サービスでは、例えば起業しようとする人々に対し、専門家と連携しながら起業までの手順とそこで必要な知識をその都度提供している。ここでは、知識を開くための方法として、専門家との連携、継続的なサービス、情緒的なサポートといった新たな方法が用いられている。

レファレンスサービスとしてこれまで行われていたものを再検討し、新たな資源と新たなサービスとを工夫することにより、わが国の図書館はレファレンスサービスに新たな可能性を開くことができるのではないかと、筆者は能天気に考えているのである。

注

（1）*American Library Journal*, vol.1, no.2/3, 1876, p.74.

（2）ヂェームズ・ボズウェル『サミュエル・ヂョンスン伝　中』神吉三郎訳、岩波文庫、一九四八年、一二六頁。

（3）Crunden, F.M. "Report on aids and guides, August, '83, to June, '85." *Library Journal*, vol.11, no.8/9, 1886, pp.309-330.

インターネットという空間における新しい知の結節点を求めて

ARGの10年

【図書館・アーカイブズとの関わりの中で】

岡本 真

Okamoto Makoto

おかもと・まこと ACADEMIC RESOURCE GUIDE(ARG)編集長。一九七三年東京生。国際基督教大学教養学部卒業。著書に『これからホームページをつくる研究者のために』(築地書館)。

ある催しの一コマから

二〇〇八年七月十二日の午後、都内の会議室でのことだ。大学教員や大学院生、図書館員やフリーランサー総勢一一名が次々と壇上に立ち、ライトニングトークと呼ばれる五分間のショートスピーチを繰り広げた。会場を埋めるのは、スピーカーも含めて約六〇名。その後、近隣のアイリッシュパブに場を移し、スピーカーたちを囲みつつ夜遅くまであちらこちらで歓談の花が咲いていた。

これは私が編集・発行するメールマガジン ACADEMIC RESOURCE GUIDE(以下、ARG)の創刊一〇周年を記念した催し、第一回ARGカフェでの一コマである。当日会場に集まった人々は、職業や年齢、専門や関心もまったく異なる。しかし、ただ一点、参加者全員に共通していたことがある。それはARGというメディアの読者であるということ。主催者である私にとっては、この一〇年携えてきた二つのミッションと、その先にあるビジョンの実現に一歩近づいたと思える感無量の瞬間だった。

ARGというメディア

さて、このARGというメディアについて少しふれておきたい。「広げよう、インターネットの学術利用」をビジョンに掲げるARGは私が一九九八年七月十一日に創刊したメールマガジンである。誰でも無償で購読できることもあり、現在の部数は約四七〇〇。インターネットで公開される新たな学術資源を、批評を兼ねつつ紹介し、ときには様々な分野の専門家の論考を載せている。今年から毎週月曜日の週刊となり、この一〇年間では一〇〇名以上の寄稿者に支えられて合計三〇〇回以上発行してきた。

創刊当時に私は大学を出て二年目。就職超氷河期に相当苦労して入った出版業界に不信感を抱いていた時期であり、同時にインターネットの可能性を信じ出していた時期だった。いまでもよく聞かれる創刊理由だが、当初はそれほど深い考えがあったわけではない。インターネット初期の文化に感化され、自分が知っていることを他人に積極的に知らせたいという思いがまずあっただけである。いま思えば、日本のインターネット環境にはまともな情報、特に学術情報が少ないという批判の声にささやかな反論を試みたかったに過ぎないだろう。

ARGのビジョンとミッション

だが、ほんの数回発行しただけで私を取り巻く状況は大きく変わった。情報は発信するところに集まる、というインターネットの箴言はまさに真実であった。二十代中盤の若者のささやかな試みを積極的に支援する読者が一気に一〇〇〇名以上集まり、様々な教えをいただくようになったのである。その経験は私をささやかにではあるが成長させたことは事実だろう。当時も、そして今もこんなことを考えている。

世の中には専門分野の垣根というものが厳然と存在する。だが、インターネットの学術利用という観点に立てば、分野の垣根にとらわれることなく実は共通の関心を抱けるのではないか。そして、そこに学びあい話しあう余地が存分にあるのではないか。そうやってインターネットは分野と分野の間の敷居を押し下げるのではないだろうか。敷居の低下は専門家の世界に限らない。インターネットにある学術資源は、学術書や学術雑誌といったこれまでの学術メディアに比べれば、はるかに接しやすい。学術に関心を持つ限り、職業的な研究者でなくとも、様々な知へのアクセスをインターネットは叶える力を持っているのではないか。であれば、なおさらインターネットの学術資源は誰もがアクセスしやすいものであるべきではないか、と。

以来一〇年、私にインターネットの学術利用を広げていくことをビジョンとし、そのビジョンを叶えるためのミッションとして（1）専門分野の横断と（2）市民と専門家の接続を考えながら、ARGというメディアを続けてきた。その一〇年の結果の一端は、冒頭でふれた催しの様子にみてとれるだろう。

図書館・アーカイブズとの接近

しかし、ARGというメディアが一〇年間続いてきたのは、当然ながら私一人の力によるものではない。すでにふれた無償で寄稿してくれた多数の執筆者は、ARGがいまここにあることを語る上で欠かせない。だが、ここでは、ARGというメディアに図書館・アーカイブズがどのような関わりを持ってきたのか、特にARGと図書館・アーカイブズとの間に、どのような相互作用があり、結果としていまのARGがあるのかを述べていこう。

ARGを創刊して五年が経った二〇〇三年から急に図書館・アーカイブズの世界から声がかかるようになった。執筆や講演の依頼が相次ぐようになったのである。だが、ARGの記事傾向をあらためて振り返ると当然のことだったのだろう。創刊から年を経るごとに図書館・アーカイブズに関する記事が増えていったのだから。ARGが図書館・アーカイブズ寄りにシフトしていった理由は、いまになってみると明らかだ。

図書館は、基本的には特定の分野にとらわれることなく幅広く知の成果を収集・保存し、そして提供する場である。私の言葉でいえば、（1）専門分野の横断と（2）市民と専門家の接続を図る場の一つが図書館なのだから。また、アーカイブズはさらにその基盤として知となる以前の断片的な情報を図書館と同じように収集・保存・提供する場なのだから。つまり、知や情報と人とを結びつけるインターフェースとしての機能を図書館やアーカイブズは持つわけだ。言い換えれば仲介や媒介を果たしているわけである。無論、次元の高低はあるだろう。しかし、それでも仲介や媒介を果たすという意味で図書館・アーカイブズはARGと同じ位置にいる以上、私の関心は徐々に図書館やアーカイブズに赴いていったわけである。

図書館・アーカイブズとの相互作用

執筆や講演という機会を繰り返し与えられることで、図書館・アーカイブズに対する私の意識は少しずつ深化していった。その過程では図書館・アーカイブズの世界に積み上げられてきた実績に大いに学んだことも少なくない。たとえば、その使い勝手の悪さをしばしば厳しく批判するOPACがある。だが、OPACの機能には批判は持ちつつも、Online Public Access Catalogue という言葉に込められた思想の深さには大いに感じ入りもした。

Public Accessを掲げた電子目録という発想は、私に強い印象を残したのだろう。以降ARGでは分野に関わらず、使い勝手の良し悪し以前にデータを公開する姿勢や最低限のアクセスを保障する姿勢を重視する方向へと私の思考も記事の筆致も変わっていった。そのことはいまも強く自覚している。

同様の体験はアーカイブズにもある。記録と保存を核としたアーカイブズのあり方を知るにつれ、そして何を残し、何を残さないかという議論に深く入り込めば入り込むほど、その経験はARGに変化を与えてくれた。初期のARGは、やはり世間の関心を引く新たな学術資源の登場の紹介に力を入れる傾向があった。しかし、アーカイブズの世界の奥深さを知ることによって、すでにあるインターネット上の学術資源が、たとえばウェブサイトのリニューアルを経てどのように変化したのか、といった変遷の履歴を積極的に記事にして記録するようになっている。また、一〇年という歳月の中で、これまで存在していた学術資源が発信者の異動や逝去によって永遠に失われる事態に遭遇することがある。その際、いかにして学術資源を保存していくのか、という問題を切実に考えるようになったのも、アーカイブズの世界との相互作用の賜物だろう。

図書館・アーカイブズとの対峙

しかし、図書館・アーカイブズとの接近の結果が、すべて優れた相互作用を生むわけではない。ときには厳しい対立を感じることもある。二〇〇六年に『情報の科学と技術』五六巻一一号に寄稿した「Web2.0時代の図書館――Blog, RSS, SNS, CGM」が議論の一翼を担っている図書館利用記録の活用是非を巡る議論は、その一例だろう。

あまり言及されない事実だが、日本国内における書店での本の販売点数と公共図書館での本の貸出点数はきわめて近い。この数字の近似は仮に日本全国の公共図書館の貸出記録を横断的に活用すれば、たとえばオンライン書店のAmazonが誇る関連書籍を紹介するレコメンド機能と同等の機能を日本全国の公共図書館で実現できる可能性を示している。ここから出発し、私は図書館におけるインターネット活用の一つの可能性として、利用者がどのような本を借りたのかという利用情報を活用することを提案してみた。

だが、反応は決してかんばしいものではなかった。当初寄せられた反論の多くは、図書館の自由を根拠に利用情報の活用は図書館が守るべき利用者の秘密を侵すというものだ。だが、ここで最低限必要なのは、利用者一人ひとりのリアルなプロフィールでは

なく、あくまで統計的に処理したデータに過ぎない。それを理解しないまま、ただ反発するさまは、教条的にしか見えなかったというのが正直な感想だ。もちろん、徐々に変化の兆しも現われている。利用記録の活用をいますぐ実現するかどうかにはこだわらず、まずは正確な理解に基づいた議論を尽くそうという雰囲気は広がっているといえるだろう。今秋に開催されるいくつかの催しでも、この問題を正面から扱う取り組みが表に出てきているのだから。タブーを恐れず論じる空気の到来は心底歓迎したい。

図書館・アーカイブズとの距離感

だが、同時に複雑な気分でもあるのが正直な思いである。利用記録の活用問題に限らず、図書館・アーカイブズの世界は、まだまだインターネットが持つ可能性には及び腰であるからだ。言い方を変えれば、図書館・アーカイブズのビジョンやミッションを果たすためにインターネットを活用する、あるいはインターネットを活用することで図書館・アーカイブズのビジョンやミッションを果たすという意識が徹底されてはいない。図書館における利用記録問題はその典型的な一例だろう。アーカイブズの世界も同じところがある。たとえばインターネットを記録・保存するウェブアーカイビングに関して、アーカイブズの世界に積極的な問題意識が見受けられるだろうか。

他方、Googleや Amazon のような営利企業が、あるいは Internet Archive のような非営利団体が、本来図書館・アーカイブズが率先して取り組んでもよい領域で活躍の幅を広げている。電子化した本や新聞、あるいは過去のウェブサイトを収集・整理・保存・提供するという取り組みの担い手は、必ずしも図書館・アーカイブズではなくなってしまっている。機関リポジトリや○○支援サービス、あるいはデジタルアーカイブのように型にはまったものを与えられたときの日本の図書館・アーカイブズの対応の迅速さを思うと、遅々とした歩みには忸怩たる思いが強い。

ARGのこれから——メディアからプラットフォームへ

接近、相互作用、対峙と、図書館・アーカイブズとの間に様々な関係を築き、その結果としていまのARGがあるわけだが、いま述べたように図書館・アーカイブズにはやはりどこかで距離感を感じているのも事実である。その理由の一つがいま述べた所与の環境への依存やスピード感の遅さであることは確かだ。だが、それだけにとどまるわけではない。最大の理由は、どこまでいっても、少なくとも現在の図書館・アーカイブズは、いま我々の目の前で日々動いている生の知や生の情報を扱うものではないというところにある。

一〇年前、ARG創刊前後の私が感動を覚えたのは、研究者や

専門家がインターネットで発信しあう風景である。そして、職業的な研究者でなくとも、その輪の中に入れる可能性である。だが、あくまで固定された知や情報を取り扱うことが、いまの図書館・アーカイブズの視野の範囲ではないだろうか。いや、それですら捌ききれないのが現実だろう。しかし、流動しながら変転する知や情報がインターネットには、多々存在する。ＡＲＧの存在もその一つの証明だろう。私はその流動・変転する情報や知をつかみだしたい。そして、一〇年前から考えるように、流動・変転する中にあってこそ、（1）専門分野の横断と（2）市民と専門家の接続を叶えたいのである。

　図書館・アーカイブズとの接近によって様々な変化を遂げてきたＡＲＧだが、ここでもまた変化が求められているのだろう。先に述べたように、図書館・アーカイブズは知や情報と人とを結びつける仲介や媒介の機能を持ち、その点ではＡＲＧも同じ位置にいると考えている。だが、一つ大きく異なることがある。それは図書館・アーカイブズはＡＲＧのような「メディア」ではなく、知や情報、そして人がおのずと行き交う「場」であるということだ。知や情報を伝えるメディアではなく、知や情報を載せるプラットフォームであるところに、ＡＲＧも多大な恩恵を蒙った図書館・アーカイブズの最後の強みがある。ここに至ってＡＲＧの課題は明らかだ。次のステップはメディアからプラットフォームへの変化を遂げ、図書館・アーカイブズと同じ土俵に乗ることである。図書館・アーカイブズとはまた異なるプラットフォームとして学術ウェブを豊かで身近なものにしていくことが、次の一〇年のＡＲＧの姿となるだろう。そのとき、今度はどのような形で図書館・アーカイブズに接近し、相互に作用しあい、対峙できるのか、私自身がいま最も楽しみにしている。

ＡＲＧのＵＲＬ　http://www.ne.jp/asahi/coffee/house/ARG/

「上野帝国図書館」（『東京風景』小川一真出版部，1911 年。国立国会図書館近代デジタルライブラリーより転載）

歴史の中の書物と資料と人物と

国民・国家意識の形成と図書館という「知の装置」の関わり

ライブラリアンシップとはなにか

【図書館史に見る国民意識と文化変容についての覚書】

春山明哲
Haruyama Meitetsu

はるやま・めいてつ　早稲田大学台湾史研究所客員研究員。一九四六年東京生。東京大学大学院工学研究科修士課程修了。図書館史、ナショナル・ライブラリー論、台湾史、植民地統治政策史。著書に『近代日本と台湾』（藤原書店）。

「なぜ、テスト氏は不可能であるか？——この問こそ、彼の魂である。この問がひとをテスト氏に変える。」（ポール・ヴァレリー著、粟津則雄訳『テスト氏』現代思潮社、一九六七年）

はじめに

一八七三年（明治六）のこと、はるばると地球を周航してイタリアのヴェネチアに着いた岩倉使節団は、はるか天正年間の一五八五年にいまひとつの日本人使節団がここを訪れたことを知った。松田毅一の名著『天正遣欧使節』（講談社学術文庫）によれば、伊東マンショら十六歳の四人の一行は、スペインではフェリーペ二世が建設し完成したばかりのエスコリアール宮殿を訪れたというから、この壮麗な宮殿の一角にある王の図書館を見学したであろう。ローマでは教皇グレゴリオ一三世の歓待を受けヴァチカン宮殿を訪問しているから、拡張される直前の図書館を見たことだろう。ヴェネチア共和国のヴェローナでは、ヴィラクァ伯爵の邸宅に招かれたが、一行のひとり千千石ミゲルの感想が記録に留められている。

「最後に我々が日本にも之に類したものがあっても宜いと当

然思ふ程沢山な立派な書物が集積されてゐる、彼の図書室を見た。」（泉井久之助他訳、エドゥアルド・デ・サンド師編『天正年間遣欧使節見聞対話録』第二九話、東洋文庫叢刊第六、東洋文庫、昭和十七年。齋藤毅「西欧図書館知識の移入について（二）」『図書館短期大学紀要』一一号、一九七六年、より重引）

ヨーロッパの図書館を見た最初の日本人の経験はその後のキリシタン禁制と鎖国によって失われた記憶となってしまったが、もし、この時の交流が後世に影響していたら、日本における図書館という文化が変容していたのではないか、という想像に誘われる史実である。

「ライブラリアンシップ」とはなにか。「ライブラリアンシップ」は、日本語で言えば図書館人精神とか、図書館員魂とかとなるのであろうが、私の感覚では「心的なもの」に「技術」あるいは「方法」を加味したものが「シップ」であるような気がする。ライブラリアンにはその属する図書館という「現場」があって、図書館とはなにかを一般的に考える場合であっても、その「現場」をどうすべきか、という一種の技法、実践的態度が随伴するものである。

三十年余にわたって私の「現場」であった国立国会図書館で、折に触れて図書館の歴史に関することを書き、「ライブラリアンシップ」について考えてきたが、その際の視角のひとつがやや抽象的ながら国家・国民意識、そして文化の変容という問題の枠組みであった。本稿は、「ライブラリアンシップ」とはなにか、という問いをめぐって、これまで書いたこと、あるいは収集してきた資料に基づく覚書のようなものであることを、あらかじめお断りしておきたい。

1　徳川家康の「治国」文献政策
――小野則秋の業績に触れて――

図書館を国家的・国民的な意識から、また、文化的事業として遂行した人物を日本で求めるとしたら誰であろうか。この問いに答えてくれた文献が、小野則秋《のりあき》の「徳川家康の文献政策とその影響」（『古希記念小野則秋図書館学論文集』同刊行会編刊、一九七八年）であった。日本の図書館学と図書館史学の泰斗である小野の業績については後述するとして、まずこの論文で小野が挙げている家康の文献政策の概要を見ておこう。小野は家康の政策を、古典の愛護政策、古典の安全保管のための文庫経営、古典の普及利用化のための刊行事業の三つに大別しているが、より具体的に列挙すると次のように整理できる。

第一は、個別の文献の愛護措置である。足利学校所蔵資料の保護、正倉院の修理とその収蔵品の保護、江州（滋賀県）菅山寺や高野山など各寺院収蔵の資料や古物の保護などで、南禅寺金地院の崇伝を顧問としてその意見を聞きながら、家康はなにか事ある

ごとに愛護の手を打っている。

第二は、家康の「文庫経営事業は近世初頭の出色の事業と見るべきもの」と小野が評価する江戸城内における富士見亭文庫と駿府城内の駿河文庫の経営である。家康は関八州領有と江戸城築城後まもない慶長七年（一六〇二）、江戸城の富士見櫓に文庫を営んだ。このことから、文庫経営は「治国」の一環として早くから家康の構想にあったものと見ることができる。富士見亭文庫はのちに三代将軍家光が書物奉行を置いてその機能を拡充し、寛永十六年（一六三九）には紅葉山《もみじやま》に移転、以来紅葉山文庫または「楓山文庫」あるいは「楓山秘閣」とも称されて幕末まで維持された。明治維新後、種々の経緯を経て、その蔵書は現在、宮内庁書陵部と国立公文書館内閣文庫に継承されている。駿河文庫は慶長十二年（一六〇七）の駿府城築城とともに営まれた。

ここで注目すべきことは、家康の文献保存に関する「分散政策」である。家康は「応仁よりこのかた百有余年騒乱打ちつづき、天下の書籍ことごとく散佚せしを御歎きありて、遍く古書を購求せしめ」（『東照宮御実記付録』巻二十二、小野論文より重引。以下同じ）た。さらには「散逸をまぬかれて残りえた京都の堂上、公家の古い記録、図書の類を三部宛写本を作り、その一通を朝廷に、一通を江戸城の富士見亭文庫に、一通を駿河文庫に保管する」政策を採った、と小野は述べている。家康には貴重な資料の危険分散を図るための文庫造営という意志があった。

第三は写本作成事業である。この事業は、慶長十九年（一六一四）一〇月から二十年正月頃まで、大坂冬の陣を挟んで続けられた。「院の御所をはじめ、公卿の家々に伝ふる所の本邦の古記録を、遍く新写せしめ給はんとの盛慮にて、内々院へも聞えあげ給ひ、公卿へもその旨仰下され、五山僧徒の内能書の者を選ばしめ、卯刻より酉刻まで、日毎に京の南禅寺にあつまつて書写せしめられ」（『東照宮御実記付録』巻二十二）たという。林道春信勝、金地院崇伝の監督のもとに、天竜寺など五山の書写生五〇人による卯刻（午前六時）から酉刻（午後六時）まで連日の突貫作業であった。

書写の対象となった書籍を例示すれば、古事記、日本後記、文徳実録、延喜式、古語拾遺、明月記等々で、「これ等の書籍其比までは、家々にひめ置きのみにて、世の人書名をだに記すものなかりしが、この時新写有りしより、公武の法規もこれ等に根拠し撰定せられ、後々には世上にもうつし伝え、今の世に至りても国書をよむもの、本邦古今の治乱盛衰を考へ、制度典章の沿革せし様を伺ひ知る便を得しは、全く当時好文の御余沢による所なり」と『東照宮御実記付録』は記している。

このとき、崇伝と京都所司代板倉勝重連名によって五山へ出された通達には「日本記録」なる文字が見え、また、『羅山外集』にも「日本の記録三十余箱」とあるという。家康は「日本」という国家規模の文献政策を実行したのである。

第四の事業は、古活字（木活字）による伏見版の刊行と銅活字

による駿河版の刊行であるが、この有名な事業についてはここで贅言しない。

このように見てくると、いささか奇妙な表現かも知れないが、徳川家康こそ「日本国図書館」の「ザ・ライブラリアン」の萌芽を感じさせる存在である。

さて、小野則秋は明治三十九年（一九〇六）に耶馬渓青洞門で有名な大分県東谷村で生まれ、病気で中学校を中退したのちは独学で教員資格を取り、短い教員生活ののち、昭和八年（一九三三）福岡県八幡市立図書館に就職、ここで生涯の師竹林熊彦に出会った。昭和十年竹林の尽力もあり同志社大学司書となり、昭和四十六年の定年まで図書館の主任、館長補佐、同志社社史史料編集主任、総長室付部長、文学部講師を歴任した。その後、仏教大学の講師、教授、図書館長を、また、京都外国語大学教授を務めて昭和五十五年に退職、昭和六十二年に八十一歳で逝去されている（小野の詳しい経歴、著作等の業績、人となりなどについては、『同志社大学図書館学年報』一四号〔小野則秋先生追悼号〕、一九八八年の各記事、『同志社図書館情報学』一九九三年及び一九九四年に掲載の岩猿敏生の小野則秋論を参照されたい）。

小野が残した膨大な論文・著作について紹介する力量も紙幅も持ち合わせないが、その歴史研究の代表作は『日本文庫史』（教育図書、昭和十七年、日本図書館協会総裁賞受賞）、『日本文庫史研究 上巻 古代中世篇』（大雅堂、昭和十九年）、『日本文庫史研究』上下巻（臨川書店、昭和五十四年。上巻は昭和十九年版の復刻）であろう。『日本文庫史研究上巻 古代中世篇』の序で小野は、「我が国歴史家の文庫史に対する関心の皆無に等しい事実を遺憾とし」この研究に専心したと書いている。また、「文庫史に望むところは唯単なる古文庫の事実変遷に非ず、之が日本文化との交渉とその連綿性に対する地位である」とも記している。

これらの実証的研究以前に小野は、昭和十一・十二年の『圕（図書館）研究』に「図書館教育の本質」、「図書館学序説」、「図書館本質論」、「図書館史論」など七本の理論的論考を相次いで発表している。興味深いのは「図書館自体の目的は、図書館発達の歴史的研究から帰納されるものであるから、そこに原理論としてまず図書館史が入ってくる。図書館自体の研究は実に図書館史である」（「図書館学序説」）という小野の図書館史の位置づけである。また、「図書館史に於ける私の生物史観」（『間宮不二雄先生喜寿記念 図書館学論文集』同論文集刊行会、一九六八年）では、「人類の生活を決定するものは生命の欲求であると考え、生物史観を以て歴史現象を観察することを提唱」し、「特に図書館史の考証に当ってもこの生物史観を以て立場とし、またそうすることが最も合理的と信じている」と、これまた含蓄の深い観点を提出している。

2　未完の近代日本図書館——竹林熊彦の研究から

竹林熊彦は明治二十一年（一八八八）千葉県東葛飾郡国府台村に生まれたから、小野則秋よりも十八歳年上である。明治四十三年（一九一〇）同志社専門学校文科を卒業し、京都帝国大学文科大学史学科選科で西洋史を学んだ。修了後、ハワイの新聞社に短期間勤めたあと、大正五年（一九一六）京都帝国大学附属図書館事務嘱託となり、同志社大学予科教授を経て、大正十四年に九州帝国大学司書官に就任した。昭和十四年京都帝国大学司書官に転じたが、同十七年に辞任し、関西学院大学図書館司書、菊花女子専門学校に勤務した。戦後は日本図書館研究会の創立に参加、各地で図書館講習活動を行い、昭和二十六年には天理大学講師に就任、大阪女子大学、同志社大学の講師も務めた。昭和三十五年（一九六〇）逝去、七十二歳であった（竹林の生涯と業績については、『同志社大学図書館学年報』六号、一九八〇年を参照した）。

竹林の図書館史研究の代表作が『近世日本文庫史』（大雅堂、昭和十八年。昭和五十三年に「復刻図書館学古典資料集」〈日本図書館協会〉として復刻）であることは衆目の一致するところであろう。しかし、この「近世日本文庫史」という標題は人にある「誤解」、つまり江戸時代の文庫をテーマにした本との印象を与えないだろうか。

本書の「序説　近世日本と図書館」で竹林はこう書いている。「近代図書館の発達は、近世日本の過程の外に、これを考察することは困難である。随つて著者は、一定の時期を画するをもつて適当と信ずる、即ち明治時代を近世日本と做し、この期間における図書館の状態と、その国民生活との関係を叙述せんとするものである。」そして、「近世日本における図書館の歴史叙述は、その端緒を明治五年に起こすとして」、その終末を、大正四年をもつてその第一期を画すのである。また、竹林はこの時期の図書館運動の特徴として、「欧米諸国の強烈なる刺激を受けたこと」とともに「図書館運動の著しき後進性」を挙げる。明治日本は多くの分野でお雇い外国人の指導を受けたにもかかわらず、「図書館に関する限りにおいては、今日まで一人の外国人も来たつてわれわれを教ふることはなかつた。」と指摘する。

明治時代を近代日本の出発点とする「自明性」を認識しながら、なお明治期日本を「近世日本」とし、その近代図書館運動を「文庫史」とする竹林の「史眼」は、ひとつの大きな「問い」であると思う。竹林はわが国最初の公立図書館というべき京都の集書院、国立図書館である文部省・書籍館、内務省・浅草文庫、帝国図書館、太政官文庫などをひとつひとつ実証的に叙述しているが、強い印象として残ることは、明治日本に登場した個々の図書館がいずれも「未完のプロジェクト」であったことである。この中には、明治八年の内務卿大久保利通の「大博物館建設」に関する建議も含められるだろう。大久保はウィーンの万国博覧会や大英博物館

を念頭に、上野に大博物館を建設することを提案したのである。図書館はこの博物館の一部を構成するものとして位置付けられていた。

戦後、竹林は「近代日本図書館の史的研究」と題する一連の研究を『金光図書館報　土』に発表した。第一回（昭和二十八年一〇月）「児童図書館の史的研究」から第三三回（昭和三十五年五月）「教育会とその図書館」まで、逝去直前まで足掛け八年に及ぶ長期連載である。その間に「図書館史研究閑話」（昭和三十二年五月）があって、竹林の研究が明治文化研究会の尾佐竹猛、斎藤昌三、柳田泉、東京大学の「明治新聞雑誌文庫」の宮武外骨、蛯原八郎、西田長寿との学問的交流とともに進められたことが知られるのである。

竹林熊彦の「近代」と小野則秋の「上代・中世・近世」の「文庫史」は、この二人の碩学の分担協力作業のようでもあり、また、時代を分けつつも「文献」を主題にした日本の「文化変容」に関する首尾一貫した歴史叙述のようでもある。そして、竹林と小野の学問の動機と目的には、日本・日本人の「国家・国民意識」の明確な熱い自覚が伴っていたことが感じられるのである。

3　ルネサンスと人文主義
——フランス王室図書館のギョーム・ビュデ

一九九四年一二月、大江健三郎はストックホルムでノーベル文学賞受賞講演を行ったが、その中で「品の良い（ディーセント）日本人」という主題のもとに、彼の師でフランス・ルネサンスの研究者である渡辺一夫に触れている。大江が四国という島の森の中で出会ってその人生の方向を決めた本こそ、渡辺の『フランス・ルネサンスの人々』（岩波文庫版）であった。この本の第一章「ある古典学者の話——ギョーム・ビュデの場合」には、ビュデがギリシャやローマの書物を読むうちに「法律学およびあらゆる学問は、良く正しく美しい人生のために創造されたものであることを知りました」との一節がある。渡辺は「この新しい考え方、実は古い根本的な考え方をユマニスム（ヒューマニズム—人本主義・人文主義）というところから、ビュデは、フランスの《ユマニスト（ユマニスムの人々）の父》と呼ばれることになるのです。」と書いている。

十六世紀、フランス・ルネサンスを開花させたといわれるフランソワ一世（在位一五一五〜一五四七）は学問・芸術の保護者であり、老境にあったレオナルド・ダ・ヴィンチをフォンテンブロー城の近くに住まわせ、その最期をみとったのは有名な挿話である。この王はその宮廷に多くのユマニスト達を招いてその活動を奨励し、のちのコレージュ・ド・フランスの母胎となる研究教育団体を創設したが、その学芸政策に大きな影響を与えたのがギョーム・ビュデ（一四六八〜一五四〇）であった。ビュデは法律学の研究を基礎として、ギリシャ語を習得、さらにギリシャ・ローマの古典学に進み、数学、建築学、文学、演劇を研究した。また、ビュデ

はエラスムス、トマス・モア、ジャン・ラスカリス、フランソワ・ラブレーなど多くのユマニスト達との交流を通じて人文主義運動の促進に努めたが、後世への影響から見た場合、最大の文化的貢献は「法定納本制度」の創始であろう。

一五三七年、フランソワ一世は「モンペリエ王令」を発し、主題及び使用言語に拘らず、フランス王国内で出版又は販売される全ての新しい書物を、王の図書館に納本することを義務付けたのである。この制度の目的は「人類の記憶」と「書物の真正な版」を保存して「蔵書」を構築することにあった。この王立図書館の蔵書には納本された書物のほか、ギリシャやオリエントの写本が収集保管され、多くの学者や学生達に公開利用されたのである。この納本制度の実質的な考案者で、フォンテンブロー城の王室図書主任を務めたのが、ギョーム・ビュデである。

納本制度は、のちに世界に伝播し、ほとんど全ての近代国家が採用する制度となっていく。また、王室図書館はブルボン王朝、フランス革命を経て、世界屈指のフランス国立図書館に発展していくのである。納本制度こそは「国家意識」と「文化変容」との接点で誕生したソフトウェアともいえる。これを物理的に可能とさせたのは、言うまでもなくグーテンベルクの活版印刷術の発明と、これによってもたらされた出版革命であった。

4 「国境を越えたナショナル・ライブラリー」
――アントニオ・パニッツィとプロスペル・メリメ

アントニオ・パニッツィとは何者か。かつて書いた私の文章の一部を再掲することをご寛恕いただきたい。

一八二二年一〇月のある日、イタリア北部の小さな町でのこと。「彼」は父と妹にしばらく外国に行ってくると言い残し、午後遅く三人の親友を連れてポー河の堤を静かに歩いて下っていった。河辺の葦の茂みには一艘の小船が隠されている。所持品といえばパスポートと少しの資料、入手できた金貨のすべて、それにある裁判に関するノートのみ。「彼」は見送る親友達に素早く「さよなら」と言い小船を岸から漕ぎ出した。スイスを経てロンドンに着いたのが翌二三年の五月。片言の英語も話せず、懐はすでに無一文、そしてお尋ね者の「彼」の行く手には何が待ち受けているのか。エドワード・ミラー著の『プリンス・オブ・ライブラリアンズ――大英博物館のアントニオ・パニッツィ、その生涯と時代』の一齣である。「彼」とはこの伝記の主人公で、のちに大英博物館図書館を世界有数の近代的なナショナル・ライブラリーに築き上げたパニッツィにほかならない。

地味な職業の代表とも思われがちな図書館人の中で、パニッツィほど縦横無尽、獅子奮迅、華麗ともいえる活躍をし

た人物は、まずいない。法学博士の弁護士として将来を約束されながら、イタリアの自由と統一を目指す秘密結社の指導者となり、危機一髪で亡命したものの死刑判決が追い掛けてきた。イギリスではイタリア中世文学を再発見し、ロンドン大学で教鞭を取っている。ついで大英博物館に入り、貴重なコレクションの収集、著作権法の強化による納本制度の確立、議会と王立委員会での論戦、目録規則の整備、職員の地位向上、そしてマルクスや南方熊楠が通って伝説化した「円形大閲覧室」の設計と建築などなど。

一方「愛国者パニッツィ」は、亡命者のために自費で汽船をチャーターするなど、ガリバルディはじめ革命の志士達に鼓舞激励支援を惜しまず、英仏国際関係を利用してイタリア統一に貢献した。ビクトリア朝のイギリス文人、政治家、貴族との交際は広く深く、英国首相グラッドストーン、歴史家カーライル、マコーレーなど、フランスでは文豪メリメとの親交を通じてナポレオン三世一家とも交際があった。

（春山「図書館先覚志士記伝の一齣――文献散歩の最終日」『出版ニュース』一九九六年一二中旬号）

大英博物館の図書館は「国境を越えた」ナショナル・ライブラリー（国立図書館）だったとも言えるかも知れない。亡命政治犯をこともあろうに帝国の図書館長にするビクトリア朝大英帝国の「懐の深さ」も破天荒なら、パニッツィの「志士」としての活動も、館長としての図書館経営もダイナミックなものであった。

とりわけ『カルメン』の作者として知られるプロスペル・メリメとの親交は、近代図書館史上の重要性を持っている。メリメは作家、歴史家としてばかりでなく、フランス国立図書館の改革にも関与した。彼らは頻繁にドーバー海峡を渡って往復し、膨大な書簡のやりとりをしている。メリメからパニッツィ宛の書簡からは彼らの友情とともに、イギリスとフランスのふたつの国立図書館の「近代」がどのように共振したかの一端を知ることができる（赤星隆子「メリメと図書館」『フランス近代図書館の成立』理想社、二〇〇二年）。パニッツィからメリメ宛の書簡のほうは、パリ・コミューンでメリメの自宅が焼失したために残っていないのが残念である。

一八七九年、パニッツィが亡くなったときの葬儀で、彼の棺はイタリアの国旗で覆われた、とミラーは書いている。「国家・国民意識」に関する二重のアイデンティティを生涯つらぬくという不思議さはどこから来ているのだろう。

5 「ウィスコンシンの着想」
――アメリカ政治改革とチャールズ・マッカーシー

パニッツィが大英博物館図書館で確立した「近代国立図書館」のモデルは、メリメを介してフランス国立図書館に影響を与えたばかりでなく、大西洋を跨いでアメリカ合衆国の議会図書館が世

界的な存在に発展する契機をも与えたが、ここで触れたいことは「議会のための図書館」、「立法レファレンス・サービス」の起源である。

二〇世紀の最初の年、一九〇一年にウィスコンシン州議会はチャールズ・マッカーシーというアイルランド移民の息子を議会図書室の滞貨資料の整理に雇った。マッカーシーはその死の一九二一年までの短い間にこの図書室を、議会の立法の参考となる資料と情報とを提供し、法律案の起草を支援する機能を持つ図書館に創り上げたのである。

マッカーシーは一八七三年マサチューセッツ州に生まれ、ブラウン大学で歴史学を学び、ウィスコンシン大学大学院では「アメリカ史におけるフロンティアの意義」を書いたジャクソン・ターナーに師事し、その博士論文は米国歴史学会ウィンザー賞を受賞した。マッカーシーが就職したとき、州知事は米国の政治革新主義の旗手ロバート・ラフォレットであった。マッカーシーはラフォレットの政治改革に共鳴し、「政治ボスの支配から、独立心と知性を有する平均的な中産階級の政治参加のために」、「急速な産業化へ対応するための立法過程の科学化のために」新しい図書館が必要だと考えたのである。

『ウィスコンシンの着想』(一九一二)というマッカーシーの書いた小冊子には、この新しいタイプの図書館の機能として、三つの特色が挙げられている。第一は資料の収集整理法の工夫で、新聞・雑誌・パンフレット・書簡・リーフレット・法案・会議録・判決要旨・政党大会資料などをクリッピング、あるいはスクラッピングし、法案や政策に対応した主題により索引付けを行ったことである。第二は「立法レファレンス室」の設置で、この部屋に「生きた図書館」とすべく、知事や議員はもとより、大学教授、弁護士、新聞記者、ビジネスマンなどの一般市民や法律・政治を専攻する学生達にも公開された。第三は「法案起草室」と大学の教授達の「専門調査室」であった。

このウィスコンシンの新しい図書館は全米の注目するところとなり、セオドア・ローズベルトやウッドロー・ウィルソンの支持も得て、各州や大都市の議会に類似のサービスが拡大していった。連邦議会図書館が立法レファレンス・サービスの導入を開始したのは、一九一四年になってからである。

マッカーシーは『ウィスコンシンの着想』で、この州にはドイツ、スカンジナビアからの移民が多く、その科学的精神が旺盛なことを述べている。このような背景も新しいサービスの創始に関係があるのかも知れない。マッカーシーは一九〇九年、慶應義塾の招請によりウィスコンシン大学野球チームを率いて来日した。そのときに慶應で「米国立法に就いて」という講演を行っている。マッカーシーは、十八世紀に制定された合衆国憲法が現代社会を規律するには不十分になっており、それを補うのが自分の仕事だと述べた。「立法レファレンス」の理念がどれほど高いところに

あったのかを知ることができる。

6　国立国会図書館の設立と四人のアメリカ人

国立国会図書館が設立されたのは昭和二十三年（一九四八）であるから、今年はちょうど設立六〇周年にあたる。この図書館の正史としては『国立国会図書館三十年史』と『国立国会図書館五十年史』がある。このほか、国立国会図書館の「前身」ともいうべき上野の帝国図書館についての『上野図書館八十年略史』というものがあるが、公式な正史ではないようである。実のところ明治五年の書籍館から帝国図書館にいたる「近代日本の国立図書館史」の通史は、正史としても歴史家によっても書かれてはいないのである。竹林熊彦は戦後の図書館制度改革について「植民地的なもの」を感じていたらしく、少なくとも歴史的に評価するには時間が必要だと考えて、「戦後史」を書かなかった。

私は五十年史の編纂に関わりその一部も執筆したので、組織自身による歴史記録の編纂の意義とその限界について多少の感想があるが、竹林熊彦や小野則秋が書いた「歴史叙述」ではないのは当然である。では、国立国会図書館を歴史叙述の対象とすることはできるのか、できるとしてもどのような方法と問題意識が必要なのか、これは存外難しいことである。国立国会図書館も日本の官庁組織の風土の中にあって、妙な言い方になるが「率直」ではない。一例を挙げれば、初代館長金森徳次郎について正史はほとんどなにも語っていない。大英博物館図書館のパニッツィの例は特別だとしても、ナショナル・ライブラリーにとって館長の存在は大きい。アメリカの議会図書館がどのように自館の歴史を記録しているかと比較すれば、いろいろなことが見えてくるだろう。

戦後の連合国、実質的にはアメリカによる日本占領期の改革については、大分研究が進んできたものの、まだこれからも資料の発掘や新事実の発見があるだろう。その歴史的意味についてはむしろこれからの課題とすら言える。

国立国会図書館の設立についても多少似たことが言える。ここでは、備忘録としてこの図書館の設立に関与した四人のアメリカ人の名前を記しておきたい。

一人目はジャスティン・ウィリアムズである。ウィリアムズは一九四五年から五二年の講和条約成立まで、連合軍最高司令官総司令部いわゆるＧＨＱの民政局のスタッフとして、主として議会改革に関わった。一九〇六年アーカンソー州の生まれ、ウィスコンシン大学でアメリカ史と経済学を講じた学者であり、日本に来て議会改革担当の課長となったときには四十歳だった。帝国議会の改革の内容と手続きについて、ウィリアムズは「民政局が憲法のモデルを一字一句書いた」のと同様に「新しい国会にとって適切な、組織と手続きの枠組みの輪郭をはっきり書くべきだ」との見解を持っていた。彼がケーディス次長の承認を得て日本側に示

した一一項目からなる「国会法に関する意見」の中に、議会図書館、法制局、立法レファレンス部の設置が「はっきりと」書かれていた。ウィリアムズはこの考えを羽仁五郎（参議院図書館運営委員長）にも示している。

「国会図書館」と「立法レファレンス部」の設置の方向が決定したのち、米国図書館使節のクラップとブラウンが一九四七年一二月に来日し、その二ヶ月後に「覚書」を日本側に渡したが、これが一九四八年制定公布された国立国会図書館法の原案である。さらに、図書館の具体的な組織運営と機能、サービスについて助言するためロバート・ダウンズが来日、同年九月「図書館運営に関する報告書」を提出した。

国立国会図書館の設立に関する「制度設計」は、ウィリアムズ、クラップ、ブラウン、ダウンズという四人のアメリカ人によって主導されたのである。ウィリアムズの言うように、国立国会図書館の設立は日本国憲法の制定経過と少なからぬ類似点を持っているのである。

国立国会図書館の歴史を叙述する場合の難しさのひとつはここにある。なるほどアメリカ人の提案した設計図は、当時の世界における国立図書館と立法レファレンス・サービスの最高水準のものだったかも知れない。しかし、理想的な法と運営の現実との隔たりについてはどう考えるべきなのだろうか。日本国憲法が「押し付けられた」ものかどうか、という議論がある。私は「押し付け」などという生易しいものではなく、天から降ってきたようなものだと思うが、そのことよりも、日本人が憲法の起草という「知的な体験」を本質的な意味で欠いたことに問題があると感じている。国立国会図書館の制度設計がまさにこれと類似している。

四人のアメリカ人の制度設計は彼らの個人的技量にのみ基づくものではない。それは、アメリカの連邦議会図書館やウィスコンシン州議会の理念と経験に裏付けられたものであり、さらにその背後には、大英博物館図書館、フランス国立図書館などのヨーロッパ近代の図書館思想と実践の歴史がある。では、小野が描いた「日本文庫史」や竹林が考究した「近代日本図書館史」と国立国会図書館はどのような関係に立つのであろうか。

おわりに

ライブラリアンシップとはなにか、を考える上で、哲学者にしてドイツのヴォルヒェンビュッテル図書館長であったライプニッツの存在は、比類なく重要であると思う。ライプニッツは図書館を「人間のための百科事典」、「人類の魂の宝庫」とし、「一つの建物の中で国民が奇跡的に集まり、読者に対して、自分の選んだ思想を語ってくれる場所」と表現した。ここで「国民」とはおそらく「諸国民」のことであろう。スイスのゲスナーの『世界書誌』に見られる「すべての書物の完全な目録」という理想、フランス

のノーデの「図書館建設のための意見書」が表現した「技術のシステムとしての図書館」、フランシス・ベーコンの「記憶・想像・理性」という「分類の思想」、これらの思想と技術を実践的に総合したのがライプニッツである。ライブラリアンシップには、このような「普遍性」についての観念ないし理想が伴っているのではなかろうか。

もうひとつ補記しておきたいことは、『アメリカ図書館伝記辞典』(*Dictionary of American Library Biography*)というアメリカの図書館人の人物辞典についてである。この辞典には大統領から不遇だった図書館員まで、この国の図書館の発展に功績があった三〇二名の人物が収録されている。その序文はこの辞典の刊行の意義をこう述べている。「我々は、我々が何をなしてきたかを知ることによって、そしてその記録から我々が何をなしうるのか、また何者であるかを学ぶことによって、初めて専門家としての我々自身を知りうるのである。図書館の歴史はなによりも我々の自覚として必要なのである。」

ライブラリアンシップとはなにか。この問いに確定した定義を与えることは困難であろう。しかし、この問いこそが人をライブラリアンにするのである。なぜなら、図書館と図書館人の歴史を知り、記録し、考えるというシンプルな方法があるのだから。

蛇足ながら、本稿で若干考察した「国家・国民意識と文化変容」という視角から私に見えたことをひとつだけ挙げておきたい。それは「ザ・ライブラリアン」すなわち「図書館長」の問題である。「ライブラリアンシップ」を持っている図書館長がその図書館にいるかどうか、これがその図書館の現在と将来を左右する決定的な要素ではないだろうか。これは単なる感想である。

後記 なお、本稿に関連する以下の拙稿を参照いただければ幸いである。春山明哲「納本制度の歴史像と電子出版物への接近——「納本学」のための研究ノート」『図書館研究シリーズ』三四号、国立国会図書館、一九九七年。「歴史の中の調査局——ウィリアムズを手がかりとして」『図書館研究シリーズ』二四号、一九八四年。「チャールズ・マッカーシーによる『立法レファレンス・サービス』の創造とその歴史的展開——議会と図書館の関係についての史論」『北大法学論集』五五巻三号、二〇〇四年九月、『歴史学事典』(第一五巻コミュニケーション)弘文堂、二〇〇八年の「図書館」の項目。

＊ ＊ ＊

近代日本の「図書館」という空間における読書体験とは

明治・大正期の「帝国図書館」素描

高梨　章
Takanashi Akira

たかなし・あきら　関東学院大学図書館。一九四七年埼玉生。東京大学文学部卒業。共著に「半月湯浅吉郎、図書館を追われる」（『図書館人物伝』日外選書）、絵本『へへののもへじ』（福音館書店）他。

はじめに

閲覧室ニ於テハ一切音読談話喫煙ヲ禁ス「帝国図書館規則」

「明治以前には、図書館のような、社会的属性を異にする不特定多数の読者が同一の空間に集まって読書するという経験は皆無に近かった。そのような空間の中で、しかも大勢が黙読している光景は」、それまで音読的読書慣行が一般化していた「明治の人々にとって、極めて珍奇な、新しい体験として映った」（永嶺重敏／『図書館界』平成五年十月）。

読書慣行の音読から黙読への移行時期が、明治三十年代。この三十年代に印刷文化は確立し、出版物が増加、黙読しやすい紙面も成立する。就学率の向上の後を受けて、読む層も以前に比し、確実に増加した。図書館が新築オープンして脚光をあびるのもこの年代からである。

明治三十年、東京図書館は帝国図書館と改称。明治三十五年、大橋図書館開館。明治三十七年、大阪図書館開館。明治三十九年、帝国図書館新築開館。明治四十一年、東京市立日比谷図書館開館。明治四十二年、府立京都図書館新築開館。

しかし、「図書館は〈上から〉の公共施設としての性格が強く」、黙読についても、「時には罰則をもって人々に強制しようとした」（永嶺）。

1 見おろす視線

帝国図書館（上野図書館）の新築開館式は、明治三十九年三月二十日に挙行された。二四〇人の利用者を収容できる三階の大閲覧室は、「一本の柱もなく、天井は高く穹状に張られて」いた。正面には一段高く、「彫刻模様厳めしい出納台」があり、「黒い事務服を着た受付」が、小声に閲覧者の名を呼んでは静かに本の出納を行なっていた（『文章世界』明治四十四年三月一日）。

資料はすべて閉架式。閲覧票を提出して資料を求める方式である。帝国図書館の出納台は、この新築以前においても一段高い位置にあった。開館のベルが鳴れば、「閲覧者は潮の如く詰め掛け」、「銘々我れ先に借り入れんと出納所の机下に集まれる体は恰も池の鮒が麩に有付いた具合」であった（履霜生／『日本』明治三十六年一月十七日）。

俯瞰する側から見れば、閲覧人は麩に集まる池のフナ。このショッキングな表現は俯瞰する眼というものについて考えさせるであろう。

①視線の高さは、まず、その身分、地位の高さを示す。

②俯瞰は、「解放感」を惹起するとともに、「支配感」を随伴する。

③見張り。そして保護。その特権的なまなざし。

宮本百合子も記す。「簡単に行わるべき書籍の出納場が、あんなに高い、絵にある閻魔の大机のようなのなどは寧ろ愉快な滑稽だ。閲覧室を監督するようにと云う意味もあるのだろうが」（「蠹魚」）。

まさに監督していたのである。高い出納台からは、閲覧室が一望できた。「出納所の高き台上より瞰下せば誰が眠れるかは一目にソレと判る、余りに不体裁であるから前々は掛員が書籍出納の小僧に命じて起しに遣ったものだ。今では看守が一々起しに廻る」（履霜生）。

出納台の視線は、閲覧票の記入の仕方にも鋭く注がれていた。出納所で何かと小言を食う人なら、決して少なくなかった。明治二十四年の樋口一葉の日記にも、「これは違ひぬ。今一度書直しこと言われ、「おもて暑く成て身もふるへつべし。まして、面みられ、ささやかれなどせば、心も消る様に成て、しとど汗にをしひたされ」と記されている。

「為に借覧者も往々其権幕に辟易して、恐る恐る拝借仕るといふが如き観無からず、吾人の頗る感服し難き所也」（『電報新聞』明治三十九年三月二十二日）。ありがたく拝借つかまつります、よしよし、という構図である。

はじめて登館したときに（大正二年か）、宮本百合子は「あなたまだ十六になっていないんでしょう?」と問われている（「図書館」）。利用年齢資格（満十五歳以上）もまた監視の対象であった。

帝国図書館は開館して間もなく、閲覧人たちの諸々の不徳義に手を焼き、そうした輩を密告したものに謝礼を出すという「密告謝儀」の掲示まで出している。だから看守がいた。彼らは絶えず館内を巡回した。居眠りばかりではない。「椅子を一方に傾けるか一寸俯きでもしやうなら忽ち叱られ」た（『時事新報』大正二年八月二十四日）。

「学生の受験時代に度々かよい、キップ売り、下足、受付、その他のおぢいさんたちに官僚的にいばられた無念さは、今に忘れられません」（手塚富雄／『上野図書館八十年略史別冊――アンケート集』）。

だが、こうした監視が、外国と比べて厳酷すぎるという非難に対し、田中帝国図書館長は、「そんなことをした日には本が日々幾らなくなるか知れません、それで不本意ながらもこんなことをして／図書館の入り口は殆んど牢屋然／として実におはづかしい、イヤな仕組みであるけれども」と「公徳」を訴えている（『日本』明治三十五年四月八日）。

出入口に鉄柵があったり、看守がいたり、これでは「図書館の光景でなくて監獄の光景」ではないか。しかし、聞けば、館内の非公徳、非文明は、切り取り、盗み、万引に始まり、挙句には隣の席に書籍・帽子等を置いて二人分の席を占拠する者、婦人閲覧者を嘲弄する者等々。まさに「囚徒の如き行為」甚だしい。これでは致し方ない（『東京二六新聞』明治三十八年一月十五日）。

新聞には明治三十年代後半から、閲覧者の公徳心のなさ、不徳義を嘆く記事が多く出るようになる。明らかにここには、西洋の眼に対する意識があった。目指すは不平等条約の撤廃。日清・日露の戦争勝利によって、真の一等国になること、内実ともに恥ずかしくない文明人となること、という欲望が生まれたのである。

図書館もまた、その規律、訓練の場となる。「少しでも声を掲ぐるものあれば」、同じ閲覧者から「シツ〱との叱声に制せられて仕舞ふ」（履霜生）。看守―罪人という構図の中で、人々は、看守の視線を先取りし、その見えない「力」を内在化させていった。

2　見あげる視線

帝国図書館開館式から十日ほどして訪れた和辻哲郎は、神聖なる会堂のニコライ堂と対比して、自分が初めてゆっくりと一日を過ごした上野図書館を、「世俗的な」西洋建築と表現している（「自叙伝の試み」）。

時代は既に、西洋では「神の死」がすべてを擬似宗教化させていた。美術館が教会としての意味を奪い、日曜日にはたくさんの

巡礼者たちを迎えていた。ある人は、パリ駅をカテドラールとして幻視し、ある人たちは、百貨店を「現代商業のカテドラール」（高山宏）と感覚した。人々は、形を変えた新しい「礼拝堂」の中で、ゾクゾクするような時を送るようになっていた。世俗の中にこそ、新たな聖が生れる時代であった。その意味で、帝国図書館のあの大閲覧室もまた、「知」のカテドラールとも言うべき資格があった。

上野（帝国）図書館閲覧室風景（『図書評論』大正2年3月）

芥川龍之介は、天井、窓に次いで、「無数の椅子を埋め尽した無数の人々」に対する恐怖のことを記している。こうした恐怖も二、三度通ううちに消滅し親しんだという。

「天井が非常に高く、従って東側と西側の壁に並んでいる窓も非常に細長く高くのびており」「わたくしは机の上に開いた書物から目を離して、時々天井を仰ぎ、そこにぶら下がっているシャンデリアをながめた。こんなに高い天井の下に坐るのは生れて始めてだとしみじみ思った。そうして何ともいえない幸福な気持になった」（和辻）。

帝国図書館は、上野台地に位置した。土地そのものが「谷中を含め森に包まれた聖なる空間、すなわち霊域としての性格」（陣内秀信）を持っていた。書籍の希少性から生まれた、書籍の聖性。図書館では書籍は大切に蔵にしまわれ、そこから閲覧人に運ばれてきた。

そして、あの大閲覧室の垂直性（広大さ）と、しんかんとした静寂性がその「聖」性をさらに高めた。

「彼は帝国図書館の与へた第一の感銘をも覚えてゐる。――高い天井に対する恐怖を、大きい窓に対する恐怖を」（「大導寺信輔の半生」）。

この芥川龍之介の恐怖感覚は、ただちにエドマンド・バークの「なぜ視覚に訴える大きい容積の事物は崇高か」という言葉を想起させる。

恐怖が与える危険が除去されることで生まれる「相対的快楽」を、バークは"delight"と名付けた。この美意識を、彼は「ビューティ（美）」と区別して、"sublime"（崇高美）と名付けた。

「広いスペース、特に見上げ、見下げるという垂直的なスペースの広大さは、エドマンド・バークによれば、人々を畏怖せしめると同時に魅惑もする、近代化された『聖なるもの』空間とでも言うべきものだ。ヒットラーがのち（中略）人々をコントロールしたのと同じ、空間を支配するストラテジーがここにはある」（高山宏『世紀末異貌』）。

それは一瞬圧倒し、拝跪せしめる空間であった。その聖なる空間の中で、和辻は仰ぎ見る幸福を味わうのである。彼が田舎で見ていた英語の本は、皆安い叢書本であった。

しかるにここでは、同じ詩人の詩集でも、豪華な本であった。それは、安い叢書本と比べて用紙が全く異なっていた。その豪華な「本の厚ぼったい紙から発散してくる匂いは、何とも言えず香ぐわしい、快い匂いであった」。「あの高い天井の下で、あの紙の匂いをかぎながら送った半日が、この上もなく幸福に感ぜられた」。

見るということの幸福、その中にいるということの幸福。そこに見えるのは、西洋への憧れ、書籍への憧れ、見上げる視線であった。

さらにもう一人、石田幹之助の回想を紹介しよう。

「ランプレヒトのモデルネ・ゲシヒツヴィッセンシャフトを借りた時、頁が全然切ってないので、ここでは、私が最初にこの本を読むのだなと思ったことを、今に忘れません」（『アンケート集』）。

和辻の「匂い」に対して、石田の「頁が全然切ってない」本を手にした瞬間の恍惚、この帝国図書館において、この本を私が最初に読むのだ、というフレッシュなこの気負い。四〇年も前のことを、「今に忘れません」という言葉が嬉しい。

こうした至福感こそが、知への憧れ、上昇志向を、その継続を支える麻薬となる。確かに自分はこの世界に取り込まれているのだという思いが、彼らを有頂天へといざなう。彼らは、教会内でのようにあの帝国図書館の中で、「西洋の知」体系に礼拝をしていたのである。

3 見おろす時計

「上野の帝国図書館は学生試験のバロメーターだ。二月の中旬から三月四月とかけて連日大入り満員。朝の十時頃に行って見給へ、待ってるわ待ってるわ、彼方の樹陰、此方の切株に無慮百人は待ってゐる」（『中学世界』大正十二年十一月）。

待つ者は、まず、わら半紙の番号札を取り、看守に番号を呼ばれるまで、外で待つことになる。待ちくたびれて帰る者もいる。それでも「二時間は優に待たされる」。寒いときはかなりこたえる。小便のために離れている間に、番号が通過してしまえば、さらに

二時間待つことになる。それでも待つのだから、「如何に受験なるもの」が「悲惨」であるかがうかがえよう。だが、女のほうはどしどし入館してゆく。定員少数でも、婦人閲覧室が満員になることはないのだ。

これは大正十二年の光景だが、明治四十一年とて、同じ。開館まで一時間も間があるのに、「急ぎ番号札を取つて見れば、百八十五号実に驚いた」（『交詢界』明治四十一年十一月）。

日露戦争前あたりから、諸制度、諸組織は出来上がり、立身出世主義も従来の野放図は陰りを見せ、その形を変えた。学校というコースが前面に出てくる。受験という言葉が躍り、高等学校入試の競争が激しくなる。そうした中で起こるのが、「成功（致富）」のブームであり、「修養（人格の修養、人格の向上）」のブームであった。

そうした「修養」の影は、明治四十五年の『読売新聞』の閲覧室風景「敢て声を発せず互に一語を交へず、真に三昧に入るの道場たり」という記事にも窺える。図書館は、修養のための道場と見なされた。居眠りは何故いけないか。それは怠惰・堕落の象徴であるだけではない。その怠け者一人のために、館外で列をつらねて待つ勤勉なる者へのそれは罪でもあると田中菊雄は述べ、さらに次のように記す。

「図書館を利用しようとする人は忍耐を必要とすること。帝都の図書館程忍耐の徳を鍛錬するによい場所はないと思ふ」。「いつ許さるゝとも知れぬ時間を待ち尽さなければならぬ。それでも私は決して焦慮しない。館外に立つて居ても勉強の出来る様にちやんと用意して行つてゐるからである。かうして静かに自分の順番の来るのを待つてゐるのは又楽しいものである」（田中菊雄『現代読書法』昭和十七年）。

閲覧人を俯瞰、監視したのは、出納台や看守ばかりではなかった。出納台の受付の頭の上の時計も、彼らを監視していた。

明治四十四年、『時間の経済』（蘆川忠雄）という本が発行される。日本人の時間観念は幼い、とアメリカ仕込み（タイム・イズ・マニー）の著者は言う。「社会の進歩し、文明の発達するに伴ひ、生存競争、優勝劣敗の念慮は、日にますます強大となるに至るは真に自然の勢なり、而して生存競争、優勝劣敗も結局は、金銭と時間の二者に帰する」。いや、金銭よりも時間が重いと彼は述べる。

ある受験生の日課表によれば（明治四十五年）、彼は一日一〇時間半もの勉強をする。だが、「受験生が時間表通り勉強したかどうかの問題よりも、受験勉強とは厳しい時間表で自己を律することだ、とされたことが興味深い事実である」（竹内洋『立志・苦学・出世』）。

受験生・学生は、自分の時間を図書館という空間に縛りつけた。

「私は明治三十五年三月から八月までの間試験勉強に利用させていただき、おかげで試験がパスしましたので大いに図書館の効用を認めています。私の利用ぶりは朝八時から十二時まで、十二

時から午後一時まで昼食休憩、一時から五時まで、五時から六時夕食休憩、六時から八時半までという一日三段階の十時間半を身じろぎもせず勉強したことがとても目立って評判でした」（布施辰治／『アンケート集』）。

布施と同じ頁において、福田恒存はこうアンケートに回答する。帝国図書館は「とても陰気な、といふより陰惨な印象で、足繁く通ふといふ気にはとうていなれませんでした」「あの陰惨さには、勉学が立身出世の禁欲主義と通じてゐた時代の特徴が感ぜられます」。

時計はまさに、人々の立身と禁欲の視線をうけて見おろしていた。

4 読書は享楽

帝国図書館に「娯楽」提供の意志はなかった。田中帝国図書館長は語る。青年子女に読物の選択を一任するのは「危険な主義」だ。帝国図書館は「内務省の命令で青年子女の読んで悪い書籍は断然貸出さぬ」。「実際無暗に恋愛などを書いた小説は青年子女が読んだ処が害はあつて何の利益もない」。ために、今度「小説や文芸書専門の検閲係」を館員として一人雇い入れたと（『日本』明治三十九年十一月十七日）。

大正十三年秋、内田魯庵は『東京日日新聞』紙上に、「上野と日比谷の両図書館の展覧会を一順通覧した」として、二つながら、絢爛な土佐絵や濃艶な錦絵の陳列であったから、「卑属」の目にも十分娯しめるものであったと記している。

しかるに、と魯庵は言う。それなりに人を集めていたとはいうものの、美術の展覧会ほど雑踏しないのは、ＰＲ不足もあろうが、「図書館といふ建物の空気が何となく重苦しく感ぜられるからであらう」。

「どんな面白いものを陳べても図書館では世人をして見世物へ行くやうな気分で足を向はしめる事は困難である。図書館へ平生集まるものゝ七分通りは受験学生で、残る三分のうちの二分五厘までが篤学の勉強家である。芝居や活動写真を見るとおなじ心持ちで図書館の閲覧室に這入るものは殆どない」。

それもこれも、「読書」がもはや学問や教訓のためばかりではなくなったのに、依然、そうした旧読書観にとらえられているせいである。図書館経営者の中にもこれを当然視して、試験勉強の学生を吸収しておれば図書館の能事畢れりとしている者がいる、と魯庵は述べ、それではいけない、「今日の読書といふは必要でなくて享楽である」、「知識的レフレッシメントである」と嘆じた。

帝国図書館は、帝国という名を冠していても、実は、青少年（受験生や学生）の図書館であった。大正となっても、中期以降の学校増設を背景に、変わらず学生の比率が高かった（女子学生の増加も見えてくる）。成熟した研究者たちのものではなかった。

「帝国図書館へは、地位のある人は一向に行つてゐない〔中略〕客種があまりよろしくない」（森銑三『書物の周囲』）。

和気のない館内、冷ややかな空気、監視の存在が、一般人をしてリピーターとはしなかった。さらに、館前の行列待ちが、彼らをいっそう遠ざけることになる。よくよくのことでなければ、「試験地獄に嚇かされてゐる受験生位を除いて」、お金の取られる図書館なんぞ、「一般人には用のないところ」（毛利宮彦）だったのである。

だが、それこそが、現に図書館を利用している者たち（見上げる視線を持つ者たち）にとっては望ましい空間であった。利用者自身が、そうした利用者（小説を閲覧する者等）を蔑視していた。

「余の傍に座せる二三の焦熱子は申し合はせたるが如く余の顔をギロ〳〵と眺め、恰も余を以て不勉強となして侮る如き状を示すにあらずや。流石厚顔なる余と雖もこれを犯して読書を続くること能はず」（「図書館と小説」／『東亜の光』明治三十九年五月）。

和辻哲郎が胸躍らせた帝国図書館も、実は彼が入学試験のために上京した際の体験記であった。

＊　＊　＊

図書館を糸口に「リテラシー」の歴史をたどる

日米関係史の中の図書館

【アメリカにおける日本語図書館の形成史から】

和田敦彦
Wada Atsuhiko

わだ・あつひこ　早稲田大学教育・総合科学学術院教授。一九六五年高知生。早稲田大学大学院文学研究科博士課程単位取得退学。読書論、日本近代文学。著書に『読むということ』（ひつじ書房）『書物の日米関係』（新曜社）他。

「日本についての情報」の歴史

日本語で書かれた書物は、これまで数多く海外へと流通、あるいは流出してきた。そして外国語で書かれた書物もまた、古くから日本の各地に流通、所蔵されている。平和的な文化交流によってもたらされたものもあれば、略奪や接収によるものもある。書物の国際間の流れは、こうした国家間に生まれる複雑で多層的な関心や利害関係の中で生み出されるものだと言えるだろう。日米関係史の中でも、図書館にかかわる問題は多様な広がりをもっているが、ここでは、特にアメリカにおける日本語図書館の形成や変化にしぼりながら、そこにはらまれている問題を考えてゆきたい。

海外の日本語図書館の歴史は、単にどこにどのような本がいつ送られた、という単純な事象ではない。海外においてどのように日本語図書館ができ、日本語蔵書が作り上げられてきたのか、という問題は、海外における日本に対する関心やイメージの形成、日本についての情報の広がりを歴史的にとらえる上で、きわめて重要な要素となる。また、それは日本の情報をとりまく国際関係や政治、経済上の要因が複雑にからまりあった歴史でもある。日

米関係の中でとらえるなら、いつ、なぜ、どのようにして日本の書物を欲していたのか、利用していたのか、という問いがはらまれた歴史といってよいだろう。

こうした観点から、二〇〇五年に、米国日本語図書蔵書史調査プロジェクト（The Japanese Book Collection Diachronic Research Project in the US, JBC Project）を開始した。[1] 日米間の書物の流れを歴史的に追うことを通して、日本についての基本的な知がうまれ、広がり、場合によっては対立を引き起こす過程をとらえること、そしてそこにどのような政治的な、あるいは民族的、個人的な要因がからまりあっているのかを考えることをねらいとしている。この成果は昨年二月刊行の拙著『書物の日米関係』をはじめ、いくつかの論として刊行し、現在も引き続き調査を進めている。[2]

ここではまずこうした書物の国際流通やその歴史の調査から、どのようなことが見えてくるのか、を論じることとしたい。次に、こうした書物の所蔵や流通に関する調査を、より大きな研究の文脈の中に意味づけることを試みたい。最後に、これら調査のもととなっている図書館の歴史文書、蔵書の歴史を知るための史料群についてふれながら、蔵書史調査とアーカイブズとのかかわりに言及しておくこととする。

日本語図書館の歴史から見えてくるもの

調査にあたってきたのは、主としてアメリカに渡った日本語書物の歴史なのだが、なぜこうした調査が重要なのだろうか。そしてどういったことが見えてくるのだろうか。ここでは初期の米国内の日本語図書館の形成にふれながら述べてみよう。現在は一〇万冊を超える日本語図書をもつ大学が米国内には一五大学を超え、最大の蔵書を抱える米国議会図書館は一一六万冊を蔵しているが、戦前にある程度の規模の日本語図書を体系的に収集、所蔵していた大学は限られていた。先の米国議会図書館やコロンビア大学、イエール大学やハワイ大学といった大学がそれにあたるが、一九三九年時点での蔵書は最大の米国議会図書館でも三二〇〇〇冊程度である。同時期のコロンビア大学で二八〇〇〇冊で、同大学が議会図書館をのぞけば戦前、最大の日本語図書館となっていたことがうかがえる。しかし、同時にまたイエール大学や、ハワイ大学でもすでに大規模な日本語図書館ができつつあった。

一九二〇年代にさかのぼって日本語図書館が生まれてくる過程を追うと、共通するいくつかの要素がそこには見えてくる。第一に、アメリカにおける日系コミュニティをはじめとして、地域や民間の力が大きく作用していること。第二に、日本国内、米国内での人的ネットワークが非常に大きな役割を果たしていること。

そして第三に、この両者をつなぐアクティヴな知識人の存在があることである。

つまり、日本語図書館がいかにできあがってゆくのか、という過程をとらえることは、とりもなおさず両国で国境を越えて活動していたこれら人々や組織に光をあてることともなる。イエール大学の日本語蔵書構築にかかわった朝河貫一、ニューヨークで日米文化学会（Japanese Culture Center）を立ち上げて日本語蔵書、日本情報を集積した機関を準備し、後にコロンビア大学の日本語図書館の核を作り上げてゆく角田柳作、ハワイ大学に招聘されて同大学の日本語蔵書構築を進めた原田助は、こうしたアクティブな知識人として著名である。そしてこれら蔵書構築に際して、日本側でそれに協力した人々のネットワークが存在し、これら人々を結ぶ線はしばしば交差し重なり合っている。ハワイ大学の寄贈図書の選定を行った姉崎正治はハーバード大学に図書寄贈を行っているし、ハワイ大学の図書寄贈の支援を行った渋沢栄一は角田柳作の図書収集にも資金を提供している。イエール大学の図書収集に協力した黒板勝美は、角田柳作が日本で図書を収集する際の日本側のグループの主要メンバーである。角田をハワイへと呼んだ今村恵猛は、ハワイ大学の日本語図書館に大規模な寄贈を行ってもいる。これらの人々の国境を越えた活発な動きやつながりが、蔵書の構築史という観点をとることで、あざやかに立ち現れてくるのである。

蔵書の構築史から見えてくるものは無論これればかりではない。日中戦争をはさみ、日米間の緊張は次第に高まってゆく。こうした中、日本語図書館は政治的なコンテクストにのだれがたくとらわれてゆくことになる。日本学や日本語図書館を海外で普及しようとする活動は、海外に向けた日本の政治的なプロパガンダと平和的な文化交流との間で微妙な位置におかれることとなる。国際文化振興会や、その出先機関の形で一九三八年にニューヨークに設置される日本文化会館（Japan Institute）の図書寄贈や交換活動、あるいは当時米国議会図書館で日本語蔵書の構築にあたっていた坂西志保の活動、そのもとで外務省に支援されて開始された日本参考図書館（Japan Reference Library）もそうしたあやうい文脈の中におかれていた。日本語蔵書の歴史をとらえること、それはまた、こうした国家間の軋轢とそれに巻き込まれた人々の生に光をあてることともなるのである。

先にふれた拙著において、第二次世界大戦にかかわって、私は海軍日本語学校にも一つの章をさいている。日本語図書館の歴史は、日本語能力、リテラシーの問題と不可分である。そしてこのリテラシーの変化はまた、日米関係と密接な関係をもっている。アメリカ陸海軍の日本語学校の出身者は、書物の日米関係の中、書物の接収、検閲、交換、購入といった様々な歴史的局面でかかわってくる。簡単に言うなら、日米間の日本の書物の流通や日本語図書館の形成を追うことが、アメリカにおける日本学や日本語

能力の変化やその政治的、経済的な文脈をとらえる際にも重要な糸口となるのである。

さて、日本の書物に限らず、たとえ書物を蔵していても、それらをうまく整理、提供するシステムが整備されなければ実際に役には立たない。蔵書の歴史は、同時にそれをいかに管理するか、という技術の歴史でもある。購入、交換、移動、売却を経ながら常に蔵書は変化する。蔵書の歴史はしたがって、本を手に入れたところで終わるのではなく、そのマネジメントの歴史をも含めてとらえるべきだし、そのことが日米関係の中における図書館蔵書をとらえる際にも有用な情報を提供してもくれる。

この時期にかかわらせながら一例をあげるなら、占領期の接収図書の事例がよいだろう。日本占領期、ワシントン文書センターによって接収され、米国議会図書館へと送られた日本の図書、雑誌類は三〇万点を優に超える。これが現在の米国議会図書館のWDCコレクションにあたるが、実際にはこの蔵書は日本への返還、他研究図書館との交換、売却、廃棄など、多様な経路を経て変化してきている(3)。この蔵書の中のどういったタイプの文献がどういった場所に今日あるのか、を知るには、このコレクションが経てきた歴史を細かくとらえることが不可欠である。つまり、蔵書の歴史、さらにはその整理、管理の歴史をとらえることが、蔵書情報を正確にとらえ、提供するという実践的な側面でも重要なのである。

「リテラシー史」という視座

なぜ蔵書の歴史をとらえるのか、その有効性とはどういったところにあるのか、といった点について、米国図書館の日本語蔵書の具体的な形成にかかわらせながら述べてきた。こうした図書の所蔵や流通の歴史をとらえる調査や研究は、決して一般的とは言い難く、文学、歴史学、経済学、図書館学といった領域のはざまに位置している。そのため、私自身は、こうしたアプローチの意義をより明確にするために、「リテラシー史」という概念を用いている。簡略に言うなら、リテラシー史とは、読み書き能力の生成、変化をとらえる研究である。読み手を取り巻く環境やその変化を含む概念であり、その研究の中で、図書の流通や所蔵の歴史を重要な要素として位置づけている。

したがって、現在の自身の関心領域は日米間の書物の流通、交流史や図書館の問題にとどまらない。一例をあげれば、現在所蔵資料の整理に協力している財団法人日本力行会をとりあげることができるだろう。同会は明治以来日本から海外移民を支援してきた民間の機関であり、南米をはじめとして移民した人々の発行した出版物も数多い。こうした国と国とのはざまで失われてゆきかねない出版物や文書に光をあててゆくことも、リテラシー史的なアプローチの可能性となるだろう。

また、国際関係ばかりではなく、書物の国内での流通史や蔵書の形成史も無論関心の対象となる。現在は一七七〇年より続く松本市の高美書店の明治期史料を調査、整理しているが、近代における書物や情報の地域への流通や、地域におけるメディア状況の変遷も、リテラシー史においては重要なテーマ重要となってくる(4)。

図書館・アーカイブズの連携の可能性

さて、これまで日米関係の中の図書館について、特にアメリカにおける日本語蔵書の形成史をとりあげながら、そこからいかなる問題が見えてくるのか、を述べてきた。また、こうした蔵書史や書籍の流通史といったアプローチが、どのような研究へと広がってゆくのか、という可能性についても述べてきた。最後に、これらの調査やアプローチにおいて重要となる図書館の歴史を知るための文書類、史料類について、アーカイブズとのかかわりの中で付言しておくこととしたい。

海外における日本語蔵書の形成、歴史について実証的に研究するために基本となる文献、史料は何だろうか。この場合の基本となるのは、やはり各地の大学アーカイブズが所蔵する大学史料である。例えばアメリカの大学図書館では日本語図書を扱うセクションは特別な言語能力を必要とするため、ある程度独立した機能をもっているケースが多いが、この場合に日本語図書を扱うセクションで日々作成される業務文書がもっとも詳細な記録となる。

より大きなレベルでは、日本語、中国語、韓国語をとりまとめるアジア図書館の長が作成する文書、年次報告があり、さらにこれらの文書をもとにして大学図書館全体レベルで年次報告が作成される場合もある。どのレベルでの図書館文書が残っているのか、いつの時期から残っているのか、については大学によって異なるが、どの大学でもかなりの量の文書が保管されており、私立大学を含め、それら大学の文書公開の度合いは日本とは比較にならないほど高い。

基本的には日本語図書を扱うセクションの文書類は、時間がたてば大学アーカイブズに移され、重要度の高いものが選別されて保存されてゆく場合が多い。といっても、こうした文書の保存に関する意識は大学や機関ごとに一定しておらず、実際には機関ごとに保存状況やプロセスについて、まずもって聞き取り調査をするところから始めねばならないケースがほとんどである。

こうした調査の過程で、しばしば意識させられたのは、研究図書館内での司書とアーキビストとの連携、情報交換の有効性である。これまで述べてきたように、図書館史、蔵書史にかかわる文書類は、日本語蔵書の形成をとらえるばかりではなく、歴史学や文学をはじめ、多様な領域に有用な情報を提供できる可能性をもっている。その一方で、日本語図書を扱う司書の場合、図書を扱うことを専門としているために、こうした文書史料については

あまり注意を払っていない場合もあり得るし、その保存や活用に積極的であるともかぎらない。アメリカの大学図書館で日本語図書のセクションを訪れ、その蔵書の歴史を知る一次文書の閲覧を希望しても、まずそれらについての情報は手に入らない。しかし蔵書の歴史情報は、その蔵書を専門に扱う司書にとっても有用であることはこれまでに述べたとおりである。その意味で、図書館の業務文書の保存、管理や、過去の文書の保存状況について、特定コレクションの責任者と大学アーキビストの間で情報交換、連携をはかりながらよりよい方策を考えてゆくことが望まれる。

米国内の数多くの大学図書館を訪れ、大学アーカイブズで調査を行ってきたが、図書館はやはり図書を扱うという意識も強く、文書史料の保存や活用について積極的な情報発信を利用者に向けて展開しているケースは必ずしも多くない。だが、記憶の集積とも言える図書館が、肝心の自らの記憶、記録に対して無関心であってはなるまい。図書はあくまで記録の形態の一つにすぎないし、図書という形態自体もまた現在の情報環境の中で大きく変わりつつもある。日米関係の中で図書館を歴史的にとらえる作業は、その図書館や蔵書自体の歴史を知るための文書史料の保存、活用の問題ともまた、不可分につながりあっているのである。

注

（1）JBCプロジェクトについては、同プロジェクトのウェブ・サイト（http://www.f.waseda.jp/a-wada/jbcp）において関連情報の提供を行っている。

（2）拙著『書物の日米関係——リテラシー史に向けて』（新曜社、二〇〇七年）。本稿でふれる事項のもととなる史料や文書の詳細については本書をご参照されたい。

（3）WDCコレクションについては、吉村敬子「米国議会図書館におけるWDCコレクション」（『Intelligence』一〇号、二〇〇八年八月）、拙論「流通・所蔵情報をとらえる文学研究へ——米議会図書館所蔵の占領期被接収文献について」（『日本文学』二〇〇八年一月）に詳しい。

（4）同書店の調査については、リテラシー史研究会（発送簿整理班）「高美書店史料の発送簿調査から」（『リテラシー史研究』二〇〇八・一）。

大学・図書館と印刷・出版との相互の刺激が生み出す知的創造

印刷文化と図書館

樺山紘一

Kabayama Koichi

かばやま・こういち　東京大学名誉教授、印刷博物館館長。一九四一年東京生。東京大学大学院人文科学研究科修士課程修了。西洋中世史。著書に『ルネサンスと地中海』（中央公論新社）『歴史のなかのからだ』（岩波書店）他。

デカルトとオランダ

おもにパリにあって研究をすすめながら、ヨーロッパ中の都市をめぐって、学者や貴紳と交流していたデカルトは、三十二歳の一六二八年から、ほぼオランダに定住した。のちにデカルト主義と称されるはずの合理論哲学は、ようやくはっきりとした基礎をかためつつあった。かずかずの論文の構想をかため、たぶん草稿もできあがったであろうが、そのご四十一歳の一六三七年まで、書物としては刊行されない。結論にいまだじゅうぶんの自信をもてなかったからだろうか。それもある。くわえて、もっとも大きな理由とみなされるのは、著作刊行をめぐる環境である。

一六三三年、イタリアにあって地球公転説、つまり地動説をかかげてきたガリレオ・ガリレイが、異端説の咎をもって教皇庁から有罪の判決をうけた。たしかに、十七世紀になって異端審問所の追及は過酷さをまし、ガリレオ説は公開を禁じられ、いく人ものほかの学者も逼塞せざるをえなくなっていた。パリにあって自然学や数学をきわめてきたデカルトも、その所説を公表することに躊躇を感じざるをえない。身辺にも、いいようもない圧力がくわわるかのようだ。スペインから事実上の独立をはたし、教皇庁

から距離をおくことができたオランダ（ネーデルランド共和国）に定住することをえらんだのは、このためであろう。アムステルダムなど各都市をめぐって、一六三五年にはライデン（レイデン）にやってきた。その目的は、出版計画である。

オランダは、スペインからの独立を志向するのと平行して、多数の学者や印刷・出版業者が、そこに参入してきた。カトリック・スペイン政府の抑圧のつよい南ネーデルランド（現在のベルギー）からのカルヴァン派逃亡者が、ことのほか多かったという。思想と出版の自由にこだわるオランダの地が、安住の場を提供した。学問と出版業。デカルトを吸引したのは、むろんその二つの要素であろう。とりわけライデンの町。すでに一五七五年にオランダで最初の大学を設立し、学問教育と書籍出版において、名声を博している。このライデンでデカルトをむかえたのは、大学の公式出版所をとりしきるボナヴェントゥラとエルセヴィアであった。ふたりの印刷・出版者は、デカルトから草稿をうけとった。しかし、考えこんでしまった。これを出版して不安はないだろうか。

『方法叙説』とライデン

デカルトが前年からとりくんできた著作は、フランス語でかかれ、『方法についての講義』（邦語訳では『方法叙説』）と題されていた。編集者がとまどったのは、この著作の趣旨が、いかにもガリレオの世界考察の方法と似かよっているからである。大学の公式の職位にあるふたりは、累が及ぶのをおそれて、きっぱりと断念した。プロテスタント国であるとはいえ、教皇庁の意に公然とそむきにくい。まして、フランス語著作は、カトリック国フランスで売らねばならないから。

デカルトは、ついでライデンの有能な印刷・出版業者ダニエル・マリー（メール）に声をかけた。フランスから亡命してきた新教徒であるマリーは、すでに自然法学者グロティウスをはじめとする評判の著作を世にだしてきた。その名声を承知していたデカルトは、最初の公刊著作をマリーに託したのである。むろん、著者にとっても、出版者にとっても、リスクはないわけではなかった。

一六三七年六月八日付けで、ライデンのマリー社から初版が出版された。この書物が、やがてデカルト主義として、あるいはそもそも近代合理主義のバイブルとして伝統思考を打倒し、つぎの時代へのパイロット役をはたすにいたることは、よく知られるとおりである。表現の自由にとって最悪の条件にあるとき、ライデンの出版社の勇気のたすけをえて、『方法叙説』は、ヨーロッパ世界に雄飛していった。それを阻止することは、教皇庁をもってしても不可能であった。

一六三七年のライデン。ときあたかも、この町は画家レンブラント・ファン・レインをおくりだしたところだった。しかし、す

でに六〇年もまえに大学を創設していたライデンは、有数の印刷・出版業者を擁していた。十六世紀末までには、ヤン・ペソ・ヤコブスソーンとクリストファー・プランタンが、この地に居をかまえた。ことに後者は、南ネーデルランドのアントウェルペンに本拠をもつ著名な印刷者・出版者であるが、オランダ独立にからむ動乱をさけてライデンにやってきた。もっとも、すぐにまた帰還するのだが。いずれにしても、ライデン大学とその周辺につどう学者たちに、かれらは著作発表の機会を提供しつづけた。さきに名をあげたエルセヴィウスは、このふたりの後輩ということになる。こうして、十七世紀以降、ライデンには多数の印刷・出版人があつまる。そこで刊行される書物は、新生の大学の教授と学生の手にわたり、大学図書館の書棚をうめつくした。二十一世紀の現在、その図書館をたずねると、初期の刊行本ばかりか、鎖国時代に交流のあった日本から、出島の東インド会社によってはこばれた大量の日本語書籍もふくめて、ヨーロッパを代表する蔵書を堪能することができる。

救われたオックスフォードの危機

わたしたち日本人にとって、むろん日本からかえったシーボルトや、開国直後に留学した西周や津田真道などによって、ライデンははなはだ馴染みぶかい。その出発点は、こうした開祖たちの努力によって、すえられたのである。じつは、ライデンの貢献は、これにとどまらない。十六世紀の後半、ちょうどライデン大学が創設されたころ、対岸のイングランドでは、エリザベス朝の強固な言論抑圧の時代にあった。出版は王立印刷所にかぎられ、ごくわずかに幸運にめぐまれて、ほそぼそと出版していたケンブリッジ大学をのぞいては、学術出版は頓挫していた。もともと、出版技術にあっては、大陸にたちおくれていたうえに、こうした逆境に直面して、学者も出版者も困惑しきっていた。ことに、ケンブリッジとならぶ、いまひとつのセンターであるオックスフォード大学は、翼をもがれたも同然であった。印刷・出版管理官は長らく空席がつづいた。

この窮状から脱するには、何十年もかかった。王権から特別許可をもとめ、書店主に印刷所の開設をすすめた。ようやくそれが軌道にのりだしたのは、十七世紀になってのことだ。オックスフォード大主教ロードが、大学において発言権をもつようになってからである。ロードは、大学図書館の充実をもとめ、みずから書籍を寄贈して、由緒あるボードリアン図書館を再建した。いうならば、ロードは図書館と出版社（オックスフォード大学出版局）の中興の祖といってよい。しかし、ロードにとって苦難はといえば、イングランドの印刷文化の低調さである。なかでも、外国文字の活字が枯渇しており、新規に鋳造されるあてもない。そこでロードが目をつけたのは、対岸のオランダ、新興のライデンであっ

た。

ロードは、みずからライデンにおもむき、数ある印刷所で活字の収集にあたった。なかでも、ギリシア語、アラビア語、シリア語、アルメニア語など東方言語の文字は、イングランドにはほぼ皆無であった。ライデンでの探索は成果をおさめ、中国文字をふくむ極東文字にいたるまで、オックスフォード大学には、広大なストックが形成された。それは、まさしくデカルトの『方法叙説』がライデンで刊行される、ちょうどそのときであった。

大学と図書館から刺激

実際には、イングランドとオランダは、まもなく三次にわたる戦争の時代をむかえるが、オックスフォードとライデンの印刷と出版をめぐる交流は、ほとんど断絶することなく、継続された。いま、オックスフォード大学図書館には、多数の東方言語関連の書籍があるが、これはライデンが東方との関連をもとめて集積した印刷器具と学術資源が、移転された結果にほかならない。

ここまで、はるか四〇〇年も昔の事態をたどってきたのは、つぎのような意図があってのことである。ヨーロッパの歴史だけをみるにしても、印刷・出版や蔵書・読書はかぎられた場所で達成され、発展をしるした。その場とは、あらまし王権やその周辺か、大学や教会の周辺である。検閲をふくむ出版への権利を占有する国家は、たしかに大印刷所をもうけ、また王室財産をはじめとする書籍収蔵によって、国立の図書館を建設し、充実させた。現在でも、国内最大の図書館は国によって設立・運営されているとおりである。

しかし、これとならんで大学の図書館が、枢要な地位をしめてきたことも、否定できない。ライデン大学もオックスフォード大学も、それぞれの国のみならず、世界にとっての書籍財産の保持者である。印刷技術が開発されて以来、ヨーロッパではパリでも、ローマでも、またハイデルベルクでもプラハでも、大学は書籍出版におおきな貢献をなし、図書館という収蔵所、閲覧場を開設してきた。たしかに、印刷の技術と文化は、けっして大学だけで完結しない。貴族や市民たちの書物への希求が増進すれば、大学とは無縁の町からも大量の書物がおくりだされるだろう。

けれども、教授と学生とが、せまい場所に共住し、顔つきあわせて書物をつつきあう空間にあってこそ、かれらの要請は印刷・出版者に強烈な刺激をあたえたであろう。業者は、知的需要への敏感な感受性をもち、ときには財務や身分のリスクをも冒して、供給に精出した。図書館と大学は、出版のたんなる受益者ではない。印刷と出版のたえざる刺激者であってほしい。その刺激に対応して、良質で瀟洒な書物がかならずや、世界にむけて提供されるはずである。

知の集積と整理を夢想した近代ヨーロッパにおける、「記憶」のかたちの変容

「全体知」への夢

【フランス『百科全書』とその周辺】

鷲見洋一
Sumi Yoichi

すみ・よういち　中部大学教授。一九四一年東京生。慶應義塾大学大学院文学研究科博士課程仏文学専攻単位修得満期退学。西洋史。著作に『翻訳仏文法』（ちくま学芸文庫）他。

ヨーロッパにおける知識と書物の歴史の画期

過去のすべての知識を集成したい。「全体知」を構築したい。こういう欲望がひとたび人間をとらえると、かならずや種々の記憶装置や記録装置が開発される。ボルツがいうところの「コミュニケーション」の原点である。「世界にたいして自らを開けば、人間は絶え間なく溢れかえるデータの洪水に身をさらすことになる。人間がその生活世界を構築するのは、コミュニケーション行為を通して、この知覚に加えられた過剰負荷を軽減させることによってである」(1)。

たとえば二十世紀では、そうした全体知の集成願望は、各ジャンルで、それぞれ独自の文明の利器を開発するにいたった。音楽の再生装置とレコード、写真と映画におけるフィルムとヴィデオ、文学のマイクロフィルムと複写器、美術のスライドなどは、人間が過去の豊富な事績と対話し、そこに意味を発見するための唯一のコミュニケーション手段と考えられたのである。

ことは現代にかぎらない。そもそもヨーロッパにおける知識と書物の歴史は、ひと筆書きが可能である。一四五五年、グーテンベルクが四二行聖書を完成した年を区切りに、それ以前とそれ以

後に歴史を分ければいい。グーテンベルク以前は、細々とした手書きの写稿があり、古代記憶術という、世界と知識のおどろくべき分類手法が生きていた。グーテンベルク以後、人間は書物に頼って記憶術を忘れ、急に物覚えが悪くなり、怠け者と化した。私にとってはこの認識だけで、ヨーロッパ文化史はほとんど学習したもおなじである。あとは、こまかい事柄や背景などについて、専門家が調べればすむことだ。

古代記憶術がヨーロッパ思想史で果たした役割については、イエイツ(2)とロッシ(3)の著作があきらかにしてくれている。この二人は、それまであまり研究されてこなかった記憶術という分野に、新しい展望を切り拓くのに貢献した。記憶術とは、劇場や宇宙表象などから引き出した「場所」や「イメージ」に対象を貼りつけることで、巨大な記憶量を達成することを目的とする技術である。先ほどのボルツのひそみにならえば、古代・中世の人間は、おそるべき「データの洪水」を前にして、なお生活世界を構築するために、世界の分類表、すなわちコミュニケーション地図を作成することで、「知覚に加えられた過剰負荷」を軽減しようとしたのである。哲学者のブルーノやカンパネッラ、詩人のダンテ、画家のジョットらが活用したこの技術は、グーテンベルクによる活版印刷術の発明以後、衰退の一途を辿ったのはやむをえなかった。というのも、グーテンベルク以後、人類は自分の脳髄の外部に書物という頼りになる記憶装置、あるいはコミュニケーション地図を装備するようになったからである(4)。現在、記憶術は、中学・高校・大学受験生目当ての怪しげな通信販売教材として、かろうじてその命脈を保っているにすぎない。とはいえ、見方を変えれば、昨今のデジタル技術の進歩とともに、私たちの前には、キケロ、ブルーノ、ベーコンらが利用していた技術とは比較にならないほど高度に洗練された装置の形で、古代記憶術が復活してきたという印象を否めない。現代社会を席巻するデジタルメディアは、古代記憶術の可能性をどこまでも追求し、最先端の技術の力で拡大した成果であるといえないだろうか。

『百科全書』という事件

ところで、近代ヨーロッパの歴史で、過去の知識や記憶の集大成といえば、なにをおいても十八世紀にとどめを刺そう。ブルジョワを中心とする十八世紀人は、増殖する「もの」にたいして飽くことない関心を抱きつづける。とりわけ人々は「もの」たちを整理・整頓し、かつまた命名しようとする強い願望に突き動かされて、あらゆる対象物の整理・列挙・分析を心がけていた。なによりも言葉の交通整理が徹底しておこなわれ、おびただしい辞書・事典類が刊行された。辞書は売れるという商業上のモチベーションに加えて、人びとの知的欲求の高まりを無視してはならない。統計によれば、フランス十八世紀一〇〇年間を通じて、辞書の刊

行点数はおどろくべき上昇線を辿る。一〇年ごとの刻みで数えても、十七世紀末から十八世紀初頭にかけては、二〇ないし三〇点だったのが、『百科全書』が刊行された一七五〇年代に七八点、一七六〇年代は一二一点、一七七〇年代が一二二点、革命期に少し沈んで、一八〇〇年から一三〇点と盛りかえすのである。たんに出版点数だけではない。辞書の体裁にも大きな変化が生じる。重くて扱いづらい従来のフォリオ版にとってかわって、ハンディで安価な小型サイズの辞書事典が出回るようになる。また、アカデミーの技術図版集やディドロたちによる『百科全書』の図版、あるいはおびただしく刊行された各種博物図鑑が先鞭をつけた、イメージへの愛着やこだわりも芽生え始めた。

ルネサンス以来、およそ考えられる限りの知の全領域をくまなく探査しようとしたディドロ・ダランベールの『百科全書』（一七五一～一七七二）は、この時代の分類と分析志向の極北に位置する偉業である。パリの出版業者ル・ブルトンが、三名の同業者と組み、「共同出版社」を結成し、英国で評判の百科事典、チェインバーズの『サイクロピーディア』全二巻（一七二八年）を仏訳しようと思いたったのである。若いディドロとダランベールに編集を任せてから、構想は英国のチェインバーズを離れて拡大し、ついに本文一七巻、図版一一巻というフランス独自の大百科事典刊行にまで漕ぎ着けたのである。

本文一七巻は、ヴォルテールやモンテスキュー、ルソーをはじめ、「文芸共和国」の旗印の下に集う大勢の執筆者が協力した共同作品である。ピエール・ベール以来の批判的哲学史の伝統と、容赦のない真相暴露および徹底網羅の意志に貫かれた『百科全書』は、政治、宗教関係項目でイエズス会などの反対派から攻撃され、政府も黙認できず、発禁処分の憂き目を見た。だが、政府内外の支持者も多く、予約購読者は四〇〇〇人を数えた。民間企業の企画とはいえ、国際的反響は大きく、政府としても国家の威信にかけて、この文化事業を支援しようとした形跡がある。

ただ、『百科全書』はフランス政府が思い込んでいたような「国家事業」などではなく、実はヨーロッパ規模の大事業だった。執筆協力者だけでもフランス人のほかに、ドイツ、スイス、英国、リトアニアの人々を擁し、その多くはフランスのプロテスタントの末裔だった。当時はフランス語が国際語なので、どこでもフランス語を操る人であれば、自由に学問ができたのである。典拠資料の由来も、汎ヨーロッパといえるほど広範囲にわたり、法学と政治哲学はドイツ、イタリア、スイス、医学と解剖学はオランダとイタリア、農業、剣術、詩歌は英国、地質学、鉱物学、哲学史と宗教史はドイツに負うところがおおかった。また、『百科全書』の影響も国境を越えて波及し、スイスやイタリアで幾度も再版が試みられたのであった。

共同編集者のダランベールが早々に戦線を離脱したため、ディドロはその後単独で『百科全書』の編集に携わることになる。一

七五一年に「本文」第一巻が出てから二二年をかけて、一七七二年に、後発型の図版の巻を含む全巻の刊行が終了する。

『百科全書』の刊行は、出版事業として考えた場合、フランスの歴史にかなり新しい局面を切り拓いた。ディドロとダランベールに支払われた謝礼は年棒制で、これはフランス文学史上最初の文学者に対する本格的俸給であるといわれている。一方、読者の側に立ってみると、『百科全書』は予約購読制だった。二二年のあいだにも企画は増大の一途をたどるので、購読条件もけっして一定ではないのだが、一七七二年に全巻が配付された時点で、最初から購入をつづけた読者は約九〇〇リーヴル払った勘定になる。当時のレイトでは、一リーヴルが非熟練労働者の一日の労賃にあたるので、かりに今の学生の一日分のアルバイト代を五〇〇〇円と見積もって五〇〇〇倍してみると、『百科全書』ワンセットで四五〇万円。少なめの換算で一リーヴル一〇〇〇円でも九〇万円。どちらにしても、現在二〇万円そこそこで買えてしまうおおかたの冊子体百科事典価格に比べて、一般の人間が手を出せない、法外な高値であったという事実が推測できる。このことは『百科全書』の読者層というものを考える上できわめて重要である。文盲率が高く、だれでも本が読める訳ではなかったこの時代に、『百科全書』全巻を購入できる読者は、僧侶、貴族、上層ブルジョワといった、富裕でかつ教養のある階層の人たちに限定されていたということなのである。

この事業が商業的に大きな成功を収めたことも無視できない。後世の研究にはまことに厳しいものがあり、ル・ブルトンら出版業者の帳簿を徹底的に調べ、かれらが編集長ディドロや幾多の執筆協力者への俸給や謝金を抑え気味にしながら、いかにおいしい商売で自分たちの懐を潤わせたかをあきらかにしている。専門家の概算では、出版業者の利益は約二四〇万リーヴルにものぼるそうである。

もう一つ、これはいくら強調してもしすぎることはないのだが、『百科全書』が民間の出版企業家による企画だったということである。当時、真理というものは一つしかなく、その真理は二つの権威によって独占・管理されていた。いうまでもなく、教会とソルボンヌ大学神学部である。この二つの権威から外れた場所でいかなる思想が表明されても、権威が独占する真理に背反する思想は排除される。そういう時代に、ルネサンス以来の知の蓄積である巨大な情報の体系を、民間企業が書物として刊行したことは、画期的な事件だった。

『百科全書』が体現する知の体系

『百科全書』本体は「本文」と「図版」に分かれる。本文はアルファベット順で構成されているものの、全項目は英国のベーコンから着想をえた「人間知識の体系詳述」(本文第一巻冒頭)によ

る参照システムで結ばれあい、壮大な知の宇宙を形成している。ディドロたちの構想になる人間知性を中軸に据えたユマニスム（人間中心思想）の分類体系のなかで、知性の三機能である記憶力、理性、想像力が、それぞれ「歴史」、「哲学」、「詩」を生みだし、かくして知の全領域が展望される。

なかでも「歴史」に属する「自然の利用」の下にまとめられた「技芸の詳述」と呼ばれる技芸関係の項目は、ディドロがもっとも力を入れた部分で、丹念な現場調査を踏まえ、閉鎖的な職人の工房に光をあてて現場の技術を詳説し、全巻中の白眉といわれる。職人芸をシステム化し有用な知識を活性化するという、きたるべき産業革命を先取りするような営為が、すでに『百科全書』によって実現していたのである。

権威主義が臭う思想統一を嫌い、編集長ディドロは多様性を尊重した。当然ながら、事典内部には項目同士の矛盾や対立もすくなくない。欠点や誤謬すらをも人間の当然の権利として認めてしまう開かれた居直りの姿勢にこそ、啓蒙理性の栄光と限界があったといえよう。

『百科全書』のもう一つの魅力は図版にある。補遺を入れると全一二巻のフォリオ版に、数千枚におよぶ精緻な銅版画が収録され、精細な説明文とともに当時の社会や技術を知る一級の資料を構成する。重要なのは、図版の多くが断面図であり、普通は見ることのできない建物や装置や風景の隠れた裏側や内部を描きだしていることである。科学や合理の名の下に強行される、これは一種の合法的侵犯なのである。ここにおいて、『百科全書』の図版は、理性のメス捌きによって人間や世界や自然を透視し、分類、解剖しようとしたこの時代の文学と軌を一にする。断面への関心は社会内部に注がれる飽くことのない好奇の眼差しとなり、人々の私生活や団欒風景をスナップショットのように捉えてみせる。人間存在それ自体を断面から追究する図版もある。幾多の人体解剖図や外科手術の説明図は、冷徹な理性の観察眼が把捉した情念の外形といえるだろう。また、すぐれた銅版技術によって描き出される大自然の景観や異国の風物は、それ自体が独立した博物誌を構成し、十八世紀「ものづくし」として貴重な資料となっている。

『百科全書』において、先述した記憶術が活用した「結合術」（アルス・コンビナトーリア）は、新しい次元を獲得しているように思われる。そもそも時代の「ものづくし」すなわち「カタログ」としての大百科事典には、どこかに目玉といえるような主要項目があるものだが、『百科全書』の場合、いかにも啓蒙の世紀らしい集積や収集の時代を象徴するような、「過剰」ないし「多量」の観念をあつかった項目の最たるものが、「自然史陳列館」である。この項目は前半をドーバントンが、後半をディドロが執筆している。ドーバントンはまず、諸存在の系列別整理という整合性のある方法を主張するが、ディドロもまた、壮大な博物館構想ともいえるような、陳列企画をぶちあげるのだ。

本項目を終えるにあたり、国家にとって有益かつ名誉であるような企画を開陳させていただきたい。自然をたたえるべく、自然にふさわしい寺院を建造しようというものである。私の構想では、寺院はいくつもの棟から成り、それぞれの棟の大きさはそこに収蔵される資料の大きさに比例するのである。中央棟は広壮で巨大であり、海陸の珍獣にあてられる。鰐、象、鯨が展示されるこの場所に入った人は、さぞかしびっくりするだろう。そこから、おたがいに繋がりあった別な部屋部屋へと移動するうちに、自然をその多様性と推移のすべてにおいて観察できるというわけなのである。(5)

ディドロが構想する建造物は、この世に存在するすべてのものがそこに配列されるように構想された、理想の秩序に従っているのである。自然史博物館について当てはまることは、ディドロが考える大事典についてもおなじである。『百科全書』が提唱する「タクシノミア」（分類表）は、とりわけ鉱物、植物、動物、すなわち自然が生み出した存在すべてを包括するべきなのである。ある意味で、『百科全書』は記憶術の基本原則、すなわち厳密に配置された「場」に貼り付けられ、おたがいに結合して無限に増殖する、「強烈」で「活発」なイメージの術を復活させたといえなくもない。そうすることで、『百科全書』の編集スタッフは、伝統的な記憶術の要求を満たすと同時に、また、めざましいマルチメディア技術の進歩に酔いしれるわれわれ「後世」の呼びかけにも応えている。というのも、現代の記憶研究で「意味記憶」と呼ばれているものは、基本的にはディドロたちが思い描いた全円的な知識のネットワーク像とさして選ぶところなく、意味ネットワークは「意味的類似性の系列によって体制化されていると仮定するネットワークモデルが一般的である」(6)からだ。

注

（1）ノルベルト・ボルツ『グーテンベルクの銀河系の終焉』（識名章喜・足立典子訳、法政大学出版局、一九九九年）二八頁。

（2）フランセス・A・イエイツ『記憶術』（玉泉八洲男監訳、水声社、一九九三年）。

（3）パオロ・ロッシ『普遍の鍵』（清瀬卓訳、「世界幻想文学大系第四五巻」国書刊行会）。

（4）「人間によって考案され、〈外在化〉されたすべてのテクノロジーは、それが最初に同化される時期に、人間の知覚を麻痺させる」（マーシャル・マクルーハン『グーテンベルクの銀河系』高儀進訳、竹内書店、一九六八年、三〇四頁）。

（5）*Encyclopédie, ou Dictionnaire raisonné des sciences, des arts et des métiers, par une société des gens de lettres*, t.2, p. 492 b.

（6）太田信夫・多鹿秀継編著『記憶研究の最前線』（北大路書房、二〇〇〇年）六八頁。

図書館学先駆者ガブリエル・ノーデの時代と思想

藤野幸雄

ふじの・ゆきお　図書館情報大学名誉教授、東京農業大学客員教授。一九三一年生。東京外国語大学卒業。著書に『アメリカ議会図書館』（中公新書）他。

図書館学の理論的創始者であり、同時に社会評論家・医学教授であったガブリエル・ノーデ（Gabriel Naudé, 1600-1653）は、ブルボン王朝の成立の時期で、ルイ十四世の絶対王朝制度が確立される直前の時代に生きたが、彼自身の短い生涯も波瀾に富んでいた。イタリアで医学を学び、帰国して名宰相リシュリューおよびマザラン枢機卿のもとでその個人図書館の設立に尽くした。ノーデがその主たる著書『図書館設立のための助言』を発表したのは、一六二七年であり、二七歳ですでに図書館の管理理論（図書館分類を含む）を提示していた。マザラン卿が「フロンドの乱」（一六四八―五三）で失脚・追放されたさい、その蔵書は散逸し、自身のコレクションも競売にかけられた。失意のノーデは、当時ヨーロッパの著名な学者を招聘して自国の文化の興隆を図っていたスウェーデンのクリスティーナ女王の宮廷に招かれたが、女王も次第に威勢を失い、ノーデも職を辞し、フランスで再び権力の座に戻ったマザラン卿の要請により、帰国の途についたが、国境を越える直前に病で亡くなった。残した業績は、上記の書のほかにいくつかの医学と社会評論だけであった。

フランスはこの時期にアカデミー・フランセーズを創設（一六三五年）し、思想・学問の分野でもその勢力を誇示しようとしていたが、こうした学問の興隆は、ノーデの図書館学理論の根底をなしていた。彼は図書館にあらゆる思想を網羅しようと努めた。「学問に何らかの新しさをもたらした作家のすべてを集める」べきだと主張した。図書というものは「そこから汲みとれる結論と利益により評価すべきであって」、カトリック思想にとって「異端」であるルター派ばかりでなく、イスラーム教徒の著作も取りいれることが必要だと見なしていた。さらに、図書は利用の観点から集めるべきであり、小冊子や古典の叢書のなかの著述でも、同一の主題のもとに合本としておく必要も論じていた。これは十八世紀から始まるイギリスの大英博物館が採用した方針に合致していた。こうした学問領域の網羅性の思想は、当時としては希有な方向であり、彼のこの思想から影響を受けたドイツの哲学者ライプニッツを通じて、近代の図書館管理思想のなかに定着するようになっていた。生前にノーデはイギリスの哲学者フランシス・ベーコンの思想に共鳴していたとされる。こうした思想

がどこからきたかは判然としないが、彼が学んだ医学がすでに古代ギリシアおよびアラビアの思想家により開発されたものであった点にも関係があるだろう。

網羅的なコレクションを管理する図書館員としては、当然その利用に関心を示す。ノーデは図書館分類の方面でも先駆者であった。彼の分類体系は、神学・医学・法学・歴史・哲学・数学・文学の部門を中心としており、当時の大学の学部組織が、神学部、医学部、法学部、哲学部であったことを基盤としていた。この体系は「フランス・システム」と名付けられ、十九世紀初頭に書誌学者シャルル・ブリュネにより詳細な分類表が完成されるまで、図書館分類の基本と見なされていた。幅広い領域の学者としてのノーデの体系化の思想が歴史的には最初にここで生かされていた。

図書館であらゆる思想を平等に扱うこと、ノーデの宗教的基盤とは相いれないものであった。リシュリュー卿によるユグノー派の弾圧政策はフランス絶対王政の基調であり、ノーデもこれに同調していた。確信論者のカトリック教徒であったノーデは「国家の変革についての政治的見解」という論文（一六三九年）で、前世紀のシャルル九世によるサン・バルテルミーの新教徒の虐殺を是認し、「悪液に冒された者の血は、徹底して流し出さねばならない」と書いていた。別の著作では、マザラン卿の独裁にたいする一部貴族の反対を激しく攻撃していた。

図書館のコレクションが利用のためであることを明確に示した点でもノーデは近代図書館学の理論的先駆者であった。蔵書内容が貴重であればあるだけ、管理者はその原型の保存を尊重する。当時の学者＝管理者は、図書の利用を極端に制限し、一部の者にだけ利用を許しており、開館時間も自分の都合に合わせていたが、ノーデはその「公開性」を主張し、実施していた。マザラン図書館は最初の公開図書館の一つであった。

わずか五〇頁ほどのノーデの主著『図書館設立のための助言』は、その評判ばかりが先行していたが、ラテン語に近い十七世紀のフランス語で書かれていたため、最近にいたりようやく完訳が刊行され、誰でもが読めるようになった（筆者監訳、金沢文圃閣刊）。ここには図書館の建物の配置その他の事項についての「助言」すら提案されている。それにより図書館思想の源流が見直され、図書館を学ぶすべての学生がこの本を手にすることが期待できるようになっている。

「図書館学生閲覧室」（小川一真編『東京帝国大学』小川写真製版所，1900 年。国立国会図書館近代デジタルライブラリーより転載）

Ⅳ　図書館・アーカイブズの現場から

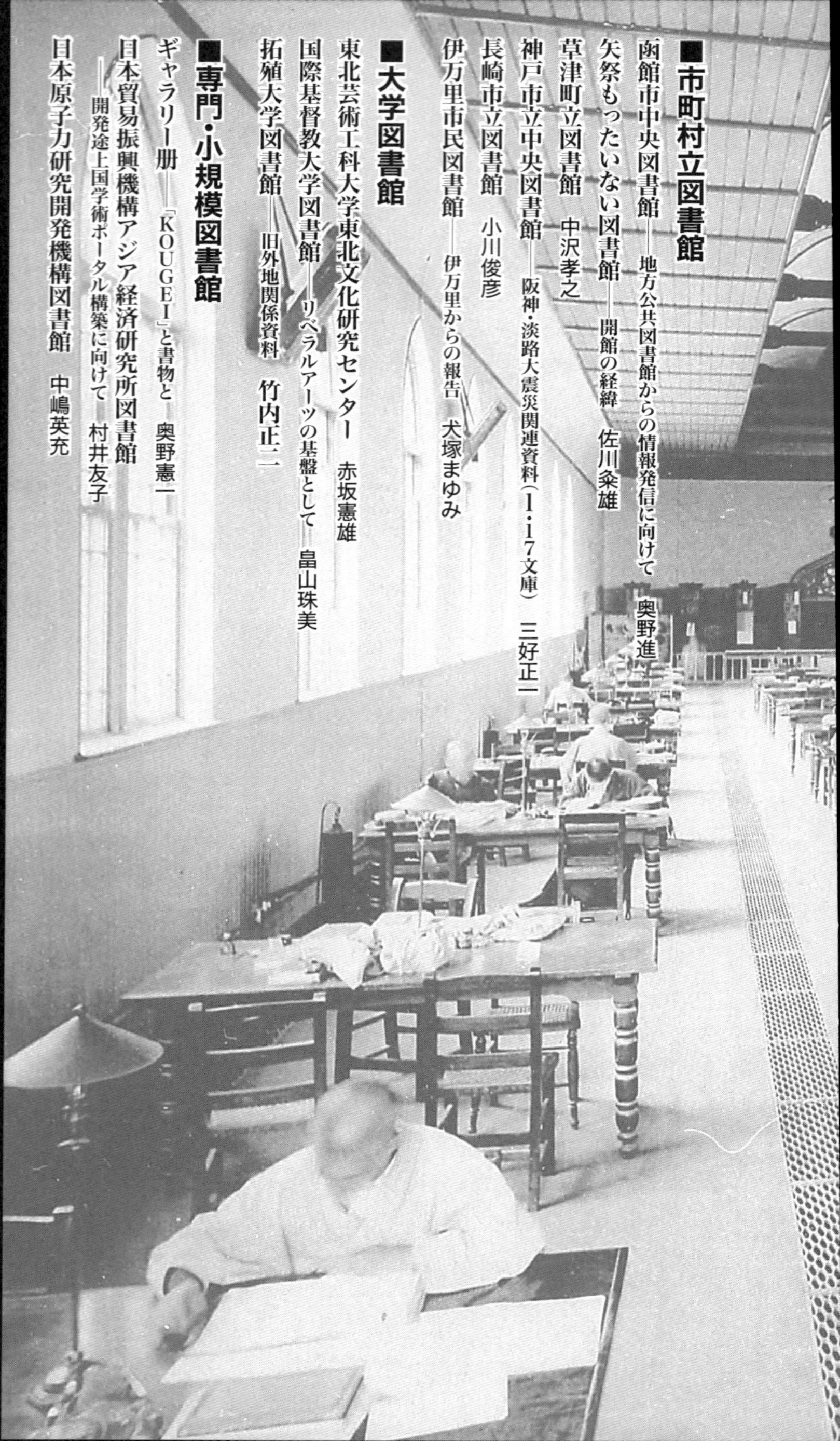

外務省外交史料館

柳下宙子

やぎした・ひろこ　外務省外交史料館課長補佐。移民史、文書管理学。論文に「戦前期外務省における電信書式の変遷」『外交史料館報』第一五号、二〇〇一年他。

概要　外務省外交史料館は、戦前期の外務省記録を所蔵し、公開する施設として一九七一年四月十五日東京港区に開館しました。その後、一九七六年より開始された戦後外交記録公開により、閲覧可能な史料の範囲が戦後の公開文書まで広がりました。

二〇〇一年四月の「情報公開法」の施行に伴い、歴史的な史料を適切に一般の利用に供する機関として総務大臣より指定されるとともに、同年三月三十日付の閣議決定（「歴史資料として重要な公文書等の適切な保存のために必要な措置について」）及び各府省庁官房長等申し合わせにより、保存期間が満了となった外務省の行政文書のうち歴史的価値のある文書は外交史料館に移管されることとなりました。なお、他の省庁の歴史的文書は国立公文書館に移管されます（宮内庁は書陵部に移管）。このような例はヨーロッパでは少なくなく、フランス、イタリア、ドイツなどは外務省が独自の歴史資料の保存公開施設を持っています。

外交史料館の所蔵史料は、外交活動に伴う在外公館との往復電報・文書などを主とした外務省記録が中心で、その数は、戦前期が約四万八〇〇〇冊、外交記録公開による戦後期の記録が約一万二〇〇〇冊でそれぞれが利用可能です。ほかに、戦前期の条約書（約六〇〇件）、国書・親書（約一一〇〇件）、幕末の外交史料集である「通信全覧」（三二〇冊）、「続通信全覧」（一七四八冊）の他、情報公開法に基づく開示済み文書のうち歴史資料としての価値が認められる文書（コピーで閲覧）約八五〇〇件等を所蔵し、利用が可能となっています。

活動　外交史料館は、所蔵史料を中核として「公開」と「編纂」の大きな二つの活動を行っています。

「公開」は次のような活動を行っています。

1　閲覧業務――所蔵史料は閲覧室で所定の手続きを行うことにより閲覧できます。国内外の学者、研究者、大学院生、マスコミ関係者などの方々年間約二五〇〇人（延べ）に利用されています。

2　レファレンス業務――閲覧者や国内外から寄せられる所蔵史料や外交史実に関する多様な問い合わせに対し、調査を行い、回答をしています。

3　展示業務――外交史料館別館展示室では、ペリーの来航以降の我が国外交の歩みを示す常設展示と、特定のテーマで期間を限定した特別展示、そして吉田茂元首相関連資料の展示を行って

います。

「編纂」活動は、『日本外交文書』の編纂刊行業務で、一九三六年から続く歴史的な業務です。これは、所蔵史料から重要な文書を撰文して暦年毎に編纂する業務であり、アメリカ、イギリス、フランスなど諸外国でも外務省が編纂しています。現在、戦前期の刊行は、昭和十年代まで進んでいますが、戦後期の編纂も同時に進めています。

これから——外交史料の情報センターへ

外交史料館は本年で開館三七年となりました。今後も貴重な史料を有効活用して頂けるよう、当館は次の点を充実強化していくことを考えています。

◎デジタルアーカイブス——国立公文書館アジア歴史資料センターとの提携

インターネット上で閲覧の出来るデジタルアーカイブスは、今後さらに展開されていく分野であり、多くの利用者が求めるものであると考えます。当館は、国立公文書館アジア歴史資料センターに画像データを提供しており、現在約二万冊の史料が同センターＨＰから閲覧できるようになりました。その結果、当館史料はじめ国立公文書館、防衛省戦史部所蔵史料が横断的に同センターサイトで検索、利用できます。

◎ホームページの活用

インターネットの利用を考慮し、外務省ホームページ内の外交史料館サイトの充実に努めています。展示史料の画像や解説、所蔵史料の解説や年刊の『外交史料館報』について掲載するほか、興味深い問い合わせとその回答を「外交史料Ｑ＆Ａ」として掲載しています。また、『日本外交文書』の電子画像をＨＰに掲載する計画を進めています。

◎原本史料の利用

利用者にとっては、インターネットやホームページで画像を見ることと、原本を手にして外交史実の追体験が出来ることとはまた別の価値があると考えます。当館では、原本の利用をできるだけ可能とするよう利用と保存の両立に努力しています。

ネット上での史料の利用が可能となっても、貴重な史料を後世に残すことは重要な責務です。そのため書庫環境の整備の他個々の史料に適した補修作業、保存措置を行い、利用と保存の両立に努めています。

当館の活動の基盤である所蔵史料を適切に保存し、諸活動をさらに充実させ、外交史料を総合的に提供し、保存する「外交史料の情報センター」としての役割を十分に果たせるよう努力して行く考えです。

外務省外交史料館ＵＲＬ

http://www.mofa.go.jp/mofaj/annai/honsho/shiryo/

沖縄県公文書館

【民主主義の礎石】

仲本和彦

戦争で消失した「歴史」の再構築　沖縄戦から五〇年の節目となる一九九五年夏、当時の大田昌秀沖縄県知事のリーダーシップの下、沖縄県公文書館（以下、県公文書館）が開館した。大田知事は沖縄戦研究などで知られた琉球大学マスコミ学の元教授で、自ら国内外の公文書館を活用した経験から、公文書館設置の必要性を唱えていた。

沖縄には十五世紀から十九世紀まで続いた琉球王国の歴史があるが、その時期の資料はほとんど残っていない。「地形も変わるほど」と形容された沖縄戦で焼き尽くされたからである。また、戦後二七年におよぶアメリカ統治時代の為政者側の記録は、沖縄返還と同時にアメリカに引き揚げられた。県公文書館の開館時に収蔵されたのは、琉球政府（アメリカ統治時代の地元政府）文書約一五万簿冊と日本復帰後の沖縄県文書一万二〇〇〇点ほど。全国トップクラスの容積を誇る書庫はガラガラだった。そこで、個人や団体が保管していた個人文書などを幅広く受け入れ、日本本土をはじめ中国、アメリカなど国内外で幅広く資料を集める方針が打ち出された。

なかもと・かずひこ　沖縄県文化振興会公文書専門員。一九六四年生。沖縄戦後史。『研究者のためのアメリカ国立公文書館徹底ガイド』（凱風社）他。

アメリカでの資料収集　アメリカでの本格的な活動は、一九九七年に始まった。収集の中心に位置づけられたのは、アメリカ統治時代に沖縄の行政・司法・立法を掌握した「琉球列島米国民政府（USCAR）」文書で、アメリカ国立公文書館に四千箱余り保存されていた。国立国会図書館がアメリカでの「GHQ－SCAP文書」の収集などですでに二〇年におよぶ実績を積んでいたが、USCAR文書は同館と共同で取り組むことになり、六年間でざっと三五〇万枚におよぶ資料を収集した。

沖縄はその後二〇〇六年三月に現地駐在所を閉じるまで独自の活動を続け、九年間で文書四〇〇万枚、写真一〇万枚、動画フィルム二五〇〇本、空中写真三〇〇〇枚以上の資料を発掘した。

これほどの資料は、国内を見回しても見つからない。沖縄はアメリカでの活動を通してその文書管理のすさまじさを目の当たりにすることとなった。

日米の文書管理の違い　沖縄が驚かされたのは文書の量だけではなかった。

アメリカ政府の意思決定は日本のような稟議制ではなく、トップによる聖断や会議などで即決されることが多いが、その過程で作成される重要な記録はすべて

「公文書」となる。一方、日本で「公文書」と言えば、「起案・決裁文書」と呼ばれる供覧文書が中心で、個人が残したメモ、電話録、電子メールなどは含まれない。よく日米交渉にかかるアメリカ政府の記録が発見されて話題になることがあるが、それはこの文書管理制度の違いによるところが大きい。

例えば、県公文書館がアメリカから収集した資料の一つに、沖縄返還交渉における日米両政府の「密約文書」がある。返還交渉においては、協定で公表された以外に国民に知らされていない「密約」が存在するのではないかとの疑惑が持たれたが、それを裏付ける文書がアメリカの公文書館から次々に発見されたのである。これについて、日本政府はその都度、密約の存在を否定し、今なお文書の存在をも否定している。

こういう密約の何が問題であろうか。「三十五年以上も前のことを何を今さら」と言う人もあろう。「外交交渉の一手段として裏取引のどこが悪い？」という人もあろう。しかし、問題の核心はそこではない。問題は、交渉の相手国できちんと保管されている文書が、わが国政府には保管されていないという点であり、政府の回答の真偽を確認する手立てが現在のわが国の文書管理制度にはないという点である。

アメリカには公文書の作成から廃棄までを体系的に管理する「連邦記録法」という法律があり、それに基づいた文書管理制度において中核的な役割を果たしているのが国立公文書館である。連邦各省庁は公文書館長の承認なしに、公文書を処分することは出来ない。「密約文書」も公文書の一つで、政府にとってどんなに都合が悪くても恣意的には廃棄できないのである。アメリカに大量の沖縄関係文書が保存されているのは、単なる偶然ではない。

公文書館の役割　公文書館の最も重要な役割の一つは、母体である行政組織が日々作り出す公文書が適切な期間、適切な場所できちんと保存される仕組みを作ることである――。その考えに基づいて、沖縄県公文書館は今、日々作り出される沖縄県の行政文書の保存により一層の力を注いでいる。

沖縄はその地政学的な条件から、日米安保問題や在日米軍基地問題のような国家の方針を左右するほどの政治的決断を迫られることがある。しかし、残念ながら、国と同じような起案・決裁文書中心の文書管理制度を採っているため、その意思決定過程はきちんと文書に残されているとは言えない。その仕組みを改善し、決断の過程までもしっかり文書に残す――。わが国ではまだ普及していない考え方だが、きっと実現できると思う。

京都府立総合資料館

【近代行政文書研究のセンターとして】

福島幸宏

ふくしま・ゆきひろ　京都府立総合資料館歴史資料課。一九七三年生。日本近現代史・地域社会論。共著に『青野原俘虜収容所の世界』（山川出版社）他。

京都府立総合資料館は、京都に関する歴史、文化、産業、生活等の諸資料を総合的に収集し、これを整理・保存して、閲覧に供し、又は展示する等により、府民の調査研究等の利用に供することを目的として、地方公共団体の文書館としては山口県立文書館につぐ、一九六三（昭和三十八）年に設置された。

京都府の公文書館的機能をも有し、古文書約一〇〇〇タイトル約八万二〇〇〇点、行政文書約六万七〇〇〇点、写真資料、近代文学資料、図書約三一万冊、美術工芸・歴史民俗関係の現物資料約五万点を所蔵する。現物資料は京都府京都文化博物館に管理委託している。

当館の所蔵文書については、館webの文書解題（http://www.pref.kyoto.jp/kaidai/kaidai-top.html）を参照いただきたいが、以下代表的な文書群をいくつか紹介したい。

まず、京都府立総合資料館といえば、「東寺百合《ひゃくごう》文書」であろう。一万八〇〇〇点あまりのこの文書群は、天平年間（七二九～七四九年）から、宝永八（一七一一）年に至る約九〇〇年間にわたり、宗教活動に関するもの、寺院組織に関するもの、所領の経営に関するもの、の三つに大別できる。特に所領の経営に関する文書が大半を占め、各地の荘園のあり方や社会史的研究に不可欠の資料となっている。一九九七年には、一万八六四二点が国宝に指定された。

また、京都市西京区川島の革嶋家に伝来し、鎌倉時代から大正年間までの約八〇〇年に及ぶ歴史を物語る「革嶋家文書」（二〇〇三年重要文化財指定、二四五九点）がある。中世末期の在地領主としての存在が有名な革島家であるが、文書としては近世・近代のものが多く残され、文人や尊攘志士たちとの交流、近代初期の神職としての活動などがうかがえる。

さらに、江戸幕府の京都御大工頭の中井家に伝わった幕府作事に関する「中井家文書」六〇三点がある。その作事対象は、内裏御所、公家屋敷、城郭、武家屋敷、寺社、公家町、河川、御土居など多岐にわたっており、この文書群も近世建築史研究の基礎資料となっている。

一方、京都府立庁以来のいわゆる公文書は、「京都府行政文書」として、作成・完結後二五年すぎたもの（今年度は一九八二（昭和五十七）年まで）を、収集・公開している。そのうち、慶応四（一八六八）年から昭和二十一年度までの一万五四〇

図書館・アーカイブズの現場から

七点は、二〇〇二年に重要文化財に指定された。都道府県所蔵の近代行政文書として初めてのことであった。この文書群は、社寺・土木・人事関係を多く含んでいるが、郡役所文書（二四九点）や豊岡県第一四・一五大区区務所文書、宮津藩政記録など府内各機関の文書などもある。さらに、本庁の各課の整理にともなって、昨年・一昨年にも明治期から戦後期にかけての貴重な行政文書が多く当館に収蔵されている。戦後資料を中心により一層の利用が望まれるところである。なお、戦後の民間所在資料群についても、的確な選別の上で積極的に収集することが課題とされるべきであろう。

京都府行政文書の収蔵状況

　また、この重要文化財に指定された行政文書を対象に、二〇〇五〜二〇〇七年度には科学研究費補助金研究「京都府行政文書を中心とした近代行政文書についての史料学的研究」が実施され、昨年度には公開シンポジウム「未来への遺産——重要文化財「京都府行政文書」の保存と活用」を開催し、また報告書も今年春に刊行された。この研究成果は、近代行政文書に焦点をおいた、史料学・保存科学の両面からの初めての本格的なものであった。論点は多岐にわたるので詳細は報告書に譲るが、今後はこの成果を発展させ、近代行政文書研究のセンター的役割を果たすことが当館に求められている。

　なお、これらの行政文書は原則事前予約なしで閲覧可能である。制限情報の取扱についても当館は早くから検討を行い、「京都モデル」として、他の公文書館の参考になっている。その蓄積を活かした対応である。

　このように、歴史資料の保存・公開に重要な役目を果たしており、平成十九年度には、古文書・行政文書利用者が二六二三人を数えた当館ではあるが、現在大きな曲がり角に来ているといえる。建設後四五年間大規模な改修を一度も行わなかった施設の老朽化もさることながら、先行してシステムを作っただけに、資料の収集・活用のシステムにも見直すべき部分が多くある。昨年度には有識者によって組織された「あり方検討委員会」が一定の方向性を出し、今年度は「基本構想検討委員会」で、さらに議論が深められている。

　京都駅から地下鉄で一五分、京都府立大学・植物園・コンサートホールという文化ゾーンの一角を構成するという最高の立地を活かしながら、当館が次の半世紀をどのような形で迎えるのか。今後とも注目していただければ幸いである。

栃木県芳賀町総合情報館

富田健司

とみた・けんじ　芳賀町総合情報館学芸員嘱託員。一九七七年生。自治体アーカイブズ論。

芳賀町は、栃木県宇都宮市に隣接する人口約一万七千人の自治体で、米や梨の県内有数の生産地として知られている。また、芳賀工業団地、芳賀高根沢工業団地を抱え、内陸型工業地帯を形成してきた。産業的には大概の発展を遂げつつある芳賀町においても、欠如していたものがある。それは住民が生涯にわたり多様な文化情報を生かすことによって、住み良い町を創る為のベースとなるインフラ整備のことである。それが二〇〇八年十月にして漸く整った、即ち「芳賀町総合情報館」（以下「情報館」）の開館である。

情報館設置の契機は幾つかある。ひとつは、一九九四年から本格的に開始された「芳賀町史」編纂事業である。編纂事業が中盤に差し掛かった頃、編纂監修者から、収集資料の保存活用について意見が出されたことをきっかけに、文書館構想が持ち上がった。また、図書館については、公民館図書室が芳賀町民会館内に開室されていたが、その脆弱性は否めず、二〇〇〇年代に入り住民から本格的な図書館設置が要望され始めた。さらに、廃校校舎を転用した郷土資料館もあったが、常駐職員は未配置で、十分に活用されているとは言い難い状況であった。このように文化情報を保存活用する環境が途上段階にあったことを背景にして、庁内における議論、首長の町創りに対する理念等が絡み合った結果、ライブラリー＝L、アーカイブズ＝A、ミュージアム＝Mの〝L・A・M〟機能を複合しようとする情報館構想に辿り着くのである。

以下、その経過である。二〇〇四年三月『芳賀町総合情報館（仮称）基本構想』がまとめられる。同年十一月、『（仮称）芳賀町総合情報館基本計画書』が策定されると共に、建物設計のプロポーザルを実施。二〇〇五年三月基本設計完成、同年四月から総合情報館推進係が新設され、L・A・Mの各分野の専門職（嘱託職員）を採用し本格的な準備に入る。そして、翌年六月から情報館の建設が着工され、二〇〇七年九月に竣工をみた。

『基本計画書』には、「町民と町が一体となって文化・地域・行政情報資源を収集して、利用・活用し、社会の急速な変化に十分対応できる、新たな地域創造を図る新世紀芳賀町の生涯学習と文化活動の総合拠点とする」ことが理念として挙げられ、「規模の小さな単独館を別々に設置しても、いずれも不十分なものとなりがちであり、（中略）総合館は町民の

図書館・アーカイブズの現場から

ニーズの変化や情報の高度化にも対応しやすく、一体的に利用でき町民の利便性を高めることができる」とし、機能を集約させることの重要性に言及している。このようなコンセプトのもと生まれたのが情報館であり、恐らく〝L・A・M〟の複合を公に謳い、設置条例上、図書館法・博物館法・公文書館法の三法を根拠法とする施設としては国内初ではないかと思われる。従って、機能を複合するという視点に立てば、全国に発信できるモデルケースが出来上がったと言っても過言ではない。

　ただし、情報館を内実あるものにするには課題も多い。情報館最大の特徴である一つの箱の中に三つの機能を集約するとは、一体どのようなことを意味するのだろうか。それはハード（施設）を複合したというよりも、ソフト面、特に専門職の人知を融合することによって、そこから生み出される情報や活動をどのように利用者に還元していくかが問われるということではないだろうか。機能の融合とは、人の融合に他ならない。開館準備を担ってきた専門職は皆二十代半ば〜三十代前半であり、実務経験・理念設定も決して十分とは言えない中にあって、創造と破壊を繰り返す日々が続いている。

　最後に、当該特集に関わって地方アーカイブズ（公文書館、文書館）の課題を述べておきたい。町レベルで公の施設としてアーカイブズを設置したのは、寒川町に次いで全国三例目となる。情報館の場合は、単独館ではなく複合館のかたちをとったが、この形態は今後さらに増えると思われる。従来はハードを意識することの強かった地方アーカイブズだが、今後は小規模な自治体になればなるほど現用の記録管理に目配りを行い、移管や選別、公開の場面において周到な権限を有した公文書館機能を中心とする、ソフト重視の地方アーカイブズを創造することが重要となる。情報館アーカイブズ部門は、組織（役場）内に貢献できるアーカイブズ。そして、住民にとっては芳賀町のことは何でもわかる、地域情報のシンクタンクとしての機能を目指したい。更には、地方アーカイブズの世界において、ハードを意識せずともその機能を全うすることが可能であることを、情報館のマネジメントを通じて発信して行きたいと考えている。

国立女性教育会館女性アーカイブセンター

江川和子

えがわ・かずこ　国立女性教育会館情報課長。一九六〇年生。

　国立女性教育会館は、女性教育関係者に対する研修や、女性教育に関する調査研究等の実施により、女性教育の振興を図り、男女共同参画社会の形成に資することを目的とする独立行政法人である。二〇〇八年六月、この国立女性教育会館に女性アーカイブセンターが誕生した。男女共同参画の形成に顕著な業績を残した女性、全国的な女性団体、女性教育、女性問題、女性運動、女性政策などに関する資料を主な収集対象としている。特定の女性、あるいは女子大学、女性団体に関するアーカイブズは珍しくないが、近現代の女性に関する記録資料を広汎に収集・提供することを目的とした施設は、おそらく日本で初めての試みである。

　公文書館や、大学・企業・郷土と結びついたアーカイブズがあれば、別段、女性の記録だけを集めるアーカイブズなど無くてもいいのではないか、という考え方もあるだろう。しかし、歴史を振り返れば、女性は、参政権の獲得も、高等教育への参入も、男性より一歩遅れて歩んできた。男女雇用機会均等法が作られたのは一九八〇年代のことだ。そこには、社会の変革にチャレンジした女性たちの、独自の苦闘の足跡がある。その記録と記憶を通して、われわれの社会の成り立ちを理解することは、今日の社会が抱えるさまざまな問題を考える上で、意味のあることだと思う。

　近代日本の男女共同参画の歴史は、明治時代に基礎が作られ、大正年間に入ると、女性による運動の機運が高まった。当時、第一線で活躍された女性たちは、平塚らいてう、山川菊栄、市川房枝、奥むめおなど、戦後に至るまで長く活動を続けられた方々が多いが、さすがに鬼籍に入られた。彼らの身近に接し、戦前から戦後の活動を共にしてきた世代も高齢化が進んでいる。

　女性アーカイブセンターの開設に先立ち、二〇〇六年、国立女性教育会館は「女性関係資・史料の所蔵に関する調査」を実施した。これは、全国の自治体・女性団体・図書館・文書館等に、女性に関する記録資料の有無と現状を尋ねたものである。その結果、自治体等では、女性行政や女性教育に関する資料が日々生成されているにもかかわらず、その重要性が十分認識されず、廃棄や散逸に瀕している現状が浮かび上がってきた。女性団体や女性史研究会は、資料の重要性を知悉していても、有効な整理・保存の手段を

持たないため、公開も活用も進んでない。

こうした状況下で、文部科学省の所管法人である国立女性教育会館に女性アーカイブセンターが設置され、国の事業として始まった資料の保全が、女性の記録ことは、たいへん重要な意義を持つと考える。

国立女性教育会館は、長年、女性情報の収集と発信を手がけてきた。とはいえ、

津田英学塾で使われた英語の教科書
(2008年12月23日まで展示中)

アーカイブズの専門家はひとりもいない。担当部署では手探りの作業が続いている。しかし、一方、会館には、女性教育関係者に対する各種の研修プログラムを開発してきた実績がある。このノウハウをうまく活用すれば、女性アーカイブセンターは、単に資料の収集・整理・保存の任を果たすだけではなく、これを教育・学習の機会と結びつけていくことができ、アーカイブズの新しい可能性を開くかもしれないと思っている。

最後にセンターの概況を紹介しておこう。開設に先立ち、資料の収集は二〇〇七年から開始された。当初は、会館関係者から寄贈された女性教育政策に関する資料が中心だった。代表的なものは、戦後の実験婦人学級の嚆矢とされる稲取婦人学級の資料である。その後、暮らしに根づいた女性運動の実践家、奥むめお氏に関するコレクション、マスコミ関係からは、全国婦人新聞社取材写真コレクションなどを寄託・寄贈いただき、現在、十数点のコレクションが公開されている。


本年に至り、センターの開設がテレビや新聞に取り上げられたことを通じて、さまざまな方面から資料提供の申し出をいただくようになった。しかしながら、限られた収蔵施設と整理スタッフでは、時に、せっかくのご厚意をお断りしなければならない場合もある。

女性アーカイブセンターは「男女共同参画の形成に顕著な業績を残した女性」や「全国的な影響を持った事例」に関する資料を主に収集するという方針を立てている。しかし、上記に該当しなくても、後世に伝えるべき資料は多数あるに違いない。各地域・各分野のアーカイブズに携わる人たちが、女性をめぐる記録資料を正当に評価し、廃棄や散逸から守っていただければありがたい。そのために、情報や経験を共有するネットワークを組織していくことも、われわれの役割である。専任スタッフのひとりすらいない小さなアーカイブセンターであるが、意義は大きく、責任の重い事業であることを自覚している。

NHKアーカイブス

江藤巌二

えとう・がんじ　日本放送協会ライツ・アーカイブスセンター担当部長。一九五八年生。

「NHKアーカイブス」は、NHKが日々放送しているニュースや番組を体系的に保存している。平成十九年度末の保有数は、ニュース：四二九万七千項目、番組：六四万七千番組。毎年ニュース三〇万項目、放送番組四万番組が増え続けている日本最大の放送アーカイブである。

NHKがテレビ放送を開始したのは、一九五三（昭和二十八）年二月一日。もともと放送は、ラジオの時代から、その場で起こっている出来事を電気信号に変換し電波で直接茶の間に伝える生放送を基本としていたため、体系的な保存はされていなかった。さらに、録画テープが高額だったため、常に新しい番組を上書きしていた事もテレビ番組保存の妨げとなった。

しだいに収録番組が増え、視聴者の要望による再放送の編成やシリーズ番組の総集篇の制作など、番組再利用の需要が高まった。NHKで放送後の番組の体系的保存が始まったのは、テレビ放送開始後三〇年近く経過した一九八一年（昭和五十六）年のことだった。その後、保存対象のニュースや番組は年々増加、ついにはテープの保管場所不足のおそれも生じた。そこで充分なスペースを確保し、貴重な放送資産であるニュース・番組をより体系的に保存・活用するための新たな施設を設置することとなった。

「NHKアーカイブス」（埼玉県川口市）が運用を開始したのは、ちょうどテレビ放送開始五〇周年にあたる平成十五年二月一日。放送センターがある東京・渋谷からおよそ二〇キロ離れた土地へのアーカイブス建設は、IP回線による伝送やデータ圧縮などデジタル技術の発達によって初めて可能となった。この時以降、NHKでは「アーカイブス」という言葉を、施設名としてだけではなく、ニュースや番組を保存・活用していくための業務全般に使用している。

NHKにおけるアーカイブス業務の目的は、大きく次の三つである。

1　制作・放送した映像・音声を次の世代へ継承するために〈保存〉する。

2　保存したコンテンツを放送事業を中心に多角的に〈活用〉する。

3　番組公開施設などで社会還元するために〈公開〉する。

さて国外に目を転じると、世界最大級の放送アーカイブといえばINA（Institut National de l'Audiovisuel フランス国立視聴覚研究所）である。INAが保有

図書館・アーカイブズの現場から

するテレビ・ラジオ番組は、およそ二三〇万時間におよんでいる。フランスには、日本の国会図書館法による納本制度の映像音声版ともいえる放送番組の法定納入制度があり、フランス国内の全放送番組だけでなく、ＣＭやミュージックビデオなどの映像作品もＩＮＡに集まってくる。法定納入された映像・音声作品を、ＩＮＡはデジタル・ファイル化して次世代に継承していく使命を果たすと同時に、学術研究者に公開している。資格審査を受けた研究者は、パリに設置された専用施設で、すべての番組を視聴することができる。ＮＨＫでもこうした学術研究利用の在り方などの検討を進めている。

一方で「Archives@Risk（危機に瀕するアーカイブ）」という問題もある。ＵＮＥＳＣＯによれば、現在世界中には総計二億時間の視聴覚資料が存在し、その八〇％がなんらかの理由で消滅の危機にあるという。アジアやアフリカ、南アメリカなど諸地域の放送局では、まだ体系的な保存が行われていない場合も多く、フィルムやテープが簡単に廃棄されたり、劣悪な保存環境が物理的損傷や化学的劣化を起こしたりしているのだ。この危機を解消するため、欧米や日本・韓国・中国などの放送アーカイブが協力し、貴重な視聴覚資料を次世代に継承していく動きが出ている（ＮＨＫは今年二月「Archives@Risk」をテーマにした国際セミナーを東京で開催した）。

実は、「Archives@Risk」はＮＨＫにも無関係ではない。現在ＮＨＫが保存用に使っている録画テープは、対応する録画再生機の製造および保守の終了がメーカーから宣言されている。録画再生機がなくなれば、数十万本にもおよぶ保存テープは、再生も他の方式への変換もできなくなる。つまりデジタル技術の進歩が機器や保存媒体の陳腐化を招くという皮肉な危機に陥っているのである。

ただしいったんテープレス化し映像・音声をデジタル・ファイルにすれば、データ変換やコピー、ＩＰ伝送などの管理を電子システムで簡単に実施できるようになる。現在、放送業界では取材・制作プロセスのテープレス化に加え、ブロードバンドやモバイルなど多様なデジタルメディアへの対応が求められており、保有コンテンツのテープレス化はアーカイブスにとって必須の課題となっている。

放送はビビッドな出来事を映す時代の記録であり、人々が共有する記憶でもある。アーカイブはそれを次世代に伝える人類共有の記憶装置であるといえる。しまいこんだひとつひとつの記憶をいつでも取り出せるように活性化させておくことこそ、アーカイブスの使命であると私たちは考えている。

フジテレビのアーカイブズ

小山孝一

こやま・たかいち　株式会社フジテレビジョン ライツ開発局メディアバンク推進部部長。一九五八年生。

フジテレビのアーカイブズは編成資料部として発足し、フジテレビが制作した番組の保存を行ってきた。保存だけでなく、アーカイブズ素材活用のため、「アーカイブセンター」になり、現在は名称を変更し、メディアバンク推進部として運用している。

テレビ番組は当初、生放送と、フイルムの映画などで放送されており、基本は「放送したら終わり」で、番組保存はされていなかった。番組保存がおこなわれるようになったのは一九七〇年代で、放送番組が重要な文化遺産であるという認識が高まり、併せて著作権法の改正もなされ、フイルム、VTRテープでの保存を始めた。当時、VTRは機器もさることながら、テープそのものも高価で、保存することより消去して再利用することが優先しがちだった。一インチテープや四分の三インチテープの普及により、一般的に保存がなされるようになった。

テレビ番組の媒体はフイルム、VTRテープ、ビデオディスクと多種で、VTRだけでも二インチVTR、一インチVTR、四分の三インチVTR、二分の一インチ幅のテープを使用したVTRがある。さらに記録フォーマットもアナログから、画質の劣化のないデジタル、さらに今日では高画質のハイビジョンになり、変遷も短期間におこなわれている。

VTRはそれぞれの時代で新しい技術が取り入れられている。また高品質、高画質化が進み、より良いものを提供している。言い換えると、新しい高品質VTRの登場により、機器が更新され、旧メディアのVTRは販売中止となり、メンテナンスの終了を迎える。アーカイブ素材や放送番組は放送した当時のメディア（放送用VTRテープ）で保存してきているので、アーカイブのVTRテープは映像再現するためにメディアに合わせた再生機器が必要となる。この再生機がなくなってしまうと、アーカイブ素材はアーカイブとして利用できない存在に成ってしまう。再生できない状態にならないように、その時代で使用できるメディアへの「メディア変換」が必要となり、さらにメディア変換の時間も収録されたテープの実時間が必要で、二四時間分の放送番組テープは二四時間の変換（転写）時間が必要になる。一〇年間分の保存テープのメディア変換は単純計算で一〇年かかり、メディア変換が終了する頃には次のメディアが登場し、新たなメディア変

図書館・アーカイブズの現場から

換作業が発生する。実際、変換作業に要した時間は二インチVTRからの転写、一インチVTRからの転写作業でも一〇年の歳月を要した。現在一インチVTRからの転写作業が終了し、デジタル化されているが、ハイビジョン化に伴い、次のメディア変換の波が押し寄せてきている。変換時期が遅れると機器の調達ができなくなる可能性があり、ストップはかけられない。

アーカイブセンターへの転機は一九九七年のフジテレビ本社移転で、「資料保存から活用」にむけて、デジタル化とネットワーク化が進められた。アーカイブの開示とプレビューを社内のどこでも閲覧できる新システムが構築され、二〇〇五年にデジタルアーカイブがスタートした。これに伴い、素材の管理やメタデータなどの素材データについては、アーカイブセンターで一元管理するようになった。

アーカイブセンターに持ち込まれた番組素材は、プレビュー用としてデジタルサーバーに登録する。サーバー登録されたものはデジタルアーカイブとして使用され、通常の検索やプレビューに使われる。一方、放送された素材テープは倉庫棚に保管される。デジタルアーカイブに登録されている番組は二〇〇五年のスタート以降のもので、それ以前の番組はプレビュー用が民生用テープで残っている。番組プレビューはデジタルアーカイブ用プレビューと従来のVTR再生機によるものとの二本立てとして運用している。現在はプレビュー用のVTRも、DVDへ移行している。

アーカイブセンターもデジタルアーカイブ開始一年後の二〇〇六年に解散した。センター機能を縮小し、永久保存アーカイブとデジタルアーカイブを運用するアーカイブ運用部として再出発した。また、生放送を中心とした報道は報道アーカイブ、生活情報番組は情報アーカイブ、スポーツはスポーツアーカイブとして、各々制作現局と一緒の組織となった各アーカイブはそれぞれ制作に近い場所での活動を始め、放送前の取材テープ素材と使用頻度の多い素材テープを一時保存し、再利用のスピード化を図っている。

さらに二〇〇八年にはアーカイブの更なる活用を目指して、名称もメディアバンク推進部とし、社内での活用のみならず、国内外を含め、社外への貸し出し・利用を積極的に進める新たな展開を企画している。

脚本アーカイブズ

香取俊介

かとり・しゅんすけ　日本脚本アーカイブズ委員長、日本放送作家協会常務理事、脚本家、ノンフィクション作家。一九四二年生。『もうひとつの昭和』(講談社)他。

テレビ放送が開始されたのは昭和二十八年。以来テレビが社会にあたえてきた影響は甚大で、良くも悪くもテレビが日本人の生活意識の相当部分を作ってきた。

ところで、テレビドラマに脚本があることはみんな知っているが、バラエティ番組はもちろん、ワイドショーや料理番組、ディベート番組、生中継番組、さらに五分ほどのミニ番組などにも「構成台本」があることを、案外知らない人が多い。

当初のテレビ番組は生放送が多く、番組自体が放送されれば「消えてなくなり」、それこそがテレビ的であると思われていた。その後、録画装置ができ番組を保存できるようになったが、当初はビデオテープが高価であったことと当時の関係者に「アーカイブ」という概念がなかったことなどから、番組はほとんど保存されてこなかった。

NHKの大河ドラマなども初期のものはほとんど残っていない。その後、映像番組が再放送やビデオ化、DVD化して「売れる」ようになって、テレビ局は慌てて番組の保存作業にのりだした。今ではインターネット上での販売もふくめ番組の二次、三次利用が、大変な収益をもたらしている。

現在、番組そのものの保存・管理には力をいれるようになったが、番組の元である脚本・台本については、出演者やスタッフが「個人的」に保存しているケースをのぞいて、システムとして収集して保存管理をする組織は存在しなかった。

日本放送作家協会では脚本・台本を「一級資料」ととらえ、消滅から救うため二〇〇五年十月、東京都足立区の協力を得て北千住のまなびピアのなかに「日本脚本アーカイブズ準備室」を設立した。以来、文化庁やNHK、民間放送連盟などの支援をうけ、二〇〇八年夏の段階で二万五〇〇〇冊強の脚本・台本を収集し、書誌情報をとるなどして保存管理している。

戦前のラジオ台本や生放送時代のガリ版刷りの貴重な脚本もあり、資料的価値も高い。保存・管理ばかりでなく、脚本・台本を広く多くの人に有効利用してもらうこと、つまり「社会還元」も重要な柱と考えている。

書籍などとちがって脚本・台本は多くて一〇〇部程度しか印刷されないし、長期保存を前提として作られていないので、そのまま多くの人に見せると劣化が早い。「社会還元」のためにはデジタル化が必

図書館・アーカイブズの現場から

須である。幸い、東京大学大学院情報学環の馬場章研究室が、脚本アーカイブズのデジタル化に大変興味をしめし、協議を重ねた結果、デジタル化についての「システム構築」を中心とした「共同研究」が、東大の「高度アーカイブ化事業五カ年計画」のなかに位置づけられることになった。

著作権の問題等、いろいろとクリアしなければならない問題もあるが、とりあえず現物保存と同時に、ウェブ上で脚本・台本を読めるシステムつくりの研究をはじめた。

脚本・台本の書誌情報をとるとともに、内容をメタデータ化することによって新しい利活用ができないかをさぐっている。キーワード検索により、例えば何百通りもの「別れのシーン」を呼び出せたり、将来的には人工知能を利用して、キーワード検索で「二十歳の男」と「三十代女」「東京」「ニューヨーク」などのキーワードをいれると、ベーシックながら「物語」を自動的に生み出すことも視野にいれている。デジタル技術の進展は早いので、膨大なメタデータを蓄積することによって、従来考えもしなかった脚本の利活用法が生まれるはずである。

一方、テレビ・ラジオの研究のためにも、集積された脚本・台本は貴重である。これまでアカデミズムは、記録として保存されないという理由もあって、テレビを真正面からとりあげてこなかった。脚本アーカイブズが設立されれば、この方面の研究にも大きく寄与できるはずである。

脚本アーカイブズでは、放送と通信の「融合」がいわれるなか、「放送」にだけ特化せず、映画のシナリオやウェブ作品の台本などの収集保存も視野にいれている。

また「社会還元」のためには、脚本・台本を分類して管理する専門家の「脚本アーキビスト」を養成することが急務だと考え、この方面での研究もはじめている。

さらに関係分野の専門家等も加え、いくつかの「研究チーム」もつくりたいのだが、最大の悩みは資金不足である。目下、二〇名ほどの委員全員が本業の傍らボランティアで取り組んでいるが、それには限界がある。「研究調査」の段階から、いつ「設立」へとステップアップしていけるのか、「先立つもの」がなければ足踏みをするしかない。ご支援ご助力等も含めお知恵を拝借できましたら幸いである。ご連絡は以下のアドレスに。nka@star.ocn.ne.jp

慶應義塾大学アート・センター

【ジェネティック・アーカイブ・エンジン――アートの視点から】

前田富士男

まえだ・ふじお　慶應義塾大学アート・センター所長、文学部教授。一九四四年生。近代美術史、芸術学。共著に『パウル・クレー　絵画のたくらみ』（新潮社）他。

慶應義塾大学の附属研究所アート・センターでは現在、四つのアート・アーカイヴが活動している。土方巽アーカイヴ、瀧口修造アーカイヴ、ノグチ・ルーム・アーカイヴ、油井正一アーカイヴである。土方巽（一九二八―八六）は「暗黒舞踏」の創始者として知られる舞踏家で、その特異な上演および身体表現の方法論はいま世界的にますます評価が高い。舞踏の画像や書写資料、また研究資料ほかの閲覧や研究情報交換のために、外国からのアーカイヴ訪問者は年間を通じて多い。瀧口修造（一九〇三―一九七九）は、日本におけるシュルレアリスム運動やマルセル・デュシャン研究を牽引した詩人・美術批評家。戦後日本の前衛芸術の精神的支柱とみなされた存在で、その活動は多岐にわたる。「ノグチ・ルーム」とは、学内の伝統的名称で、一九五一年に建築家谷口吉郎（一九〇四―一九七九）の設計により三田構内に第二研究室が建てられた際に、アメリカの彫刻家イサム・ノグチ（一九〇四―一九八八）が制作した談話室と小庭園、そこに設置された有名な彫刻《無》ほかを指す。油井正一（一九一八―一九九八）はわが国のジャズ評論界の草分けで、かつ第一人者と目される批評家である。

これらの四つのアーカイヴは、一九五〇～八〇年代と時代背景を共有しており、同時に、それぞれ身体表現、美術・文学、建築・彫刻・環境デザイン、そして音楽、と芸術領域を異にしながらも、いずれも相互関連的なアート・アーカイヴを構成している。

このアート・アーカイヴの構築に際してわれわれが目指したのは、第一に、「研究アーカイヴ」構築である。たんに一次資料の網羅的な収集・整理・分類・記録・検索・公開ではなく、それぞれのアーティストの作品・活動に関する多様な研究資料、すなわち二次資料の収集・情報化を最優先して実践している。欧米の研究アーカイヴでは常識的な一次資料／二次資料の並行蓄積の手続きは、わが国では未だに、その意義が認知されていないからだ。

第二に、「アート・アーカイヴ」では、「準一次資料」的な資料コーパスの構制化を実践している。一般にアーカイヴでは、資料コーパスが「所与」として存在する場合が多い。つまり特定の図書類、書写資料群、静止画像類などが対象として与えられている事例である。しかし、美学

図書館・アーカイブズの現場から

芸術学の観点に立つと、アートの研究や受容で重要なのは、出来上がった所与の作品そのものよりも、むしろその作品の成立過程にほかならない。たとえば、ゴッホの《ひわまり》の絵画作品一点があるとき、その色彩や線描、画布の形状や絵画技法、作品来歴、展覧会歴、評価額などの諸データにとどまらず、当該作品の下絵としての素描作品、書簡における関連記述、参照した技法書、色彩研究のために手元においた毛糸類をはじめ、「制作過程」を支えた諸資料が重要な役割を果たす。われわれは、それを「準一次資料」と呼んでおこう。こうした特定の準一次資料を認定する作業、すなわち構制化は、専門家によってしかなしえない。また、情報学・書誌学的観点からすれば、資料に特定の解釈や価値を付与する主観的作業と批判されかねない。だが、そうした専門家による解釈学的な資料の構制化こそ、アート・アーカイヴの構築に不可欠な取り組みなのである。こうした手続きをへて、はじめて芸術制作の力動性やイマジネーションのメタファー的躍動性が取りおさえられるからだ。

　伝統の枠におさまらない新しい価値の創出や感性の飛躍など、制作上の生成（ジェネティクス）を解明しないかぎり、アート・アーカイヴはその役割を果たしえない。われわれが準一次資料の構制化や、マイクロ・データベース構築におけるメタデータの設定にあたって、こうした「ジェネティック・アーカイヴ・エンジン」をつねに志向してきた理由は、そうした芸術学的解釈学的取り組みにある。

　現代の情報社会はメディア論の哲学者N・ボルツらの主張するように、グーテンベルク時代の終焉、つまり文字文化の変革期を迎えている。新しい「知のデザイン」が不可欠な時代であろう。われわれのアーカイヴ・モデルは、たんに資料収蔵空間と情報システムとの接続を目標としてはいない。現実に、知の新しいデザインを共有するアーカイヴ・スペースの設置を実現しており、だからこそ毎年、このアーカイヴのために東京にやって来る外国人訪問者の受け入れが可能なのである。われわれはこれまで、アーカイヴの利用者という言葉を用いることはなかった。なぜならアーカイヴは、あくまで知をめぐる交流の「場」であるはずで、その参加者は利用者ではなく、訪問者、共同作業者にほかならないからだ。アーキヴィストも特権的な専門家であってはならない。「場」の支え手のひとりにすぎないことは、強調しても強調しすぎることはない。

身装（身体と装い）文化アーカイブズ

高橋晴子

たかはし・はるこ　大阪樟蔭女子大学教養教育教授。一九四八年生。身装情報処理。『近代日本の身装文化』（三元社、二〇〇五年）他。

私が抄録・索引誌『衣料情報レビュー』の刊行に手を染めたのは一九七七年のことである。発意をもったのは、当時、本学学芸学部の被服学科専任だった大丸弘先生で、学術的なエクステンション活動のひとつと考えてのことだった。国内外の研究状況や、研究の発展方向を紹介する「レビュー」という性格は四号くらいでなくなってしまったが、抄録・索引誌としては、学術雑誌一三〇〇誌、商業雑誌三〇〇誌を対象として、二四年間コンスタントに刊行された。抄録は著者抄録とし、一〇〇字程度の指示的抄録を学術論文についてのみ書いてもらった。平均七割くらいの回収率だった。データの配列のためには、ファセット構造をもつ専門分類を作成し、この分類は現在のデータベースでの利用にも耐えている。また分類を土台として、シソーラスにあたる身装概念コードも作成した。

一九七九年に、大丸先生が国立民族学博物館研究部に移籍すると、各地域の衣文化にも焦点をおいてデータベースを構築する、という可能性がでてきた。その後、図書館情報学やシステムの専門家もメンバーとなった国立民族学博物館（以下、民博）での共同研究会を通してデータベースは発展し、現在〈服装・身装文化データベース〉（**図1**）として、民博のウェブサイトより公開している。データベースの構築は、七名のメンバーによるMCDプロジェクトが行い、制作協力者はすでに二桁の人数になる。制作協力者の謝金は日本学術振興会科学研究費をおもな財源としているが、科研はいつも当たるわけではないので、先の資金については常に不安定だ。毎年秋になると、どうやって来年の資金を調達しようかと、私は脳みそが溶けるくらいに考える。

本データベースは、画像を含む〝衣服・アクセサリー〟と〝身装文献〟の、ふたつのサブデータベースで構成され、公開データ件数は約二〇四〇〇〇件（二〇〇八年三月現在）である。〝衣服・アクセサリー〟は、民博所蔵の標本資料を対象としたデータベースである。〝身装文献〟は、先に紹介した『レビュー』を基幹データとして、国内外の関連文献を、「服装」から「身装」に拡張した、その概念にそって構築しているレファレンス・データベースである。本データベースは、研究データベースとして発展してきたために、その長所・短所をともに備えている。標本にしても、文献にしても、単なる目録データ

図書館・アーカイブズの現場から

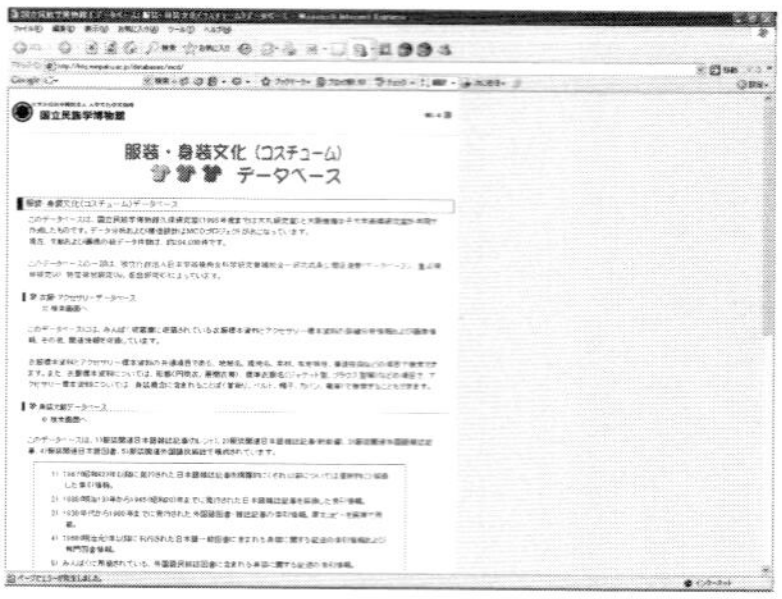

図1
〈服装・身装文化データベース〉
（http://www.minpaku.ac.jp）のカバーページ

ベースではなく、データベースそれ自体が問題意識を持っているという長所を備えているが、そのために、特定の分野に偏りがちという短所も同時に持っている。

さて、「身装」という概念だが、装うためのモノだけを指すのではなく、人の身振り・しぐさも含み、またそれらを包む情景・環境までをも含んでいる。"衣服・アクセサリー"は、今後、現地の人々の生活をとらえた画像とリンクし、視覚的に「身装」の概念を深めていく計画である。今年はこの目的をもって科研がとれたので、グアテマラの衣文化がまず公開されることになる。さらに近々公開するデータベースは、近代日本の身装文化に関する画像・出典つき年表である。同時代の新聞記事を中心とするアーカイブズを対象データとしているので、新聞記事そのものも必要に応じて提示できるようにし、戦前の和装と洋装が競いあった時期をデジタルアーカイブとして表現したい。このように、世界の身装文化のデジタル化の夢は膨らむばかりなのだが、データベースは大きくなればなるほど手がかかる、ということを最近ひしひしと感じている。成長すればするほど手がかかる、というのは理屈にあわないが、人手もお金も時間も増すばかりだ。こんなややこしい代物は、今後どうなっていくのだろう。きっと、各大学には、研究者が手をつけて途中で放りだしてしまったデータベース、退職することによってやむなくお蔵になってしまったデータベースがあるにちがいない。無縁仏のようなデータベースが、今後どんどん増えていくだろう。私もハタと気がつくと後継者がいない。

最近、国内においてもWebアーカイビングなど、データの共有が問題とされ、実行もされつつあるが、まだまだもどかしい。この話題になると、日本にはそもそもドキュメンテーション・マインドが存在しないのだからと不満を言いたくなるのだが、しかし、現在の世界の状況、とくに美術館・博物館、図書館、そして文書館の連携を目の当たりにすると、そんな不満を漏らしている余裕はない。いまさら、十九世紀の半ば以降、ドキュメンテーションをシステマティックに実現してきた欧米文化をうらやんでも、またトップダウン方式をとって猛スピードでドキュメンテーションを推進している韓国をうらやんでも仕方ない。日本は日本なりに、日本流のドキュメンテーションのあり方を考え、実行することが先決だ。このあたりに視点をおいて、国立国会図書館や大出版社などが斬新なアイデアを出し、リードしてくれないものだろうかと、個人としては切に願うばかりである。

京都国際マンガミュージアム

【マンガを収蔵することの逆説】

吉村和真

よしむら・かずま　京都精華大学准教授・京都国際マンガミュージアム研究統括室長。一九七一年生。思想史・まんが研究。『差別と向き合うマンガたち』（臨川書店）。

「お前はゴラク読みたくないのかっオレははっきり言ってサンデーよりゴラクが読みたいぞ」「じゃあコンビニでかってくればいいじゃん」「いや買って読むほどのもんでもない。あれは散髪屋とか定食屋のタナでこべこべになったのを読むのが」——鴨志田穣と西原理恵子の会話（山崎一夫、西原理恵子『たぬきランド3』実業之日本社、二〇〇二年）

当館は、二〇〇六年十一月、京都市と京都精華大学の共同事業として開館。立地条件にも恵まれ、入館者は一年九ヵ月で四〇万人を超えた。館内に「国際マンガ研究センター」を設置し、統一テーマ「ミュージアムを活用したマンガの学際的・総合的研究と研究成果の社会還元」のもと、各種の研究会、展覧会、講演、ワークショップなどを日々実施している。そのプロジェクトの一つが、「マンガ資料の体系的収集と整備」である。

開館時の蔵書数は約二〇万点。一枚物の戯画や諷刺画などを含むため「点」としているが、蔵書の大半は戦後のマンガ雑誌と単行本である。うち単行本約五万冊を廊下に設えた「マンガの壁」に開架。主に一階が少年向け、二階が少女向け、三階が青年向け。東京で営業していた貸本屋の寄贈本を中心に、海外の作品や日本マンガの翻訳版、時節に応じた特集棚も設置している。その他は基本的に閉架書庫だが、「研究閲覧室」で利用者登録すれば少なからず手にできる環境にある。

二〇〇八年八月現在の蔵書数は約三〇万点。増加分一〇万点の内訳として、寄贈が四万点を超す（単行本が約七〇％、雑誌が約二〇％、その他は付録・グッズなど）。この割合の多さが当館の特徴、すなわち、マンガ・アーカイブズの意義と課題を示唆している。

誤解を恐れずに言えば、「マンガは捨てるもの」である。特に雑誌は、二、三タイトルでも週刊誌を自室に保存しようものなら、遠からず部屋が溢れるのは目に見えている。また、物理的な側面だけでなく、限られた愛読書は別として、そもそも購入したマンガを後生大事に保管する人はコレクター以外稀だろう。多くの人にとって、マンガは「娯楽」「消耗品」であって「文化」「所蔵品」ではないからだ。否定的な意味ではない。あくまで肯定的かつ健全な意味で、マンガは「気軽に捨てる」ことのできる、もしくは「買わずともあれば手にして」しまう読物な

図書館・アーカイブズの現場から

のである。マンガの新古書店やマンガ喫茶の台頭、コンビニマンガと称される廉価版の単行本の普及なども、このことを裏付けていよう。

つまるところ、当館はその「読み捨てられたもの」を収集・保管・公開しているのだ。もちろん、これも卑下しているのではない。多くの人に親しまれながらも、膨大なタイトルと発行部数を有し、あまりに身近な存在であるがゆえに、マンガの網羅的な収蔵は個人では極めて困難である。したがって、マンガこそ、体系的な収蔵や積極的な寄贈先となる公共の施設が必要なのだ。その想いは、見たことのないマンガよりも、懐かしい思い出を求める来館者が目立つ、当館での現場感覚によってさらに強まっている。

しかし、それは当館の課題とも重なる。この間の調査で、寄贈内容に偏りがあることが判明した。時代的には雑誌・単行本ともに平成のものが大半で、雑誌タイトル的にはB級誌――例えば『週刊漫画ゴラク』や『週刊漫画サンデー』（『週刊少年サンデー』ではない、念のため）など――が圧倒的に少ないのだ。当然、寄贈にバランスなど期待するものではない。そうではなく、「気軽に捨てられる」のが「マンガらしい姿」だとすれば、B級であればあるほど収蔵しにくいという現実の意味を強調したいのである。実際、その手の雑誌は、自発的に購入しようとしてもなかなか一揃いで発掘できない。むしろ、超が付くマイナー誌の方が金額次第で入手可能である。すなわち、失われてしまったことによって、事後的にその価値がわかるという逆説が、言い換えれば、従来の図書館・アーカイブズの理念や機能――知の集積や継承――とは本質的にマンガがずれているかもしれないという課題が、そこにある。

では、マンガは図書館やアーカイブズと相性が悪いのかと言えば、決してそう思わない。それどころか、既存の図書館や博物館の在り方を変える力を持っていると言える。例えば当館では、実際の来館者だけでなく、ネットアクセスも含めた、市民参加型のアーカイブズやデータベースの構築を模索している。画像処理が多いため、著作権問題も悩ましい。それに何より、膨大な資料点数を考えれば、国内外を問わず類似施設が増えてほしい。大阪府立児童文学館の存続などは大問題だ。

当館の閲覧室はお世辞にも広いと言えず、廊下の椅子も限られている。それでも晴れの日には、多くの来館者が校庭の芝生に寝転んでマンガを読み耽けり、その傍らでは子どもたちが鬼ごっこやボール遊びに興じている。マンガ好きにはまるで天国のようなこの光景が、少しでも多くの国や地域に広がっていくことを願ってやまない。

東京電力　電気の史料館

小坂　肇

こさか・はじめ　東京電力　電気の史料館上席学芸員、埼玉県平和資料館資料評価委員。一九七一年生。博物館学・日本近現代史。

「電気の史料館」は、東京電力創立五十周年記念事業の一環として平成十三年に開館し、電気の歴史と電気事業に関わる機器等の展示を行っている。同時に併設機関として「電気の文書館」も開館し、一般に図書の貸出や文書の閲覧等を行っている。

組織構成の詳細としては、「史料館」は展示施設で、常設展示および企画展示・イベント等を行っている。一方、「文書館」は図書、文書および物品の収集・保存・管理を受け持っており、大別すると図書館・文書館・博物館収蔵施設の三機能を持つ機関である。これらの仕事に従事している専門職員は、学芸員兼アーキビストが三名、図書館司書が二名の体制となっている。

当館では取り扱う資料の種類が、図書・文書・物品資料と幅広く、そのため様々な問題点も発生する。また、開館以前より資料整理は行われていたが、図書館・博物館・文書館各業界それぞれの専門的知見に基づいておらず、結果的にそのことが問題を大きくしている。

まず保存環境については、事務室の流用のため窓および天井よりの輻射熱の影響を受け、さらに館内空調と室内空調の複合要因により温度のコントロールが難しく、湿度については全くコントロールできない状況であり、カビの発生まで確認された。

この改善策として、窓の遮蔽断熱、館内空調停止、室内空調変更、除湿機・空気清浄機の設置、室内密閉性の向上、前室の設置を行い、保存科学における写真・フィルム類用収蔵庫としての平均的な保存環境を、定常的に維持できるまでに至った。しかしながら、収蔵している映画や建設工事記録の動画フィルムはすでに酢酸を発生しており、早急にマイグレーション（媒体変換）を検討しなければならない状態でもある。

個別の資料保護については、資料劣化の要因となる物質を使用している可能性のある一般的な文房具を使用していたり、中性紙やストレージボックスなど専用保護材も使用はしているものの、pHに配慮しない不適切な使用法をとっており、さらには物理的な損傷に配慮できていない置き方などあまりにも多岐にわたっているため、これも順次保存科学に基づき修正を行っている。

資料整理については、たとえば一件書類を記録なしに形状で分割するなど、原

状回復の困難なものが多数あるが、記録の残っているものから順次原状回復を行っている。また、形状により物理的に配置しているだけであるので、組織変遷の記録を元にした、系統立った資料整理を開始している。

　資料情報の記録については、一般的な図書館用システムに文書・物品資料の項目を無理に設定して入力しており、資料情報記録の入力・検索に多大な支障を来している。また受入時記録がないなど、歴史資料情報の記録としての不備が多い。

　これらについては根本的な改善が必要で、NCR・ISAD(G)・CIDOCなどのメタデータについて研究を基に検討を行っており、文書・物品資料についてはシステム開発を視野に入れつつ検討を行っている段階である。

　以上のように資料の保存管理については、種々改善を行っている最中であるが、体制整備の点においても「東京電力」のアーカイブズとしては未だ不十分である。それは「東京電力」から生み出される各種文書について、定常的な文書の受入システムを「文書館」として構築できていない点である。

　公文書館分野においても何度も議論されているが、組織内における文書サイクルの中に、「文書館」がどのように関わっていくかという点について、現状では積極的な手段を講じられていない。

　この問題は、非現用文書を歴史資料として保存するとき、判断をどの部門が行うのか、何を焦点に判断基準を設定するかなどの問題がある。最近では半現用文書と中間庫の議論もあり、一概に論ずることはできないが、東京電力はその規模と設立経緯から、組織として比較的公共団体と近似していることが多く、現在の公文書館における議論を参考にしつつ今後検討をしていきたい。

　これまで当館の問題点とその改善事例を紹介してきたが、その改善の根本となる「調査研究」について述べたいと思う。

　当館は年度の計画に調査研究の項目を設け、電気事業史の研究のような歴史研究のほかに、博物館学・アーカイブズ学の調査研究を行っている。歴史資料を未来に残し活用していくためには、関係諸分野の調査研究から得られた知見を基に、さらに自館における調査研究の上、自館所蔵資料に適切な方法論を編み出し適用していくことが肝要であると思われる。

　最後に今後の展望として、前述の通り早急に全社大の文書サイクルに組み込まれる形で、歴史資料の保存活動をしていきたいと考えている。当館は企業アーカイブズの中でも「文書館」と銘打って一般公開している数少ない施設であるため、企業アーカイブズとしてその先鞭をつけるような事例提供ができればと希望している。

渋沢栄一関係資料の二十一世紀

小出いずみ

こいで・いずみ　（財）渋沢栄一記念財団実業史研究情報センター長。文化資源学。共著に『アーカイブへのアクセス』（日外アソシエーツ）他。

渋沢栄一関係資料は、個人アーカイブズとしては特異な存在である。第一に、その大半が『渋沢栄一伝記資料』（一九四四、一九五五—七一。以下、『伝記資料』）として刊行されており、第二に、その全文のデジタル・テキスト化が進行中であるところに大きく特徴付けられる。

出版された個人アーカイブズ　『伝記資料』は別巻も含め全六八巻という膨大な資料集で、渋沢栄一（一八四〇—一九三一）の事績・人格・思想を観察し、叙述し、論評する伝記が数多く書かれても、それらが必ずしも正確さや詳細さにおいて十分でない、との認識から、伝記を書くための資料を蒐集、編纂したものである。収録資料は、「活動及び関係事業の広汎・多岐にわたるに鑑み、明治六年以後に就ては、各方面の重要文献について総当り的に渉猟」（凡例）して集められた。『伝記資料』は、各処に足跡を残した栄一の活動を、日記・書簡や公的な文書、新聞・雑誌における報道など同時代の記録によって跡付けている。個人アーカイブズを丸ごと出版する、という例はおそらく少ないのではないか。

渋沢栄一の伝記資料の収集と編纂は、一八八七年の「雨夜譚」以来何度も企てられ、最終的に実現したのがこの『伝記資料』であった。これらの編纂過程は、報告記事がしばしば『竜門雑誌』に掲載されて記録され、それが伝記資料編纂事業のアーカイブズ（の一部）をなしている。

『伝記資料』に収録されたもとの資料には、関東大震災や第二次大戦の空襲により消失したものも多く、『伝記資料』収載によって辛うじて今に伝えられているものもある。渋沢栄一記念財団の渋沢史料館でも、『伝記資料』編纂に使われた資料の一部を所蔵している。ほかに、栄一の日記など一部の資料は、「日本実業史博物館準備室」旧蔵資料として、現在は国文学研究資料館で所蔵され、また栄一が係った組織に残されている場合もある。もしも『伝記資料』としてまとめられていなかったらば、渋沢栄一の個人アーカイブズは今のような包括的な形では形成されなかった、といえよう。

デジタル伝記資料　日本資本主義の父といわれる渋沢栄一は、近代日本の形成に大きな影響を及ぼしたが、その活動範囲は、経済、政治、外交、教育、社会事業、宗教、文化支援など多岐に亘る。『伝記資料』も一個人の伝記資料を越えて幕末以来昭和初期までの史実や諸般の状勢

図書館・アーカイブズの現場から

を知るに資するところ多大、と序文にあるように、広範な資料で構成されている。推定四万ページを越える『伝記資料』の内容が自在に検索できるようになれば、もっと有効に、栄一の時代の研究に利用することが可能になる。

　そこで渋沢栄一記念財団実業史研究情報センターでは、『伝記資料』の活用を最大化するために、そのデジタル・テキストを作成中である。これが完成すれば、『伝記資料』記載の中身の検索はもとより、収録されている資料の検証が容易になる。もとの資料の所在確認などが組織的に行えるようになる上、未収録の資料も判別しやすくなる。つまり、デジタル・テキスト化によって個人アーカイブズの体系的な組成調査も可能になる。

記録資料と知のライフサイクル　何が渋沢栄一関係資料かを考えると、日記・書簡・写真・書、辞令や通達など公的文書、招集状や議事録など会合記録、統計や経済分析などの文書、新聞・雑誌で報じられた動静、回顧談や目撃談などの証言、さらには刀・帽子・勲章・胸像・ラジオなど身の回り品から住居に至るまで、その範囲は資料形態を問わない。栄一の言動や事績に関する証拠能力があるものがすべて入る。

　社会の出来事や個人の経験、また森羅万象も、記録されることによって媒体を得、時間を超えて共通に利用できる経験知となる。この経験知を集積し、利用する仕組みがアーカイブズである。経験知がさらに凝縮され体系化され知識になると、伝播・共有には書物という媒体が用いられる。出版が知のライフサイクルに貢献する所以である。ところで、書物になったことが原資料の廃棄を招く現象は、たとえば市町村史や社史などの刊行と記録資料の関係に広範に観察され、文書記録の書物による代置が起こる（昨今は資料のデジタル化でも似たような現象がある）。しかし、歴史に限らず科学は、再検証が保証されてこそ知識が深められ確立されていく。アーカイブズはこれを担保する仕組みでもある。

　そもそも『伝記資料』編纂の意図は、伝記を書く材料を提供しようとするものであった。定本化した渋沢栄一像ではなく資料集を提供することによって、多方面からの再検証を可能にする試みである。その再検証は、デジタル・テキスト化でさらに容易になるはずである。実際のところデジタル化の実現には、情報アクセスに関する図書館情報学の知識と技術が大きく貢献している。図書館では知識や情報の円滑な利用が重要な機能であり、検索手段の生成や資料・情報の利用に関し実績と蓄積がある。

　資料に基盤をおく社会の記憶装置、アーカイブズと図書館。その哲学と手法を融合するのが、渋沢栄一関係資料の二十一世紀の姿である。

新潟県立図書館

【『新潟県中越大震災文献速報』の作成】

野澤篤史

のざわ・あつし　新潟県立図書館勤務。一九六二年生。

平成十六（二〇〇四）年十月二十三日一七時五六分、新潟県中越地方を震源とするM六・八の大地震が新潟県を襲った。震源の川口町では「震度七」を記録し、県内の広い地域で、震度六強から四の強い揺れに見舞われた。その後も、最大震度六強を観測した余震を含め強烈な余震が断続的に続き、当日二四時までに、実に一六四回の有感地震が発生した。

幸い、当館では大きな被害はなかったが、十日町情報館ではスプリンクラーが作動、資料約四万点が水濡れになる被害が発生、小千谷市、川口町等でも大きな被害を被った。また、長岡市立中央図書館は、十一月七日までの約二週間、「避難所」となった。

当館では、地震発生直後から、県内各図書館の被害状況をホームページ上に掲載した。十月二十七日に第一報を掲載し、以降五回の更新を行った。また、被災した図書館に対する復興支援の呼びかけと日程調整を行った。こうした活動とともに、郷土資料を担当する業務第二課で、「地震関係資料」の収集に着手した。

収集に着手すると同時に、収集した資料をどのように整理し、公開していくのかの検討もスタートさせた。そうしたなか、「長岡赤十字病院」と「新潟県立看護大学図書館」が、それぞれのHPに「文献一覧」をアップし公開を始めた。当館でもHP上での公開が適当と判断し、「収集した資料を月毎にまとめ『新潟県中越大震災文献速報』として、PDFファイルで公開する」こととした。

『新潟県中越大震災文献速報』の収録対象範囲は、当面「図書」「雑誌記事」「市町村広報誌」とすることとした。「新聞記事」については、当館としても記事索引の必要性、有用性は十分理解認識していたが、あまりにも膨大な記事量のため、マンパワーの面から断念した。「地図」等の資料については、収集状況を見ながらということとし、「未曾有の大震災の記録・資料等をできる限り収集・保存し、後世に伝えていくと同時に、これからの復興、今後の災害対策へ寄与する」べく、スタートした。

『文献速報』の作成にあたっては、特に、地元資料の掘り起こしと、記事の採録という点を意識的に行った。特に雑誌記事には、いわゆる「雑誌」とよばれるものの他、会報やミニコミ誌なども広く収集し、細かい記事も採録するようにした。学術論文等は、例えば国立国会図書館の

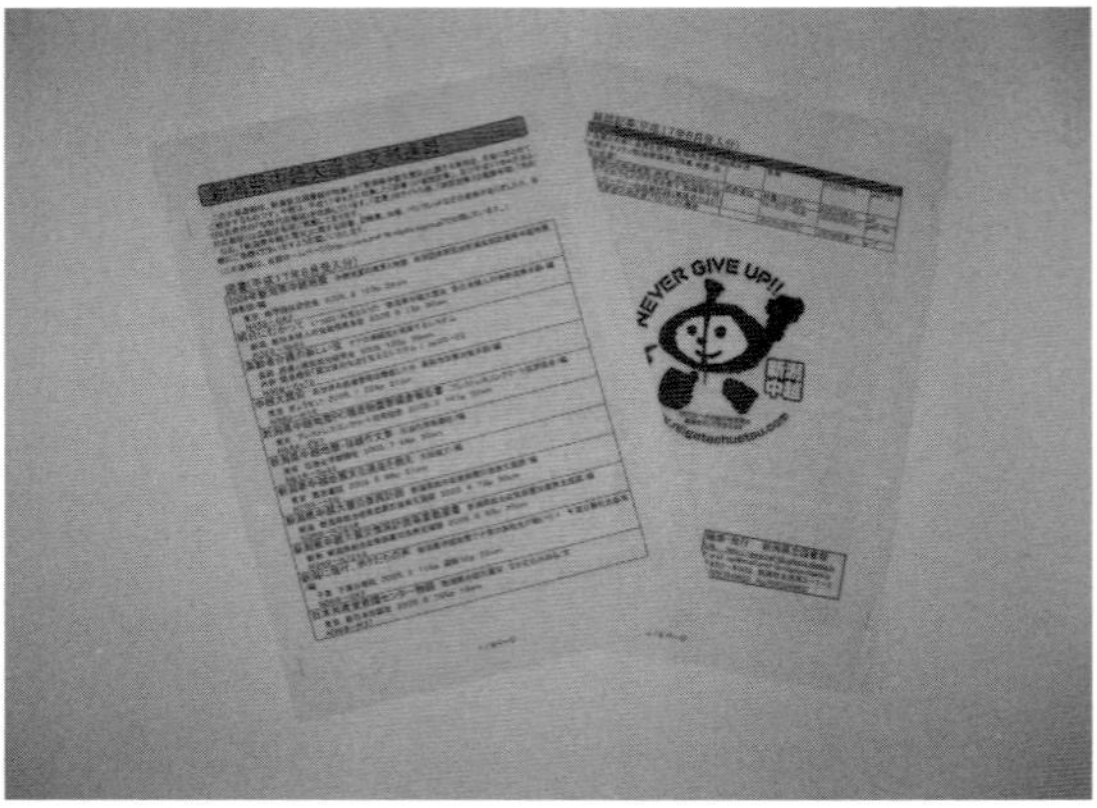

雑誌記事索引等でも検索できるが、地域の各種団体の動きや、直接被災された住民の手記などは、他に検索の手段がなく、こうした記録を整理することが県立図書館としての大きな役割と考えたからである。また、こうした記録を時系列で並べてみることによって、復興への過程を、住民側の観点から検証でき、今後の災害における復興の参考になるのではとも考えたのである。当初は、資料収集もかねて、現地へ幾度となく足を運び、情報および資料収集に努めた。また、被災地の図書館の職員とも連携し、情報の交換のみならず、資料の交換もたびたび行うことができた。

『文献速報』は、平成十六年十二月二十四日に第一号（図書・雑誌記事十一月受け入れ分）の公開を行い、現在も継続している。また、平成十九（二〇〇七）年七月十六日には、「新潟県中越沖地震」が発生し、再び新潟県内各地に大きな被害をもたらした。この地震についても『新潟県中越沖地震文献速報』を作成し、HP上に公開している。

中越大震災から、まもなく四年が経過しようとしている。被災地では、インフラ関係の復旧はほぼ完了し、本格的な復興に向けてのスタート地点にたったといえる。この四年の間に「中越沖」を始め、「福岡県西方沖」「能登半島」「岩手・宮城内陸」、また「四川大地震」など数多くの地震が発生している。文献速報開始時に掲げた「これからの復興、今後の災害対策へ寄与する」を実現していくためにも、今後とも関係資料の収集・保存に努め、「震災」を風化させないよう、「震災」の情報を発信していきたいと考えている。そのためにも、雑誌記事のデータベース化や、未整理資料の組織化など、取り組んでいかなければならないことがまだまだあると考えている。どういった形にせよ、これまで収集した資料を、きちんとした形で取りまとめ、「震災」の記録を後世に伝えていくことは、新潟県立図書館に課せられた大きな使命であるとともに、復旧・復興のさなか、資料をお寄せいただいた各方面への責務であると考えている。

大阪府立中之島図書館

【ビジネス支援サービス】

前田香代子

まえだ・かよこ　大阪府立中之島図書館。

大阪府立中之島図書館は、明治三三年に住友家第一五代当主・住友吉左衛門友純氏より、図書館の建物一式並びに図書購入基金の寄付の申し出を受け、明治三七年「大阪図書館」として開館した。

以来さまざまな変遷を経てきたが、平成八年に大阪府立中央図書館が総合図書館として東大阪市に開館するに当たって、中之島所蔵資料の多くを中央図書館に移管し、中之島図書館は大阪資料・古典籍センターと、公共図書館の基本的な役割（一般的な資料提供と図書館協力機能）を果たす図書館としてリニューアルオープンした。しかしながら、大阪のビジネス街の中心という立地、大阪商工会議所商工図書館の閉鎖、内外の要望などにより、開館百周年を迎えた平成一六年の四月より、ビジネス支援サービスを開始し、従来の大阪資料・古典籍資料センター機能と共に、二つのサービスを柱とする図書館として新たなスタートをきった。なお、昭和四九年には本館と左右両翼が国の重要文化財に指定されている。

ビジネス支援サービスの主な取り組み

1　対象を企業活動に携わるビジネスパースン、キャリアアップを目指して学ぶ社会人、創業・起業をはかる社会人を中心とした。

2　資料収集範囲を経営、法務、業界・企業情報などを中心とした。総合図書館である中央図書館とは毎日一回シャトル便が往復。

3　業界新聞、ビジネス関係雑誌を集中的に収集する。現在それぞれ、約三〇〇タイトル、約六〇〇タイトルに達している。これら資料の殆どが発行者の寄贈であり、関係者に支えられていると言える。

4　調査相談カウンターを設け、貸出・返却・出納カウンターとは別にして、落ち着いて相談できるようにした。

5　デジタル情報室を設置し、インターネット端末三六台を備え、無料でインターネット、CD—ROM、データベースを提供している。

6　ビジネスセミナーや講演会、サポートフェアなどを企画、開催。また関係機関との共催事業の実施や、中小企業サポートフェアへの出展参加などをし、新しい利用者層の開拓をはかった。

7　ホームページも一新し、ビジネスWeb情報源やビジネス調査ガイド、新聞や雑誌の業界別所蔵情報などを提

供している。また、月二回メールマガジンを発行し、非来館型サービスにも努めている。

8　府内市町村図書館支援として、図書館職員を対象にビジネス支援専門研修、データベース説明会、操作実習などを実施。

9　府の関係行政部局、府内ビジネス支援機関、専門情報機関等を訪問。情報交換を行うとともに、今後の協力関係について依頼。

10　ビジネス支援課の閲覧室には、社史・団体史、会社案内、各企業発行のCSR（企業の社会的責任）、ADB（アジア開発銀行報告書・寄託資料）、ビジネス関係パンフレットコーナーを設置した。

11　過去の住宅地図への要望が多く、昭和三〇年代からの府全域の住宅地図を開架とし、利用に供している。

中之島図書館はその立地から従来よりビジネス関係資料を求める利用者が多く、全くなじみがないというわけではなかったが、ビジネス支援というからにはより具体的な知識や技術が求められるだろう、と職員のプレッシャーは相当なものであったし、現在もそうである。各種研修に参加し、毎日のカウンターで利用者に学び、関係機関との連携のなかで教えられることも多い。公共図書館でのビジネス支援サービスとは何なのかと常々考えるが、府民にとって親しみやすい公共図書館がビジネス支援サービスをすることは、府内の支援機関や専門情報機関とつなぐ役割をもつことであることを実感している。また、関係機関の方々の図書館資料の蓄積に対する評価に、改めて資料の重要さに目を開かれる思いもしている。その意味で大学図書館との連携も重要課題であるが、この四月に、大阪府立大学学術情報センターと府立図書館との相互協力が発足し、中之島図書館を窓口として利用している事例も何件かみられる。また同大学の中之島サテライト教室が今年度の後期には開講され、両館の連携について検討しているところでもある。

公共図書館と専門情報機関等をうまく使い分けているヘビーユーザーがある一方、公共図書館がこんなサービスをしていることは知らなかった、こんな資料まで揃えていることは知らなかったという方がまだまだ多い。認知度を高め、新たな利用者を開拓するための企画、既利用者にもよりうまく図書館を使って頂くための企画を日々模索している。

奈良県立図書情報館

【公文書・古文書の保存、閲覧、データベース化】

富山久代

とみやま・ひさよ　奈良県立図書情報館司書監。一九四八年生。

経緯　奈良県立図書情報館は、図書館機能と公文書館機能の融合、文献資料と電子情報・ネットワーク情報の融合的活用、知的交流の舞台としての情報創造・発信機能、といった新しい機能を盛り込んだ図書館として平成十七年十一月に開館しました。当館ではサービスを「情報リテラシー支援」、「ビジネス・行政支援」、「地域研究支援」、「交流支援」の四つの分野に大別し、それぞれ具体的な取り組みを進めていますが、なかでも地域研究支援の分野については、当館ならではの重要な役割として、より専門的なレベルでの研究支援が可能となるサービスを目指しています。公文書館機能と図書館機能の融合というのは全国的にもあまり例がありませんが、二つの機能を併せ持つことで、奈良県の地域研究をより多角的に進めることが可能になるのではないかと考えています。

当館はその前身である奈良県立奈良図書館時代から公文書を収集し、多くの方に利用されてきた歴史を持っています。しかし、それは図書館資料という範疇で扱うにとどまり、奈良県行政の記録として明確に位置づけられるまでには至っていませんでした。

図書情報館の設置に伴い制定された奈良県立図書情報館条例第二条第三号では、「本県に関する歴史資料として重要な公文書等を保存し、閲覧に供するとともに、これに関連する調査研究を行うこと。」と規定されています。さらにこれをうけて公文書等の記録資料についてその取扱いを定めた「奈良県立図書情報館公文書等の取扱いに関する規則」、これらによって、当館は公文書館・文書館としての歩みを本格的に開始することとなりました。

収集資料の状況　公文書（奈良県行政文書）の収集については、県庁舎建て替えに伴い一部の文書を旧奈良図書館に移管したのに始まり、平成五年からは関係課で組織された歴史的文書保存利用研究会での文書調査結果に基づき、歴史的文書として奈良図書館に移管・保存することとなり、明治期・大正期の文書が順次移管されました。平成十三年度からは県の行政文書関連の規則・規程の改正等に伴い、保存期間が満了した五年保存以上の文書は県立図書館に移管されることが明文化されました。これ以降、毎年定期的に図書情報館に非現用公文書が引き継がれ、選別を経て当館所蔵資料として整理し、利用に供されることになりました。

現在、約一万一〇〇〇点の公文書を所蔵しており、さらに毎年五〇〇点程度の公文書が移管されています。

当館所蔵の公文書の中で特色ある文書は二三〇〇点に及ぶ郡役所文書で、全国的にも注目を集める資料群となっています。中でも多いのは社寺関係文書（社寺明細帳、神社祭神調など）で、奈良県の歴史的な特色を反映しています。

また、行政文書のほかに、近代以前の地方文書を中心にした古文書類約二万点、奈良の郷土史家が渉猟した文書や自ら筆写した文書を集成した「藤田文庫」、「今西文庫」というコレクションも異彩を放っています。

利用状況は、平成十九年度で年間延べ利用者が二六六人、閲覧簿冊数が八一五冊となっています。資料の性格上、特定の利用者が繰り返し利用することが多いようです。

データベース化の状況　公文書を活用するためには、まず目録データベースを整備し、資料情報を利用者に伝える必要があります。そこで、旧奈良図書館時代の平成十年度から目録データベースの構築を進めました。当館のデータベースの大きな特徴は、一般の図書や雑誌との統合検索が可能であること、明治以降の行政文書だけでなく古文書も同じデータベースで扱えることです。現在では約九八〇〇件の公文書目録データ、約一万六〇〇〇件の古文書目録データが蓄積され、館内の目録検索端末からだけでなく、インターネットからも検索可能となっています。

現物が傷みやすく、また代替のきかない公文書・古文書にとって、デジタルアーカイブ化は今後の重要な課題であろうと考えています。当館ではまだこれらの資料のデジタルアーカイブ化は進んでいませんが、今後膨大な量になることが見込まれる記録資料の保存と利用を両立させ、さらに記録資料の新しい活用を可能にするためにも、よりよい方策を模索しているところです。なお、現在、奈良県関係古典籍一六点及び絵図一二二点がデジタルアーカイブ化されており、ホームページで公開しています。

ホームページ　http://www.library.pref.nara.jp

鳥取県立図書館

【模索・実験・悩み】

森本良和

もりもと・よしかず　鳥取県立図書館館長。一九五七年生。

本館は「仕事や暮らしに役に立つ図書館」を目指していろいろなサービスに取り組んでいる。もちろん、図書館の基本的な機能（県内全公共図書館・高等学校図書館等を結ぶ物流網の確立、全図書館の巡回指導、児童図書の全点購入・県内巡回展示など）も十分整えた上での機能拡充である。

まず、平成十六年度にビジネス支援サービスを開始した。起業支援、地域活性化支援、行政支援、議会支援、出前図書館、図書館活用講座、県庁内図書室などのサービス内容があるのだけれど、一言で言えば、ただビジネス関連の本を集めてコーナーを設置しているだけではないということだ。本当に役に立つビジネス支援サービスとは何か？　それは本や資料の紹介にとどまらず、人を紹介していることだ。商業・産業界、大学、金融界など広い分野の人を紹介できないとビジネスに結びつかない。本館を利用して実際に起業し、新商品を開発して販売にこぎつけた社長さんは「鳥取県立図書館がなかったら起業していなかった。」と言い切る。当然人物紹介ができる司書が本館にはいる。だけど反面「この司書がいなくなったら本館はただの図書館になってしまう。」と私は危惧している。ビジネスに役立つ人脈というのは一朝一夕にできるものではないし、研修を受けたら持てるものでもない。そこが非常に難しい。そして、ビジネス支援をさらに一歩進めた産学金官図連携にも足を踏み入れているのが本館である。

次に、平成十八年度から医療健康情報サービスを開始した。健康講座への出前図書館、他館とのタイアップによる医学情報研修、パネル展などをやっている。中でも中心になるのが、一五〇〇冊の闘病記を県民に貸出している闘病記文庫の提供である。病気を二五〇分野に分類して病名で読みたい闘病記を探し出せるようにしている。闘病記が心の支えとなったり、病気と向き合う勇気を与えてくれると好評である。しかし、新刊を闘病記の棚に置いていいものかどうか、医学知識がまったくない司書には困難が伴う。そこで看護師ＯＢの方に選定に協力いただいている。これで自信を持って置くことができるようになったから大変ありがたく思っている。

三番目に始めたのが、生活トラブル解決支援サービスである。今年の一月二十五日からスタートしており、弁護士会・

図書館・アーカイブズの現場から

法テラス・司法書士会・消費生活センターとのタイアップによる無料法律相談会や研修会などをやっているのだが、一言で言えば「法情報検索マップ」の提供だ。これは、だれでも遭遇しそうな生活上のトラブル一四テーマ（相続、多重債務、年金、パワーハラスメント、交通事故、悪質商法、いじめ等）に沿って、相談機関が発行したパンフレットやリーフレットを積極的かつ計画的に収集配架するとともに、基本図書、専門図書、データベース、相談機関の連絡先一覧、そして、これらの図書や資料が本館のどこにあるのかを示したマップを含めて一枚のチラシにして玄関で提供しているのだ。今まで一度も本館を利用したことがない人でも欲しい本を探せるようにしているところが味噌である。ちなみに半年間で一六六六枚、一日あたり約一〇枚が利用されている。トラブル解決に少しでも役立っていればと職員一同が願い、テーマの拡充に取り組んでいる。

　四番目に始めたのが、パブリックコメント支援サービスで今年の六月六日からスタートしている。従来から県では県民の声を政策に反映するためにパブリックコメントを実施してきたが、新たな条例や計画に意見を求められても、県民にしてみると情報がないから書くことが非常に難しいというネックがあった。これを解決する機関が図書館をおいて他にあるであろうか。しかも、図書館は土曜日も日曜日も開館しているので、図書館で調べて、図書館で書いて、図書館に応募すればとっても便利ではないか。先日、本館に備え付けのパブリックコメント応募ポストを開けたら、一〇件を超える意見が寄せられていた。パブリックコメント支援サービスは、「図書館は民主主義の砦」を身近に具現化したサービスであると自負している。

　同じ時期に開始したものに、道州制のコーナーがある。これは、もう一〇年もすれば鳥取県は中国州か中四国州の一地方になってしまいそうな気配であるのに、それを本気で議論している様子が見受けられない状況を危惧し、長期間の課題テーマとして道州制のコーナーを設置し、県民がいつでも道州制について調べたり、研究できるようにしたものだ。

　以上、本館の取り組みを簡単に紹介したが、これが図書館？と思われる方もいると思う。まるで総合情報センターなのだから。だから、私は、図書館とは世を忍ぶ仮の姿で、実は縦割りを廃し縦横無尽に活躍できる総合情報センターというのがこれからの図書館であろうと思っている今日この頃である。

岡山県立図書館

【デジタル岡山大百科】

森山光良

もりやま・みつよし　岡山県立図書館メディア・協力課長。一九六〇年生。図書館情報学。共著に『図書館概論』（樹村房）他。

「デジタル岡山大百科」とは　公共図書館のアーカイブズの対象は、郷土（地域）資料が代表的である。館の大小によって扱いに多少の違いはあるにせよ、ベストセラーをはじめとした一般的な資料がリサイクル本等として廃棄されることはあるとしても、ご当地の郷土資料は原則として保存される。その実践は、これまで印刷物をそのままの形態で保存するというものであったが、メディアの多様化、デジタル化、さらにはWebの普及が進む今日、公共図書館にはデジタル形態での実践が求められている。すなわち、デジタルアーカイブ、あるいは電子図書館サービスの実践である。

「デジタル岡山大百科（http://www.libnet.pref.okayama.jp/mmhp/)」は、岡山県民がWebに接続したパソコンで、郷土岡山について百科事典的に調べられることを目指して岡山県立図書館によって構築された県民参加型の電子図書館システムである。三つのサービス機能から成るが、ここでは郷土関係の文字、画像、音声、映像等のコンテンツ六万八二三六件を視聴できる「郷土情報ネットワーク」について述べる（数字は二〇〇八年三月時点、以下同様）。

関係諸機関とのネットワーク　公共図書館によって運営される電子図書館とは、著作権に抵触しない印刷物、典型的には古文書をデジタル化し、収録、公開したものというのが一般に定着したイメージであろう。もちろん古文書も収録するが、行政機関、学術機関とのネットワークを通じた情報収集を行っており、以下のような関係諸機関の情報を視聴できる。

①岡山県庁の行政情報二八五二件。観光、産業、教育等の情報を収録し、観光映像七一七件、二〇〇五年の「晴れの国おかやま国体」の優勝者コメント映像三六四件を含む。ちなみに、成年男子一〇〇m平泳ぎに出場した北島康介選手の優勝者コメント映像を、字幕付きで視聴できる。キーワード検索でお試しいただきたい。オリンピック連覇に向けた意気込みが伝わってくる。なお、肖像権の了承を得ていることは言うまでもない。

②岡山県古代吉備文化財センターの文化財情報六五〇件。岡山県は古くは吉備の国と呼ばれ、産出する鉄や農産物、海産物の交易で得た富を背景に一大文化圏を築き、一時は大和政権と競うほどの勢力を誇っていたと言われ、発掘される文化財も多い。「岡山県埋蔵文化財発掘調査

報告」五六五件の閲覧、「甦る！　古代吉備の国〜謎の鬼ノ城」シリーズの映像三六件の視聴等で往時を偲ぶことができる。

③岡山大学の学術成果情報八二一四件。岡山大学が設けるインターネット上の電子書庫「岡山大学学術成果リポジトリ」に収録された岡山大学の研究者等による論文、学会発表資料等の研究成果物を閲覧することができる。

ほかに、岡山県生涯学習センターの生涯学習情報一万四六〇四件、岡山県立博物館の国宝を含む所蔵品情報一万一六九四件等がある。

県民参加型　さらに、地域住民からのコンテンツを募る県民参加型の郷土情報募集事業を行っており、四〇〇〇件を超える県民提供情報を収録している。応募コンテンツについては内容審査した上で収録、公開する。参加の促進に向けて以下のような取り組みを行ってきた。

①デジタル絵本制作講座の実施および制作グループの育成。デジタル絵本とは、パソコンで読者が任意にページめくりしながら楽しむことができる絵本で、ナレーションの音声が付与されているものもあり、現在五五件を収録している。制作講座を二〇〇五年から毎年実施するとともに、グループ活動を通した作品制作が継続的に行われている。地域の民話や伝説等を素材に制作、アレンジするが、語り部の記録としてまとめられた民話集を引用する場合には、著作権者等の了承を得て作品制作をする。

②ボランティアとのネットワーク。前述の映像字幕付与は、ボランティアによって継続的に取り組まれている。観光映像を中心に字幕付き映像が六〇〇件弱収録されている。バリアフリーの視点から取り組んでいるが、コンテンツの著作権者に了解を得た上での字幕付与である点は言うまでもない。

③映像コンテスト「デジタル岡山グランプリ」の実施。収録コンテンツの特色である映像コンテンツの充実、事業の周知というねらいから、二〇〇六年度より、企業、団体等の協賛を得て実施している。実写ビデオ、アニメ、デジタル絵本の三部門から成り、比較的娯楽性の高い応募作品が全国各地から集まっている。

以上、関係諸機関、地域住民とのネットワークを基盤とする「デジタル岡山大百科」の取り組みについて述べた。誰にでも開かれたオープンなネットワークを形成できるよう、また著作権、肖像権等の諸権利にも留意して安心、安全、高品質な情報を家庭や学校に提供できるよう、今後とも努めていきたい。

函館市中央図書館

【地方公共図書館からの情報発信に向けて】

奥野　進

おくの・すすむ　函館市中央図書館勤務。一九七四年生。函館市入庁後『函館市史』の編纂に従事。

平成二十（二〇〇八）年四月、函館市中央図書館デジタルアーカイブ事業の成果を試験的に公開する「デジタル資料館」を開設、従来発信してきた「函館市史デジタル版」「はこだて人物誌」「ポスターコレクション」に加え、高精細画像による古地図の公開を開始した。八月には絵葉書を追加公開し、現在、古写真や新聞、古文書等他の所蔵資料の総合的なデジタル・データベースの構築を進めている。

事業が始まったのは平成一五（二〇〇三）年からで、平成十七年十一月開館の新図書館建設計画のなかで、遅ればせながらはじまったオンライン蔵書目録（OPAC）への対応と同時に、従来から高く評価されていた北方地域に関する貴重な所蔵資料の保存と利用の両立が企図された。市立図書館でありながら大量の古文書や古写真・絵葉書・ポスター等を持つ特殊な蔵書構成と、市町村レベルでは予算の確保が難しく資料整理やマイクロフィルム化等の代替化が進まない状況のなかで、史料保存とその整理・活用が急務となっていたのである。

事業の基本方針は、市立でも持続的にできる規模での構築をめざすというもので、デジタル化が難しい大型資料（地図、美術品等）以外は、市販のスキャナーとデジタルカメラを使って自館で電子データを作成している点である。国や都道府県レベル、大学図書館で進められているデジタルアーカイブ事業はあるが、市町村立の図書館での採用は難しいため、市町村レベルでも実施できる事業モデルを構築しようというものである。

とはいえ限られた職員で効率的に撮影する必要があるため、一部、公立はこだて未来大学の作成した古文書撮影システム（二台のデジタルカメラと手作りの撮影台、パソコン、制御プログラムからなる）やポスター撮影システム（デジタルカメラと接写台、パソコン、制御プログラムからなる）を導入しているほか、絵葉書資料の整理はボランティアの協力を得ながら事業を進めている。

成果として、絵葉書約六五〇〇点・古写真約一五〇〇点についてはスキャナーでの画像作成を終えたほか、ポスター資料約二五〇〇枚程度、古文書についても二五〇冊程度が撮影済みとなっており（いずれもコレクションの一部）、それらを市販データベースソフトでデータベース化して、早期のインターネット公開に向けて、公開方式やファイル形式等の検討

を進めているところである。

また、デジタルアーカイブ事業のなかで、大学等外部研究機関との連携が進んできたことも成果の一つとしてあげられる。開始当初からデータ作成は公立はこだて未来大学の協力を得ていたが、昨年度は公開用システムの開発について正式に研究開発契約を結び、今年度からは一

公開された「デジタル資料館」
(http://www.lib-hkd.jp/digital/index.html)

部資料の書誌情報の調査について北海道教育大学函館校への委託調査を開始した。契約もさることながら、それぞれの特徴を活かした共同研究的な色彩が強く、従来の「所蔵機関≠情報所持機関」という構図に変化が生まれつつある。図書館のもつ市民共有財産（資料）と技術・知識を有する大学との連携が強まり、そこから得られる情報が付加され、データベースとして広く公開されることで、各種研究や展示、市民活動を支える地域情報基盤ができつつある。

従来利用者は、簡易な書誌情報しか表示できなかった文字のみの目録から資料を請求して閲覧するという手順を踏まなければならず、特殊な資料の利用は郷土史家、自治体専門機関や大学研究機関等に限られていた。しかし、デジタル化・データベース化によって、資料が画像で確認できるようになったため、各種刊行物への掲載使用申請や地元イベント等での古写真・絵葉書資料のパネル展示など一般の使用申請も増えつつある。

加えてこれらのデータベースは、単なる図書館資料の資料画像付デジタル目録といった目的以外に、ネットワークでの双方向性の運用次第では、写真の位置や年代情報について市民に情報提供を求めるなど、資料整理・情報収集に活かすこともできる。研究機関のみならず市民からの情報提供にも対応でき、きめ細やかな地域情報を吸収し、成長するデータベースへと姿を変えるのである。

初期の目的である資料保存・利活用だけに止まらず、研究機関との連携、地域情報化など、デジタルアーカイブの可能性は確実に広がっている。

開館三年目を迎え、旧図書館に比して好調な利用を維持する一方、蔵書を活かした研究支援図書館としてもその比重を増しつつある。成果という点では、これからの面も大きいが、デジタル化の特性を活かして運用についても柔軟に対応していく予定である。

矢祭もったいない図書館

【開館の経緯】

佐川粂雄

さがわ・くめお　矢祭もったいない図書館館長、自然観察指導員。一九三〇年生。

きっかけ・経緯

矢祭町（福島県）は人口七〇〇〇人にも満たない小さな町です。平成十三年十月「合併をしない矢祭町宣言」をし、自立の町づくりを歩み始めました。また現在は、元気な子どもの声が聞こえる町にしようと町民一体となって努力している町でもあります。以前は町に約八〇〇〇冊の蔵書を揃えた図書室なるものがありましたが、町民が最も読みたい土曜日曜が閉館という状況でした。「こんな日こそ開館できたら町民に喜ばれるのでは」という気運が盛り上がり、四名のボランティアが中心となって開館することになりました。これは、二年間継続して行いました。

平成十八年六月「日本一のふるさとをつくる会」で町役場の推進グループ長が「図書館づくりの夢」と題して講演。これがきっかけとなり、毎日新聞社福島支局長から「全国から家庭で眠っている本の寄贈を募ったらどうか」という提案をいただきました。相談の結果、平成十八年七月十八日付の全国紙に記事掲載をしたところ、翌日から一日に四〇〇件近くの問い合わせがあり、ダンボール一杯の善意のこもった図書が毎日八〇〜九〇箱送られてくるようになりました。

苦労から生まれた協力関係

平成十八年七月十三日「図書館開設委員会」のメンバー四三名を六つのグループに分け、連日送られてくる荷物の梱包を解き、整理に当たりましたが、毎日送られてくる大量の図書の山に呆然とするばかりでした。全国に広がりを見せる善意の図書に対し、準備委員は皆ボランティアで様々な職業の集まりですから、図書に関する専門的な知識はなく、暗中模索のスタートで不安も大きく、思うように進まない分類作業で、苛立ちと真夏の作業による疲労はピークに達し、体調を崩した人もいました。

その後、準備委員に司書資格を持つメンバーを招いたり、福島県立図書館の指導を仰いだりしてようやく整理も軌道に乗ってきました。

準備委員だけで毎日作業を続けても一年はかかるだろうと言われていましたが、町内の建設会社の社長さんが「俺たちも手伝おう」と従業員を連れて作業に当たってくれました。その後次々と各種団体が連鎖的に名乗りをあげ、一五団体、一九一名の協力を受けました。この人数

を午前・午後・夜の三つに分け全力で作業に当たりました。この他にも福島大学生が一二名で三日間、矢祭中学校生徒数名の協力もあり感謝感激の毎日でした。

このようにして町民と行政が一体となった半年間に渡る図書整理が図書館開館の方向へと導かれていきました。

約半年後の平成十九年一月十四日の開館式までに四三万五〇〇〇冊をNDC、日本十進分類法によって整然と陳列することができました。

町民の声・反応

・自分たちの町は自分たちでつくり上げる楽しさを知った。

・「やればできる」ということがわかった。

・半年間夢中になれて楽しかった。

・毎日来たくなるような図書館であってほしい。

・人とのつき合い方を教えてもらった。

等々の反応があり、全国から寄贈していただいた善意の図書（現在四三万七〇〇〇冊）に、町民すべてが感謝して、寄贈者の氏名をガラス板に刻んであります。

運営について

現在一一名のボランティアが、一日三名を原則に交代で運営に当たっています。開館時間は午前九時から午後六時まで。毎週月曜日を休館日として年間三一七日を通して町民の読書欲を喚起しています。

成果（平成二十年七月三十一日現在）

・貸出冊数　三万五五四二冊

・登録者数　一六六八名（町内一一六六名、町外五二二名）

・来館者数　一万九一〇七名

全国の家庭から寄贈された図書であるので、全国の人たちに貸し出しています（北は宮城県、南は山口県）。

矢祭もったいない文庫開設

平成十九年十月二十八日「読書の町矢祭宣言」をし、町内の公民館・集会所二五カ所にそれぞれ四五〇冊の図書を置き、本館に来なくても読書に親しむことができるようにしました。特に毎月第三日曜日を「読書の日」として宣伝カーを走らせ、全町民に読書を呼びかけています。

今後の課題

1　新刊図書の購入をどうするか。

2　さらに多くの町民に来客していただくためにはどうすればいいいか。

3　善意の寄贈にむくいるための活用法はどうあればよいか。

草津町立図書館

中沢孝之

草津温泉資料　温泉地には図書館が少ない。歓楽街の中に図書館があるのは異質に映るのだろうが、実は湯治や観光の足がかりに図書館を利用したい観光客のニーズはかなりある。

草津温泉に図書館ができたのは一九八八年。歴史があるとは言い難いが、「草津でしか見られない、草津に来れば見られる」を合言葉に積極的に郷土資料を収集してきた。具体的には、温泉・火山（白根山や浅間山に囲まれている）・高山植物・スキーなど、草津にとって、なくてはならないテーマの資料収集を心がけている。

江戸期から草津は多くの湯治客で賑わっていた（実際はそれ以前からと言われているが記録はない）。町の中心に広がる源泉〝湯畑〟を取り囲むように旅籠や共同浴場が建ち並ぶ光景が当時の絵図に数多く残されており、二十一世紀の現在もその光景は全く変わっていない。江戸期の湯治客は草津の絵図を手に湯の町をそぞろ歩いた。木版で一枚に刷られた絵図には、温泉の効能、近隣の名所、江戸や善光寺までの距離などが盛り込まれ、観光マップの役割を果たしていた。所蔵している絵図で古いものは一八一二（文化九）年のものがあり、ここから明治、大正期までの絵図を辿って草津の町の変遷を見ることができる。

草津の資料収集は先述の江戸期の絵図の収集や草津の観光パンフレット（明治〜現代）が主力となる（パンフレットは毎年使用するため、あえて、発行年が書かれておらず、年代の特定が困難な場合が多い。写真等に映る建物などで大体の年代を特定する）。まず、江戸期の絵図に関しては、湯治客が全国から訪れており、各地に存在すると考えている。実際、東海地方からの観光客が、先祖の持ち物の中にこんなものがあって、と絵図の寄贈を申し出たときには驚いた。先祖がはるばる東海地方から湯治に来ていた時に買い求めたのだという。

旅の資料として、草津への「道中日記」や滞在中の「小遣い帳」なども存在するのだが、こちらの収集は残念ながら進んでいない。

近代以降の観光パンフレットに関しては資料的な価値が重視されなかったためか（大量に作られ全国に散らばっているとは思うが）、残っているものは極めて少ない。しかし、草津の観光史やホテル・旅館の推移を見て行くのは重要な位置を占めるため探索を続けている。

なかざわ・たかゆき　草津町教育委員会事務局（図書館）係長。一九六八年生。図書館の危機管理。共著に『図書館が危ない！　運営編』（Ｌ－Ｕ）。

図書館・アーカイブズの現場から

ハンセン病関連資料　一九一六（大正五）年一人の英国人女性が草津温泉を訪れた。彼女の名はコンウォールー・リー。宣教師として来日していた彼女は、後世にまで語り継がれる活動を草津で行う。

草津は、近代以前その温泉の効能から、〝治らぬ病はない〟と多くの人々が大挙して訪れる湯治の町だった。その中でもハンセン病に冒された人々が、湯治治療をしていたことはあまり知られていない。明治になり、人々の意識が変わり、ハンセン病者たちは、次第に居場所を失っていき、やがて町の外れの湯之沢《ゆのさわ》でコロニーを築くことになる。

この集落にコンウォールー・リーが訪れ、私財の投入と関係者からの寄付によって、病院、学校、病者の暮らすホームなどを次々と建設し、ハンセン病者の町〝湯之沢〟が形作られた。このことは、全国的に見ても珍しいことであり、さらに草津町の人たちとも交流があったという。しかし残念なことに一九四一（昭和十六）年〝湯之沢集落〟は解散。コンウォールー・リーも同年に亡くなっている。この湯之沢に関する資料は極めて少なく、ごく少ない情報を頼りに資料収集を続けている。

そして、草津から三キロほど離れた土地に国立療養所栗生楽泉園《くりうらくせんえん》（以降、楽泉園）が設立され、当時のハンセン病者たちは、そこに収容されることになり現在に至っている。

図書館では草津におけるハンセン病の歴史や、病に苦しみ差別にさらされながらも生きてきた人たちが遺していった作品や、ハンセン病の研究書を中心にしたコーナーを二〇〇三年から設置している。

楽泉園に入所されている方々の作品は部数も少なく、自費出版や簡易印刷のような手作りのものが多いため、常に楽泉園入所者自治会への寄贈依頼を行い、自治会とも情報交換を行うようにしている。資料の中には状態の悪いものも多く、扱いにも気を使う。

入所者の方々（すでに、ハンセン病は治癒しているものの、高齢化や後遺症に悩んでいる）や関係者の図書館への理解も深く資料収集も進んでいる。今後は、出版物以外にも彼らへの聞き取りを行い、記録を残して行く必要を感じているが、残された時間はとても少ない。

そのような背景の中、〝温泉〟というキーワードから派生した様々な資料を収集し、保存、提供することによって、温泉地の光と影を浮かびあがらせることに成功している。温泉に惹きつけられた人々が遺していったものは、これからも新発見があるだろう。

温泉に行ったら、ぜひ図書館へ。そして、その町の歴史を繙いてもらいたい。

神戸市立中央図書館
【阪神・淡路大震災関連資料（1・17文庫）】

三好正一

みよし・まさかず　神戸市立中央図書館利用サービス課長。

平成七年一月十七日未明、神戸を中心に未曽有の被害をもたらした、阪神・淡路大震災から一三年が経過し、神戸市民で震災を経験していない人の数は、人口の三割を超え、震災を経験した人々の記憶も、日々の生活の中に埋もれつつある。

倒壊した家からかろうじて抜け出し、また地域の住民による懸命の努力で救出された人達がいる一方、多くの人々が倒壊した家屋の下で亡くなった。病院は負傷者で溢れ、消火活動は思うに任せず、炎は懐かしい家並みを焼け野原に変えた。

神戸市立図書館も大きな被害を受け、大正十年に建てられた中央図書館旧館や長田図書館は中心柱が損傷し、立ち入ることも危険な状況となった。三宮図書館等ではほとんどの図書が書架から落下し、灘図書館では破損したスプリンクラーの水に浸かって、約一万八〇〇〇冊の図書が水損した。また、避難所の運営等にほとんどの職員が出務することになり、神戸市立図書館は全館（当時九館）が三カ月以上に及ぶ休館を余儀なくされ、明治四十四年の図書館開設以後、戦時下の空襲時と並ぶ非常事態となった。

そのような状況の中で、過酷な被災地の生活を支えるために必要な様々な情報が流れ、日々の活動記録が残された。避難所等に張り出された掲示物、ミニコミ紙やチラシの数々、ボランティアの活動記録、避難所の運営記録・日誌・メモ、被災地の写真、あるいは手記や小・中学生の文集等、夥しい数の一次資料となるものである。

また、震災当日以降、新聞をはじめとする報道機関は連日紙面のほとんどを震災の報道にあて、刻々と拡大する被害の状況を伝え続けた。縮刷版やマイクロフィルムを含むそれらの新聞資料は、後日発行された震災報道記録集等とともに、震災を語る図書館資料として永く保存していかなければならない。

震災後、これまでに数多くの関連資料が発行されたが、資料の収集に関して、当初から神戸市立図書館としての収集方針が確立していたわけではなかった。ただ、出版物として入手可能な資料を網羅的に収集することは、図書館の当然の使命と考え、震災後すぐに週刊誌等を確保するよう書店に依頼した。その後、「神戸市立図書館震災関連資料収集要綱」を定め、様々な組織や個人が発行した震災関連資料についても、新聞記事等を通じて精力的に情報収集を行い、必要な場合

は寄贈依頼を行って、網羅的な収集を目指した。その中には、震災の記録映像や音声資料も含まれている。また、被害地図（災害現況図）や航空写真も被災の状況を物語る貴重な資料であり、高価なものも含まれていたが、思い切って購入した。

神戸市立図書館が収集した資料には、兵庫県南部地震の科学的研究はもちろんのこと、種々の実態調査報告書、行政やボランティア等の活動記録、復旧・復興誌、街づくりや住宅再建、被災者の心のケア、防災・危機管理、震災に関わる法律問題、復興の経済学、あるいは、詩歌集・小説・随筆・ルポルタージュなど多岐にわたる。これまでに、図書、雑誌、視聴覚資料、広報紙・ミニコミ紙等を合わせて、三八〇〇点余りの資料を収集した。神戸市立中央図書館では、それらを「1・17文庫（震災関連資料）」として、郷土資料コーナー（神戸ふるさと文庫）の一角に配架し、広く利用していただいている。

また、これらの収集資料について、『神戸市立中央図書館所蔵震災関連資料目録』を作成し、「1・17文庫」の利用に備えている。本文の「図書リスト」、「書名索引」に加えて、収集した図書・雑誌に含まれる「論文・記事リスト」、「タイトル索引」、および「広報・ビラ・パンフレット」、「視聴覚資料」を併せて収録している（当館ホームページにも「震災関連資料収集リスト」を掲載）。

なお、震災関連資料の収集は、神戸市立図書館「1・17文庫」の他、兵庫県立図書館「フェニックス・ライブラリー」、「(阪神・淡路大震災記念) 人と防災未来センター資料室」、長田区役所「人・街・ながた震災資料室」、神戸大学「震災文庫」も積極的に行っており、一部はデジタルデータ化されている（各ホームページ参照）。

阪神・淡路大震災に終わりはない。図書館が収集した震災関連資料は、大震災を知る上での手掛かりに過ぎないかもしれない。しかし、手掛かりが無ければ、震災の記憶は失われていく。図書館が社会の記憶装置なら、保存という名のもとに、震災の記憶を埋もれさせてはならない。阪神・淡路大震災とは何であったのか、残された膨大な資料を通して、苦しいけれどかけがえのない記憶を蘇らせることが必要である。

長崎市立図書館

小川俊彦

おがわ・としひこ　NPO図書館の学校常務理事（前長崎市立図書館運営業務総括責任者）。一九三九年生。図書館学。共編著『公共図書館の論点整理』（勁草書房）他。

長崎市立図書館の歴史　長崎は坂の町、どこからどこまで乗っても百円の市電を降りて、五分ほど坂を上ると市役所と県庁を結ぶオフィス街の広い通りに出る。四角い特徴のない建物が続いているなかで、一角だけ前庭は木々の緑と芝生に囲まれ、建物正面には上部から三種類のカズラが壁面を覆っている建物がある。開館以来多い日は九千人を超え、平均でも四千人超える入館者がある長崎市立図書館である。

平成十七年に合併した旧香焼町が図書館を持っていたことから、長崎市は図書館設置条例こそあったが、本格的な市立図書館は平成二十年一月五日の開館まで待たなければならなかった。開館式のお祝いの言葉に「県庁所在地としては日本で最後にできた図書館」とあったように、最も後発の、しかし最も新しく誕生した県庁所在地の図書館である。

長崎市としても単独で図書館を持つというのは長年の市民の願いでもあり、その市民の願いに応えようとしたのが選挙中に凶弾に倒れた前市長である。建設が進み、あと九ヶ月ほどで図書館の開館を迎えるという時であった。いま前市長の意思は壁面緑化や太陽光パネルの導入など環境に配慮した建物と、子ども達のためにとご家族から寄贈いただいた図書に活かされている。

長崎市には全く図書館サービスがなかったわけではない。市内各地にある公民館図書室、ふれあいセンター図書室、あるいはその存在が全国的にも知られている原爆資料館など五十数館が一体となってシステムを作り、いわゆる図書館サービスを行っていたのである。

新しい図書館はPFI手法による図書館で、建設と運営が進められてきている。PFIとは、自治体が示す条件の下で民間が図書館を建設し、さらに一定の年数（長崎は一五年）を民間が運営するという手法である。こうすることによって、建設のための一時的な費用の支出がなくなる（平準化される）ことと、図書館運営に必要な職員も民間にゆだねることになり、自治体として図書館運営に必要な職員を確保することがなくなることにある。ちなみに、長崎市で図書館運営に当たっている民間スタッフは五三名である。

委託を含め、PFIで運営する図書館に対する一般的な疑問は、図書館経験者がいないのではないか、したがってきちんとしたサービスができるのか、本の収

集は大丈夫なのか、といった指摘である。長崎のスタッフ五三名のうち、図書館の専門職とも言える司書は五一名である。若い人が中心なので経験的には浅い人も多いが、基礎知識は持っているので将来的には問題ないと考えているし、図書館で、働くことを魅力的と考えているスタッフなのでモチベーション的には図書館運営に全く支障はないと考えている。

長崎市立図書館の資料と情報　新図書館に向けては、新刊図書を中心に開架図書二五万冊をそろえるということが市から示された条件であった。購入に際しては、収集方針を作り、六〇万点以上になるリストをもとに選書を行い、それを毎回市のチェックを経て発注という方法をとってきている。収集についての基本的なコンセプトは、将来にわたって長崎市の図書館として必要とするもの、一般向け図書については大学の教養課程程度までをカバーすること、長崎に関するものはあらゆるジャンルについてできる限り集める、という方針で望んできている。市立図書館は長崎文化の中心となり、この図書館があるから住みたい、そして図書館があることを誇りとしてもらえる蔵書とサービスが提供できるようにと考えている。

　時代を取り込んだものとしては、データベースの収集に力を入れていることである。オフィス街そして市の中心部の商店街にも近い地の利を活かし、商店やビジネスマンを意識したサービスにも力を入れており、主な新聞や百科事典はもちろん、官報情報、経営情報、法律情報、医療情報など一八点を導入し利用できるようにしてある。

　図書館部分は夜八時まで、ホールやいわゆる自習室などその他の施設は九時まで開いているので、図書館の本を必要としない読書や学習であれば、九時まで使える。仕事が終わった後の時間を有効に使いたいという人たちに、かなり利用されてきている。

もう一つの特徴　資料と情報を売りにした図書館にしていきたいと考えて立ち上げてきているが、長崎市立図書館にはしゃれたレストランもある。場所柄から図書館ができるまでは夜間はもちろん、日曜日にはほとんど人通りもなかったが、最近では日曜日も人の流れができ、図書館のレストランも賑わいをみせている。おいしいという評判でもあるが、何より特徴的なことは、夏にはかき氷、そして夜間にはアルコールも提供していることである。運営責任が民間にあるＰＦＩだからできたことと言えるであろう。

伊万里市民図書館

【伊万里からの報告】

犬塚まゆみ

いぬつか・まゆみ　伊万里市民図書館館長。一九四六年生。共著に『図書館の活動と経営』（青弓社）『児童保育学入門』（ふくろう出版）他。

二〇〇八年八月、北海道洞爺湖サミットの記念品として贈られた有田焼万年筆を手にする各国首脳の写真が届いた。万年筆の考案者は、伊万里市民図書館の利用者で、制作に当たったのは有名窯元である。万年筆より前に有田焼万華鏡も開発していて年商一億三〇〇〇万円以上の新しい市場をつくったこの人は、地域の不況を見て「まちをなんとか元気にしたい」という強い願いで、無から有を生み出した人である。焼き物については全くの素人だったので、月に八〇冊、年間約一〇〇〇冊の図書館資料を利用してむさぼるように読んだそうである。焼き物の歴史、デザイン、焼き物作家の本、開発のための助成制度、経営理論、販売方法、宣伝方法など資料の種類は多岐に亘っていた。まさしくビジネス支援のひとつであるが、調べようとする資料が存在していたことと、利用者と資料を結びつけた職員がいたことを知り、ホッと安堵するとともに、その成功に対し心から拍手を送った。そして長年に亘る図書館資料の構築は、こんなにも大きな力を持つものだと改めて感動したが、この人は「図書館は宝の山ですよ」「図書館で異業種交流ができたら地域はもっと活性化します」とも語ってくれた。

「私の居場所ができました」と言って毎日通うお年寄り、赤ちゃん向けお話会で図書館デビューをする若いお母さん、「小さいころから図書館が好きだった」といって職場体験学習をする高校生、毎週決まった曜日に来館して袋一杯本を借りていく初老の男性、勉強会は図書館で行う市議会議員のグループ、美しい日本語の歌詞を歌い続ける図書館合唱団の誕生、利用者の数だけ日々様々なドラマが生まれている。そして本と本との出会いを通して人と人との出会いも生まれている。まさしく、図書館が市民のものとして利用されるようになってきたと実感できる瞬間、瞬間である。

長い間の市民の願いが結実した新図書館のオープンは平成七年七月七日。当時の館長は「公共というと、日本人はとかくオカミという印象をもつが、もともと市民みんなが関係するという意味である。ならば、公共の図書館をつくるときは、市民も設計者も行政も共に学びながら知恵と意見を出し合ってつくっていくべきだ」という理念で新図書館づくりをスタートさせた。市民との協働、これが伊万里市民図書館の根っこであり伝統であ

る。

　あの日から一三年の歳月が流れた。新図書館が出来るまで「図書館づくりをすすめる会」として勉強会や講演会などを行ってきた市民グループは、オープン後「図書館フレンズいまり」と改名した。いわゆる友の会で現在会員は三〇〇人。会の目的は、図書館を守り育てていくための協力と提言である。図書館ができた、だから活動はおしまいではなく、今なお続く勉強会や講演会、各地の図書館の見学会、開館記念日や起工式を記念しての行事、会報の発行、古本市、図書館利用を広げようというPR活動等など多岐にわたる。特に起工式を記念しての「ぜんざい会」は一五年も続いている事業の一つである。これは新図書館の起工式の日、市民二百人が敷地を歩き、ぜんざいでお祝いをしたことに始まる。あの日の喜びや図書館を持つことの意義をいつまでも忘れてはならないと、毎年三〇〇食のぜんざいを会員が準備し来館者とともに祝う伊万里市民図書館ならではの催しである。「図書館フレンズいまり」を中心とする活動は、年々少しずつ広がり深まっている。まさに図書館の輝きは市民力の結晶であるといっても過言ではない。

　このような市民力が発揮できる場づくりをするのが行政の役目だが、幸いにして市長をはじめ行政部局の図書館に対する理解は深く、財政面でも現状の中においてできる範囲で最大限のバックアップがなされている。

　伊万里市民図書館の設置条例では、その目的に「文化的かつ民主的な地方自治の発展を促す」ことを謳っている。自由で公平な資料の提供はもちろんのことだが、特にまちづくりの風穴を開かしてほしいと「伊万里学コーナー」を設けている。歴史とは過去と現在の対話であるといった学者がいた。その土地に文化が育つかどうかは、ふるさとを温かく見つめ、ふるさとが持つ可能性を伸ばそうと努める人が、そこに住んでいるかどうかで決まるともいわれている。そのためには、何より、歴史を学び、先人の知恵に新たな価値を見いだす学習が必要だろうというのが伊万里学である。

　地域の歴史的資料や行政資料の収集は、その地域でしかできない重要な仕事である。そしてそれは図書館の大切な仕事のひとつである。たとえ、封印されたままでもいい、いつの日か紐解く日が必ず来るはずである。とりわけ地域の魅力は、経済的な豊かさや利便性だけではなく、文化性がなければ輝かないといわれている。様々な資料を仲立ちにした、市民共有の文化縁で結ばれたコミュニティづくりの核となるような図書館でありたい。

東北芸術工科大学東北文化研究センター

赤坂憲雄

あかさか・のりお　東北芸術工科大学教授、同大学東北文化研究センター所長、福島県立博物館長。一九五三年生。民俗学。著書に『民俗学と歴史学』（藤原書店）他。

勤める大学のなかに、東北文化研究センター（東文研）という小さな研究所を創ったのは、一九九九年の春のことだった。事務スタッフは嘱託が一人、場所は倉庫に使われていた小部屋である。蔵書は一冊もない。ゼロからの起ち上げといっていい。一、二年が過ぎて、あるとき、理事長から建物を造るか、と問われた。興味がなかった。だから、いりません、と答えた。もし、はい、と答えていれば、大学の裏手にでも、なにか立派な研究所専用の建物が立っていたのかもしれない。

次の瞬間、建物よりも本が欲しい、そう、わたしは口走っていた。いくら必要だ、と畳み掛けられて、でまかせに、一億円ほどあれば……と答えた。その会話から一年が経った頃であったか、大学図書館の二階に、東北文化研究センターの図書スペースができあがった。蔵書は二万数千冊、歴史・民俗・考古を中心として、東北一円から全国にわたる基本的な文献が収められた。

なぜ、建物よりも図書館が欲しかったのか。理由ははっきりしている。

ひとつは、わたし自身が難儀していたからである。どこの県立図書館にも、その県内の資料しか置かれていないから、東北全域をフィールドとした調査・研究のためには、資料を求めて車で駆け回るしかない。東北文化研究を掲げる以上は、すくなくとも東北六県の基礎文献は揃っていてほしい。これはたぶん、在野の研究者みなの願いであるにちがいない、と思った。

いまひとつは、国立大学の知的な独占状態を破りたい、ということである。東北大学を頂点とする国立大学群には、長い時間と膨大な予算を費やして、文献史料が蓄積され、図書館や研究所などに収められているはずだ。ところが、その情報公開はまるで進んでいない。外部から、とくに在野の研究者がそこにアクセスするためには、意外なほどに困難がつきまとう。やたら敷居が高いのである。それを知っているだけに、市民にたいして開かれた図書館が欲しいと感じてきた。

予算規模は一億円である。それで、どれほどの本が揃えられるのか、見当もつかなかったが、とにかく、わたしが白羽の矢を立てたのは、一人の古書店主だった。みごとな民俗学関係の販売目録が、年に一度送られてくる。そのマニヤックな書物への偏愛ぶりに、顔も知らず、惚れていた。埼玉の田村信夫さんである。編集者

図書館・アーカイブズの現場から

をしていたが、定年後に、民俗学関連の本を中心に扱う、目録販売の古書店を始めた、という。大袈裟にいえば、心中する覚悟で、田村さんにすべてを委ねたのである。田村さんは二年間という限られた時間のなかで、二万冊を越える本を集めてくれた。期待を裏切らぬ、すばらしい本選びだった。田村さんはそれから何年もせずに、病気で亡くなられた。ひそかに、本選びの過労で命を縮められたのではないかと、申し訳ない気がしている。

わたしたちの蔵書は、基本的にすべて一般に公開されている。東文研の東北文化友の会の会員には、情報を流しているが、実際に訪れて借りる人は、けっして多くはない。宝の持ち腐れなのかと不安を覚えていた。一年も経った頃か、図書館のスタッフから声をかけられた。東文研の蔵書にたいして、外部からのリクエストがとても多いんですよ、という。市町村の図書館を通じて、貸し出しのリクエストが寄せられる。うちの図書館にしかないのだ、という。いまは、そうした利用のされ方がむしろ一般的なのだろう。

それを聞いて、わたしは胸のなかで、狙いが的中したことに、歓喜の叫びを上げていた。ただし、念のためにいっておけば、東北文化研究センターの図書館には、基本的な文献がほぼ網羅されてはいるが、珍奇な本、高価な本などはとりたてて集められていない。それなのに、うちにしかない、とリクエストが寄せられる。おそらく、それほどに大学の図書館などが外部に向けて閉ざされている、ということではないか。国民の税金で集められた、膨大な数の本が、黴臭い図書館の奥処に死蔵されている姿を思うと、腹が立ってくる。そこに、いくらかなりと風穴を開けることができたのかもしれない。

ちなみに、東北文化研究センターでは二万数千枚の絵葉書を収集してきたが、それもまたホームページ上で公開している。検索機能付きであり、近・現代史を研究するためのビジュアル資料として、観光チラシの材料として、少しずつ活用されはじめている。わずかな予算のもとでは、おのずと限界はあるが、これもまた、芸術・デザイン系の大学としての社会的な使命のひとつではないか、と思う。

建物の代わりに、わたしは二万数千冊の蔵書と、二万数千枚の絵葉書を選んだ。その選択は誤りではなかった、と安堵するように思う。

国際基督教大学図書館

【リベラルアーツの基盤として】

畠山珠美

はたけやま・たまみ　国際基督教大学図書館長代行。一九六〇年生。共著に『図書館の再出発』（大学教育出版）。

国際基督教大学（ICU）は、日本の「リベラルアーツ・カレッジ」として、一九五三年に開学した。リベラルアーツ教育は、世界に対して責任を負おうとする人間の基礎的能力を養うことを目的としている。その知的基盤を育成するためには、様々な情報と学習を支援する場が必要であり、リベラルアーツ教育の基盤となるインフラこそが図書館である。

ICU図書館はリベラルアーツ教育を支えるために、創立時から特色あるサービスを展開してきている。そのサービスのいくつかを紹介すると、中央図書館制、全面開架、貸出冊数無制限、リザーブブック制度などが挙げられる。一九九〇年代に入ると、IT革命によって情報の流通システムが一変し、また学生の学習形態も多様化してきたことから、図書館にも変化が求められるようになってきた。そこでICU図書館では、この情報化時代に「図書館が取り組むべきことは何か」を検討し、その結果、「新しい情報環境の構築」を第一の目標として掲げることに決めた。

この「新しい情報環境の構築」がどのような取り組みなのかを具体的に紹介しながら、図書館がこれから向かうべき方向性について提案したい。

新しい情報環境の構築　近年、学術情報の急速な電子化に伴い、電子情報を提供するための環境づくりが図書館において大きな課題になっている。

ICU図書館では新しい情報環境の構築を目指し、二〇〇〇年に「電子情報と印刷物の融合」をコンセプトとする新館を建築した。この新館は、その建築費の七〇％を遺贈してくださったドナルド・F・オスマー博士夫妻を記念して、同夫人の名を冠し「ミルドレッド・トップ・オスマー図書館」（オスマー図書館）と命名された。

オスマー図書館のフロアの大部分には、個人学習用として一二二のコンピュータ席が設置され、学生はこのコンピュータを使って文書作成や情報検索を行う。オスマー図書館はインターネットの情報だけではなく、図書や雑誌という図書館が蓄積している印刷物にもアクセスしやすい構造になっている。オスマー図書館と図書館本館（本館）の各フロアはブリッジで繋がれているため、本館とオスマー図書館を自由に行き来できる。つまり、学生は必要に応じて、本館からオスマー図書館にどんな資料でも持ち込むことができるのである。また、オスマー図書館

の地下には自動化書庫が設置され、本館に収納しきれなくなった二五万点の資料が保管されている。自動化書庫の最大のメリットは、「誰でも」「いつでも」「何冊でも」利用できることである。自動化書庫の資料を利用したい時は、ＯＰＡＣ（Online Public Access Catalog、蔵書検索システム）の出庫ボタンをクリックするだけで、約三分後にはオスマー図書館一階にある出納ステーションに本が到着する。

このようにオスマー図書館には、ＩＣＵ図書館が所蔵する全ての印刷物（約六七万冊の図書と約二千タイトルの雑誌）と、電子ジャーナルや契約データベース（四七種類）などのインターネットの情報を自由に利用できる環境が整っている。

これからの図書館に求められること

オスマー図書館には個人学習以外の施設として、グループ学習室やレクチャー用のマルチメディアルームが設置されている。これまでの図書館は個人の自主学習を支援する場として考えられてきたが、現在では、グループワークや様々なメディアを駆使した授業を行うスペースが求められており、多様化する学習・教育形態に合ったスペースを提供することも図書館の重要な使命と考え、その構想をオスマー図書館に実現させたのである。

　このように、今までの図書館の概念を大きく変えたオスマー図書館は、オープン以来、連日満席状態が続いている。オスマー図書館の効果は、統計上の数字にも表れている。オスマー図書館の建築前と現在の状況を比較すると、年間の入館者数は二五万人から三五万人に増加し、また学生一人あたりの年間貸出冊数は一・五倍に跳ね上がった。貸出冊数の増加にはいろいろな要因が考えられるが、オスマー図書館が今まで図書館を利用したことのない学生をも呼び込み、図書館の資料に触れる機会を作ったことが大きく影響していると考える。オスマー図書館の存在によって、図書館全体が飛躍的に活性化した。

　インターネットによって多くの情報が発信元から利用者にダイレクトに届く時代を迎え、情報を保管・提供するという本来の図書館の機能は縮小傾向にある。しかし、オスマー図書館が証明しているように、図書館には新しい機能が求められている。ネット時代であっても学生は誰かとコミュニケーションを図りながら学習できる場を求めており、それを実現できるのは図書館に他ならない。常に利用者が求めていること、ものを意識し、追求していくことが図書館の未来を切り開く原動力となる。

拓殖大学図書館

【旧外地関係資料】

竹内正二

たけうち・しょうじ　拓殖大学図書館・情報センター事務部図書課長。

拓殖大学図書館は平成十八年度より所蔵する「旧外地関係資料」の再整理に着手した。

これは、我が国が終戦まで統治した旧外地の満州、朝鮮、台湾等に関係する資料のうち、本学が所蔵する満鉄、満州国政府、台湾総督府、朝鮮総督府といった政府機関や政府資本による民間団体、各地域商工会議所などの関係機関が発刊した叢書や年報、雑誌、図書、パンフレットを中心に行うものである。

拓殖大学は明治三十三（一九〇〇）年、桂太郎により我が国の領土となった台湾の開発と経営にあたる人材養成を目的に「台湾協会学校」として発足したのが最初である。その後、アジアにおける外地経営の拡大に伴い「東洋協会専門学校」と改称し、やがて学長である後藤新平の尽力によって大学令による昇格を果たし「拓殖大学」と改名したのである。

このような中で、大学昇格の記念図書館建設の機運が高まり、「我が国唯一の植民図書館として広く学界に貢献するに至るべく」（大正九年学友会報）として、卒業生の寄付金により大正十二年に新たな図書館が竣工した。しかし、書庫を埋めるべき書籍が十分ではなかったため、昭和二年の学生大会において図書館後援会の結成が満場一致で可決され、初代会長に大川周明教授が就任された。こうして寄贈された後藤学長や水野錬太郎東洋協会会頭らの蔵書や、経営母体であった東洋協会あるいは朝鮮総督府等の政府機関から贈られた資料が、旧外地の資料群を形成する根幹となった。

この時代、卒業生の多くが外地に活躍の場を求め、これら在外学友による資料の寄贈も蒐集に大きく影響したものと思われる。その後も宮原民平、小林郁、中村進午、佐藤安之助といった本学関係者からの寄贈を受けて蔵書の充実が図られた。昭和二十年八月の終戦においては、連合軍の戦犯調査をまぬがれるために収集した資料を焼却せざるをえなかったが、それでも関係者の努力により多くの貴重な資料が残された。これらはやがて他大学の図書館や研究者から高く評価されるようになるが、当時は整理に着手する余裕すらなかったようである。

やがて大学の発展期を迎え長年の念願であった目録の作成に着手し、昭和五十九年に「旧外地関係資料目録（第一集）」として九四二点を、平成七年には「旧外地関係資料目録（第二集）」として約五

図書館・アーカイブズの現場から

〇〇〇タイトルを収録し発刊するに至った。しかし、整理方法の不統一や掲載の不備など本学の図書館システムの問題や、「NACSIS-CAT（国立情報学研究所総合目録データベース）」に所蔵データが登録されなかったことなどにより、利用者に所蔵情報が十分に伝わっていないことが大きな問題であった。平成十一年には㈳国際善隣協会から旧満蒙関係資料の寄贈を受けることとなり、これらを含めると総数で一万四〇〇〇件を上回る状況となった。既にアジア経済研究所（当時）による「旧植民地関係機関刊行物総合目録」が編纂され、いくつかの国立大学や関係機関においては独自のデータベースとして公開されていたため、本学においても明確な基準と統一した整理方法により、公開に耐えうるコレクションの再構築が必要であるとの判断がなされ、平成十八年度より「旧外地関係資料整備計画大綱」に基づく年次計画として作業が開始されたのである。

　漸く開始された作業では、第一段階として冊子体目録からのデータ作成と新たな定義に基づく資料の選別が行われた。資料選別とデータの遡及入力にあたっては、北海道大学附属図書館北方資料室のご好意により北大所蔵の旧外地関係資料目録データの提供を受け作業に着手することができた。次のステップとしては、再製本などの処置を施し段階的に整理を進めて図書館システムおよびNACSIS-CATへのデータ登録を行う予定であり、現在これらの作業が進行中である。なお、今年度は予定に先んじて雑誌のみ脱酸化処理を行うこととなった。これは、対象となる資料が戦前から戦中にかけて作られた酸性紙を多用しており、劣化の進行が予想以上に深刻な状況となっていたからである。また、脱酸化と併せて補修等を要する資料も多数あり、複数年を掛けて修復保存の作業が行われることとなる。

　これらの基本的な作業を経て最終的にはデータベースを構築してデジタル化により広く学内外の利便に供する予定である。

　建学の精神に謳われた「積極進取の気概とあらゆる異民族から敬慕されるに値する教養と品格を具えた有為の人材育成」と、校歌の一節にある「人種の色と地の境、我が立つ前に差別なし」はまさに旧外地の開発と経営に挺身した不変の歴史的記録といってよい。その裏付けともなるこれらの資料は、近代日本の歩んで来た証しとして評価され受け継がれなければならない。創立時より連綿として培われた幾多の歴史は、それが有形無形に拘らず後世に正しく伝え残すことが、本学の取り組むべきアーカイブとしての役割であろう。

ギャラリー册

【「KOUGEI」と書物と】

奥野憲一

おくの・けんいち　『グラス・アンド・アート』編集長。

「册」とは　二〇〇四年七月に開館した「ギャラリー册」は、皇居や東京国立近代美術館工芸館から内濠をはさんだ千鳥ヶ淵遊歩道沿いのマンション一階にある「工芸」と「書物」の空間です。編集工学研究所・松岡正剛氏選定による一万冊を超える日本の文化・思想・芸術関連の書籍が、建築家・内藤廣氏の空間設計および書棚インテリアに編集配架され、どなたでも自由に閲覧し、また、カフェコーナーではオーガニックハーブティーも楽しんでいただけます。

「ギャラリー册」の「册《さつ》」は、『もともと象形文字「册」は、木を並べて打ち込んだ柵の形象をあらわした古字で、古くはサクとも詠んだ。おそらく「柵」や「册」は初期には、木製の門扉の形を前景におき、その扉に予備儀礼のための言葉や絵姿を描くか彫ったため、しばしば祝詞のことを「册」とも言った。また、「作册」は策戦を立てることを、「册命《さくめい》」はその策戦を命ずることを、「册立《さくりつ》」はそのための人事を立てることを、「册封《さくほう》」はそのようにして領国を制することを意味した。やがてこのような策戦や命令はもっぱら木簡や竹簡に書かれるようになったため、その一本の木簡・竹簡を数える単位に册数が用いられるようになり、さらにそれらを総じて「書册」とよぶようになった。したがって「册」は書棚であって書物そのものであり、また、そこに綴られた詩詞そのものなのである。和語では「册」と綴って「ふみ」「かきもの」と読ませた例も少なくない（松岡正剛氏）』という趣旨を汲んでいます。

「KOUGEI」の現在性　工芸という言葉からわたしたちが受ける形や色や触覚のイメージの根底には、「日常の用途あるもの」を通して得た、わたしたちの抜き難い経験の蓄積があります。また、美術と工芸という区別のあることも学校美術教育のなかで教わってきました。わたしたちのこれまでの経験や記憶から想いおこされる工芸の品々は、多くの場合、絵画や彫刻とは違う、陶磁器や漆器や金属器やガラス細工といった主に工業製品ないしクラフト製品や手作りの用途あるものとしての形や色や触覚のイメージといえそうです。しかし、現在の工芸の形や色や触覚は、かつて見て知っていた工芸から大きく変容しています。これまでの経験や学校教育の蓄積を基層とした工芸観からは思い描けないような形や色や触覚の作品が多く造られていています。

いったい工芸とはどういうものなのでしょうか。工芸は立体物で、彫刻や建築などと同じような三次元で成立する造形物です。これらは、重力に画然と屹立したり寄り添ったりしながらも、三次元造

形という共通した立体ですが、とくに工芸は、独特な特質も持っていそうです。回転体成形や対重力構造や装飾構造といった特質です。これらの特質はそれぞれ微細に複雑に織り込まれ、多くの場合内に向かって磨かれ求心し閉じてゆく傾向を持ちます。しかし一方で、求心性と同じ質量で遠心性を意思し素材や技術や時代を超えて垂直に立ち上がっていくこともあるのです。この求心性と垂直性を

併せ持った工芸の素の姿を「ＫＯＵＧＥＩ」とここでは仮称したいと考えています。ろくろや渦や螺旋などの回転体や、重力に対する構造や、重力に対する構造自体が装飾性をもつといった素の姿の「ＫＯＵＧＥＩ」は、ゆすぶられ変成しながら、一万数千年前から近代そして敗戦を経過し現在へと繋がっています。「工芸」という言葉は近代に翻案された用語（概念）です。近代以前から「ＫＯＵＧＥＩ」は在りました。わたしたちの「ＫＯＵＧＥＩ」造形の歴史は、一万数千年前に粘土を野焼きしてつくった世界最古の土器から刻むことができそうです。また、縄文前期には赤漆地に黒で文様を描いた土器が出土していて、既に漆が多く用いられていました。中国の殷・周時代（前一五〇〇）につくられた青銅器は、弥生前期には祭器として銅鐸が模倣され、さらに西アジアに眼を向ければ、紀元前三世紀には吹きガラスの高度な技術があったこともわかっています。また、弥生以降、朝鮮半島からの、中国からの、そしてシルクロードを経由して西アジア、ヨーロッパからの、戦後にはアメリカからの、つまり、現在に至るわたしたちの造形の歴史には、長い時間と広い地域からのさまざまな伝播や交流があり、それらと緊密に深く融合を繰り返し、その密度を研ぎすませてきたのです。わたしたちの工芸の歴史は、一万数千年前から土器を、縄文前期には漆を、弥生前期には青銅器を、持っています。現在の「ＫＯＵＧＥＩ」は、明治期の「工芸」観からの延長ではなく、一万数千年前からの造形を射程に入れてみる必要もあるのでしょう。それは「かつてみた工芸」とはまったく異なる形や色や触覚の「ＫＯＵＧＥＩ」の素の姿なのかもしれません。ギャラリー册では、「回転体」「重力構造体」「装飾構造体」を視界の端に捉えながら、「ＫＯＵＧＥＩの素姿」を考えたいと思い企画展覧会を開いています。会期中には出品作家によるレクチャーや研究員・学芸員・評論家との対談なども企画しており、「ＫＯＵＧＥＩの現在」作品の本ものに触れ、関連書籍をひもとき、他の美術館のカタログを見比べ、工芸や美術や概念や世界を認識する楽しさをあじわえる空間になればいいなと思っています。

編集部付記——奥野憲一氏は本稿脱稿後に逝去されました。謹んでご冥福をお祈り申し上げます。

日本貿易振興機構アジア経済研究所図書館

【開発途上国学術ポータル構築に向けて】

村井友子

むらい・ともこ　日本貿易振興機構アジア経済研究所図書館資料企画課長。一九六二年生。「メキシコ――セディジョ政権下の社会保障制度改革と今後」（『ラテンアメリカレポート』vol.20, No.11）等。

創設の歴史と活動目的　岸信介内閣時代に創設（一九五八年）されたアジア経済研究所のミッションは、アジアを中心とした開発途上国研究のエキスパートを養成すること、および研究のための図書館・資料センターを作ることにあった。後者のミッションを受け、翌一九五九年に設置されたアジア経済研究所図書館（以下、アジ研図書館とする）は、日本における開発途上国研究の情報インフラとなるべく活動を開始した。

　アジ研図書館の特徴には、第一に開発途上国の経済・政治・社会に関する資料、特に政府機関等が刊行した現地資料と各地域に関する研究文献の網羅的な収集が挙げられる。創設当初から今日までアジ研図書館の資料収集は国内書店に限らず、現地の刊行機関・輸出入業者への直接発注、研究所在外職員や海外出張者による現地での資料収集、内外の学術機関との資料の交換・寄贈など、多様な手段により行われてきた。第二の特徴は、担当地域を持ち、現地語を習得した図書館職員の養成にあり、各地域担当者を中心とした選書・収集・整理体制が組まれてきた。以上の体制で五〇年に渡り蔵書構築が行われてきた結果、アジ研図書館は、国内で他に類をみない開発途上国研究のための専門図書館に成長した。

直面する課題　しかしながら、一九九〇年代以降急速に拡大したインターネットの普及とそれに伴う研究リソースの多様化、加えて一九九九年十一月の市ヶ谷から幕張新都心への研究所の移転という外部環境の変化により、アジ研図書館は、来館者数の伸び悩みという慢性的な悩みを抱えることになった。

　周知のとおり、来館者数の減少は、アジ研図書館に限らず、多くの図書館が共通に抱える問題でもある。本稿では、当図書館が新たな活路を求め、図書館来館者を対象とした従来型のサービスに加えて、近年取り組んできた非来館型の遠隔サービスの拡充について簡単に紹介した後、今後の方向性について述べたい。

新着アラートサービスの開始　インターネットを利用したサービスとして、二〇〇三年七月より新着アラートサービスを開始した。登録者が希望する地域・分野に関する新着資料の書誌情報をEメールで無料配信するサービスで、①新着受入図書情報、②アジ研図書館が独自

に採録している開発途上国関係の雑誌記事索引の採録情報、③逐次刊行物（雑誌・年刊）の最新号の到着を知らせる三つのアラートサービスを展開してきた。二〇〇八年九月時点で一一二三人まで登録者数が増加してきている。

OPACにおける多言語図書目録の拡充

NACSIS―CAT（国立情報学研究所総合目録データベース）において多言語環境が整備されたことを受け、アジ研図書館はいち早く中国語、韓国語、アラビア語、ペルシャ語、タイ語図書目録の作成を開始した。同時にOPACに未入力であった多言語資料（上記言語に加え、インドネシア語、マレー語、ベトナム語）の遡及入力事業も実施し、二〇〇六年度末までにほぼ完了することが出来た。この遡及入力事業及びNACSIS―CATへの登録増加が影響し、二〇〇七年度には、NACSIS―ILL（国立情報学研究所相互貸借サービス）の貸借受付件数が一五三七の加盟館中六位と高位にランキングされた。これはアジ研図書館が他の図書館に所蔵のない資料を多数所蔵していることを示す証左と考えられ、今後もNACSIS―CATへの積極的な登録を継続していく予定である。

http://www.ide.go.jp/Japanese/Library/Dl/

デジタル・アーカイブの構築

二〇〇四年度よりこれまでのアジ研出版物、および図書館所蔵の貴重資料のデジタル・アーカイブの構築を開始した。現在六つのコンテンツをWEBサイトで公開・提供している。主なものを紹介すると、アジ研がこれまで刊行してきた開発途上国地域の様々な刊行物を論文・章単位で検索・本文の閲覧ができる「アジア経済研究所出版物アーカイブAIDE」、戦前・戦中期に日本の関係機関がアジア諸国で刊行した資料の書誌・所蔵情報を国内外約五四〇関係機関の協力を得てデータベース化し、そのうち稀少な刊行物の全文を電子画像化して公開している「近現代アジアの中の日本――旧植民地関係機関資料」などがある。

デジタル・アーカイブ構築は、図書館が、収集資料の閲覧・貸借という従来の枠を超えて、より能動的な情報発信を展開していくステップとして重要である。現段階では、各々のコンテンツが個別に機能しているが、今後は、コンテンツ相互および既存のOPACと連携させる統合検索機能を構築し、利便性を高める必要がある。同時に関連機関と情報資源共有化のための連携を強化し、アジ研図書館が開発途上国学術情報ポータルの役割を担うことも今後の課題である。

日本原子力研究開発機構図書館

中嶋英充

なかじま・ひでみつ　日本原子力研究開発機構研究技術情報部情報メディア管理課課長代理。一九六四年生。図書館情報学。

独立行政法人日本原子力研究開発機構（以下「機構」と略す）は、二〇〇五年に旧日本原子力研究所と旧核燃料サイクル開発機構が統合し設立された、原子力分野における我が国の中核的な研究開発機関である。

機構図書館は、一九五六年、日本原子力研究所の発足と同時に設立された。仲本秀四郎氏（元日本原子力研究所技術情報部長）は、編著の中で機構図書館を「異色の図書館」と称している(1)。これは、機構図書館が設立当初より図書資料の収集・保管・提供という図書館活動に加え、原子力情報の国内普及と国際協力による情報収集・提供を担ってきた、という原子力専門図書館固有の活動による。

機構図書館は図書一五万冊、受入雑誌数一〇〇〇誌、製本雑誌五万冊を所蔵している。機構と同等規模の人員、研究施設をもつ研究機関、大学の図書館と比較すると中規模といえる。国内外の原子力研究機関、大学等が作成した技術レポート二〇〇万件を所蔵しており、これが機構図書館の最大の特徴である。原子力や宇宙といった国家プロジェクトによる研究開発分野では、歴史的に技術レポートによる成果の記録、普及が行われてきたという背景がある。

機構図書館が膨大な量の技術レポートを収集する契機は、一九五五年に米国が原子力情報の流通を解禁したことに由来する。原子力研究を平和利用目的に限定した日本に対し、当時の米国原子力委員会（AEC）が原子力情報の輸出を認め、AECから寄託図書館として認定を受けた機構図書館及び国立国会図書館に数万件の技術レポートを提供した。以後、機

写真

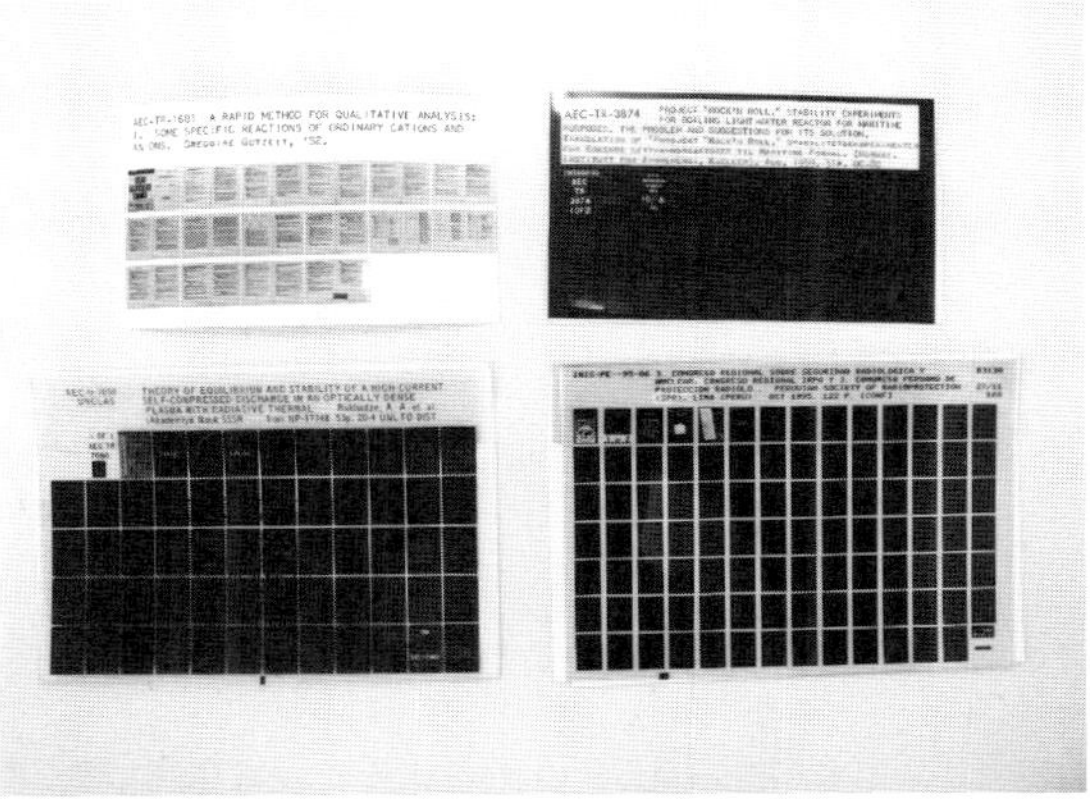

構図書館は技術レポートの収集を重要課題とし、日米原子力情報相互交換協定の締結、国際原子力機関（IAEA）による国際原子力情報システム（INIS）計画参画などの施策を通じて海外機関との連携を強化し、効果的な技術レポートの収集を図っていった。(2)

機構図書館が所蔵する技術レポートの多くはマイクロ資料（前頁**写真**）で保管されている。その大部分はジアゾ・マイクロフィッシュと呼ばれる一シート九八コマの仕様で作成されたものであるが、初期のもの（一九六〇年代前半まで）は印画紙に縮尺撮影した資料を焼き付けた「マイクロカード」（前頁**写真**左上）で作成されている。このマイクロ・カードは、専用読取機が数少ないため（国内では機構のほか国立国会図書館しか保有していないといわれる）、機械が故障・破損した場合、利用することができなくなるリスクがある。そのため、機構図書館ではマイクロカードからマイクロフィッシュ、またはCD（コンパクトディスク：PDF形式）へ記録媒体を変換する作業を行っている。

図書館の使命を一言で表現すると「利用者が求める情報を収集し提供する」ことに尽きる。加えて、「所蔵資料を適切に管理し、次の世代に継承する」ことも忘れてはならない。機構図書館のように長い歴史をもつ図書館は「紙」、「マイクロ資料」といったアナログ媒体から「CD」等の電子媒体まで多種多様な資料を管理している。これら所蔵資料を継承するには、資料自体の管理だけではなく、記録媒体に対応したハードウェアの確保を検討することも必要と思われる。

参考資料

(1) 仲本秀四郎編『科学技術図書館の現在と未来』勉誠出版、二〇〇七年。
(2) 津田信義、羽原正「日本原子力研究所技術情報部におけるマイクロ資料の利用と作成」『マイクロ写真』16、p.14-24 (1977)

自明治十一年至同卅二年 藏書及閲覧人員貸付圖書數一覽表

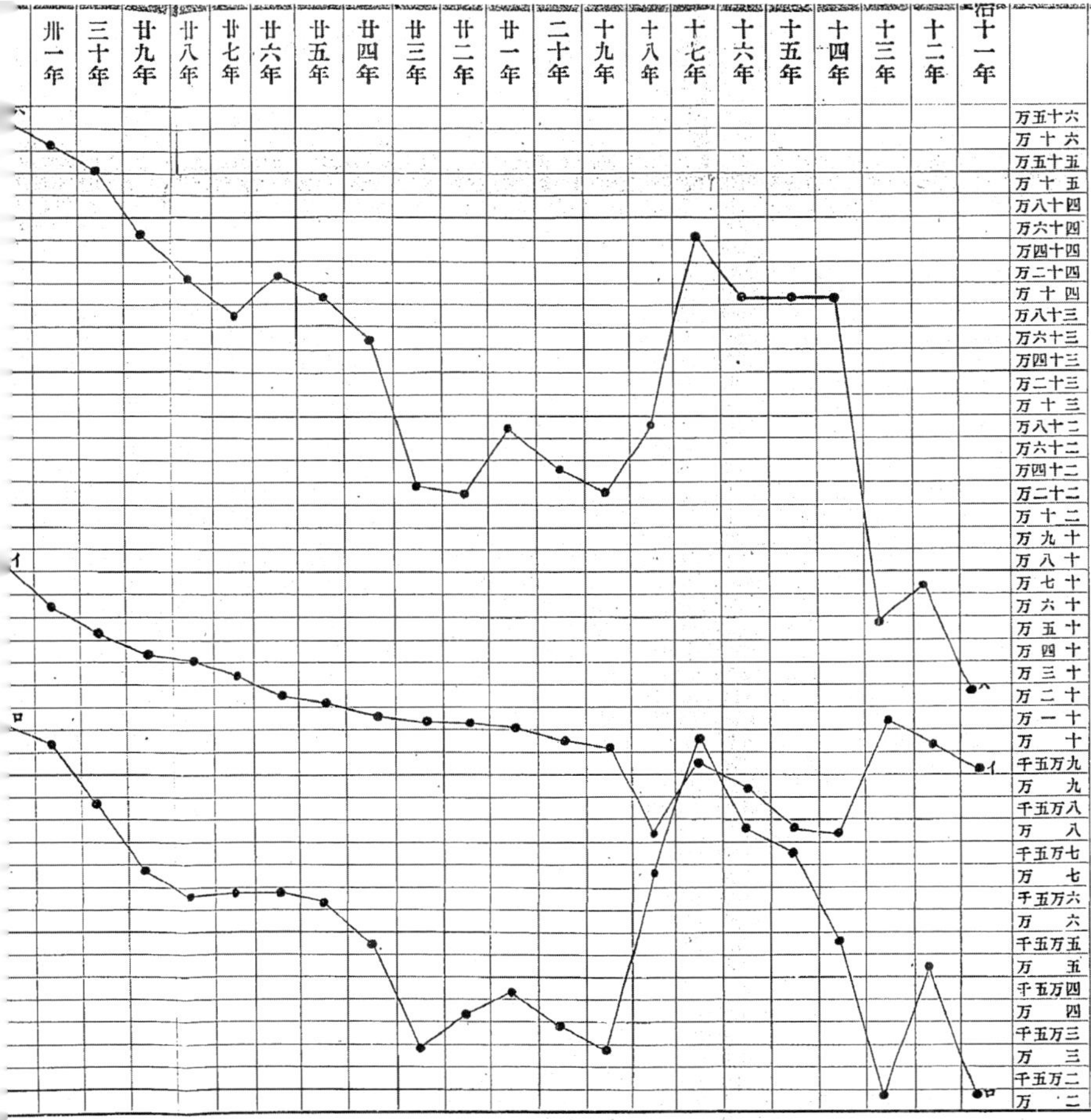

イ……藏書數
ロ……閲覧人員數
ハ……貸付圖書數

リ除キタルニ由ル○十八年以降閲覧人員及貸付圖書數ノ減ジタルハ此年十月舊聖堂ヨリ
野ニ移轉シタルト閲覧料ヲ徴收スルコト、爲リタルト夜間ノ開館ヲ廢シタル等ニ由ル○
三年ニ於テ閲覧人員及貸付圖書數ノ猶減ジタルハ閲覧室狹隘ナルガ爲メ十回分求覧券ヲ
時中止シタルニ由ル○三十年以降閲覧人員及貸付圖書數ノ著ク増加シタルハ同年ヨリ更
夜間ノ開館ヲ始メタルニ由ル

附　データで見る日本の図書館とアーカイブズ

日本の公文書館一覧
図書館関係国家予算（平成20年度）
図書館職員数と図書館数の経年変化（一九八五～二〇〇七年）
公立図書館集計（二〇〇七年）
市区町村立図書館の動向（一九六七～二〇〇七年）
大学図書館経年変化（一九七七～二〇〇七年）

公文書館名	設立年月日	所在地	電話番号
香川県立文書館	H.6.3.28	〒761-0301　高松市林町 2217-19	087-868-7171
大分県公文書館	H.7.2.28	〒870-0814　大分市大字駄原 587-1	097-546-8840
沖縄県公文書館	H.7.4.1	〒901-1105　島尻郡南風原町字新川 148-3	098-888-3875
政令指定都市（7）			
川崎市公文書館	S.59.10.1	〒211-0051　川崎市中原区宮内 4-1-1	044-733-3933
名古屋市市政資料館	H.1.10.11	〒461-0011　名古屋市東区白壁 1-3	052-953-0051
大阪市公文書館	S.63.7.1	〒550-0014　大阪市西区北堀江 4-3-14	06-6534-1662
神戸市文書館	H.1.6.19	〒651-0056　神戸市中央区熊内町 1-8-21	078-232-3437
広島市公文書館	S.52.4.1	〒730-0051　広島市中区大手町 4-1-1 大手町平和ビル 6-8 階	082-243-2583
北九州市立文書館	H.1.11.1	〒803-0814　北九州市小倉北区大手町 11-5	093-561-5558
福岡市総合図書館	H.8.6.29	〒814-0001　岡市早良区百道浜 3-7-1	092-852-0600
市区町村（15）			
小山市文書館	H.19.4.11	〒323-0031　小山市八幡町 2-4-24	0285-25-7222
久喜市公文書館	H.5.10.1	〒346-8501　久喜市大字下早見 85-1	0480-23-5010
八潮市立資料館	H.1.11.23	〒340-0831　八潮市大字南後谷 763－50	048-997-6666
板橋区公文書館	H.12.4.1	〒173-0001　板橋区本町 24-1	03-3579-2291
藤沢市文書館	S.49.7.1	〒251-0054　藤沢市朝日町 12-6	0466-24-0171
寒川文書館	H.18.11.3	〒253-0106　高座郡寒川町宮山 135-1	0467-75-3691
長野市公文書館	H.19.11.20	〒380-0801　長野市箱清水 1 -3-8 長野市城山分室内	026-232-3050
松本市文書館	H.10.10.1	〒390-1242　松本市大字和田 1058-2	0263-47-0040
磐田市歴史文書館	H.20.4.1	〒438-0292　磐田市岡 729-1	0538-36-9112
守山市公文書館	H.12.4.1	〒524-8585　守山市吉身 3-6-3	077-514-1050
尼崎市立地域研究史料館	S.50.1.10	〒660-0881　尼崎市昭和通 2-7-16	06-6482-5246
下関文書館	S.42.9.1	〒752-0967　下関市長府宮の内町 1-30	083-245-0328
西予市城川文書館	H.11.4.21	〒797-1701　西予市城川町土居 335	0894-83-0066
天草市立天草アーカイブズ	H.14.4.1	〒863-2292　天草市五和町御領 2943　天草市役所五和支所内	0969-25-5515
北谷町公文書館	H.4.4.1	〒904-0192 中頭郡北谷町字桑江 226	098-936-1234

（出典）独立行政法人国立公文書館ウェブサイト「関連リンク」http://www.archives.go.jp/links/index.html

日本の公文書館一覧

＊(　)内は機関数

公文書館名	設立年月日	所在地	電話番号
国（4）			
宮内庁書陵部	（概要）旧宮内省及び宮内庁の公文書等を保存。		
防衛省防衛研究所図書館	（概要）旧陸海軍等の明治以来の公文書、各部隊の戦闘記録等を所蔵。		
外務省外交史料館	（概要）主に戦前期の外交文書を所蔵。		
国立国会図書館 憲政資料室	（概要）憲政資料及び占領期資料等の保存利用を行う。		
都道府県立（30）			
北海道立文書館	S.60.7.15	〒060-8588　札幌市中央区北三条西6丁目	011-204-5073
宮城県公文書館	H.13.4.1	〒983-0851　仙台市宮城野区榴ヶ岡5	022-791-9333
秋田県公文書館	H.5.11.2	〒010-0952　秋田市山王新町14-31	018-866-8301
福島県歴史資料館	S.45.7.31	〒960-8116　福島市春日町5-54	024-534-9193
茨城県立歴史館	S.48.4.1	〒310-0034　水戸市緑町2-1-15	029-225-4425
栃木県立文書館	S.61.4.1	〒320-8501　宇都宮市塙田1-1-20	028-623-3450
群馬県立文書館	S.57.4.1	〒371-0801　前橋市文京町3-27-26	027-221-2346
埼玉県立文書館	S.44.4.1	〒330-0063　さいたま市浦和区高砂4-3-18	048-865-0112
千葉県文書館	S.63.6.15	〒260-0013　千葉市中央区中央4-15-7	043-227-7555
東京都公文書館	S.43.10.1	〒105-0022　港区海岸1-13-17	03-5470-1333
神奈川県立公文書館	H.5.11.1	〒241-0815　横浜市旭区中尾町1-6-1	045-364-4456
新潟県立文書館	H.4.4.1	〒950-8602　新潟市中央区女池南3-1-2	025-284-6011
富山県公文書館	S.62.4.1	〒930-0115　富山市茶屋町33-2	076-434-4050
福井県文書館	H.15.2.1	〒918-8113　福井市下馬町51-11	0776-33-8890
長野県立歴史館	H.6.11.3	〒387-0007　千曲市大字屋代字清水 科野の里歴史公園内	026-274-2000
岐阜県歴史資料館	S.52.4.1	〒500-8014　岐阜市夕陽ケ丘4	058-263-6678
愛知県公文書館	S.61.7.1	〒460-0001　名古屋市中区三の丸2-3-2	052-954-6025
京都府立総合資料館	S.38.10.28	〒606-0823　京都市左京区下鴨半木町1-4	075-723-4834
大阪府公文書館	S.60.11.11	〒558-0054　大阪市住吉区帝塚山東2-1-44	06-6675-5551
兵庫県公館県政資料館	S.60.4.17	〒650-8567　神戸市中央区下山手通4-4-1	078-362-4133
奈良県立図書情報館	H.17.11.3	〒630-8135　奈良市大安寺西1-1000	0742-34-2111
和歌山県立文書館	H.5.4.1	〒641-0051　和歌山市西高松1-7-38	073-436-9540
鳥取県立公文書館	H.2.10.1	〒680-0017　鳥取市尚徳町101	0857-26-8160
岡山県立記録資料館	H.17.4.1	〒700-0807　岡山市南方2-13-1	086-222-7838
広島県立文書館	S.63.10.1	〒730-0052　広島市中区千田町3-7-47	082-245-8444
山口県文書館	S.34.4.1	〒753-0083　山口市後河原150-1	083-924-2116
徳島県立文書館	H.2.4.1	〒770-8070　徳島市八万町向寺山文化の森総合公園内	088-668-3700

学校図書館の関係予算	
事　項	平成 20 年度予算額 （　）内は 19 年度予算額
1　学校図書館支援センター推進事業	
学校図書館の機能の充実・強化を図るため，教育センター等に，学校図書館の活用・運営に対して指導・助言等を行う学校図書館支援センターを置き，当該センターによる学校図書館に対する支援の在り方について調査研究を行う。	137,543 千円（394,918 千円）
2 「読む・調べる」習慣の確立に向けた実践研究事業	
児童生徒の「読む・調べる」習慣の確立に向けて，国において学校図書館の活用等を通じた読書活動や学習活動の促進のための会議を設置して全国に提言を行うとともに，国の会議と連携しつつ，学校が地域や家庭と連携して，街全体でモデル的に取り組む『子ども読書の街』を全国から指定し（全国 10 市町村），その取組の成果を全国に普及する。	94,843 千円（198,297 千円）
3　司書教諭の養成講習	
学校図書館を活用した教育活動や読書活動の推進の中核的な役割を果たす司書教諭の養成を図るため，大学等の教育機関に司書教諭講習を委嘱して実施する。	36,572 千円（ 65,459 千円）
4　生きる力をはぐくむ読書活動推進事業（国立教育政策研究所）	
子どもの読書活動を充実していくため，読書活動推進地域（6 地域）を指定し，学校図書館を含めた学校における学習活動，公共図書館の活用，家庭での働きかけなどを相互に連携させながら，学校・家庭・地域社会が一体となった総合的な取組を推進する。	3,490 千円（　7,416 千円）

国立国会図書館の予算				
事　項	平成 20 年度予算額	平成 19 年度予算額(補正後)	比較増△減額	備　考
	百万円	百万円	百万円	
（組織）国立国会図書館	21,965	22,873	△ 908	人件費 46.4%
（項）国立国会図書館	20,163	21,121	△ 958	資料費 12.5%
国立国会図書館の運営に必要な経費	9,609	10,260	△ 651	事業費等 41.1%
（主な内訳）				
人件費	9,349	9,999	△ 650	
国並国会図書館業務に必要な経費	9,446	9,794	△ 348	
（主な内訳）				
業務の情報システム化	3,896	3,922	△ 26	
図書館資料の購入費	955	933	22	
立法調査業務	347	474	△ 127	
GHQ・移民関係資料の収集	111	114	△ 3	
国際子ども図書館業務経費	506	506	0	
関西館業務経費	1,628	1,908	△ 280	
科学技術関係資料の収集整備に必要な経費	1,108	1,067	41	
（項）国立国会図書館施設費				
国立国会図書館施設整備に必要な経費	1,802	1,752	50	
（主な内訳）				
新館改修工事	1,118	1,123	△ 5	
東京本館書庫入退室管理設備設置工事	247	189	58	
本館防火シャッター改修工事	162	125	37	
関西館用地取得	112	60	52	
関西館敷地調査及び建築調査	11	0	11	
東京本館庁舎整備	0	122	△ 122	

（出典）『図書館年鑑　2008』（日本図書館協会，2008 年）

図書館関係国家予算　（平成20年度）

公立図書館関連予算概要

（単位：千円）

事　項	平成19年度予算額	平成20年度予算額	比較増△減額	担当課
1　情報拠点化の推進				
①地域の図書館サービス充実支援事業	25,830	21,158	△ 4,672	社会教育課
2　司書等の資質の向上				
①図書館司書等専門研修	14,539	12,951	△ 1,588	社会教育課
3　子どもの読書活動の推進				
①学校図書館支援センター推進事業	394,918	137,543	△ 257,375	児童生徒課
②「読む・調べる」習慣の確立に向けた実践研究事業	198,297	94,843	△ 103,454	児童生徒課
③子ども読書応援プロジェクト	151,675	151,725	50	スポーツ青少年局参事官（青少年健全育成担当）
④生きる力をはぐくむ読書活動推進事業	7,416	3,490	△ 3,926	国立教育政策研究所
合　計	792,675	421,710	△ 370,965	

（参考）
※「子どもゆめ基金」による助成
　独立行政法人国立青少年教育振興機構に設置されている「子どもゆめ基金」により，民間団体の行う子どもの読書活動の振興を図る活動等に対し，引き続き平成20年度も助成する。

［子どもの読書活動の振興を図る活動の例］
　　①定期的な読書会及び読み聞かせ会活動など，子どもを対象とする読書活動
　　②子どもの読書活動の振興方策の研究協議等を行うフォーラム等の開催，市民グループ等がネットワークを構築して実施する情報交流や合同研修など，子どもの読書活動の支援活動

大学図書館関係主要予算

事　項	平成19年度予算額	平成20年度予算額	比較増△減額	備　考
［国立大学］				
運営費交付金	12,044億円	11,813億円	—	図書館関係予算を含む（大学共同利用機関を含む）
［公立大学］	0	0	0	
［私立大学］	（千円）	（千円）	（千円）	
私立大学等経常費補助	328,050,000	324,868,000	△ 3,182,000	補助対象に図書館維持費等を含む
私立大学等研究設備等整備費補助	6,231,811	5,269,100	△ 962,711	補助対象に図書購入費を含む

図書館職員数と図書館数の経年変化　(1985～2007年)

公共（私立除く）

年	図書館数（館数）	職員（人）				
		専任	兼任	非常勤	臨時	委託派遣
1985	1,601	11,369	914	1,748		
1990	1,898	13,255	1,035	2,888		
1995	2,270	15,000	1,081	6,342		
2000	2,613	15,175	1,252	5,004	4,857	
2001	2,655	15,228	1,231	5,604	5,288	
2002	2,686	15,181	1,231	5,985	5,757	
2003	2,735	14,829	1,342	6,556.2	6,459.8	
2004	2,803	14,572	1,315	6,629.5	6,374.8	
2005	2,931	14,200	1,318	6,604.9	6,652.1	2,358.4
2006	3,062	13,987	1,389	6,973.7	6,973.5	3,139.6
2007	3,091	13,489	1,318	7,258.0	6,982.6	4,244.5

大学・短大・高専

年	図書館数（館数）	職員（人）				
		専従	兼務	非常勤	臨時	委託派遣
1985	1,347	8,656	1,367	2,793		
1990	1,502	9,064	1,588	3,459		
1995	1,598	9,246	1,682	4,509		
2000	1,640	8,403	1,489	2,145	2,711	
2001	1,645	8,060	1,510	2,252	2,802	
2002	1,651	7,809	1,483	2,271	2,847	
2003	1,642	7,468	1,389	2,185	2,564	
2004	1,643	7,132	1,418	2,243	2,509	
2005	1,664	6,846	1,487	2,312	2,394	2,099
2006	1,654	6,438	1,473	2,432	2,457	2,217
2007	1,641	6,209	1,508	2,428	2,359	2,453

（出典）『日本の図書館　統計と名簿　2007』（日本図書館協会，2008 年）
『図書館年鑑 2008』（日本図書館協会，2008 年）

公立図書館集計　(2007年)

		市	政令都市	特別区	町	村	合　計
a 自治体数		765	17	23	827	195	1,827
b 図書館設置自治体数		749	17	23	487	43	1,319
c 図書館設置率　b／a	%	98	100	100	59	22	72
d 人口	千人	81,325	23,946	8,274	12,548	961	127,055
e 図書館設置自治体人口	千人	80,473	23,947	8,274	8,736	335	121,764
f 設置自治体人口割合　e／d	%	99	100	100	70	35	96
g 図書館数	館	1,939	257	218	567	46	3,027
h 自動車図書館数	台	423	23	0	117	4	567
i 専任職員数	人	7,437	1,860	1,364	1,066	26	11,753
j うち司書・司書補数	人	3,717	1,143	347	611	13	5,831
k 司書有資格者率　j／i	%	50	61	25	57	50	50
l 蔵書冊数	千冊	221,491	37,009	24,598	39,451	1,613	324,161
m 貸出数	千点	416,647	101,818	64,128	51,726	1,722	636,040
n 予約件数	件	24,933,111	11,372,496	13,076,421	1,264,072	40,645	50,686,745
o 資料費決算額	万円	1,956,092	358,916	305,882	352,695	14,923	2,988,507
p 来館者数	千人	133,997	40,916	21,843	21,986	954	219,695

注1　d 人口，e 図書館設置自治体人口は 2006 年 3 月 31 日現在。

2　a 自治体数，b 図書館設置自治体数，g 図書館数，h 自動車図書館数，i 専任職員数，j 司書・司書補数は 2007 年 4 月 1 日現在。l 蔵書冊数は同年 3 月 31 日現在。

3　m 貸出数，n 予約件数，p 来館者数は 2006 年度の実績。o 資料費決算額は 2005 年度の実績。資料費決算額は臨時的経費を含む。

(出典)『日本の図書館　統計と名簿　2007』(日本図書館協会，2008 年)

1年間の実績（各年4月→翌年3月）													
館外貸出						資料費			町村の占めるウェイト				年度（複線から右）
個人貸出数 g 億 万点	百人当り g／d ×100 点	対前年増加率 %	児童書率 %	蔵書回転度	団体貸出冊数 万冊	決算額 h 億円	一人当り h／d 円	対前年増加率 %	個人貸出数 i 万点	対全国比 i／g ×100 %	資料費決算額 j 億円	対全国比 j／h ×100 %	（西暦）
922	16	1.9	31	0.6	270	6.15	11	8.3	143	15.5	0.50	8.1	'56
8423	110	11.5	52	2.2	686	48.57	64	8.8	359	4.3	3.53	7.3	'76
4 1922	388	3.8	29	2.0	937	333.82	309	0.0	5360	12.8	74.41	22.3	'96
4 3964	402	3.6	27	1.9	861	323.31	296	-4.3	5984	13.6	90.25	27.9	'97
4 7999	435	8.2	27	2.0	883	323.13	302	2.1	6894	14.4	78.55	23.6	'98
5 0769	457	4.9	25	2.0	915	334.61	301	-0.4	7645	15.1	82.23	24.6	'99
5 1710	463	1.3	28	2.0	1066	332.84	298	-1.1	7963	15.4	79.36	23.8	00
5 3061	472	2.0	28	1.9	1081	329.82	293	-1.5	8166	15.4	77.28	23.4	01
5 5464	491	4.0	—	2.0	1185	334.81	296	1.0	8727	15.7	79.92	23.9	02
5 9243	518	5.5	26	2.0	1367	316.27	276	-6.7	8955	15.1	74.82	23.7	03
5 9912	506	-2.3	—	2.0	1408	307.27	259	-6.2	7290	12.2	56.99	18.5	'04
6 0026	495	-2.1	26	1.9	1513	294.42	243	-6.4	5351	8.9	36.11	12.3	'05
6 2239	511	3.3	—	1.9	1593	284.83	234	-3.6	5345	8.6	35.28	12.4	'06
67.50	32.18	—	—	2.98	5.9	46.31	22.08	—	37.38	—	70.56	—	

4　館外貸出数の「児童書率」は，隔年調査である。
5　人口当たりの数値は奉仕対象人口で除した。

（出典）『図書館年鑑　2008』（日本図書館協会，2008年）

市区町村立図書館の動向　(1967〜2007年)

年(複線から左)(西暦)	各年度初めの状況 図書館設置市区数 a	同 設置率 %	図書館設置町村数 b	同 設置率 %	設置市区町村数 c a＋b	奉仕対象人口 d 万人	図書館総数	自動車図書館台数	専任職員数 人	蔵書 蔵書総冊数 e 億 万冊	蔵書 百人当り e／d ×100 冊	図書収集 年間収集冊数 f 万冊	図書収集 千人当り f／d ×1000 冊	図書収集 年間収集冊数対前年増加率 %
'67	384	65.2	218	7.9	602	5805	697	106	3,224	1430	25	100	17	15.5
'77	497	74.5	269	10.3	766	7638	1,026	303	5,862	3774	49	433	57	8.4
'97	664	96.0	829	32.3	1493	10800	2,356	679	13,349	2 1662	201	1783	165	-2.9
'98	668	96.4	885	34.5	1553	10932	2,434	674	13,431	2 2899	209	1778	163	-0.3
'99	673	97.0	917	35.8	1590	11027	2,494	667	13,354	2 4137	219	1831	166	3.0
'00	675	97.3	951	37.2	1626	11115	2,547	663	13,200	2 5085	226	1794	161	-2.0
'01	679	97.8	966	37.8	1645	11177	2,590	655	13,263	2 6215	235	1896	170	5.7
'02	682	97.8	989	38.8	1671	11246	2,622	654	13,214	2 7241	242	1816	161	-4.2
'03	701	97.7	1007	39.9	1708	11299	2,672	636	12,921	2 8425	252	1847	163	1.7
'04	704	98.1	998	41.5	1702	11444	2,740	613	12,687	2 9541	258	1866	163	1.0
'05	748	98.2	772	46.6	1520	11849	2,869	586	12,380	3 0528	258	1960	165	5.0
'06	785	97.9	537	51.6	1322	12128	3,000	574	12,197	3 1638	261	1767	146	-9.8
'07	805	98.0	530	51.9	1335	12176	3,029	569	11,759	3 2441	266	1682	138	-4.8
対初年倍率	2.10	1.5	2.43	6.57	2.22	2.10	4.35	5.37	3.65	22.69	10.8	16.82	8.0	—

注 1　広域市町村圏図書館を含む。

2　図書館設置市区町村数，図書館数，専任職員数は 2007 年 4 月 1 日現在。人口は 2006 年 3 月 31 日現在。蔵書冊数は 2007 年 3 月 31 日現在。

3　貸出数には視聴覚資料も含む。

(年)	図書館数	回答率(%)	年間受入図書冊数(千冊)	館外個人貸出数		文献複写実施館( )内は%	参考業務実施館( )内は%	前年度資料費決算額(百万円)		学生数
					うち学生				うち図書購入費	
短期大学										
1977	366(86)	85.0	471(58)	1,395(56)	1,185(61)	146(47.0)	187(60.0)	1,186(26)	938(29)	374,244
1978	393(92)	87.0	559(69)	1,561(62)	1,346(69)	192(56.0)	221(65.0)	1,533(34)	1,188(37)	380,299
1987	395(92)	91.6	772(95)	1,836(73)	1,577(81)	311(85.9)	274(75.7)	2,862(63)	2,219(69)	437,643
1988	407(95)	89.2	778(96)	1,952(78)	1,665(85)	307(84.6)	273(75.2)	3,183(70)	2,456(77)	450,436
1992	449(105)	94.9	885(109)	2,305(92)	1,945(99)	373(87.6)	350(82.2)	4,813(105)	3,648(114)	524,539
1993	447(104)	95.5	888(109)	2,466(99)	2,093(107)	379(88.8)	357(83.6)	5,130(112)	3,916(122)	530,295
1997	428(100)	96.3	813(100)	2,500(100)	1,957(100)	355(86.2)	363(88.1)	4,575(100)	3,198(100)	445,750
1998	419(98)	96.2	745(92)	2,320(93)	1,786(91)	340(84.4)	353(87.6)	4,528(99)	3,105(97)	415,825
1999	410(96)	95.9	684(84)	2,176(87)	1,677(86)	338(86.0)	344(87.5)	3,718(81)	2,400(75)	377,852
2000	384(90)	94.5	653(80)	2,015(81)	151(8)	315(86,8)	324(89.3)	3,175(69)	2,029(63)	327,682
2001	364(85)	93.7	595(73)	1,824(73)	1,383(71)	292(85.6)	298(87.4)	2,734(60)	1,712(54)	289,199
2002	345(81)	91.3	496(61)	1,607(64)	1,236(63)	271(86.0)	278(88.3)	2,353(51)	1,518(47)	267,114
2003	324(76)	89.2	444(55)	1,527(61)	1,167(60)	261(80.6)	254(78.4)	1,946(43)	1,253(39)	250,062
2004	298(70)	88.9	397(49)	1,339(54)	996(51)	236(79.2)	232(77.9)	1,647(36)	1,047(33)	233,749
2005	278(65)	88.1	352(43)	1,305(52)	1,011(52)	215(77.3)	209(75.2)	1,500(33)	980(31)	219,355
2006	256(60)	87.9	328(40)	1,236(49)	943(48)	199(77.7)	193(75.4)	1,272(28)	786(25)	202,197
2007	245(57)	89.8	382(47)	1,245(50)	939(48)	200(81.6)	192(78.4)	1,218(27)	744(23)	186,664
高等専門学校										
1977	63(103)	96.0	152(185)	542(107)	485(109)	20(33.0)	32(53.0)	622(90)	369(127)	46,762
1978	61(100)	98.0	159(194)	537(106)	476(107)	25(42.0)	36(60.0)	672(97)	405(139)	46,636
1987	61(100)	100.0	113(138)	469(93)	398(89)	37(60.7)	50(82.0)	803(116)	398(137)	50,078
1988	61(100)	100.0	120(146)	478(94)	406(91)	34(55.7)	49(80.3)	766(111)	399(137)	50,934
1992	60(98)	100.0	94(115)	447(88)	371(83)	38(63.3)	52(86.7)	823(119)	377(130)	54,739
1993	61(100)	100.0	91(111)	433(85)	368(83)	39(63.9)	53(86.9)	791(114)	350(120)	55,453
1997	61(100)	100.0	82(100)	507(100)	446(100)	39(63.9)	54(88.5)	692(100)	291(100)	56,294
1998	61(100)	98.4	84(102)	486(96)	417(93)	38(63.3)	51(85.0)	688(99)	309(106)	56,214
1999	61(100)	100.0	75(91)	508(100)	430(96)	37(60.7)	56(91.8)	640(92)	264(91)	56,436
2000	61(100)	98.4	73(89)	508(100)	437(98)	39(65.0)	56(93.3)	605(87)	249(86)	56,714
2001	61(100)	95.1	72(88)	505(100)	423(95)	37(63.8)	55(94.8)	541(78)	235(81)	57,017
2002	61(100)	95.1	72(88)	513(101)	419(94)	41(70.7)	55(94.8)	496(72)	238(82)	57,349
2003	61(100)	93.4	75(91)	482(95)	401(90)	44(72.1)	53(86.9)	469(68)	230(79)	57,875
2004	61(100)	95.1	68(83)	529(104)	452(101)	43(70.5)	55(90.2)	458(66)	208(71)	58,681
2005	61(100)	93.4	76(93)	519(102)	461(103)	43(70.5)	51(83.6)	397(57)	187(64)	59,160
2006	60(98)	96.7	73(89)	526(104)	440(99)	47(78.3)	55(91.7)	318(46)	157(54)	59,380
2007	61(100)	95.1	72(88)	495(98)	417(93)	47(77.0)	55(90.2)	307(44)	156(54)	57,985

注 1　各表の（　）は % を除き 1997 年（経費の場合は 1996 年度）を 100 とした場合の指数である。
　2　文献複写・参考業務実施館の（　）は回答館数中に占める実施館の割合である。
　3　学生数は文部科学省調べである。
　4　資料費，うち図書購入費は経常的経費で，臨時費は含まない。

（出典）『日本の図書館　統計と名簿　2007』（日本図書館協会，2008 年）

大学図書館経年変化　(1977～2007年)

(年)	図書館数	回答率(%)	年間受入図書冊数(千冊)	館外個人貸出数	館外個人貸出数 うち学生	文献複写実施館 ( )内は%	参考業務実施館 ( )内は%	前年度資料費決算額(百万円)	前年度資料費決算額 うち図書購入費	学生数
国立大学										
1977	304(101)	100.0	1,976(92)	4,578(66)	3,245(59)	195(64.0)	241(79.0)	10,742(51)	6,055(70)	382,243
1978	304(101)	99.7	2,179(101)	4,835(69)	3,471(63)	199(63.0)	246(78.0)	11,890(56)	6,812(79)	390,688
1987	310(103)	100.0	2,061(96)	5,793(83)	4,386(80)	235(75.8)	271(87.4)	18,731(88)	8,982(104)	477,250
1988	307(102)	100.0	2,251(105)	5,835(84)	4,491(82)	235(76.5)	269(87.6)	20,080(95)	10,136(117)	491,539
1992	300(100)	99.7	1,955(91)	6,192(89)	4,806(87)	242(80.9)	267(89.3)	20,439(96)	8,873(103)	543,198
1993	301(100)	99.3	1,872(87)	6,146(88)	4,779(87)	241(80.6)	266(89.0)	20,715(98)	8,805(102)	561,822
1997	300(100)	99.0	2,149(100)	6,977(100)	5,504(100)	247(83.2)	270(90.9)	21,210(100)	8,628(100)	614,669
1998	301(100)	99.3	1,813(84)	7,099(102)	5,569(101)	247(82.6)	272(91.0)	23,071(109)	9,026(105)	617,348
1999	302(101)	99.7	1,732(81)	7,016(101)	5,609(102)	249(82.7)	271(90.0)	24,145(114)	8,759(102)	621,126
2000	302(101)	97.4	1,708(79)	7,044(101)	5,703(104)	251(85.4)	262(89.1)	24,271(114)	8,205(95)	624,083
2001	297(99)	98.0	1,743(81)	6,945(100)	5,718(104)	251(86.3)	268(92.1)	23,146(109)	7,854(91)	622,679
2002	298(99)	97.7	1,714(80)	6,809(98)	5,744(104)	251(86.3)	269(92.4)	22,257(105)	7,728(90)	621,488
2003	294(98)	98.3	1,847(86)	6,703(96)	5,695(103)	256(87.1)	266(90.5)	22,019(104)	7,223(84)	622,404
2004	291(97)	99.3	2,094(97)	6,960(100)	5,922(108)	258(88.7)	271(93.1)	22,182(105)	6,965(81)	624,394
2005	295(98)	98.3	1,548(72)	6,843(98)	5,717(104)	256(86,8)	271(91.9)	19,889(94)	5,662(66)	627,850
2006	297(99)	97.3	1,559(73)	6,854(98)	5,792(105)	259(87.2)	269(90.6)	19,342(91)	5,596(65)	628,945
2007	293(98)	100.0	1,547(72)	6,920(99)	5,926(108)	259(88.4)	273(93.2)	19,662(93)	5,359(62)	627,401
公立大学										
1977	48(57)	100.0	215(36)	440(39)	330(41)	34(71.0)	30(63.0)	917(29)	708(43)	51,992
1978	50(60)	100.0	226(37)	414(37)	318(39)	39(78.0)	33(66.0)	1,154(36)	821(50)	51,976
1987	57(68)	100.0	292(48)	552(49)	376(46)	45(78.9)	46(80.7)	1,978(62)	1,110(68)	57,358
1988	57(68)	100.0	308(51)	512(46)	387(48)	45(78.9)	46(80.7)	1,783(56)	1,022(63)	59,217
1992	64(76)	95.3	297(49)	586(52)	462(57)	47(77.0)	47(77.0)	2,297(72)	1,239(76)	69,522
1993	69(82)	91.3	362(60)	648(58)	524(65)	45(71.4)	49(77.8)	2,463(77)	1,326(81)	74,182
1997	84(100)	97.6	604(100)	1,121(100)	810(100)	65(79.3)	74(90.2)	3,186(100)	1,628(100)	91,642
1998	89(106)	100.0	703(116)	1,275(114)	975(120)	69(77.5)	80(89.9)	3,525(111)	1,790(110)	95,976
1999	95(113)	100.0	547(91)	1,456(130)	1,073(132)	75(78.9)	89(93.7)	3,650(115)	1,759(108)	101,062
2000	101(120)	100.0	641(106)	1,569(140)	1,176(145)	79(78.2)	95(94.1)	4,449(140)	2,239(138)	107,194
2001	105(125)	98.1	612(101)	1,683(150)	1,264(156)	78(75.7)	96(93.2)	4,089(128)	1,959(120)	112,524
2002	107(127)	98.1	545(90)	1,695(151)	1,373(170)	84(80.0)	98(93.3)	3,871(122)	1,767(109)	116,706
2003	108(129)	99.1	521(86)	1,750(156)	1,320(163)	86(79.6)	100(92.6)	3,728(117)	1,644(101)	120,463
2004	113(135)	97.3	551(91)	1,865(166)	1,511(187)	90(79.6)	95(84.1)	3,814(120)	1,682(103)	122,864
2005	117(139)	94.0	510(84)	1,799(160)	1,396(172)	97(82.9)	103(88.0)	3,372(106)	1,345(83)	124,910
2006	122(145)	94.3	433(72)	1,772(158)	1,398(173)	92(75.4)	95(77.9)	3,236(102)	1,267(78)	127,860
2007	123(146)	98.4	451(75)	2,040(182)	1,596(197)	101(82.1)	104(84.6)	3,397(107)	1,234(76)	129,592
私立大学										
1977	454(61)	98.0	2,498(52)	4,960(30)	4,113(30)	359(79.0)	305(67.0)	12,063(28)	8,647(38)	1,405,128
1978	464(62)	99.0	2,913(60)	5,422(33)	4,480(33)	397(86.0)	329(71.0)	13,752(32)	9,743(43)	1,419,598
1987	545(73)	98.7	4,167(86)	7,569(46)	6,185(45)	506(94.1)	450(83.6)	29,452(68)	18,948(83)	1,399,878
1988	565(75)	98.9	4,357(90)	8,076(49)	6,570(48)	525(93.9)	484(86.6)	30,312(70)	19,519(85)	1,443,859
1992	673(90)	98.7	4,505(93)	10,357(63)	8,652(63)	599(90.2)	549(82.7)	38,011(88)	22,207(97)	1,680,445
1993	678(91)	98.4	4,619(95)	11,271(69)	9,557(70)	589(88.3)	545(80.4)	39,361(91)	22,768(100)	1,753,647
1997	749(100)	98.9	4,845(100)	16,324(100)	13,637(100)	634(85.6)	639(86.2)	43,215(100)	22,858(100)	1,927,510
1998	768(103)	97.9	4,761(98)	16,315(100)	13,700(100)	652(86.7)	642(85.4)	44,048(102)	22,718(99)	1,954,762
1999	770(103)	98.8	4,558(94)	16,926(104)	14,009(103)	659(86.6)	660(86.7)	45,862(106)	22,558(99)	1,978,916
2000	792(106)	97.9	4,942(102)	17,493(107)	14,542(107)	675(86.2)	676(86.3)	45,585(105)	22,102(97)	2,008,747
2001	818(109)	98.0	4,988(103)	17,642(108)	14,672(108)	695(86.8)	698(87.1)	44,770(104)	21,905(96)	2,030,494
2002	839(112)	98.7	4,810(99)	17,750(109)	14,766(108)	727(88.4)	719(87.5)	44,497(103)	21,311(93)	2,047,884
2003	855(114)	98.7	4,693(97)	18,665(114)	14,928(109)	760(88.8)	734(85.7)	44,390(103)	20,994(92)	2,061,113
2004	880(117)	98.5	4,925(102)	19,405(119)	15,837(116)	764(86.8)	744(84.5)	44,870(104)	20,748(91)	2,062,065
2005	913(122)	98.0	4,808(99)	19,647(120)	15,847(116)	779(85.3)	764(83.7)	45,085(104)	20,630(90)	2,112,291
2006	919(123)	97.2	4,775(99)	19,938(122)	16,051(118)	777(84.5)	760(82.7)	44,622(103)	20,237(89)	2,102,402
2007	919(123)	97.4	4,563(94)	19,185(118)	15,585(114)	785(85.4)	775(84.3)	44,673(103)	19,249(84)	2,071,642

〔編集後記〕

■秋になると"読書週間"が始まる。変な話だ。出版界では、秋になっても本が動き出さないのでその景気づけに"読書週間"を設けた、との定説があるようだ。

今回、図書館や公文書館の役割について考えてみようと思ったのは、これらの公的施設があまりにも国民や住民から遠い存在であるように思えるからだ。先進諸国においては、これら図書館や公文書館は、国の文化を次代に遺すものだからかなりの予算を投じて維持管理されている。いくら建物だけが立派でも中に所蔵されている書物が貧弱であったり、現場で管理運営してゆくスタッフが力を発揮できないと、みすぼらしいものになる。図書館や公文書館は、短期に価値を生み出してゆくものではない。しかし、長期にみればこれら程大切なものはないということがわかってくる。つまり、文化財として蓄積してゆくことの大切さである。その国の底力は、図書館や公文書館をみればわかる、と云われる。この国は、江戸の浮世絵も簡単に流出させるような豊かな底力を本当に秘めた国なのだから、今こそ、図書館や公文書館の中身を充実させ、後世の人々に遺してゆくことが出来れば、と切に思う。　（亮）

別冊『環』⑮

図書館・アーカイブズとは何か

2008年11月30日発行

編集兼発行人　藤　原　良　雄
発　行　所　株式会社　藤原書店

〒162-0041　東京都新宿区早稲田鶴巻町523
電　話　03-5272-0301（代表）
ＦＡＸ　03-5272-0450
ＵＲＬ　http://www.fujiwara-shoten.co.jp/
振　替　00160-4-17013

印刷・製本　図書印刷株式会社

ISBN 978-4-89434-652-9

目次

別冊 環 ⑮
KAN: History, Environment,Civilization
図書館・アーカイブズとは何か

人類の知の記録という財産をいかに継承するか

●人類の「知の装置」が直面する問題とは？　図書館、アーカイブズ、出版の第一人者が激論！

世界像と歴史観を一変させる革命的著作！

E・トッド

世界の多様性

【家族構造と近代性】

荻野文隆＝訳

コミュニズム、ナチズム、リベラリズム、イスラム原理主義……すべては家族構造から説明し得る。人類史についての「ひとつの根本的な説明原理を発見した」トッドが初めて世界に衝撃を与えた二つの記念碑的著作『第三惑星』と『世界の幼少期』の合本。　A5上製　五六〇頁　**四六〇〇円**

エマニュエル・トッド
世界中の家族制度の緻密な歴史的統計調査に基づいて、従来の「常識」を覆す数々の問題提起をなす、今もっとも刺激的な知識人。実証的知見に裏付けられた分析から、欧州統合やグローバリゼーションなどのアクチュアルな問題にもシャープに回答する論客。

全体像に迫る初の包括的評伝！

ケインズが残したものは、社会についての総体的な理解であり、社会が経済・政治・倫理・知識・芸術とどのように接合しているかについての総体的な理解である。(…)二十世紀の前半に彼が提示した診断は、今日なお妥当性をもっている。その診断は、かつてよりも今日によりよく当てはまる。なぜなら彼が見きわめた病のいくつかは、さらに悪化したからである。（本文より）

単なる業績の羅列ではなく、同時代の哲学・政治・経済学・芸術の文脈のなかで、支配的潮流といかに格闘したかを描く。ネオリベラリズムが席巻する今、「リベラリズム」の真のありかたを追究したケインズの意味を問う。

A5上製　七〇四頁　**五六〇〇円**

【哲学・政治・経済学・芸術】

ケインズの闘い

G・ドスタレール

鍋島直樹・小峯敦＝監訳